山东省高等学校青年创新团队发展计划
诉讼法学新兴领域研究创新团队教研成果
山东师范大学卓越应用型法律人才培养实验教材
山东师范大学2020—2021年度校级规划教材
山东师范大学2021年校级一流课程建设成果

卓越应用型法律人才
培养实验教材
Excellent Applied
Legal Talents
Training Experimental
Teaching Materials

# 法律职业伦理

齐凯悦　著

Legal
Professional
Ethics

厦门大学出版社　国家一级出版社
XIAMEN UNIVERSITY PRESS　全国百佳图书出版单位

图书在版编目（CIP）数据

法律职业伦理 / 齐凯悦著 . — 厦门 : 厦门大学出版社，2021.12
ISBN 978-7-5615-8471-2

Ⅰ . ①法… Ⅱ . ①齐… Ⅲ . ①法伦理学－教材 Ⅳ . ①D90－053

中国版本图书馆CIP数据核字（2021）第 275084 号

| 出 版 人 | 郑文礼 |
| 责任编辑 | 林　鸣 |

出版发行　厦门大学出版社

| 社　　　址 | 厦门市软件园二期望海路 39 号 |
| 邮政编码 | 361008 |
| 总　　　机 | 0592-2181111　0592-2181406(传真) |
| 营销中心 | 0592-2184458　0592-2181365 |
| 网　　　址 | http://www.xmupress.com |
| 邮　　　箱 | xmup@xmupress.com |
| 印　　　刷 | 湖南省众鑫印务有限公司 |

| 开本 | 720 mm × 1 000 mm　1/16 |
| 印张 | 19 |
| 字数 | 404 千字 |
| 版次 | 2021 年 12 月第 1 版 |
| 印次 | 2021 年 12 月第 1 次印刷 |
| 定价 | 46.00 元 |

厦门大学出版社
微信二维码

厦门大学出版社
微博二维码

# 编写说明

　　法律职业伦理是社会伦理体系的重要组成部分，法律职业伦理的传承与发展是法律职业共同体存在和发展的重要特征。作为法学专业核心必修课程，法律职业伦理在法学专业人才培养中占有重要地位，是法学专业思政课的典型体现，也是"新文科"建设的重要内容。专业知识传授和价值引领并重是卓越法治人才培养的重要途径，法律职业伦理"一课双责"，既是法学专业重要的必修课程，也贯穿于法治人才培养的全过程。加强法律职业伦理的教学和研究，对法治人才的培养至关重要。基于此，本书试图介绍法律职业伦理的基本知识，分析法律职业伦理的发展现状，探讨法律职业伦理的典型案例，以增强学生对法律职业伦理的认识和对相关规范的掌握，促进学生的法律思维和分析能力的提升。

　　本书从法律职业伦理教育的必要性导入，通过对法律职业与法律职业伦理、法律职业伦理基本规范的整体研究和对法官、检察官、律师、公证员、仲裁员、行政执法人员等具体法律职业人员的伦理规范的分别探讨，对法律职业伦理作出体系化研究。同时，本书通过专题研讨、典型案例和问题思考等方式，对法律职业伦理相关案例作出剖析和探讨。

　　在探讨法律职业伦理基本知识的基础上，本书具有以下特点。其一，研究内容反映了理论和司法实践的前沿动态。本书在对我国法律职业伦理相关规范进行全面梳理的基础上，分析具体法律职业伦理的现行规范及其发展趋向，使用了近年来发生的涉及法律职业伦理的典型案例。其二，附录部分收录了"法律职业伦理专题研讨"，通过专题研讨之方式深化对法律职业伦理的探讨。该部分设置3个不同主题，结合具体司法案件、文艺作品等资料，引领学生在掌握法律职业伦理基本知识的基础上进一步深入探讨和分析，在具体案件和场景中细化对法律职业伦理基本原则或具体规范的分析，形成关于法律职业伦理的深入认识，思考法律职业的价值追求。其三，使用了比较法、规范分析和个案分析等多种方法，对法律职业伦理的基本知识作出充分探讨，结合授课实践和教学经验，对研究内容的侧重点作出判断。其四，收录部分本科生与法律硕士研究生的专题研讨作业，这既可在一定程度上反映学生的学习状况和认识水平，也可进一步引发读者对相关问题的深入思考。

　　本书可作为普通高等院校法学专业本科生、法律硕士研究生或法学硕士研究生的教材，也可为法律职业伦理课程的教与学提供理论研究、专题研讨或案例分析等方面的辅助资料。同时，本书也可为法律职业人员提供参考资料。

我国法律职业伦理的理论研究、规范体系和课程建设仍处于不断发展过程中，对法律职业伦理的研究尚待进一步推进。本书尚存不足之处，希望读者批评指正。

齐凯悦

2021 年 10 月

# 目　录

# 导论 法律职业伦理的引入

近年来，法律职业伦理在法学专业课程中的地位不断提升，法律职业伦理对法治人才培养的重要性不断凸显。教育部将法律职业伦理作为法学专业必修课程，并积极推进该课程的课程思政建设。法律职业伦理体现了德法兼修的法治人才培养目标，也是积极推进新文科建设的重要内容。

## 一、法律职业伦理课程及其发展

尽管名称表述有差异，但法律职业伦理课程的不同名称都表达了相同的授课对象，即关于法律职业人员的职业伦理规范和要求。美国、澳大利亚等国家将法律职业伦理作为高等院校法学院的必修课程，重视对法律职业人员的道德培育。我国自近代以来就强调该课程的重要性，并在当代法学专业课程体系中逐渐强调该课程的重要作用，将之作为法学专业核心必修课程之一。

### （一）法律职业伦理课程名称

国内外关于法律职业伦理课程的表述均存在一定区别，例如，国内有"法律职业伦理""法律伦理学""司法伦理学"等不同表述，国外的法律职业伦理课程名称则区别更大，如"律师正义与伦理""伦理与法律职业""法律实务中的伦理""律师、伦理和正义"等澳大利亚高校不同的法律职业伦理课程名称。课程名称表述的差异，取决于研究对象的不同。以法律伦理学为例，该概念在内容上具有广义和狭义的区分。广义的法律伦理学研究的是整个法律中的道德问题，如法律伦理基本原理或法律抽象伦理、法律实践中的伦理问题及法律制度本身的伦理问题等，[①] 主要指与道德密不可分的法律现象，这也是我国学界普遍认可的概念。狭义的法律伦理学在西方主要指法律职业伦理，[②] 主要研究的是法律职业伦理的一般原理和法律职业人员在实践中须履行的具体职业道德和职业责任问题，或称司法伦理学。美国学者博德拉·罗德（Deborah Rhode）、戴维·鲁本（David Luban）区分了法律职业伦理的广义和狭义概念，认为广义上该概念泛指伦理中的一种，狭义上该概念是指规范法律职业人员行为的职业法规系统，从而将法律职业伦理的一般原理和具体行为规范相结合。[③] 同时，鉴于域外法律职业伦理研究往往集中于律师职业，故而律师伦理是美国、澳大利亚等英美法系国家法律职业伦理课程的核心内容，部分课程名称直接体现了这一点。

当前，我国法律职业伦理课程集中于狭义法律伦理学的内容，主要探讨法律职业人员的职业伦理规范和道德要求。该课程集中于法律职业伦理的一般原理和规范与具体法律职业人员的职业伦理和规范两方面内容，旨在加强对未来法律职业人员的职业道德培养，实现对德法兼修的法治人才的培养。

### （二）域外法律职业伦理课程的起源与发展

就法律职业伦理课程的发展来看，域外尤其是英美法系国家的法律职业伦理教育发展相对较早。普遍观点认为，20 世纪 70 年代"水门事件"的发生成为美国在高校

---

① 李建华、周灵方：《法律伦理学研究的时代使命——国内法律伦理学 30 年研究综述及展望》，《中南大学学报（社会科学版）》2009 年第 5 期。
② 刘正浩、胡克培：《法律伦理学》，北京大学出版社 2010 年版，第 3 页。
③ ［美］Deborah L.Rhode，David Luban 著，林利芝译：《法律伦理（上）》，新学林出版股份有限公司 2018 年版，第 3 页。

法学院加强法律职业伦理教育的导火索。多名法律人参与该事件，"失落的律师"成为当时弥漫社会的情绪，这也引发公众对法律职业人员的职业道德的质疑。在此背景下，1974年，美国律师协会修正了法学院认证标准（Standards for the Approval of Law School），强制规定高校学院必须教授法律职业伦理："法学院在其法律博士项目中，应当要求所有学生接受法律职业及其成员之历史、目标、结构、义务、价值观的教育，包括《全美律师协会职业行为模范规则》的教育。在这一教授过程中，法学院应提供给法院成员和律师协会成员。"在此之前，尽管美国不少法学院开设了法律职业伦理课程，但未成体系，也未得到足够重视。该强制性规定推动了美国高校对法学院法律职业伦理教育的重视，作为一门必修课程，法律职业伦理教育逐渐强化，各法学院普遍开设了法律职业伦理相关课程。[1]同时，美国强调完善法律职业伦理的教育方式，建议在所有法学院课程中引入法律职业伦理问题，从而通过渗透性的教育方式加强法律职业伦理教育。[2]

美国法律职业伦理教育的发展对诸多国家产生了影响。例如，在21世纪之前，澳大利亚高校法律职业伦理教育尚处于缺失阶段。2000年，澳大利亚法律委员会批准了澳大利亚法律改革委员会的建议，认为形成对法律道德标准和职业责任的深刻认识是澳大利亚法学教育目标的重要内容之一。法律改革委员会指出，学生必须接受法律职业伦理培训才能获得法学本科学位。参加法律职业伦理继续教育课程的从业人员也需要更新其执业证书。澳大利亚西部应当实施强制性的法律继续教育方案，法律职业伦理和司法程序课程应是必修课程。[3]目前，澳大利亚高校法学院已达成一定共识，即法学教育一定程度上属于法律职业教育。因此，在培养目标和具体课程设置中，职业导向在法学教育思想中占据主导地位。[4]在澳大利亚，法学教育的11门核心课程包括：行政法、民事诉讼法、合同法、公司法、刑法和刑事诉讼法、衡平法（包括信托）、伦理与职业责任、证据法、联邦和州宪法、财产法、侵权法。其中，法律伦理与职业责任所涉及的内容为法律职业人员因其对法律、法院、客户及其他从业人员的职责而作出的专业和个人行为。该课程研究的是入门级别律师的合道德行为和与客户、法院、社区及其他律师交往过程中应展示的专业责任和行为。

又如，2009年，英国律师协会发布的《面向未来律师的道德培训》（*Preparatory Ethics Training For Future Solicitors*），该报告考察了道德培训在法律教育不同阶段的作用和状况，建议在高校法学教育阶段以主流课程方式加强法律伦理教育。2013年，

---

[1] 刘坤轮：《法律职业伦理教育必要性之比较研究——以美国、澳大利亚、加拿大和韩国为比较》，载黄进主编：《中国法学教育研究》2014年第4期，中国政法大学出版社2014年版，第23~24页。

[2] William M. Sullivan, Anne Colby, Judith Welch Wegner et al., *Educating Lawyers: Preparation for the Profession of Law*, Hoboken: Jossey-Bass, 2007, p.151.

[3] Australian Law Reform Commission, Managing Justice: A Review of the Federal Civil Justice System (2000), pp.11, 174.

[4] 刘坤轮：《法律职业伦理教育必要性之比较研究——以美国、澳大利亚、加拿大和韩国为比较》，载黄进主编：《中国法学教育研究》2014年第4辑，中国政法大学出版社2014年版，第25~26页。

英国发布了针对 20 世纪 70 年代以来法律教育与培训的最新报告《2013 年法律教育与培训评论》(*Legal Education and Training Review 2013*),该报告旨在确保英国的法律教育和培训制度能够符合 2007 年《法律服务法》提出的管理目标,即进一步接近正义,保护和促进公共利益,提升和遵守法律职业规则等。[①]《学科基准声明》的法律本科部分(Subject Benchmark Statement:Law)是英国法学教育质量保障体系的重要环节,确立了法学学位和学历教育的质量标准和学术标准,2000 年、2007 年和 2015 年 3 个版本的声明内容具有递进性和补充性,目前 3 份声明均有效。2015 年,在前两份法律本科《学科基准声明》基础上,英国再次修订了该声明。该声明规定了法学专业学生的社会预期和学习标准。在此次修改中,声明增加了关于职业道德和伦理规范的解释和说明,并对该概念的含义作出界定。2015 年声明指出,职业伦理能够使得高校学生认识到人类创造的法律成果,受人们制定或遵循的道德或伦理规范的约束。涉及正义和公共利益等相关理论的问题是高校法学教育的重要内容。该声明规定高校法学院或法学系可自行决定关于法律职业伦理授课的内容,但是关于法律职业伦理和道德存在的问题、困境和伦理决策的特征等是希望学生能够有所探讨和研究的内容。[②]自 20 世纪末期开始,英国不断探讨在高校法学教育中引入法律职业伦理课程,这在一定程度上受到美国等国家加强法律职业伦理教育的影响,符合全球化背景下加强法律职业伦理教育的发展趋向。

### (三)我国法律职业伦理教育的发展

我国高校法律职业伦理课程发展相对较晚。在 1999 年之前,我国高等法学教育并未将法律职业伦理列为课程之一,直至 1999 年《法律硕士专业学位培养方案》的出台,该方案将法律职业伦理作为一门推荐选修课程。司法制度和法律职业道德是我国法律职业资格考试的内容之一,不少高校逐渐通过设置选修课等方式加强法律职业伦理教育,但在 2017 年之前,该课程未获得足够重视。

2017 年 5 月,习近平总书记在中国政法大学考察时发表了重要讲话,强调立德树人,德法兼修,培养大批高素质法治人才。[③]此次讲话强调了德法兼修的法治人才培养,为增强法律职业伦理教育指明了方向,被称为我国法律职业伦理课程的"真正星光时刻"。[④]

国务院学位委员会办公室 2017 年 7 月 20 日发布《关于转发〈法律硕士专业学位研究生指导性培养方案〉的通知》,规定在《法律硕士专业学位研究生指导性培养方案(适用于非法学专业毕业生及法学专业毕业生)》的课程设置中,将"法律职业伦理"设置为必修课,2 学分。该课程培养基本要求强调:掌握中国特色社会主义理论体系,遵

---

① 刘期安、曾文麟:《英国法律教育与培训评论报告及启示》,《黑龙江高教研究》2015 年第 7 期。
② 张朝霞、[英]卡洛琳·斯特雷文斯:《2015 年英国法律本科〈学科基准声明〉述评》,《法学教育研究》2017 年第 3 期。
③ 李光春:《培养德法兼修的法治人才》,《学习时报》2017 年 7 月 17 日第 3 版。
④ 许身健:《法律职业伦理课程的春天》,《检察日报》2019 年 12 月 11 日第 7 版。

守宪法和法律，德法兼修，具有良好的政治素质和道德品质，遵循法律职业伦理和法律职业道德规范；全面掌握法学基本原理，特别是社会主义法学基本原理；自觉践行社会主义核心价值观。

2018年4月，教育部发布实施《法学专业类教学质量国家标准》，明确规定了法学专业核心课程体系，并将"法律职业伦理"课程列入10门法学专业核心必修课程之列，要求所有开设法学专业的高校均须向法学专业学生开设该课程。由此，该课程正式成为法律专业的核心必修课程之一。

2018年10月，教育部会同中央政法委联合印发《关于坚持德法兼修 实施卓越法治人才教育培养计划2.0的意见》。该文件提出8项改革任务，首要任务即"厚德育，铸就法治人才之魂"，强调应当注重培养学生的思想道德素养，大力推进中国特色社会主义法治理论进教材进课堂进头脑，将社会主义核心价值观教育贯穿法治人才培养全过程各环节；要结合社会实践，积极开展理想信念教育、社会公益教育、中华优秀传统法律文化教育；要加大学生法律职业伦理培养力度，面向全体法学专业学生开设"法律职业伦理"必修课，实现法律职业伦理教育贯穿法治人才培养全过程。[①]2019年，教育部指出，教育部将以实施卓越法治人才教育培养计划2.0、一流专业、一流课程建设"双万计划"为抓手，继续推动高校开好"法律职业伦理"必修课；开展"法律职业伦理"课程任课教师培训，推动高校落实《法律职业伦理课程教学基本要求》；深化法学专业学生职业理想和职业道德教育，努力培养担当民族复兴大任的、德智体美劳全面发展的社会主义建设者和接班人。[②]

2020年2月，教育部发布了《教育部高等教育司2020年工作要点》，第一项即为强调全面推进"四新"建设，在"积极推进新文科建设"中，指出"重点加强马克思主义新闻观教育、法律职业伦理教育"，将法律职业伦理教育置于新文科建设的重要内容之列。[③]

整体来看，法律职业伦理课程逐渐受到关注，体现了该课程对实现德法兼修的法治人才培养目标的重要意义，也反映了法律职业伦理在法学学科体系中的重要性不断增强。

### 二、加强法律职业伦理教育的重要性

近年来，我国不断加强法律职业伦理教育，强化该课程的法学专业核心必修课程地位，这不仅反映了德法兼修法治人才培养的需要，也是法律职业伦理教育重要性的体现。

#### （一）法律职业伦理教育的必要性

早在20世纪30年代，我国著名法学家孙晓楼先生在《法律教育》一书中列出了法

---

① 参见《关于坚持德法兼修 实施卓越法治人才教育培养计划2.0的意见》（教高〔2018〕6号）。
② 参见《关于政协十三届全国委员会第二次会议第0676号（教育类082号）提案答复的函》（教提案〔2019〕第14号）。
③ 参见《教育部高等教育司2020年工作要点》（教高司函〔2020〕1号）。

律学校中"不可或缺"的几门课程，其中就包括"法律伦理学"。他强调，法律伦理学这门课程"是教我们于研究法律之外，注意到运用法律时在社会上所应有的态度。尤其是于执行律务时，使他知识、技能、品性方面都有相当的准备，明了自身对于法院的责任，如何接受案件"。他指出了彼时我国法学教育的弊端，"中国现有的法律学校专注重于法律学的灌输，而忘掉道德的训育"，认为该课程可以使得学生知道其从事法律职业时对社会所负的使命，不致害人或害己。①

我国本科法学教育并非单纯的职业教育，而是融合素质教育、专业教育及职业教育等多元目标的法学教育。其中，通识教育构成前提，专业教育是基础，职业教育是法学教育改革的发展方向和目标。② 2011 年《关于实施卓越法律人才教育培养计划的若干意见》指出卓越法律人才的培养应以实施素质教育为主题，以培养应用型、复合型人才为重点，2018 年教育部发布的法学本科专业教学质量国家标准同样指出，"法学类专业教育是素质教育和专业教育基础上的职业教育"。从以往实践来看，我国法学教育更强调素质教育，部分法学本科毕业生并不从事法律职业，但结合国家统一法律职业资格考试改革及当前法学教育发展来看，从事法律职业应接受正规、系统的法学教育是发展趋势。法学教育和法律职业相辅相成，法学教育如何在新时期适应法律职业改革的步伐是当前需要考虑的问题。在法学教育改革过程中，普遍强调以培养司法人才为目标，构建以法律职业作为目标导向的法律人才培养机制，而这显然需要将法律职业伦理教育与职业技能培训有机结合，作为高校法学教育的重要内容。③ 同时，与各地律师协会等组织的职业培训相比，高校法学教育能够使学生在求学阶段树立正确的法律伦理意识，学习、理解和遵守相关伦理规范，并在之后不断实践，故而更具影响力。

目前高校法学教育中存在着通识教育与职业教育的区分。然而，通识教育以职业教育为前提，并且真正的职业教育亦非法律工匠的教育，而是塑造有价值信念的法律人才。高校的法学教育应当是价值养成和实质信念的教育，这恰恰是法律职业伦理教育的关键所在。法律职业伦理教育实为公民教育，要求法律人从职业角度出发主持正义，并具有实践的智慧。同时，法律职业伦理教育并非抽象的价值观念教育，还须与法律实践相结合，培养学生对法律职业伦理相关问题的判断力。④ 在法学教育不断加强职业化发展的过程中，偏向于职业技能培训的法学教育职业化如果忽视具有终极意义的法律职业伦理，必然会影响法学教育的效果。职业化的法学教育既包括职业技能的培训，也包括职业伦理的培养。法律职业伦理课程能够引导学生从社会的角度出发思考法律的价值，通过法律追求社会公平正义的实现。⑤ 因此，加强法律职业伦理教育成

① 马建红：《不可或缺的法律伦理学课程》，《北京青年报》2021 年 1 月 9 日第 A02 版。
② 杜承铭：《论本科法学职业教育目标的多元化及其实现》，《中国大学教学》2014 年第 8 期。
③ 焦富民：《"法治中国"视域下法学教育的定位与人才培养机制的优化》，《法学杂志》2015 年第 3 期。
④ 危文高：《法律职业伦理教育的主要问题与反思》，载王瀚主编：《法学教育研究》第 13 卷，法律出版社 2015 年版，第 56~66 页。
⑤ 周蔚文：《法律职业伦理关怀与法学教育的价值回归》，《法律适用》2014 年第 4 期。

为当下备受关注的重点问题。

目前，我国法律职业群体的法律伦理状况并不乐观，实践中存在诸多违反法律职业伦理的情形，如部分律师因违规披露案件信息、违反利益冲突规则等被公开处罚。部分法官、检察官或公证员等职业人员违反法律职业伦理的行为频现。在加强法律职业人员法律伦理培训与规范的同时，加强高校法律职业伦理教育也成为提升未来法律职业人员法律伦理意识的有力途径。

### 典型案例 0-1

#### 李某某等人强奸案 7 名律师受北京市律协处分

2013 年 2 月，北京市海淀分局接被害人报警称遭轮奸。2013 年 3 月，李某某等人因涉嫌轮奸被依法批捕。2013 年 7 月，北京市海淀区人民检察院依法对李某某等人涉嫌强奸案向北京市海淀区人民法院提起公诉，该案于 8 月 28 日正式开庭审理。9 月 26 日，北京市海淀区人民法院作出一审判决，以强奸罪判处被告人李某某有期徒刑 10 年，李某某及其代理人提起上诉。2013 年 11 月，北京市第一中级人民法院裁定驳回上诉，维持原判。

该案引发广泛关注，该案所涉律师的行为也备受争议。例如，鉴于该案属于依法不公开审理的案件，不得向出庭人员之外的人员公开庭审情况，仅宣判活动公开进行。然而，该案在开庭的第一天上午，案件审理尚未进入辩论阶段，李某某的辩护律师王某将辩护词在互联网上发布，辩护词中不仅有律师为李某某进行无罪辩护的辩护观点，还包括被害人就读的学校、是否是处女的体检报告等隐私内容，以及涉案酒吧领班张某的相关信息。

又如，被告人王某的辩护律师周某将庭审情况以微博、博客和向媒体披露的方式公之于众，其公布的有关妇科检查材料不仅泄露了当事人的隐私，也不当披露了案情。同时，周某公开发布的鉴定结论、监控视频、警方照片等，均属于案件证据范围，其将案件证据公开发布，并对案件证据、其他辩护人的意见进行分析和评价，违反了不公开审理的诉讼制度，也构成《律师协会会员违规行为处分规则（试行）》中"泄露当事人个人隐私"的违规行为。同时，周某在庭审过程中违反法庭纪律、在庭外面对公众有情绪失控等行为，对律师的职业形象造成了一定损害。[1]

再如，本案还出现了律师之间相互诋毁、不当发表贬损同行言论的行为。例如，该案被告人魏某某的辩护律师李某指出，被告人李某某的另一名辩护律师兰某多次在公开场所对其进行贬损和人身攻击，污蔑其"造谣中伤、报复陷害"等，并且兰某在其微博中"诬蔑我是'小人'，说我不择手段等"。

最后，本案被告人李某某的母亲梦某通过媒体公布了疑似本案魏某某代理律师

---

[1]《北京市律师协会处分李某某案的 6 名代理律师》，《中国青年报》2014 年 1 月 21 日第 6 版。

李某向其发送的具有争议性的短信截图。该截图显示，该律师向梦某发出短信要求，希望能够受聘为其子的辩护律师，因为其需要该大案要案以获得一定的社会影响力，从而有助于其获得特定职位或身份。

由此，本案暴露出了大量的不当执业行为，如泄露当事人隐私、不当披露案件信息、不当发表贬损同行言论等，涉及律师的保密义务、言论界限、同业互助等问题。2013年7月，北京市律师协会接到该案当事人对相关律师的投诉后，启动了受理审查程序，召开工作会议进行专题研究讨论，决定依职权主动对该案其他虽未被投诉但涉嫌违反律师职业规范的相关辩护和代理律师进行调查，并与被投诉律师一并立案审查。2013年11月28日和12月2日，北京市律师协会向7名相关辩护和代理律师正式发立案通知。经审查，北京市律师协会于2014年1月13日和1月29日分别对这7名律师作出处理决定，对其中3名律师给予公开谴责的行业纪律处分，对3名律师分别给予训诫、通报批评的行业纪律处分，对1名律师作出规范执业建议书。根据2004年修订的《律师协会会员违规行为处分规则（试行）》第57条的规定，会员对惩戒委员会作出的决定不服的，可以在接到决定书的30个工作日内向律师协会复查机构申请复查。在申请复查期内，某周姓律师提出复查申请，北京市律师协会处分复查委员会经审查认为该律师提出的复查理由不能成立，故而维持惩戒委员会的原处分决定。

该案是典型的律师违反职业伦理的案例，不当泄露当事人隐私和案件信息、贬损同行等言行均违反了律师的职业伦理，对律师执业的社会形象造成了不利影响，引发了人们对加强法律职业伦理建设的关注。

### （二）法律职业伦理作为法学专业必修课程的域外探讨

实际上，是否应当将法律职业伦理作为高校法学专业必修课程的问题，也是21世纪初国外法律界和教育界关注的问题。支持的观点普遍认为，其一，正义的实现与法律、法律制度、法律职业及法律职业伦理教育有密切联系。"正义"的法律制度需要有道德的律师。社会正义的实现需要法律职业理解和致力于实现正义。因此，法律培训必须将道德培训包括在内。其二，法律永远不是无价值的。女权主义法律理论、批判性法律研究及后现代主义等当代法律批判理论认为法律不像之前那样客观和中立，并且这种观点被广泛接受。但是，法律价值的本质意味着伦理教学应被纳入法学教育之中。因此，伦理教育并非可选择项，而是义务。其三，教育绝非没有价值。法学教师在教学过程中必然会列举一些具有模范作用的"好律师"，因此他们无法避免伦理教育。通过案例等方式来塑造法律和律师的形象，不可避免地会教授法律职业伦理。其四，应通过法律职业伦理教学来改变法律职业在社会上的形象。人们普遍认为律师是自私的，法律实务工作性质的变化、消费者问责制的加强、经济理性主义的压力和竞争改革等因素都加重了高校培养有道德的律师的压力。[①]职业道德和行为的教学不能仅是简单的职业课程或在职培训，学生应当对其对客户或雇主承担的义务及对维护和改善基本民主价值观、为弱势群体服务的义务有所领悟。同时，在大学的学术研究阶段，该课程为学生提供了一个理解和学习法律实务工作基本价值观的有利时机。[②]

然而，部分学者反对将法律职业伦理作为必修课程，这主要基于以下原因。其一，学术自治原则。法学院不是法律职业的初级教育机构，没有义务为未来的律师教授法律伦理或职业责任，这应当设置在研究生课程、内部培训或学徒制中，并非所有的法学毕业生都会从事法律职业，所以不应该强迫他们在大学期间学习法律职业伦理。其二，缺乏资源。法学院缺乏教授伦理和职业责任的时间、专业知识和材料。引入该课程会导致原有课程增多，出现教师和教学资料不足的问题。其三，道德无法教导。包括正义、诚信在内的道德不属于可以教育的范围。将法律伦理与职业责任设置为必修课不会使得律师成为好人或改变律师行业的纪律，无法保证改善相关实践或减少投诉律师的状况的发生。其四，道德推理无法客观评估。将伦理与职业责任课程强制化可能会存在风险，例如，相关课程可能会被热衷于将自己的宗教或道德观念强加于他人的狂热者利用。鉴于道德推理无法客观评估，故而最终评估不存在一致性。[③]

需要指出的是，"道德是感染而成的，不是教的"（Morals are caught not taught）。该格言看似否定了道德教育的可能性，但这可能是对部分课程的合理批评。也即，课程的出发点不应只是向学生传递有关伦理或道德理论方面的信息，而是通过健全的教学实践、适当的技术和理论来实现对学生的道德协调方面的培育，这才是实现道德发展的有效途径。

因此，在全球化和新技术革命背景下，法律职业伦理备受关注，并逐渐在各国高校法学教育中占据必修课地位。法律职业伦理教育有利于培养具有社会责任和公平正义追求的法律人，是法学教育的重要一环。我国不断加强法律职业伦理教育，有利于培养德法兼修的法治人才，增强未来法律职业人员的职业道德和自我管理，从而促进我国法律职业和法学教育的良性发展。

---

[①] Diana Henriss-Anderssen, Teaching Legal Ethics to First Year Law Students, *Legal Education Review*, 2002，Vol.13, No.1, p.45.

[②] Kim Economides, Justine Rogers, Preparatory Ethics Training for Future Solicitors (2009), pp.19-20.

[③] Kim Economides, Christine Parker, Roundtable on Legal Ethics in Legal Education: Should It Be a Required Course, *Legal Ethics*, 2011, Vol.14, No.1, p.109.

# 第一章

## 法律职业与法律职业伦理

　　法律职业伦理是指引和规范法律职业人员的职业行为和社会生活的行为规范和道德要求，各国或地区普遍通过规范性文件或判例等方式进行规范。法律职业伦理发挥着重要的社会功能，但相关实践和发展尚存问题，有待进一步构建和完善。

# 第一节　法律职业伦理的基本范畴

对法律职业伦理的基本内涵的界定，须对法律职业伦理涉及的基本范畴作出探讨。这既需要探讨构成该集合名词的"伦理""法律职业"等要素的内涵，又需要结合不同法律规范和语用背景对该概念的内涵作出分析。

## 一、法律职业

法律职业是社会分工发展到一定阶段的产物，其内涵和外延存在一定争议，但也呈现出稳定发展、概念逐渐明晰的特点。法律职业共同体的发展关系着一个国家法治水平的发展。

### （一）职业

根据《现代汉语词典》的解释，职业是指个人在社会中所从事的作为主要生活来源的工作。[①]该词对应的英文"profession"，本意指"宣示"或"公开宣告"的行为或事实，这意味着职业人员声称其对某些事物具有更多的知识，并且该声明或宣示为公众所认可。也即，该概念的成立不仅需要社会上真实存在相应的从业群体，该群体还须得到社会的承认，故而早期英美学者关于职业的讨论集中于律师、医生等公认的代表性职业上。"职业"具有一定的符号意义，其使得一个行业的职业自主性和从业者的声望在社会中获得合法性。[②]有学者将职业视为一种从业人员被共同的认同感、价值和语言所约束的共同体，并且该共同体与更大范围的社会相联系，并且社会给予该职业共同体以直接的社会控制权力，由此对其实现间接控制。[③]有学者指出职业的构成要素应包括：坚持为公众提供公共服务；职业人员被假定具有特定技能；具有一定的培训和教育机制；具有一定的特权或能够得到国家的承认；是一个自律群体；等等。[④]

在职业主义者眼中，职业往往有专业性、公共性和自治性等特征。其一，职业的基础是从业人员的专业技术，与仅满足适用技巧的工匠型专才有所区别；其二，为公众服务，高收入并非首要目的而是附带结果，职业最根本的价值是为公众服务的精神；其三，形成具有一定资格认证、纪律惩戒、身份保障等系统规章制度的自治团体。[⑤]也即，在界定"职业"的概念时，人们往往会强调其特殊的专业技能和道德责任，从而引申出一定的关键特点，如自我管理、行为准则、法定资格、行业协会等。[⑥]

---

① 中国社会科学院语言研究所词典编辑室编：《现代汉语词典》，商务印书馆 2012 年版，第 1672 页。
② 刘思达：《职业自主性与国家干预——西方职业社会学研究述评》，《社会学研究》2006 年第 1 期。
③ William J. Goode, Community within a Community: The Professions, *American Sociological Review*, 1957, Vol. 22, No. 2, pp.194-200.
④ Peter Wright, What is a "Profession"?, *The Canadian Bar Review*, 1951, Vol.29, No.7, pp.753-755.
⑤ 季卫东：《法治秩序的建构》，中国政法大学出版社 1999 年版，第 198 页。
⑥ ［美］德博拉·L.罗德、［美］小杰弗瑞·C.海泽德著，许身健等译：《律师职业伦理与行业管理》，知识产权出版社 2015 年版，第 2 页。

### （二）法律职业的内涵

法律职业的内涵有广义和狭义之分，一般以狭义的应用法律来界定，主要包括法官、检察官、律师等法律从业人员，并呈现出区别于其他专业的显著特点。

#### 1. 法律职业的概念与分类

法律职业泛指以从事法律事务作为主要生活来源的职业类型的总称，也即法律专业人士以研究、发展和应用法律为职业的总称。[①]与医生、会计师等职业相似，法律职业是专业化程度较高的独立职业，其形成的标志或构成的要素应当包括：系统的法学知识，正规的法学教育体系，专职从事法律活动的较大的自治性，内部特有的职业伦理及相关准入许可和行业协会考核等。[②]

一般来说，法律职业主体包括法官、检察官、律师等，但不同的国家或地区对法律职业的范围界定有所区别。在大陆法系国家，法律职业主体主要包括法官、检察官、律师、法律顾问、公证员和法学家等，英国的法律职业主要指律师，美国则一般包括法官、律师、公司法律顾问、政府部门法律官员和法学教师。[③]也即，普通法系国家通常会将法律职业作出广义和狭义的区分，狭义上的法律职业仅指律师。整体来看，广义上从事法律职业的人员包括三种：应用类、学术类和法律辅助技术类。其中，应用类主要指法官、检察官和律师，部分情形中还包括立法者、仲裁员和公证员；学术类主要指法学教师和研究人员；法律辅助类主要指辅助律师、法官和检察官工作的人员。狭义上的法律职业则主要指应用类。[④]

然而，有学者指出，"凡是在法律圈子里不能为其他职业类型所概括的、具有独立形态的职业类型，才能叫作法律职业"，其以事实从事法律工作为标准来界定法律职业，而非将与法律工作有关作为界定标准。由此，法官、检察官、律师是严格意义上的法律职业人员，专门从事立法、公证工作的人员也可列入该范畴，但执法者、法学教师、法制新闻报道者等不宜列入法律职业人员范畴。[⑤]有学者则将法律职业和法律类职业进行了区分，指出法律类职业包括法律职业、法律辅助职业和与法律相关的职业，其中法律职业是指"以操作法律、实施法律为手段，并以处理社会关系主体间法律冲突、平衡主体间权利义务为职权或职责的社会职业的总和"，由此，立法者、法学教育者和司法辅助人员等都不应被列入法律职业人员的范畴。[⑥]

整体来看，法律职业是接受专门的法律教育、具备法律规定的任职条件和资格、专门从事法律工作的社会角色。法律职业和与法律相关的职业不同，法律职业人员是以操作、实施法律为工作的职业人员，故而将其限定在法官、检察官、律师、公证员

---

① 许身健：《法律职业伦理》，中国政法大学出版社 2019 年版，第 20 页。
② 霍宪丹：《法律职业与法律人才培养》，《法学研究》2003 年第 4 期。
③ 范进学：《法律职业：概念、主体及其伦理》，《山东大学学报（哲学社会科学版）》2000 年第 5 期。
④ 霍宪丹：《法律职业与法律人才培养》，《法学研究》2003 年第 4 期。
⑤ 张文显：《司法改革报告——法律职业共同体研究》，法律出版社 2003 年版，第 14~15 页。
⑥ 张文显：《司法改革报告——法律职业共同体研究》，法律出版社 2003 年版，第 22 页。

等应用法律类职业人员中更为适宜。① 该类人员需要具备一定的法律知识和技能水平，并须符合特定的任职资格和条件，从事专业性的法律应用工作。

### 2. 法律职业的特点

法律职业在发展过程中逐渐形成了一定特点，构成其显著区别于其他职业的特征，这既体现在法律职业的专业性和独立性上，也体现在法律职业的分层化和伦理性方面。

其一，专业性。法律职业随社会分工日益细化发展而来，法律职业要求从业人员应具备专门的法律知识和技能，通过一定的资格认证或法律教育。社会分工的细化使得法律的专业化成为现代社会的必然发展趋势，法律的运行日益与道德和政治性因素疏离，越来越多地体现为一门专业技术，相应地，法律职业也越发专业化，这既体现在法律职业人员的专业化，也体现在法律机构具体设置和运作的专门化方面。② 法律职业往往要求职业主体具有较高的法律专业理论和知识技能，并须通过一定的职业资格考试或接受一定的法律教育，以更好地从事具有一定专业化要求的法律工作。

例如，《中华人民共和国法官法》（以下简称《法官法》）第 12 条明确规定了担任法官的条件，第 5 款规定了法学教育背景和法律专业知识，第 7 款规定初任法官应通过国家统一法律职业资格考试取得法律职业资格。《中华人民共和国检察官法》（以下简称《检察官法》）作出了相同规定。《中华人民共和国律师法》（以下简称《律师法》）第 5 条规定了申请律师执业的条件，虽未强调法学教育背景，但同样要求通过国家统一法律职业资格考试取得法律职业资格。

其二，独立性。一种职业形成的首要条件是独立性，即该职业不能依附于其他任何一种职业，法律职业同样如此。法律的专业化和法律职业的专业化，使得法律机构在社会生活中具有相对独立性，成员亦具有一定自主性。这与社会分工、职业专门化及法律的权威性等因素有关。法律职业的独立性不仅体现在法律职业机构的独立性上，如审判机构、检察机构的独立性和律师协会的自治管理，还体现在独特的制度、服饰、行为方式等方面，尤其是法律职业人员能够独立地处理职业领域的事务。国际律师协会（International Bar Association）发布的相关文件明确强调了独立性的重要性，各国具体法律规范亦对独立性有明确规定。

例如，国际律师协会 2011 年发布的《法律职业行为国际原则》（*International Principles on Conduct for the Legal Profession*）第 1 条规定："律师应当保持独立，并应获得该独立能带来的保护，给予客户无偏见的建议和代理。律师在建议客户时应作出独立、无偏见的职业判断，包括客户案件胜诉可能性。"针对该原则，国际律师协会作出注释："司法的实施和法治的运行离不开律师以专业身份为客户代理，不受指示、控制或干扰。律师如果不能确保独立，而是受制于他人特别是掌权者的影响，就很难完全保护当事人。因此，确保律师的独立是在民主社会保护公民权利的必然要求。保障

---

① 潘剑锋：《论以法律职业精英化为目标的法律职业资格考试》，《现代法学》2019 年第 5 期。
② 苏力：《法律活动专门化的法律社会学思考》，《中国社会科学》1994 年第 6 期。

独立需要个体执业律师、政府和民间社会对法律职业独立性的重视均高过个体愿望，尊重独立的法律职业的必要性。"同时，国际律师协会指出国际上不同管辖区的具体规范和独立性保障程度存在差异，但是，"律师和律协应努力坚持法律职业真正的独立，鼓励政府避免并解决对法治的挑战"。又如，我国《检察官法》第6条规定："检察官依法履行职责，受法律保护，不受行政机关、社会团体和个人的干涉。"我国《法官法》亦有相似规定。

其三，分层化。与专业化不同，法律职业的分层化强调法律职业的内部分工，即法律职业内部存在着具体分工的区别，不同具体职业分工又相互独立和协作。社会分工的发展不仅使得职业细化，也使得同一职业内部出现了不同的行业分工，如法律职业中的法官、检察官、律师等不同具体职业。法官、检察官和律师之间具有明确的分工，以我国为例，法官依法行使国家审判权，检察官依法行使国家检察权，律师则依法为当事人提供法律服务。不同具体职业之间的具体分工确实存在且非常明确，同时具体职业或部门具有独立性，如工作机制和方式、原则和具体规范等各方面均有所区别，并一定程度上存在相互制约。

尽管法律职业内部存在分层化，但各具体行业或部门仍具有一定的相互协作的关系，这源于不同法律职业部门在法律上的统一。不同法律职业部门相互协作的共同追求是公平正义，司法公正是司法的最高目标。诉讼程序亦须要不同法律职业部门相互协作，从而符合公正要求和程序正义。[①]

其四，伦理性。法律以公平正义为最终的价值追求，法律职业也始终以公平正义为最高的伦理价值，这也构成法律职业区别于其他职业的典型特征。法律职业的伦理性，是法律的伦理性的自然延伸。法律职业是将追求公平正义的法律在实践中应用的职业，这必然要求法律职业人员的活动以追求公平正义为最高价值。[②]因此，法律职业人员须符合一定的伦理规范，以约束其从业行为，践行对公平正义的追求。

例如，国际律师协会在《法律职业行为国际原则》第2条中规定："律师应在任何时间都对客户、法院、同事及在工作中接触的所有人保持最高水准的诚信、公正和公平。"国际律师协会指出："对法律职业的信任要求每个法律职业的成员都展现出诚实、公正和公平。"我国《律师法》第2条亦明确规定："律师应当维护当事人的合法权益，维护法律正确实施，维护社会公平和正义。"

### （三）我国的法律职业

在我国，关于法律职业的界定或法律职业外延的确定，一直存在争论。有学者认为广义的法律职业应界定为一切以法律为专门工作的职业，包括法律执行类、法律技术类、法律辅助事务类和基层法律实务类等从业人员，狭义的法律职业指从事法律适

---

[①] 夏锦文：《法律职业化：一种怎样的法律职业样式——以司法现代化为视角的考察》，《法学家》2006年第6期。

[②] 许身健：《法律职业伦理》，中国政法大学出版社2019年版，第25页。

用或服务的特定职业部门，主要包括律师、法官、检察官。[1]如上文所述，对法律职业的界定或说对法律职业伦理研究中法律职业的界定，宜以法律职业的狭义外延为准，但该狭义外延在我国语境中的具体内容如何界定，可结合相关法律文件作出探讨。

2001年，最高人民法院、最高人民检察院、司法部发布了《国家司法考试实施办法（试行）》，该规范性文件第2条规定："国家司法考试是国家统一组织的从事特定法律职业的资格考试。初任法官、初任检察官和取得律师资格必须通过国家司法考试。"该规定第1款指明了国家司法考试是从事特定法律职业人员必须通过的考试，第2款通过列举的方式规定了该特定法律职业人员的组成部分：法官、检察官、律师。该文件被视为我国法律职业化历程中的重要制度创新，[2]并体现了规范性文件对法律职业人员范围的界定。当然，从该规定的文义解释来看，法官、检察官、律师构成了特定法律职业，故而法律职业的总体范围多于这三类行业。

2014年，党的十八届四中全会提出，"推进法治专门队伍正规化、专业化、职业化，完善法律职业准入制度"，为法律职业资格考试制度的改革奠定了基础。2015年，中共中央办公厅、国务院办公厅印发了《关于完善国家统一法律职业资格制度的意见》，该意见对法律职业人员的概念和范围作出了明确规定："法律职业人员是指具有共同的政治素养、业务能力、职业伦理和从业资格要求，专门从事立法、执法、司法、法律服务和法律教育研究等工作的职业群体。担任法官、检察官、律师、公证员、法律顾问、仲裁员（法律类）及政府部门中从事行政处罚决定审核、行政复议、行政裁决的人员，应当取得国家统一法律职业资格。国家鼓励从事法律法规起草的立法工作者、其他行政执法人员、法学教育研究工作者，参加国家统一法律职业资格考试，取得职业资格。"该文件将法律职业人员界定为专门从事立法、执法、司法、法律服务和法律教育研究等工作的职业群体，并通过列举的方式对法律职业人员的外延作出了界定。然而，该广义解释过于宽泛。有学者指出，法官、检察官、律师、公证员是"以操作法律、实施法律、以法律为手段从事工作的职业者"，通过法律职业资格考试的要求具有必要性，但其他人员没有必要符合该要求，如兼职的法律顾问、仲裁员等可能是具有高级职称的法学学者，其法学学识和素质符合担任法律顾问或仲裁员的能力，但其并非必须通过法律职业资格考试。[3]可以说，该意见对法律职业作出了广义的界定，不仅包括应用法律类人员，还包括法律教育研究者、立法者等群体。

2018年，司法部发布了《国家统一法律职业资格考试实施办法》，该办法第2条规定："国家统一法律职业资格考试是国家统一组织的选拔合格法律职业人才的国家考试。初任法官、初任检察官，申请律师执业、公证员执业和初次担任法律类仲裁员，以及行政机关中初次从事行政处罚决定审核、行政复议、行政裁决、法律顾问的公务

---

[1] 张文显、卢学英：《法律职业共同体引论》，《法制与社会发展》2002年第6期。

[2] 孙笑侠：《法学教育的制度困境与突破——关于法学教育与司法考试等法律职业制度相衔接的研究报告》，《法学》2012年第9期。

[3] 潘剑锋：《论以法律职业精英化为目标的法律职业资格考试》，《现代法学》2019年第5期。

员,应当通过国家统一法律职业资格考试,取得法律职业资格。法律、行政法规另有规定的除外。"对比该办法与《关于完善国家统一法律职业资格制度的意见》,可以发现该办法对法律职业人员的范围作出了限制,不再将法律教育研究者、立法者、非法律类仲裁员等归入其中,而是主要涵盖了应用法律的人员,从而对法律职业作出了较狭义的界定。这意味着除另有规定外,通过法律职业资格考试该要求仅针对狭义的法律职业人员而言,与法律职业的专业性要求相一致。

因此,在我国当前法律语境中,法律职业的外延可通过《国家统一法律职业资格考试实施办法》规定的法律职业人才的范围来界定,即法官、检察官、律师、公证员、法律类仲裁员,以及行政机关中从事行政处罚决定审核、行政复议、行政裁决、法律顾问的公务员。

### (四)法律职业共同体

在法律职业发展过程中,法律职业共同体备受关注。所谓共同体,即任何基于协作关系的组织形式,强调人与人之间的亲密关系、共同的精神意识和认同感。在共同的集体中,成员分享共同的价值、情感和文化传统,并进行一致的行为、具有共同的目标。①法律职业共同体,则指法律职业领域内不同具体职业的职业人员之间形成的共同集体。然而,目前尚未形成关于法律职业共同体的权威定义,学术界关于法律职业共同体的外延存在不同认识。有学者将法律职业共同体界定为"在社会法治化进程中以从事法律职业为基础,以共有的法律伦理信念为前提,以统一的科学的法律职业教育为纽带,以共同的法律信仰和对法律职业的崇尚为核心精神,在互动协作的过程中形成的一种特定关系的联结体",并指出当前我国法律职业共同体一般包括法官、检察官、律师和法律学者。②有学者将法律职业共同体限定在狭义的法律职业人员范围内,强调专指法官、律师、检察官。三者具有法律职业共同体的一致性,又具有相对独立的行业特点。③还有学者则将法官、检察官、律师、法学教师、职业立法者、社会法律服务者等均纳入法律职业共同体之中。④

党的十八届四中全会审议通过的《中共中央关于全面推进依法治国若干重大问题的决定》提出了"法治工作队伍"的新概念,将法治专门队伍、法律服务队伍、涉外法治人才队伍和法学家队伍等包括在内。法治工作队伍的外延较广,涉及广义的法律职业人员和其他与法律工作相关的人员。整体来看,目前无论是学术界还是决策或法律文件方面对法律职业共同体并未形成统一的认识。法官、检察官、律师作为法律职业共同体的成员毋庸置疑,但法学学者、公证员等是否应归入法律职业共同体则存在一定

① [德]马克斯·韦伯著,胡景北译:《社会学的基本概念》,上海人民出版社 2000 年版,第 62 页。
② 张海燕、赵贵龙:《论法律职业共同体的培育路径——以法官和律师关系为视角》,《法律适用》2013 年第 11 期。
③ 霍宪丹:《关于构建法律职业共同体的思考》,《法律科学》2003 年第 5 期。
④ 徐显明:《构建法律职业共同体》,《人民日报》2014 年 9 月 23 日第 5 版。

争议，法治工作队伍的外延显然大大超过人们对法律职业共同体范围的既有认知。[①]

对法律职业共同体的界定，离不开法律职业的定义。在我国，法律职业主要指法官、检察官、律师、公证员、法律类仲裁员，以及行政机关中从事行政处罚决定审核、行政复议、行政裁决、法律顾问的公务员，相应地，法律职业共同体是上述法律职业人员组成的共同体。其中，法官、检察官、律师是法律职业共同体的主要组成人员。

法律职业共同体的构建有利于推动法治建设水平的提升。有学者指出，建立法律职业共同体的最大意义在于形成一种建立在共同的知识背景基础上的共同的思维方式、知识体系和共同的信念、价值甚至对法治的信仰。尽管法律职业共同体中各成员之间存在显著差别，但该概念旨在寻求一种共同的法治精神和法治理念。[②]有学者强调，法律职业共同体建立在共同的价值精神、共同的法律信仰和共同的法律理性基础之上。[③]因此，法律职业共同体的构建，也在一定程度上促进法律职业人员不断实现追求共同的价值追求和法律理性。

同时，法律职业共同体的构建，可以促进法律职业内部不同具体职业的良性互动。2017年，时任司法部部长张军提出"律师是法官、检察官、警察的朋友"，强调法律职业共同体内部律师、法官、检察官之间的协作关系，重视法律职业内部不同具体职业之间的交流、互动与合作。[④]我国通过完善法律准入制度、建立法律职业互动机制、形成各具体职业的具体伦理规范等推动法律职业共同体建设，在取得一定成效的同时尚待进一步推进其建设。

## 二、伦理与职业伦理

伦理一词古已有之，并与道德一词具有相近却有区别之内涵。职业伦理是特定领域的行为规范，是由特定职业的人员所形成的伦理规范及其准则的综合。

### （一）伦理

伦理指人伦关系和其内蕴的道理、条理和规则。我国古代文本中已有对该词的适用，该复合词由"伦"和"理"两个独立的单字组成。东汉许慎《说文》指出，"伦，辈也；理，治玉也"，清代段玉裁注释称，"伦，道也，理也"。在我国古代，"伦"有两种含义：一是指不同辈分之间的顺序或秩序关系，二是可以等同于道和理；"理"有两种含义：一是依玉之内在纹理进行整治、打理，二是事物的内在道理、条理。两字连用则始见于《乐记》中"凡音者，生于人心者也；乐者，通伦理者也"。汉朝初期，伦理一词逐

① 谭世贵、曾宇兴：《我国法律职业共同体建设的实践、问题与对策》，《海南大学学报（人文社会科学版）》2020年第5期。
② 刘作翔、刘振宇：《对法律职业共同体的认识和理解——兼论中国式法律职业共同体的角色隐喻及其现状》，《法学杂志》2013年第4期。
③ 卓泽渊：《法律人的价值精神、法律信仰和法律理性——法律职业共同体的观念基础》，《中国法律评论》2014年第3期。
④ 张军：《律师是法官检察官警察的朋友》，《中国司法》2017年第4期。

渐得到了广泛适用，主要指人际关系及其规范。①

在西方语境中，英文中的伦理（ethics）来源于拉丁文的"ethica"，后者又源于希腊文的"ethos"，最初为驻地、一群人共居的地方之意，之后该词含义扩大，包括一群人的性格、气质和风俗习惯等内容。②后来，伦理和伦理学的概念经亚里士多德（Aristotle）改造古希腊语后创立。在现代英语中，伦理一词仍具有更多的规范、规则之意。

在我国古代，道和德往往分开使用。道的本意为道路，后引申为规范、规矩；德本意为依正道而行。西方语境中的道德（moral）一词源于罗马词"moralis"，主要指传统风俗、习惯。从词源上来看，道德和伦理都被用来描述人在行为活动之中所形成的品质、习惯，都源于习惯、风俗，体现对人的行为的规范，并表现为人的德性或品质。③鉴于两者的相通性和互释，长期以来，道德和伦理两词被视为"相近相通"，可以"互相替用"。

《现代汉语词典》将伦理解释为人与人相处的各种道德准则，④将道德界定为社会意识形态之一，是人们共同生活及行为的规范和准则。⑤虽然两者都是指行为规范、准则等，但伦理和道德两个概念却存在着显著区别。在我国古代，伦理强调客观人际关系规范，道德则体现了由伦理关系所规定的个体的义务，并通过个人修养内化为德性。⑥有学者指出，伦理一词的本意指人伦关系及其内涵的规律、规则和条理，道德的本意是指人们行道过程中的内心体认、获得和由此形成的内在品质，故而道德指向行为主体或个体的外在行为和内在品质，伦理则指向群体生活、人际关系和其本来的应有规则。也即，道德的主观性更强，伦理的客观性更强；道德适合哲学玄思，伦理关注治世实务。⑦

因此，在一般意义上，伦理和道德两词具有一定的同一性，但若细究两个概念的区别，则伦理强调人伦关系及其秩序，道德指向个体的精神意志和内在品质。在语用中，道德多适用于对个体的道德判断或品行问题，伦理更强调外在的规范约束和指引。

## （二）职业伦理

职业伦理随着职业的出现而产生并逐渐发展，是社会伦理或社会道德在职业领域的具体体现，是由特定职业的人员所形成的伦理规范及其准则的综合。也即，职业伦理是职业群体在其职业实践中所形成的并且应当遵守的伦理规范和原则，包括职业信

---

① 焦国成：《论伦理——伦理概念与伦理学》，《江西师范大学学报（哲学社会科学版）》2011年第1期。
② 罗国杰：《伦理学》，人民出版社1989年版，第4页。
③ 李建华：《伦理与道德的互释及其侧向》，《武汉大学学报（哲学社会科学版）》2020年第3期。
④ 中国社会科学院语言研究所词典编辑室编：《现代汉语词典》，商务印书馆2012年版，第852页。
⑤ 中国社会科学院语言研究所词典编辑室编：《现代汉语词典》，商务印书馆2012年版，第269页。
⑥ 朱贻庭：《"伦理"与"道德"之辨——关于"再写中国伦理学"的一点思考》，《华东师范大学学报（哲学社会科学版）》2018年第1期。
⑦ 焦国成：《论伦理——伦理概念与伦理学》，《江西师范大学学报（哲学社会科学版）》2011年第1期。

仰、职业追求、职业原则、职业精神等。该伦理规范具有典型的职业性，是基于职业的规律和特点、工作的具体内容和规范等形成，并须要相关职业群体必须遵守的伦理规范。①

因此，所谓职业伦理，强调该伦理是一种不同于或独立于日常伦理要求的、另一种类型的伦理要求。任何职业活动都有自己的伦理，但该伦理并非社会成员所共有的日常伦理，故而职业伦理与社会公众的共同意识无关。一般日常伦理规范在广泛范围内适用，职业伦理则限定于特定区域，具有特定的适用对象。②同时，不同职业规定的伦理义务往往差别较大，其规范性要求不仅不同且有可能存在对立，这区别在于职业伦理需诉诸集体的权威，该权威并非个人的特殊意志，而是功能性的职业规范要求和共同生活的价值基础。③

职业道德与职业伦理在使用中经常相互替代，其实两者在含义上并无本质区别，只是如前文所述伦理与道德之区别，职业道德侧重于强调主观层面，职业伦理则更具客观性和外在性。

### 三、法律职业伦理

法律职业伦理是规范法律职业人员在职务活动和社会生活中相关行为的基本原则和行为规范，在符合一般职业伦理特征的同时，还具有一定独特性。这基于法律职业的独特性和对公平正义的最终价值追求。

### （一）法律职业伦理的概念

通过对法律职业、伦理等要素的分析，可对法律职业伦理的内涵形成一定认识。法律职业伦理（Legal Ethics）是伦理现象的一种，从属于职业伦理之中，既具有职业伦理的一般特点，又具有基于法律职业的特殊性。有学者指出，法律职业伦理应被界定为法律职业者在从事法律职业过程中为维护相互之间的正常职业关系而应当遵守的行为准则，其是一般伦理和道德的具体表现形式。④法律职业伦理反映的是法律职业的理念和道德规范，是调节法律职业内部关系和法律职业与社会各方面关系的行为准则，也是评价法律职业行为的标准。⑤有学者将法律职业伦理界定为以法律职业道德为研究对象，关于法律职业共同体从业的活动准则、道德规范和职业信仰的科学。⑥有学者则将其界定为律师、法官、检察官、公证员等法律工作者自主地按照职务角色所应具备

---

① 陈光斌：《监察官职业伦理：概念、渊源和内容》，《法学评论》2020 年第 5 期。
② ［法］涂尔干著，渠敬东译：《职业伦理与公民道德》，商务印书馆 2015 年版，第 8 页。
③ 渠敬东：《职业伦理与公民道德——涂尔干对国家与社会之关系的新构建》，《社会学研究》2014 年第 4 期。
④ 刘晓兵、程滔：《法律人的职业伦理底线》，中国政法大学出版社 2017 年版，第 1 页。
⑤ 张燕：《论法律职业伦理道德责任的价值基础》，《法学》2018 年第 1 期。
⑥ 余其营：《法律职业伦理塑造的体系构建》，《山东社会科学》2009 年第 S1 期。

的责任和义务，从而形成的具有强制力的行为规范。[①]

法律职业伦理，是指法官、检察官、律师等法律职业人员在其职务活动与社会生活中应当遵循的基本原则和行为规范的总和。其中，法律职业是指前文所述的应用法律的职业人员，主要包括法官、检察官和律师等具体职业。有学者将法律职业伦理界定为法官、检察官、律师、公证员等法律职业人员，法律职业人员的辅助人员和其他相关人员及所属机构，在与其身份有关的活动中应遵守的行为规范的总称。其强调，法律职业人员的辅助人员等的行为也受到法律职业伦理的约束，故而在该概念界定中也应将这些主体包括在内。[②]需要指出的是，尽管法律职业人员之外的司法辅助人员等也须受法律职业伦理约束，但其并非严格意义上的法律职业人员，其对法律职业伦理的遵守亦属于参照适用或类推适用相关规定。例如，《中华人民共和国法官职业道德基本准则》（以下简称《法官职业道德基本准则》）第 27 条规定："人民陪审员依法履行审判职责期间，应当遵守准则。人民法院其他工作人员参照执行本准则。"该规定通过补充规定的方式对需要遵循法官职业伦理的主体范围作出了补充和参照适用，也证明了人民陪审员、人民法院其他工作人员不在法律职业人员之列，而是因其工作性质亦须遵循或参照适用法律职业伦理。由此可以得出的结论是，法律职业伦理是法律职业人员应遵循的行为规范的总和，其适用主体主要为法律职业人员，但司法辅助人员等在特定情况下可参照适用。

### （二）法律职业伦理的特征

法律职业伦理作为一种特殊的职业伦理，除具备职业伦理的普遍特征，区别于一般伦理外，还具有其独特性，这主要表现为以下方面。

#### 1. 主体的特定性与多样性

法律职业伦理是法律职业人员在事业行为和社会生活中应遵循的行为规范总和，其适用主体为法律职业人员，而法律职业人员又有明确的范围界定，故而法律职业伦理的适用主体具有特定性，在我国即是上文所探讨的法律职业人员。然而，法律职业伦理并非仅适用于法律职业人员，司法辅助人员等也可参照适用，以维护实施和应用法律过程中的公平正义。例如，我国《法官法》规定了人民陪审员在履行审判职责期间应当遵守法官职业伦理，人民法院其他工作人员参照执行，从而扩大了法律职业伦理的约束对象。2001 年中华全国律师协会修订的《律师职业道德和执业纪律规范》在第 46 条中规定："实习律师、律师助理参照本规范执行。"根据该规定可知，除律师外，实习律师、律师助理等也受伦理规范的要求。因此，从法律职业伦理的最终适用结果来看，尽管其适用对象限定为法律职业人员，但又存在特定情况下的扩大适用和参照适用情形。因此，其适用主体在特定的同时又具有多样性。

---

① 许身健：《法律职业伦理》，中国政法大学出版社 2019 年版，第 25 页。
② 王进喜：《法律职业伦理》，中国人民大学出版社 2020 年版，第 35 页。

### 2. 内容的一般性和特殊性

法律职业伦理的内容，既涉及对法律职业人员伦理规范的一般规定，又有针对不同具体职业的具体规范，由此形成兼具一般性和特殊性的法律职业伦理体系。法律职业伦理规范要求法律职业人员遵循一定的行为准则，如维护国家法律的尊严和当事人的合法权益等，这具有普遍性。然而，由于法律职业中有不同的具体职业的区别，不同具体职业主体所应遵循的职业伦理又存在差异。[①]例如，我国《法官法》第 5 条规定："法官应当勤勉尽责，清正廉明，恪守职业道德。"《检察官法》第 3 条规定："检察官必须忠实执行宪法和法律，维护社会公平正义，全心全意为人民服务。"《律师法》第 2 条第 2 款规定："律师应当维护当事人合法权益，维护法律正确实施，维护社会公平和正义。"法官、检察官、律师均须维护社会公平正义、维护法律的实施，这体现了法律职业伦理的一般性。然而，相关法律规范更强调法官、检察官对司法公正和司法为民的追求，关注对律师维护当事人利益最大化的规范，并对不同主体在具体司法实践中应遵循的具体规范有区别规定。

### 3. 实施中自律性与他律性的统一

法律职业伦理的作用在于规范法律职业人员的行为，维护对公平正义最终目标的追求。在法律职业伦理相关要求和规范的实施过程中，一方面需要法律职业人员具有一定的自律性，从而以相关伦理要求约束自己，提升自己的法律职业道德；另一方面也需要通过他律的方式推进实施，如通过相关法律法规或纪律规范设置一定的纪律责任，从而形成对法律职业人员的行为约束。[②]

例如，《人民法院工作人员处分条例》《检察人员纪律处分条例》《律师和律师事务所违法行为处罚办法》《行政机关公务员处分条例》等对违反法律职业伦理的法律职业人员的行为设置了一定的法律责任。2017 年修订的《律师协会会员违规行为处分规则》第 1 条指出："为加强律师职业道德和执业纪律建设，规范律师执业行为和律师事务所管理活动，规范律师协会对违规会员的惩戒工作"，根据相关法律法规制定该规则，并在第 15 条设置了训诫、警告、通报批评、公开谴责、中止会员权利和取消会员资格等纪律处分。实践中也不乏律师受到行业处分的案例，例如，2013 年，北京市律师协会向李某某等人强奸案中 7 名违反法律职业伦理规范的辩护及代理律师发出立案通知，经过答辩、调查、听证、讨论等相关程序，北京律协对 7 名律师作出了处理决定，其中，6 名律师被分别给予训诫、通报批评、公开谴责的行业纪律处分。

当然，法律职业伦理并非只是法律规范，还须法律职业人员将相关原则和行为规范内化于心，并在实践中严格实施，从而保障法律职业伦理在实践中能够得到遵行。有学者将法律职业伦理分为不同层次，认为初级法律职业伦理是最基本的底线，中级法律职业伦理指法律职业人员按照法定程序要求履行职责，高级法律职业伦理则指法

---

① 李本森：《法律职业伦理》，北京大学出版社 2017 年版，第 24 页。
② 李本森：《法律职业伦理》，北京大学出版社 2017 年版，第 24 页。

律职业人员通过自己的行为最大程度地实现法律正义。[1]高级法律职业伦理显然需要法律职业人员更好地规范自己的行为，违反该伦理要求可能不会有相应的法律责任或纪律处分，而需要法律职业人员通过自律来遵守。

# 第二节　法律职业伦理的渊源

所谓法律渊源，即法律的表现形式。法的渊源分为正式渊源和非正式渊源，法律职业伦理亦不例外。正式渊源是指可以体现在国家制定的规范性法律文件中的具体条文形式，如各种制定法和不同国家机关根据具体职权和程序制定的各种规范性文件。宪法、法律、行政法规、规章、地方性法规、国际条约等均在此列。非正式渊源则指具有法律意义的准则或观念，而这些准则或观念尚未在正式的法律文件中得到体现，如道德规范和正义观念、习惯、判例、理论学说等。不同国家的法律渊源不同，相应地，法律职业伦理的表现形式亦有差异。

## 一、我国法律职业伦理的规范体系

就法律职业伦理而言，其表现形式除规范形式外，还有非规范性方式。目前，我国相关法律法规和规范性文件对法律职业伦理作出了较明确的规范，形成了具有一定规模的法律职业伦理规范体系。

### （一）我国法律职业伦理的规范形式

法律、司法解释、行政法规、部门规章、行业规范、国际公约等均是法律职业伦理的规范性表现形式。

#### 1. 法律

法律是规范法律职业伦理的重要方式，法律职业伦理的核心内容或基本原则往往为法律所吸收，上升为立法规范。例如，我国《法官法》《检察官法》《律师法》等均对法律职业伦理作出了明确规定。《法官法》第5条规定："法官应当勤勉尽责，清正廉明，恪守职业道德。"《检察官法》第4条规定："检察官应当勤勉尽责，清正廉明，恪守职业道德。"《律师法》第3条第1款规定："律师执业必须遵守宪法和法律，恪守律师职业道德和执业纪律。"同时，这三部法律对涉及法律职业伦理的基本原则、具体规范或行为准则等也作出了一定规范。例如，《法官法》第41条规定对法官考核的内容包括职业道德、工作作风等，将职业伦理作为法官晋升、选拔任用、培养教育的重要依据。《检察官法》第42条亦有相似规定。

《中华人民共和国民事诉讼法》（以下简称《民事诉讼法》）、《中华人民共和国刑事诉讼法》（以下简称《刑事诉讼法》）、《中华人民共和国行政诉讼法》（以下简称《行政

① 李本森：《法律职业伦理》，北京大学出版社2017年版，第12页。

诉讼法》)亦涉及对法官、检察官、律师等法律职业人员的伦理规范，如涉及回避、司法公开及其例外等规范，同样构成法律职业伦理的重要渊源。

### 2. 司法解释

司法解释主要涉及法官、检察官、律师等职业伦理的具体内容，例如，最高人民法院、最高人民检察院关于执行《民事诉讼法》《刑事诉讼法》的司法解释，涉及回避、审判中立等法律职业伦理的基本内容。这些司法解释虽然没有明确提及法律职业伦理，但对法律职业伦理的具体内容作出了规范，从而将法律职业伦理规范进一步细化，促进了法律职业伦理相关规范在实践中的实施。[①]

### 3. 行政法规

行政法规由国务院根据宪法和法律制定，这类规范主要集中于行政管理部门。例如，国务院发布的《法律援助条例》涉及对律师职业伦理的规范，该条例第 29 条明确规定："律师办理法律援助案件违反职业道德和执业纪律的，按照律师法的规定予以处罚。"《行政机关公务员处分条例》的具体规范对违反法律职业伦理的部分行政执法人员同样适用。

### 4. 部门规章和规范性文件

司法部、公安部等部门发布的涉及法律职业伦理的部门规章和其他规范性文件，同样构成法律职业伦理的渊源之一。例如，司法部制定的《律师和律师事务所违法行为处罚办法》对违反律师职业伦理的有关行为进行规制，构成法律职业伦理的渊源之一。

### 5. 司法文件与行业规范

法律职业内部各主要行业也逐渐形成了自己的行业道德规范，由此直接约束法律职业人员的行为。例如，最高人民法院 2010 年发布的《法官职业道德基本准则》、最高人民检察院 2016 年修订的《中华人民共和国检察官职业道德基本准则》（以下简称《检察官职业道德基本准则》），以司法文件的方式对审判伦理、检察伦理作出了直接规范。同时，《人民法院工作人员处分条例》《检察人员纪律处分条例》也针对具体的违反职业伦理行为的法律责任作出了明确规定。

中华全国律师协会 2011 年修订的《律师职业道德基本准则》、中国公证协会 2011 年发布的《公证员职业道德基本准则》，以行业规范的方式对律师伦理、公证伦理明确规定。这些规范性文件对法律职业伦理作出了较集中的规定。

### 6. 国际公约

部分国际公约或文件同样对法律职业伦理的内容作出了规范。例如，联合国大会 1985 年通过的《关于司法机关独立的基本原则》对独立、保密等法律职业伦理的重要内容作出了规范；1990 年通过的《关于检察官作用的准则》对检察官的职业伦理作出了

---

[①] 李本森：《法律职业伦理》，北京大学出版社 2017 年版，第 18 页。

明确规范；1990年通过的《关于律师作用的基本原则》对律师的职业伦理作出规范，明确强调律师应"在任何时候都根据法律和公正的准则及律师的职业道德，自由和勤奋地采取行动"。

整体而言，我国目前关于法律职业伦理的规范文件，已经形成了由法律、行政法规、部门规章、司法解释、行业规范等不同位阶和类型的规范文件构成的规范体系，对法律职业内部不同行业的职业伦理作出了较明确的规制。

### （二）不同职业主体的法律职业伦理规范

针对法律职业内部典型行业的职业伦理，目前相关法律制度均形成了一定规模的法律规范体系，因此，可分别对不同行业的主要法律职业伦理规范作出进一步的了解。

#### 1. 法官职业伦理

法官的职业伦理相关规范，主要由《法官法》《中华人民共和国人民法院组织法》（以下简称《人民法院组织法》）、《法官职业道德基本准则》《人民法院工作人员处分条例》《中华人民共和国人民陪审员法》（以下简称《人民陪审员法》）等组成（如表1-1）。

表1-1 法官职业伦理相关规范文件

| 名称 | 制定与修改 | 法律职业伦理具体内容列举 | 立法特点 |
|---|---|---|---|
| 《法官法》 | 1995年第八届全国人民代表大会常务委员会第十二次会议通过，2019年第十三届全国人民代表大会常务委员会第十次会议修订。 | 第3条 法官必须忠实执行宪法和法律，维护社会公平正义，全心全意为人民服务。<br>第4条 法官应当公正对待当事人和其他诉讼参与人，对一切个人和组织在适用法律上一律平等。<br>第5条 法官应当勤勉尽责，清正廉明，恪守职业道德。<br>第6条 法官审判案件，应当以事实为根据，以法律为准绳，秉持客观公正的立场。<br>第7条 法官依法履行职责，受法律保护，不受行政机关、社会团体和个人的干涉。<br>第41条 对法官的考核内容包括：审判工作实绩、职业道德、专业水平、工作能力、审判作风。重点考核审判工作实绩。 | 《法官法》在2019年修订中明确提出了"恪守职业道德"，强调对法律职业伦理的重视。部分条款规定了法律职业伦理的具体要求，并将法律职业伦理作为法官考核的内容之一。 |
| 《人民法院组织法》 | 1979年第五届全国人民代表大会第二次会议通过，2018年第十三届全国人民代表大会常务委员会第六次会议修订。 | 第4条 人民法院依照法律规定独立行使审判权，不受行政机关、社会团体和个人的干涉。<br>第5条 人民法院审判案件在适用法律上一律平等，不允许任何组织和个人有超越法律的特权，禁止任何形式的歧视。<br>第6条 人民法院坚持司法公正，以事实为根据，以法律为准绳，遵守法定程序，依法保护个人和组织的诉讼权利和其他合法权益，尊重和保障人权。 | 部分条款涉及对法律职业伦理基本原则和核心内容的规范，如独立规范、平等规范、公正规范等。 |

| 名称 | 制定与修改 | 法律职业伦理具体内容列举 | 立法特点 |
|---|---|---|---|
| 《法官职业道德基本准则》 | 最高人民法院2001年发布，2010年修订后重新发布。 | 第1章　总则<br>第2章　忠诚司法事业<br>第3章　保证司法公正<br>第4章　确保司法廉洁<br>第5章　坚持司法为民<br>第6章　维护司法形象<br>第7章　附则<br>第2条　法官职业道德的核心是公正、廉洁、为民。基本要求是忠诚司法事业、保证司法公正、确保司法廉洁、坚持司法为民、维护司法形象。<br>第3条　法官应当自觉遵守法官职业道德，在本职工作和业外活动中严格要求自己，维护人民法院形象和司法公信力。 | 该准则具体规范了法官职业伦理的基本内容，提出法官职业伦理的核心和基本要求，并明确规范了基本要求的具体内容。 |
| 《人民法院工作人员处分条例》 | 最高人民法院2009年发布。 | 第1条　为了规范人民法院工作人员行为，促进人民法院工作人员依法履行职责，确保公正、高效、廉洁司法，根据《中华人民共和国公务员法》和《中华人民共和国法官法》，制定本条例。<br>第2条　人民法院工作人员因违反法律、法规或本条例规定，应当承担纪律责任的，依照本条例给予处分。 | 违反法律职业伦理相关规范的法官及相关人员的处分，可依据该条例进行，从而保障法律职业伦理的实施。 |
| 《人民陪审员法》 | 2018年第十三届全国人民代表大会常务委员会第二次会议通过。 | 第3条　人民陪审员依法享有参加审判活动、独立发表意见、获得履职保障等权利。人民陪审员应当忠实履行审判职责，保守审判秘密，注重司法礼仪，维护司法形象。<br>第18条　人民陪审员的回避，适用审判人员回避的法律规定。 | 该法规定了人民陪审员应遵循的职业伦理和具体的回避规范等，结合《法官职业道德基本准则》第27条的规定，人民陪审员在审判期间应遵循相关法律职业伦理规范。 |
| 《法官行为规范》 | 最高人民法院2005年发布试行，2010修订后发布正式施行。 | 第1条至第8条为一般规定，提出了对法官基本行为规则的要求，包括：忠诚坚定；公正司法；高效办案；清正廉洁；一心为民；严守纪律；敬业奉献；加强修养。 | 该基本行为规则要求与法官职业伦理的要求多有重合，体现了对忠诚、为民、公正等伦理要求的规范。 |

### 2. 检察官职业伦理

检察官职业伦理，主要由《检察官法》《中华人民共和国检察院组织法》（以下简称《检察院组织法》）、《检察官职业道德基本准则》《检察人员纪律处分条例》等组成（如表1-2）。

表 1-2  检察官职业伦理相关规范文件

| 名称 | 制定与修改 | 法律职业伦理具体内容列举 | 立法特点 |
|------|-----------|--------------------------|----------|
| 《检察官法》 | 1995年第八届全国人民代表大会常务委员会第十二次会议通过，2019年第十三届全国人民代表大会常务委员会第十次会议修订。 | 第3条 检察官必须忠实执行宪法和法律，维护社会公平正义，全心全意为人民服务。<br>第4条 检察官应当勤勉尽责，清正廉明，恪守职业道德。<br>第5条 检察官履行职责，应当以事实为根据，以法律为准绳，秉持客观公正的立场。<br>第6条 检察官依法履行职责，受法律保护，不受行政机关、社会团体和个人的干涉。<br>第42条 对检察官的考核内容包括：检察工作实绩、职业道德、专业水平、工作能力、工作作风。重点考核检察工作实绩。 | 《检察官法》在2019年修订中明确提出了"恪守职业道德"，强调对法律职业伦理的重视。部分条款规定了法律职业伦理的具体要求，并将法律职业伦理作为检察官考核的内容之一。 |
| 《检察院组织法》 | 1979年第五届全国人民代表大会第二次会议通过，2018年第十三届全国人民代表大会常务委员会第六次会议修订。 | 第4条 人民检察院依照法律规定独立行使检察权，不受行政机关、社会团体和个人的干涉。<br>第5条 人民检察院行使检察权在适用法律上一律平等，不允许任何组织和个人有超越法律的特权，禁止任何形式的歧视。<br>第6条 人民检察院坚持司法公正，以事实为根据，以法律为准绳，遵守法定程序，尊重和保障人权。 | 部分条款涉及对法律职业伦理基本原则和核心内容的规范，如独立规范、平等规范、公正规范等。 |
| 《检察官职业道德基本准则》 | 2016年最高人民检察院第十二届检察委员会第五十七次会议通过。 | 第1条 坚持忠诚品格，永葆政治本色。<br>第2条 坚持为民宗旨，保障人民权益。<br>第3条 坚持担当精神，强化法律监督。<br>第4条 坚持公正理念，维护法制统一。<br>第5条 坚持廉洁操守，自决接受监督。 | 明确提出了检察官应当遵循的职业伦理，并且通过简明扼要的方式进行了表述。 |
| 《检察人员纪律处分条例》 | 2004年最高人民检察院第十届第十三次检察长办公会讨论通过，2016年最高人民检察院第十二届检察委员会第五十六次会议修订。 | 第1条 为了严肃检察纪律，规范检察人员行为，保证检察人员依法履行职责，确保公正廉洁司法，根据《中华人民共和国人民检察院组织法》《中华人民共和国公务员法》《中华人民共和国检察官法》等法律法规，参照《中国共产党纪律处分条例》等党内法规，结合检察机关的实际，制定本条例。<br>第3条 本条例适用于违反纪律或法律、法规规定应当受到纪律追究的检察人员。 | 违反法律职业伦理相关规范的检察人员及相关人员的处分，可依据该条例进行，从而保障法律职业伦理的实施。 |

### 3. 律师伦理

律师职业伦理的法律规范主要包括两方面。一方面，这包括《律师法》《律师事务所管理办法》《律师职业行为规范（试行）》《律师执业管理办法》《律师职业道德基本准则》《律师职业道德和职业纪律规范》《法律援助条例》《律师和律师事务所违法行为处罚办法》《司法部关于进一步加强律师职业道德建设的意见》等规范性文件（如表 1-3）。

表 1-3　律师职业伦理相关规范文件

| 名称 | 制定与修改 | 法律职业伦理具体内容列举 | 立法特点 |
|---|---|---|---|
| 《律师法》 | 1996年第八届全国人民代表大会常务委员会第十九次会议通过，2017年第十二届全国人民代表大会常务委员会第二十九次会议第三次修订。 | 第2条 律师应当维护当事人合法权益，维护法律正确实施，维护社会公平和正义。<br>第3条 律师执业必须遵守宪法和法律，恪守律师职业道德和执业纪律。律师执业必须以事实为根据，以法律为准绳。律师执业应当接受国家、社会和当事人的监督。律师依法执业受法律保护，任何组织和个人不得侵害律师的合法权益。<br>第23条 律师事务所应当建立健全执业管理、利益冲突审查、收费与财务管理、投诉查处、年度考核、档案管理等制度，对律师在执业活动中遵守职业道德、执业纪律的情况进行监督。<br>第46条 律师协会应当履行下列职责：……（四）组织律师业务培训和职业道德、执业纪律教育，对律师的执业活动进行考核…… | 该法明确指出律师应恪守职业道德，对职业伦理的基本原则等作出了规定，并强调了律师事务所对律师遵守职业道德监督和律师协会组织律师进行职业道德培训的职责等。 |
| 《律师事务所管理办法》 | 2008年司法部令第111号发布，2018年司法部令第142号修正。 | 第40条 律师事务所应当建立健全执业管理和其他各项内部管理制度，规范本所律师执业行为，履行监管职责，对本所律师遵守法律、法规、规章及行业规范，遵守职业道德和执业纪律的情况进行监督，发现问题及时予以纠正。<br>第42条 律师事务所应当监督本所律师和辅助人员履行下列义务：（一）遵守宪法和法律，遵守职业道德和执业纪律……<br>第55条 律师事务所应当加强对本所律师的职业道德和执业纪律教育，组织开展业务学习和经验交流活动，为律师参加业务培训和继续教育提供条件。<br>第58条 律师事务所应当建立律师执业年度考核制度，按照规定对本所律师的执业表现和遵守职业道德、执业纪律的情况进行考核，评定等次，实施奖惩，建立律师执业档案和诚信档案。 | 该办法强调了律师事务所对律师遵守职业道德的监督、教育和考核等职责。 |
| 《律师职业行为规范（试行）》 | 2004年五届全国律协第九次常务理事会审议通过试行，2017年九届2次常务理事会第2次修订并试行。 | 第6条 律师应当忠于宪法、法律，恪守律师职业道德和执业纪律。<br>第15条 律师不得为以下行为：……（四）其他违反法律、法规、律师协会行业规范及职业道德的行为……<br>第16条 律师和律师事务所推广律师业务，应当遵守平等、诚信原则，遵守律师职业道德和执业纪律，遵守律师行业公认的行业准则，公平竞争。 | 对律师执业行为中应遵循的职业伦理作出了较具体的规范。 |

| 名称 | 制定与修改 | 法律职业伦理具体内容列举 | 立法特点 |
|---|---|---|---|
|  |  | 第37条 律师与所任职律师事务所有权根据法律规定、公平正义及律师执业道德标准，选择实现委托人或当事人目的的方案。<br>第97条 律师事务所有义务对律师、申请律师执业实习人员在业务及职业道德等方面进行管理。 | 对律师执业行为中应遵循的职业伦理作出了较具体的规范。 |
| 《律师执业管理办法》 | 2008年司法部令第112号发布，2016年司法部令第134号修订。 | 第24条 律师执业必须遵守宪法和法律，恪守律师职业道德和执业纪律，做到依法执业、诚信执业、规范执业。<br>第50条 县级司法行政机关对其执业机构在本行政区域的律师的执业活动进行日常监督管理，履行下列职责：（一）检查、监督律师在执业活动中遵守法律、法规、规章和职业道德、执业纪律的情况…… | 规定律师应恪守职业伦理，并明确了县级司法行政机关对律师遵守职业伦理状况的监督职责。 |
| 《律师职业道德基本准则》 | 中华全国律师协会2014年发布。 | 第1条 律师应当坚定中国特色社会主义理想信念，坚持中国特色社会主义律师制度的本质属性，拥护党的领导，拥护社会主义制度，自觉维护宪法和法律尊严。<br>第2条 律师应当始终把执业为民作为根本宗旨，全心全意为人民群众服务，通过执业活动努力维护人民群众的根本利益，维护公民、法人和其他组织的合法权益。认真履行法律援助义务，积极参加社会公益活动，自觉承担社会责任。<br>第3条 律师应当坚定法治信仰，牢固树立法治意识，模范遵守宪法和法律，切实维护宪法和法律尊严。在执业中坚持以事实为根据，以法律为准绳，严格依法履责，尊重司法权威，遵守诉讼规则和法庭纪律，与司法人员建立良性互动关系，维护法律正确实施，促进司法公正。<br>第4条 律师应当把维护公平正义作为核心价值追求，为当事人提供勤勉尽责、优质高效的法律服务，努力维护当事人合法权益。引导当事人依法理性维权，维护社会大局稳定。依法充分履行辩护或代理职责，促进案件依法、公正解决。<br>第5条 律师应当牢固树立诚信意识，自觉遵守执业行为规范，在执业中恪尽职守、诚实守信、勤勉尽责、严格自律。积极履行合同约定义务和法定义务，维护委托人合法权益，保守在执业活动中知悉的国家机密、商业秘密和个人隐私。<br>第6条 律师应当热爱律师职业，珍惜律师荣誉，树立正确的执业理念，不断提高专业素质和执业水平，注重陶冶个人品行和道德情操，忠于职守、爱岗敬业，尊重同行，维护律师的个人声誉和律师行业形象。 | 通过6条规定，指明了律师应当遵循的职业伦理规范的具体内容。 |

续表

| 名称 | 制定与修改 | 法律职业伦理具体内容列举 | 立法特点 |
|---|---|---|---|
| 《律师职业道德和职业纪律规范》 | 中华全国律师协会 2001 年修订,第 2 章中华全国律师协会 2014 年修改。 | 第 2 章 律师职业道德基本准则,具体内容与《律师职业道德基本准则》相同。 | 第 2 章 在 2014 年修订后,与《律师职业道德基本准则》的 6 条内容一致。 |
| 《法律援助条例》 | 2003 年国务院第十五次常务会议通过。 | 第 22 条 办理法律援助案件的人员,应当遵守职业道德和执业纪律,提供法律援助不得收取任何财物。第 29 条 律师办理法律援助案件违反职业道德和执业纪律的,按照律师法的规定予以处罚。 | 该条例规定了提供法律援助时应遵循职业伦理。 |
| 《律师和律师事务所违法行为处罚办法》 | 2010 年 4 月 7 日司法部部务会议审议通过。 | 第 3 条 司法行政机关实施行政处罚,应当遵循公正、公开的原则;应当以事实为依据,与违法行为的性质、情节及社会危害程度相当;应当坚持处罚与教育相结合,教育引导律师、律师事务所依法执业,恪守职业道德和执业纪律。 | 规范了律师违反职业伦理的相关责任和处罚措施。 |
| 《司法部关于进一步加强律师职业道德建设的意见》 | 司法部 2014 年发布。 | 一、充分认识进一步加强律师职业道德建设的重要性和必要性二、进一步加强律师职业道德建设的总体要求三、进一步加强律师职业道德建设的主要任务四、健全完善进一步加强律师职业道德建设的长效机制五、切实加强对律师职业道德建设的组织领导 | 该文件对加强律师职业伦理建设的重要性、具体措施和长效机制等作出了明确指引和规范。 |

另一方面,《最高人民法院、司法部关于依法保障律师诉讼权利和规范律师参与庭审活动的通知》《最高人民法院、司法部关于规范法官和律师相互关系维护司法公正的若干规定》《最高人民检察院关于依法保障律师执业权利的规定》《最高人民法院关于依法切实保障律师诉讼权利的规定》和最高人民法院、最高人民检察院、公安部、国家安全部、司法部印发的《关于依法保障律师执业权利的规定》等文件对法院、检察院与律师职业之间的相互关系问题作出了一定规定,部分内容涉及法律职业伦理的要求(如表 1-4)。

表 1-4 法院、检察院与律师关系相关规范文件

| 名称 | 制定与修改 | 法律职业伦理具体内容列举 | 立法特点 |
|---|---|---|---|
| 《最高人民法院、司法部关于依法保障律师诉讼权利和规范律师参与庭审活动的通知》 | 最高人民法院司法部2018年发布。 | 八、各级人民法院、司法行政机关要注重发现宣传人民法院依法尊重、保障律师诉讼权利和律师尊重法庭权威、遵守庭审纪律的典型,大力表彰先进,发挥正面引领作用。同时,要通报人民法院、司法行政机关侵犯律师正当权利、处置律师违法违规行为不当及律师违法违规执业受到处罚处分的典型,教育引导法官和律师自觉树立正确观念,彼此尊重、相互支持、相互监督,为法院依法审判、律师依法履职营造良好环境。 | 该文件明确规定了法院、司法行政机关尊重、保障律师诉讼权利的具体要求和注意事项等,对法律职业内部不同行业之间的相互尊重等作出了规范。 |
| 《最高人民法院、司法部关于规范法官和律师相互关系维护司法公正的若干规定》 | 最高人民法院2004年发布。 | 第1条 法官和律师在诉讼活动中应当忠实于宪法和法律,依法履行职责,共同维护法律尊严和司法权威。<br>第2条 法官应当严格依法办案,不受当事人及其委托的律师利用各种关系、以不正当方式对案件审判进行的干涉或施加的影响。<br>第10条 法官在庭审过程中,应当严格按照法律规定的诉讼程序进行审判活动,尊重律师的执业权利,认真听取诉讼双方的意见。律师应当自觉遵守法庭规则,尊重法官权威,依法履行辩护、代理职责。 | 该规定对律师和法官在相互关系中维护司法公正、相互尊重等法律职业伦理的内容作出了具体规范。 |
| 《最高人民检察院关于依法保障律师执业权利的规定》 | 最高人民检察院2014年发布。 | 第2条 各级人民检察院和全体检察人员应当充分认识律师在法治建设中的重要作用,认真贯彻落实各项法律规定,尊重和支持律师依法履行职责,依法为当事人委托律师和律师履职提供相关协助和便利,切实保障律师依法行使执业权利,共同维护国家法律统一、正确实施,维护社会公平正义。 | 明确规定了检察院尊重和保障律师职业权利的具体要求和规范。 |
| 《关于依法保障律师执业权利的规定》 | 最高人民法院、最高人民检察院、公安部、国家安全部、司法部2015年发布。 | 第2条 人民法院、人民检察院、公安机关、国家安全机关、司法行政机关应当尊重律师,健全律师执业权利保障制度,依照刑事诉讼法、民事诉讼法、行政诉讼法及律师法的规定,在各自职责范围内依法保障律师知情权、申请权、申诉权,以及会见、阅卷、收集证据和发问、质证、辩论等方面的执业权利,不得阻碍律师依法履行辩护、代理职责,不得侵害律师合法权利。 | 该规定强调法院、检察院等机关尊重律师、保障律师执业权利的具体内容和行为准则,为法律职业中不同具体职业之间的尊重与协作提供了指引。 |

续表

| 名称 | 制定与修改 | 法律职业伦理具体内容列举 | 立法特点 |
|---|---|---|---|
| 《最高人民法院关于依法切实保障律师诉讼权利的规定》 | 最高人民法院2015年发布。 | 一、依法保障律师知情权。<br>二、依法保障律师阅卷权。<br>三、依法保障律师出庭权。<br>四、依法保障律师辩论、辩护权。<br>五、依法保障律师申请排除非法证据的权利。<br>六、依法保障律师申请调取证据的权利。<br>七、依法保障律师的人身安全。<br>八、依法保障律师代理申诉的权利。<br>九、为律师依法履职提供便利。<br>十、完善保障律师诉讼权利的救济机制。 | 该文件明确规定了法院保障律师诉讼权利实现的具体内容和对应措施。 |

#### 4. 其他职业伦理

针对公证员、法律类仲裁员及行政机关中从事法律职业工作的人员的职业伦理规范，体现在《公证法》《公证员职业道德基本准则》《公证员职业管理办法》《中华人民共和国仲裁法》（以下简称《仲裁法》）、《中华人民共和国公务员法》（以下简称《公务员法》）、《行政机关公务员处分条例》（如表1-5）中。同时，《法官法》《检察官法》与《公务员法》属于特殊法和一般法定的关系，部分情况中针对法官、检察官的行为也可适用《公务员法》。

表1-5　其他法律职业相关规范文件

| 名称 | 制定与修改 | 法律职业伦理具体内容列举 | 立法特点 |
|---|---|---|---|
| 《公证法》 | 2005年第十届全国人民代表大会常务委员会第十七次会议通过，2017年第十二届全国人民代表大会常务委员会第二十九次会议通过。 | 第3条 公证机构办理公证，应当遵守法律，坚持客观、公正的原则。<br>第22条 公证员应当遵纪守法，恪守职业道德，依法履行公证职责，保守执业秘密。 | 该法明确提出了公证员应恪守职业道德的要求。 |
| 《公证员职业道德基本准则》 | 中国公证协会2011年修订。 | 一、忠于法律　尽职履责<br>二、爱岗敬业　规范服务<br>三、加强修养　提高素质<br>四、廉洁自律　尊重同行 | 该准则具体规范了公证员应当遵循的职业伦理要求。 |
| 《公证员职业管理办法》 | 2006年司法部令第102号公布。 | 第4条 公证员应当遵纪守法，恪守职业道德和执业纪律，依法履行公证职责，保守执业秘密。 | 该规定明确强调了公证员应恪守职业伦理。 |

续表

| 名称 | 制定与修改 | 法律职业伦理具体内容列举 | 立法特点 |
|---|---|---|---|
| 《仲裁法》 | 1994年第八届全国人民代表大会常务委员会第九次会议通过，2017年第十二届全国人民代表大会常务委员会第二十九次会议第二次修正。 | 第7条 仲裁应当根据事实，符合法律规定，公平合理地解决纠纷。<br>第8条 仲裁依法独立进行，不受行政机关、社会团体和个人的干涉。 | 该法对仲裁职业伦理的部分原则作出了规定，如公平规范、独立规范等。 |
| 《公务员法》 | 2005年第十届全国人民代表大会常务委员会第十五次会议通过，2018年第十三届全国人民代表大会常务委员会第七次会议修订。 | 第7条 公务员的任用，坚持德才兼备、以德为先，坚持五湖四海、任人唯贤，坚持事业为上、公道正派，突出政治标准，注重工作实绩。<br>第14条 公务员应当履行下列义务：……（六）带头践行社会主义核心价值观，坚守法治，遵守纪律，恪守职业道德，模范遵守社会公德、家庭美德…… | 该法强调公务员以德为先的任用标准，重视对其职业道德的重视。 |
| 《行政机关公务员处分条例》 | 2007年国务院第173次常务会议通过。 | 第28条 严重违反公务员职业道德，工作作风懈怠、工作态度恶劣，造成不良影响的，给予警告、记过或记大过处分。 | 该条例明确规定了对公务员违反职业道德的处分措施。 |

## 二、域外法律职业伦理规范及发展概况

域外诸多国家通过立法、判例等方式对法律职业伦理作出了规范，从而推动了本国或地区对法律职业伦理的具体规制。

### （一）美国的法律职业伦理规范及其发展

美国的法律职业伦理形成了比较系统的法律体系，由判例、美国律师协会（American Bar Association）和各州律师协会制定的规范准则、法学著述和权威文献组成。

美国将律师执业视为律师群体的自治行为，政府一般不加以干预，未形成专门的法律或政府法官，最初主要通过各州律师协会对法律职业进行规制，故而出现了各州规范不尽相同的问题。针对该现象，美国律师协会制定了统一的律师执业规范。美国律师协会制定的规则不具有强制性，通常情况下需要各州自主采纳或批准，从而使得规则对本州有效。美国律师协会在1908年制定了《1908年伦理标准》（*1908 Canon Ethics*），该标准共32条，内容表述具有鼓励性，未设置处罚规范之类，只是行业诉求

的修辞表达。1970年，美国律师协会制定的《1970年美国律师协会职业责任准则》(*1970 The ABA Code of Professional Responsibility*)开始生效，但关于法律职业伦理的规范并未通过纪律规则执行。后该准则逐渐得到了各州的认可，然而随着水门事件的发生，进一步强化对律师职业伦理的规范的必要性凸显。[①]

1983年，美国律师协会发布了《律师职业行为示范规则》(*Model Rules of Professional Conduct*)。该规则对律师与委托人的关系、担任代理律师和庭辩律师、与委托人以外的人交往、公益法律服务、涉及法律服务的信息、维护法律职业的体统等内容作出了明确规定。至2002年，该规则获得了45个州的采纳与批准，但每个州在采纳该规则时都对部分条款作出了实质性保留。

2000年，美国法律协会(American Law Institute)发布了《律师法重述》(*Restatements of the Law Governing Lawyers*)。该重述是美国律师法律规制的里程碑事件，涉及对律师职业伦理的规范，并引入法院判决和相关制定法。该重述与《律师职业行为示范规则》大致相同，但在委托人秘密方面存在冲突，也即前者明确授权律师披露受雇代理事项中的欺诈行为，后者则禁止该行为，反映了对律师执业是否应以委托人利益最大化为目标的争议。[②]该重述多为法官在司法裁判中援引，是重要的法律渊源，影响力逐渐增强。

### （二）英国的法律职业伦理规范及其发展

英国是近代法律职业的起源地，法律职业发展有着悠久历史。真正的法律职业起源于13世纪末的英国，世俗人员逐渐进入法律界，从而形成了法律职业阶层。14世纪初，英国形成了由法律实务人员组成的法律行会，林肯律师公会等四大公会至今仍发挥着重要作用。英国的律师分为出庭律师和事务律师两种，具有不同的职业分工和从业资格。事务律师的工作范围较为广泛，包括制作法律文书、进行调解、起草合同等法律实务，出庭律师则主要代表当事人出庭辩护，两者的职业分工是其必须遵守的行为规范。英国的法官从出庭律师中选出，通常地方法院法官须有7年以上的担任出庭律师的经历，高等法院法官则须有15年以上的出庭律师经历。由此，律师职业成为法官的前置要求，这也使得法律职业能成为一个共同体。

英国法律职业伦理规范随着法律职业的产生而逐渐发展和完善。13世纪末，随着法律职业的产生，相关职业伦理规范也逐渐成形。1275年的《威斯敏斯特第一号法令》对行政司法长官、法庭书记员等的行为作出了专业规范；1280年的《伦敦条例》就律师的准入、行为等作出规定，旨在规范律师的行为，控制律师的数量；1292年的条例则对1289年的司法丑闻作出积极反应，主要关注律师的数量和是否称职。这一时期律师

---

① 刘坤轮：《法律职业伦理教育必要性之比较研究——以美国、澳大利亚、加拿大和韩国为比较》，载黄进主编：《中国法学教育研究》2014年第4期，中国政法大学出版社2014年版，第20~21页。
② 许身健：《欧美律师职业伦理比较研究》，《国家检察官学院学报》2014年第1期。

的职业伦理要求主要是关于对当事人的忠实义务、对法庭的诚实和对正义的追求等。[①]

英国将法律职业伦理规范作为帮助法律职业人员应对工作中的伦理困境的途径。英国的法律职业伦理主要体现为如下原则：为客户利益服务，为正义行事，根据公认的道德原则诚实、正直行事等。进入21世纪，英国政府逐渐加强法律服务市场的开放程度，强化法律职业人员的竞争，将法律职业人员对客户负责作为首要的法律职业道德要求。[②]英国2007年颁布《法律服务法》（*Legal Service Act 2007*），对事务律师、出庭律师、法律行政人员等法律服务人员的行为作出了规范。同时，全球化的发展也对法律职业人员的法律职业伦理和道德规范提出了新要求。鉴于不同国家关于法律职业伦理和道德的规范不同，如忠实义务、信息披露等方面的规定各国存在差异，在跨国代理案件中，律师应当遵守法院地国、律师本国还是法律适用国的职业伦理目前尚存在争议。[③]

2011年，《律师监管局行为规则》（*SRA Code of Conduct*）规定了律师应当遵守的道德规范，这些强制性原则也构成了律师执业的基础，主要包括如下方面：（1）维护法治和适当的司法管理；（2）正直；（3）独立性不得受到损害；（4）为客户的最大利益行事；（5）为客户提供适当的服务标准；（6）以维护自己和法律服务的公信力的方式行事；（7）遵守法律和监管义务，以公开及时和合作的方式与监管机构和监管者相处；（8）根据适当治理和健全的财务和风险管理原则，有效地开展业务或在业务中发挥作用；（9）以鼓励机会平等和尊重多样性的方式开展业务或在业务中发挥作用；（10）保护客户的资金和财产。如果两个或更多的原则发生冲突，则在具体实践中能够服务于公共利益的原则应优先使用，尤其是在司法管理中的公共利益。遵守这些原则的同时，法律职业人员还须承担法律规定的其他义务。

2019年，《律师监管局行为规则》作出了修改。新的标准和规则自2019年11月25日起生效，新规则确立的7项强制性原则取代了原有的10项规则，成为规范法律职业的伦理规范：（1）在一定程度上坚持法治的宪法原则和遵守适当的司法管理；（2）以一定方式维护法律职业和法律服务的公信力；（3）独立；（4）忠实；（5）正直；（6）采用鼓励平等、多样性和包容性的方式；（7）为客户最大利益服务。与2011年规定相比，新规则引入了忠实义务条款，提供适当服务标准、向监管机构和监管者开放、适当管理及保护客户资金和财产等则在规则的其他部分规定。同时，新规则主要分为两部分：一部分是对本国律师和已注册外籍律师的规定，另一部分是关于律师事务所的规则。

尽管英国就律师的法律职业伦理作出了较为明确的规范，但实践中关于律师的职

---

[①] 郭义贵：《论英国早期的律师制度》，《法学评论》2008年第1期。

[②] 李洪雷：《迈向合作规制：英国法律服务规制体制改革及其启示》，《华东政法大学学报》2014年第2期。

[③] 潘俊武、张艳菲：《全球化下英国法学教育的发展趋势》，载王翰主编：《法学教育研究》，法律出版社2016年版，第209页。

业伦理问题仍然引发诸多关注。例如，2019 年，哈维·温斯坦（Harvey Weinstein）性侵案件的举报人之一塞尔达·帕金斯（Zelda Perkins）和英国律师协会劳动法委员会主席马克斯·温斯洛普（Max Winthrop）就该案涉及的律师职业道德作出了讨论。前者主张，律师在起草涉及性骚扰等问题的保密条款时需要确保其道德的正确性。在劳动关系中，劳动者和雇主之间的地位本就悬殊，求偿者在未充分知晓长期影响的情况下签署保密协议可能会导致他们承受巨大压力。马克斯·温斯洛普强调，在某些情况下，保密协议的达成可以符合当事人双方的利益，但是，律师必须向客户和求偿者明确协议的界限，尤其是这些协议不能够阻止索赔人对犯罪行为的举报。也即，律师在考虑其对客户承担的责任的同时，还须考虑其对公共利益的责任。[①]

同时，英国关于法律职业伦理的具体规范也存在争议。例如，2019 年的《律师监管局行为规则》规定了"正直"（integrity）原则，但该原则实则在近年来由于英国高等法院判例的前后矛盾而引发关注，甚至高等法院的一个判例将不正直等同于欺诈（dishonesty）[②]。推翻这一点的则是 2019 年上诉法院的判决，其将"正直"描述为一种"表达社会对专业人士期望、专业内部对其从业人员期望的更高标准的简略词"。[③]关于该概念的含义，在英国司法实践中存在诸多争议，如有法官将正直原则界定为"二级欺诈"，有法官则明确表示反对，认为诚实是社会要求每个人都必须遵守的基本准则，然而，专业标准要求那些承担更高责任的人需要遵循正直原则。[④]高等法院在判例中驳回了一位律师的上诉，该律师辩称律师纪律法庭裁定其不构成欺诈，那么也应当驳回违反正直原则的指控。然而根据相关规则，诚实和正直是两个不同的概念，正直的概念比诚实的内容更为广泛。因此，即使该律师未构成欺诈，其仍有可能违反正直原则。[⑤]

### （三）澳大利亚的法律职业伦理规范

澳大利亚的法律职业与其他普通法系国家的法律职业保持一致，民法等部门法与世界范围内相关规范具有一致性。澳大利亚由 6 个州和 2 个领地组成。澳大利亚的法律职业以州为基础，在联邦领地中由联邦组织管理。地方律师行业由各州或领地的最高法院控制，故而各地律师行业的结构和规范有所区别。在大多数州和领地，会有政府任命的外部机构进行一定程度的管制；在澳大利亚首都领地、南澳大利亚州和塔斯马尼亚州，律师行业由当地律师协会自行管理并受州最高法院的监督。自 2009 年起，澳大利亚试图建立一个统一性的律师职业，但在 2011 年该提议因可能增加监管负担和

---

① "Weinstein Whistleblower Calls on Lawyers to Consider Ethical Boundaries", https://www.lawsociety.org.uk/news/press-releases/weinstein-whistleblower-calls-on-lawyers-to-consider-ethical-boundaries/, accessed Jan.29, 2020.
② Malins v Solicitors Regulation Authority ［2017］EWHC 835 (Admin).
③ Wingate & Anor v The Solicitors Regulation ［2018］EWCA Civ 366.
④ Peter Williams v SRA ［2017］EWHC 1478.
⑤ Zivancevic v Solicitors Regulation Authority ［2019］EWHC 1950 (Admin).

经济成本未获通过。[①] 尽管如此，在该过程中澳大利亚修订了《澳大利亚律师行为准则》（*Australian Solicitors Conduct Rules*），该准则成为新南威尔士州、昆士兰州和维多利亚州的律师行为准则。2015 年，新南威尔士州和维多利亚州推出了法律行业统一法，西澳大利亚州表示有兴趣加入该统一法，但目前尚未有其他州或地区有意愿加入。

在澳大利亚，忠实义务和道德中立构成法律职业伦理的重要内容。一方面，律师应当在法律允许的范围内最大限度地为当事人的利益服务。该义务产生于公平的良心观念，要求律师在代表委托人时不能因为自己或其他委托人的失误分心，并在利益冲突时及时采取行动。在 2010 年澳大利亚法律委员会制定《澳大利亚律师行为准则》时，有观点主张应允许律师同时为利益冲突的客户服务，即使客户不知晓这些冲突。该提议未被采纳，但这可能意味着在全球或澳大利亚国内，部分律师将对个人客户利益的受托承诺转向了更具普遍性的市场商业道德。保密义务同样是该忠实义务的典型体现，律师的保密义务与对抗性司法的管理相关。另一方面，道德中立是律师职业伦理的另一重要内容。道德中立体现了一种程序性道德，即承认公民有权实施自己合理的生活计划，只有法律本身限制了律师接受潜在客户指示的社会义务，没有任何其他因素决定律师是否应当接受并完成潜在客户要求的任何工作。因此，律师对工作结果不承担任何道德责任。尽管随着全国性或全球性的商业公司的发展，家庭法、知识产权、刑事辩护等业务逐渐专业化，出现了具有独特社会特征的客户群，在以专家和公益事业为导向的职业中，个别律师是否坚持道德中立原则受到质疑，但道德中立的整体原则不变，律师仍在深化自己作为"自由主义牧师"的地位。[②]

在 Ruddock v Vadarlis 案中，法院判决指出，代表被救人员一方的律师无偿代理了该案。他们按照法律的最高理想行事，试图为无法发声的人代言，并代表他们要求政府对其行为的合法性负责。即使他们在诉讼中败诉，但他们履行了为法治甚至整个社会服务的责任。[③]该案判决彰显了律师的职业责任和伦理，也强调了对律师为正义和社会服务的重视。

### （四）加拿大的法律职业伦理规范及其发展

加拿大对法律职业的治理由各省和领地负责，每个省或领地的律师协会依据本省或领地的法律建立，旨在确保该司法管辖区域的公众获得高标准的法律职业人员的服务。加拿大律师协会联合会（Federation of Law Societies of Canada）是各省或领地律师协会的全国协调机构，旨在设定全国性标准，协调省和领地的相关规范和程序。2009年，加拿大律师协会联合会制定了《职业行为示范规则》（*Model Code of Professional Conduct*），旨在为各省和领地律师协会提供示范规则，目前该示范规则已为 11 个省和

---

① Linda Haller, When Shall the Twain Meet? Correspondent's Report from Australia, *Legal Ethics*, 2011, Vol.14, No.1, p.84.
② Reid Mortensen, Professional Legal Ethic in Australia, *1st International Conference on Indonesian Legal Studies*, Atlantis Press, 2018, Vol.192, pp.13-16.
③ Ruddock v Vadarlis (The Tampa Case) (2001) 183 ALR 1.

领地律师协会采纳。该规则在很大程度上受到了美国律师协会 1983 年《律师职业行为示范规则》的影响，在立法体例和具体条文设置中都有所体现。

该规则在序言中明确指出："尽管人们咨询律师，是因为其有知识和能力，但是人们对他们的期待并不止于法律上的精明。一种特殊的道德责任，伴随着法律职业的成员身份。本规则试图从律师与委托人、司法制度和法律职业的职业关系的角度界定和说明该责任。"同时，该规则通过对法律职业标准、与委托人的关系、法律服务的营销、与司法的关系等具体内容作出规定，以加强对律师伦理的规范。例如，该规则第 2 章第 1 条第 1 款规定："律师负有光荣、适当地开展法律职业活动和履行对委托人、裁判庭、公众和法律职业其他成员的全部责任的职责。"第 3 章第 1 条第 2 款规定："律师在为委托人提供所有法律服务时，必须达到称职律师的标准。"[①]

该准则对法律职业人员的伦理要求作出了较明确的指引，并强调随着技术进步和文化变迁，律师职业面临的挑战可能会发生变化，相应地，法律职业伦理的规范指引亦应调整。正如该规则序言所指出："行为规则应当帮助而不是妨害律师以一种确保公共利益得到保护的方式来为公众提供法律服务。这要求一个基于最高水平、永恒不变的道德原则的框架，以及根据称职、诚实和忠诚标准，致力于职业活动的法律职业。"[②]

### （五）日本的法律职业伦理规范及其发展

在日本，关于律师的职业伦理规范主要体现在两部法律文件上，一是国会通过的《律师法》，二是日本律师联合会制定的《律师职务基本准则》。在《律师法》中，第 1 章 "律师的使命与职务"、第 4 章 "律师的权利与义务"、第 8 章 "惩戒"都涉及法律职业伦理的相关内容。《律师职务基本准则》对律师职业行为作出了具体规定，其中，第 1 章 "基本伦理"涉及律师的使命、律师自治、信义诚实、名誉与信用等内容。该准则具体规定了律师职业行为的一般规则、与委托人的关系、刑事辩护、与案件对方关系、与审判关系等规则，从而就律师的职业行为和伦理要求作出了较充分的规范。[③]

## 三、国际组织规范的法律职业伦理

联合国发布的关于法律职业的规范性文件涉及对法律职业伦理的规定，部分专业性国际组织发布的文件也涉及法律职业伦理规范，由此构成了国际组织层面关于法律职业伦理的规定。

### （一）联合国的法律职业伦理规范

联合国通过的关于司法机关、检察官和律师的基本原则的规范，涉及对法律职业

---

① 加拿大律师协会联合会著，王进喜译：《加拿大律师协会联合会职业行为示范守则》，中国法制出版社 2016 年版，第 1~3、13、19 页。

② 加拿大律师协会联合会著，王进喜译：《加拿大律师协会联合会职业行为示范守则》，中国法制出版社 2016 年版，第 5 页。

③ 许身健：《法律职业伦理》，中国政法大学出版社 2019 年版，第 67~68 页。

伦理的探讨。

1990 年,《关于检察官作用的准则》在联合国第八届预防犯罪和罪犯待遇大会中通过。该准则第 2 条强调各国政府应确保"检察官应受过适当的教育和培训,应使其认识到其职务所涉的理想和职业道德"。第 3 条规定:"检察官作为司法工作的重要行为者,应在任何时候都保持其职业的荣誉和尊严。"第 8 条规定检察官具有言论和结社自由,并且"在行使这些权利时,检察官应始终根据法律及公认的职业标准和道德行事"。该准则规范了检察官在刑事诉讼中的作用,并指出检察官在履行职责时应遵循的原则:"(1)不偏不倚地履行其职能,并避免任何政治、社会、文化、性别或任何其他形式的歧视;(2)保证公众利益,按照客观标准行事,适当考虑到嫌疑犯和受害者的立场,并注意到一切有关的情况,无论是否对嫌疑犯有利或不利;(3)对掌握的情况保守秘密,除非履行职责或司法上的需要有不同的要求;(4)在受害者的个人利益受到影响时应考虑到其观点和所关心的问题,并确保按照《为罪行和滥用权力行为受害者取得公理的基本原则宣言》,使受害者知悉其权利。"该准则明确提及检察官的职业伦理,并对诸多检察官职业伦理的核心内容和基本原则作出了规范。

同年,《关于律师作用的基本原则》在联合国第八届预防犯罪和罪犯待遇大会中通过。该原则第 9 条规定:"各国政府、律师专业组织和教育机构应确保律师受过适当教育和培训,具有对律师的理想和道德义务及对国内法和国际法所公认的人权和基本自由的认识。"第 12 条规定:"律师应随时随地地保持其作为司法工作重要代理人这一职业的荣誉和尊严。"第 14 条规定:"律师在保护其委托人的权利和促进维护正义的事业中,应努力维护受到本国法律和国际法承认的人权和基本自由,并在任何时候都根据法律和公认的准则及律师的职业道德,自由和勤奋地采取行动。"第 15 条规定:"律师应始终真诚地尊重其委托人的利益。"同时,第 23 条规定律师具有言论和结社自由,但"律师在行使这些权利时,应始终遵照法律和公认准则及按照律师的职业道德行事"。另外,该原则第 29 条对纪律诉讼作出了规范:"所有纪律诉讼都应按照职业行为准则和其他公认的准则和律师职业道德规范并参照本基本原则进行判决。"该文件同样在提及律师职业伦理的同时,对律师职业伦理的核心内容和基本原则作出了规范。

### (二)专业性国际组织的法律职业伦理规范

除联合国外,部分专业性国际组织发布的文件也涉及对法律职业伦理的规范,如国际法官协会通过的《国际法官协会法官通用宪章》(*International Association of Judges the Universal Charter of the Judge*)和国际律师协会通过的《法律职业行为国际原则》。

国际法官协会是专门性的、非政治性国际组织,由多个国家的法官协会组成。《国际法官协会法官通用宪章》于 1999 年通过,并于 2017 年进行了修改。该宪章第 6 条明确规定了法官伦理。其一，公正，尊严、超然、克制。第6条第2款规定："法官于执行职务时必须公正，且应让人民信其为公正。法官于执行职务时应尊重、维护法庭尊严，并顾及全体当事人、关系人之尊严。法官应避免有任何影响当事人质疑其公正性、独立性之举止、行为或表达。"其二，勤勉。第6条第3款规定："法官应勤勉及有效率地执行职务，而无任何不当之迟延。"其三，避免利益冲突。第6条第4款规定："无论公开或私人性质、无论支薪与否，法官均不得从事与其工作、身份不相称之活动。法官应避免任何可能之利益或冲突司法机关以外之其他机关，不得在未经法官同意，任命该法官。"其四，独立性。第6条第5款规定："法官如认其独立性受到威胁时，得诉诸独立之权力机构处理之；该机构有权调查事实并提供该法官相关之协助与支持，并以本宪章第2之3条所规定之组织为最佳。法官得于司法机构内部寻求关于司法伦理议题之建议。"

国际律师协会2011年通过的《法律职业行为国际原则》同样对律师职业伦理作出了规范。该原则提出了全球法律职业共通的十个原则：独立，诚信、公正、公平，利益冲突，保密性，客户利益，律师承诺，客户自由，客户和第三方的财产，能力，费用。其中，独立原则要求："律师应当保持独立，并应获得该独立能带来的保护，给予客户无偏见的建议和代理。律师在建议客户时应做出独立、无偏见的职业判断，包括客户案件胜诉可能性。"客户利益原则强调，"律师应将客户利益放在首位，但该要求不能与律师对法院和司法、遵守法律、保持道德标准的义务相冲突"。另外，该原则强调，"律师不仅必须要以符合各自国家（或其执业所在国家）的职业规则和相关法律的方式行事，而且要遵从良心，遵从本《国际原则》源自的常理和道德文化"。由此，该原则实则对法律职业伦理的诸多核心内容和基本原则作出了规范，并要求律师恪守职业伦理。

## 第三节　法律职业伦理的功能

作为法律制度的重要组成部分，法律职业伦理是法律职业人员在职务活动和社会生活中应遵循的职业道德规范，也是促进法律职业发展的重要保障。法律职业伦理在促进法律职业良性发展、推动法治建设有序推进等方面发挥着重要意义。

### 一、指引功能

所谓指引功能，即法律职业伦理相关规范和内容能够为法律职业人员提供行为规范和原则指引，从而约束和引导法律职业人员的行为，促进法律职业人员采取正确的行为方式，减少不利于法治发展或违反公平正义的行为的发生。法律职业伦理相关规范通过规定法律职业人员的权利和义务、基本原则和具体行为标准、法律责任与纪律处分等内容，来调整法律职业人员的行为，为法律职业人员提供指引。为充分发挥法律职业伦理的指引功能，应让法律职业人员明确知晓法律职业伦理规范的具体内容，知其可为与不可为，从而引导法律职业人员的行为。

法律职业伦理的本质内容通过法律职业人员的执业行为体现，其受法律职业群体的认可，如维护公平正义是最核心的伦理规范，这种规范不仅能够约束法官、检察官、律师等法律职业人员的行为，还可对其产生较大的思想和认识上的影响，从而真正发挥引导之功能。同时，法律职业伦理的引导功能不限于法律职业人员的执业行为，法律职业人员的业外行为和社会活动同样能够受到引导和影响，从而对法律职业人员的职业素养和道德水平的提升充分发挥影响。

## 二、调节功能

所谓调节功能，是指法律职业伦理通过评价、权利责任体系设置等方式来指导和纠正法律职业人员的行为，从而协调不同法律职业人员之间、法律职业人员与法律职业对象、法律职业人员与相关机构之间的关系。法律职业伦理通过相关评价体系和方式增强对法律职业人员行为的规范和对法律职业具体活动的调节，促进法律职业的良性发展和法律实施和应用的有效开展。[①]

法律职业伦理相关规范往往在立法目的一条中强调该调节功能。例如，我国《法官职业道德基本准则》第1条强调"为加强法官职业道德建设，保证法官正确履行法律赋予的职责"的立法目的，对法官的行为进行约束和调节。同时，法律职业伦理规范往往通过纪律处分、处罚措施等对不履行相应伦理要求的法律职业人员进行规范和调整，以纠正其不当行为，促进法律职业的良性发展。例如，《法官职业道德基本准则》第28条明确指出："各级人民法院负责督促实施本准则，对于违反本准则的行为，视情节后果予以诫勉谈话、批评通报；情节严重构成违纪违法的，依照相关纪律和法律规定予以严肃处理。"

## 三、凝聚功能

在引导法律职业人员、调整法律职业行为的基础上，法律职业伦理还发挥着凝聚功能。所谓凝聚功能，即凝聚法律职业人员，推动法律职业共同体的构建和发展。法律职业伦理是法律职业共同体的基本伦理要求，尽管不同行业的职业伦理有所区别，但法律职业不同行业亦应遵循具有一致性的伦理要求，如公平规范、独立规范等，这些法律职业伦理的核心内容和基本原则对全部法律职业人员而言均可适用，有利于推动法律职业的整体发展，真正实现法律职业共同体的建设。

法律职业伦理不仅具有适用于全部法律职业人员的普遍伦理规范，而且还要求法律职业内部不同行业之间相互尊重和协作，由此推动法律职业内部的团结和凝聚。以我国为例，《最高人民法院、司法部关于依法保障律师诉讼权利和规范律师参与庭审活

---

[①] 李本森：《法律职业伦理》，北京大学出版社2017年版，第26页。

动的通知》《最高人民法院、司法部关于规范法官和律师相互关系维护司法公正的若干规定》《最高人民检察院关于依法保障律师执业权利的规定》《关于依法保障律师执业权利的规定》《最高人民法院关于依法切实保障律师诉讼权利的规定》等涉及法律职业伦理的文件均对法官、检察官与律师之间的良性互动和协作作出了明确规定，以促进各法律职业主体之间的尊重与合作，实现法律职业内部不同行业的协同发展。

### 四、辐射功能

所谓辐射功能，指法律职业伦理不仅指引和调节法律职业人员的行为和职业道德，促进法律职业共同体的建设和发展，还可实现带动社会的道德文明建设的效果，促进法治社会的进一步发展，对非法律职业人员以至社会整体的法治水平和道德文明产生影响。法律职业人员对法律职业伦理的遵守和良好实践，能够产生一定的社会效果，激励人们追求和向往高尚品德，从而为社会成员提供应当追求的价值目标和精神动力。例如，邹碧华法官是崇尚法治的象征，习近平总书记曾作出重要批示，称其为"新时期公正为民的好法官，敢于担当的好干部"，号召党员干部要以邹碧华同志为榜样，向其学习。

法律职业伦理对公平正义的追求，推动了社会的和谐发展。柏拉图（Plato）强调正义指社会的和谐，社会和谐是人类社会所追求的崇高目标。公平正义是法律职业伦理的核心内容，故而法律职业伦理既体现了法律职业人员的道德理想，还寄托着人类的法治理想。[①]对公平正义的追求，是对社会和谐的追求，也体现了对法治社会建设和发展的推动作用。

> ,, **典型案例 1-1**

#### 司法改革的"燃灯者"——邹碧华法官

邹碧华法官生前是上海市高级人民法院副院长，2014 年 12 月 10 日，其在工作中突发心脏病，经抢救无效因公殉职，年仅 47 岁。邹碧华法官忠诚于社会主义法治事业，毕生追求"当一名有良知的法官"，依法公正审理了上海社保基金追索案、北方证券破产案等重大疑难案件。他坚持司法为民、便民、利民，在上海市长宁区人民法院率先创建一体化的诉讼服务平台，成立诉调对接中心，编写《群众工作接待规范》，深入实践为民服务。同时，他积极探索司法体制改革，首创法院工作流程、案件审判和干警队伍可视化管理机制，独创的"要件审判九步法"被全国法院系统作为范本，有效推进了上海法院的司法改革，并为全国范围内的司法体制

---

① 王申：《法律职业伦理规范建设必须回应新时代的道德需求》，《南京社会科学》2019 年第 1 期。

改革做出了贡献。①

他主编或撰写法律著作 10 余部，发表论文 40 余篇，参与法官的培训教学活动，被称为法律界的"燃灯者"。同时，他在工作中刚正不阿，从不办理人情案、关系案，始终遵循法官的廉洁规范。他曾写过一篇著名的文章《法官应当如何对待律师》，该文在律师界广为传颂，也得到了法律人的一致认可。他认为法官和律师之间应当相互尊重，法律职业共同体的构建需要从法官做起，法官应当包容、谦和、超越、关怀，具有高尚的精神境界和清醒的职业认知。同时，法官与律师可以相互学习。"法官有法官的视角，更容易偏重于理性。律师为了维护一方当事人，可能有更多感性因素。两者相互配合，可以带来很多新的东西。""律师对法官的尊重程度，表明一个国家法治的发达程度；而法官对律师的尊重程度，则表明这个社会的公正程度。我是比较赞同这句话的。"②

2010 年，在担任上海市长宁区人民法院院长期间，邹碧华法官推动长宁区人民法院出台了《法官尊重律师十条意见》，旨在促进法官和律师执业活动中的良性互动。该意见包括庭审中不得随意打断律师发言；法官不应当着当事人的面指责、批评律师，更不得向当事人发表贬损律师的言论等；为律师预留车位、提供休息区、提供复印设施等。该意见引发了上海律师界的积极回应，上海市长宁区律师工作委员会向全区律师发出了律师尊重法官的倡议书。该意见的实施，体现了基层法院对保障律师权利的重视，也促进了法官和律师的良性互动。

作为新时期公正为民的好法官，邹碧华法官充分发挥了先进典型的模范作用，激励广大党员干部胸怀理想、为民奉献，广泛开展向邹碧华同志学习的活动。同时，邹碧华法官的先进事迹和崇高精神也感动和影响了社会公众，发挥了时代楷模、榜样人物之作用。邹碧华法官的言行，能够发挥一定的辐射作用，推动其他法律职业人员加强法律职业道德修养，促进社会公众对公平正义的追求。

## 第四节 法律职业伦理的困境与应对

法律职业伦理发挥着指引、调节、凝聚、辐射等功能，在法治社会发展中发挥着重要作用。然而，法律职业伦理在发展过程中也面临着困难，这既体现在实践中法律职业伦理尚待加强，也体现在法律职业伦理自身发展过程中存在的问题。增强法律职业伦理体系建设，充分发挥法律职业伦理在推动法律职业及法治发展中的作用，须加强法律职业伦理的构建和重塑。

---

① 中央组织部、中央宣传部中央政法委、最高人民法院党组:《关于认真学习贯彻习近平总书记重要批示广泛开展向邹碧华同志学习活动的通知》，http://news.12371.cn/2015/03/02/ARTI1425294389834880.shtml，访问日期：2021 年 4 月 1 日。
② 《邹碧华：法官应当如何对待律师？》，http://www.yingkexingbian.com/article/558675.html，访问日期：2021 年 4 月 1 日。

### 一、法律职业伦理的实践困境与应对

水门事件引发了美国对法律职业伦理的重视，我国台湾地区也曾出现"法律人，你为什么不争气"①的感慨。尽管各国或地区不断加强法律职业伦理建设，但实践中违反法律职业伦理的行为频发，法律职业伦理仍须进一步强化。

进入 21 世纪以来，尽管我国法律职业取得了较快发展，但我国法律职业群体的法律伦理状况也存在令人担忧之处。实践中存在一些违反法律职业伦理的情形，如黄松有贪污受贿等案件，体现了一小部分法律职业人员未践行法律职业伦理之要求。同时，部分案件引发公众的广泛关注，并对法律职业人员的职业伦理存在质疑，这典型体现在导论列举的 2013 年李某某等人强奸案中。该案中有辩护律师在法庭辩论阶段将辩护词在网上发布，其中涉及该案未成年被害人就读学校、体检报告等隐私内容。同时，该案不同被告人的律师之间存在相互谩骂和抨击的现象。受该案影响，北京市律师协会在修订《北京市律师执业规范》中增加了部分规定，以强调律师不得利用媒介干扰正常司法活动，不能提供不实或误导性信息，不得泄露案件信息等。北京市律师协会在处罚决定中指出，律师可通过正常渠道反映问题、提出意见或建议，而不应通过网络媒体，采取隔空喊话、打口水战等方式表达意见，更不应违规披露当事人隐私、披露不公开审理案件信息的事实等。②

司法实践中诸多违反法律职业伦理行为的发生，影响了司法和法律职业的公信力，更在一定程度上影响公平正义的实现，不利于法治社会发展。对此，推进法律职业伦理相关规范的进一步完善，构建系统的法律职业伦理规范体系，加强对法律职业人员的法律职业伦理教育，增强法律职业人员的职业道德素养，就成为减少该类不良现象发生的应对措施。

### 二、法律职业伦理的发展困境与应对

实践中部分违反法律职业伦理行为的发生，引发了人们对增强法律职业人员的法律职业伦理的关注，故而法律职业伦理的重要性凸显。然而，从理论层面而言，法律职业伦理在自身发展过程中，也面临着一定困境。

随着法律职业伦理的逐渐发展，法律职业伦理与一般伦理的区别逐渐增大，甚至出现了对法律职业伦理"非道德性"的担忧。有学者认为，法律职业伦理的困境体现为法律职业伦理的非道德性。所谓非道德性，是指法律职业伦理逐渐脱离大众道德评价和个体道德经验的轨道，与道德的差距加大，甚至成为与个体道德和大众道德评价无关的职业行为规范。也即，在具体伦理行为规范中，法官只需对法律条文负责，律师只需对委托人忠诚，而忽视其对公平正义和公众利益的道德义务。职业伦理与道德的距离越来越远，虽然职业伦理是为了实现道德妥当性的目的，但其试图做到与道德无

① 陈长文、罗智强：《法律人，你为什么不争气》，法律出版社 2007 年版，第 3 页。
② 范明志：《查处违规律师与填补制度空白》，《人民法院报》2014 年 3 月 21 日第 2 版。

涉，让法律职业人员的行为不触及道德雷区，导致法律职业伦理出现了价值危机。①

无论是国内还是国外，这是法律职业伦理发展到一定阶段必然面临的问题。为减少职业性与道德性之间拉大的差距，避免法律职业伦理脱离基本的公平正义之价值追求，需要突破传统的形式主义法学观的局限，探讨法律职业与当事人、法律职业与公民社会之间的关系。一方面，在法律职业与当事人的关系中引入新程序主义，重视以公众参与为主旨的信息交换机制的适用，寻找资源配置和权利保护的平衡点。另一方面，将律师的法律服务视为社会公共产品，加强律师的职业结构改造，缓解大众和法律职业之间的紧张关系。②

## 本章思考问题

**一、好律师是否是个好人？**

好律师能否是个好人（Can a good lawyer be a good person），这是在讨论法律职业人员的职业伦理时常常会面临的问题。好律师往往指尽职为当事人服务，好人则需要符合公众利益和社会道德。当为当事人服务和社会公益发生冲突时，则可能会面临着律师的职业伦理和社会一般道德准则的冲突，此时应当如何处理？例如，美国哈佛大学教授艾伦·德肖微（Alan Dershowitz）在其著作《最好的辩护》中记载了自己担任律师的辩护实录，其中，在西耶格尔爆炸案中，虽然他很快就知道"他的辩护人一点都不冤枉，这是一个令人厌恶的委托人！一桩似乎无可辩护的棘手案件"，但他依旧恪守职责，"我将全力以赴，用一切合理合法的手段将委托人解救出来"，并最终成功。有观点指出，何谓"最好的辩护"，可能答案有一千个、一万个，但里面唯独没有"道德"的影子，即使有也只是"职业道德"，这是律师自诞生之日起便具有的天职。③

有学者指出，职业伦理是职业技能的构成部分，对法律职业伦理的遵守情况不能与职业者个人的道德观念成比例。一个未能很好遵守法律职业伦理的人不一定是坏人，只能说其法律技能存在提升空间。坏人通过技术性地遵守职业伦理，也能成为一个职业道德水平高的好律师。④

请结合本章所学内容，查找和阅读有关文献，对好律师与好人之间的关系进行探讨，并分析该问题背后的法律职业伦理与一般伦理的关系问题。

**二、法律职业人员为什么会出现职业伦理困境？**

无论是水门事件还是国内外一些法官贪污腐败、律师违反职业伦理的案件，在备受指责的同时，也引发人们对法律职业人员乃至法律人的思考，无论是"迷失的

---

① 李学尧：《非道德性：现代法律职业伦理的困境》，《中国法学》2010年第1期。
② 李学尧：《转型社会与道德真空：司法改革中的法律职业蓝图》，《中国法学》2012年第3期。
③ 洪丹：《不必过于关注律师是否好人》，《南方周末》2009年12月18日第2版。
④ 李学尧：《非道德性：现代法律职业伦理的困境》，《中国法学》2010年第1期。

律师"还是"法律人，你为什么不争气"，实则都反映了人们对法律职业人员的职业伦理的质疑。为什么会出现法律职业伦理困境，实则值得我们关注。

方流芳教授在《法律人为什么容易学坏》一文中探讨了法律人学坏的现象及原因，指出了实践中法律职业人员存在伦理缺失的困境及其原因，如职业角色冲淡对错，深谙法律弊端使得法律人容易产生轻侮法律之心，法律人的学坏和制度混乱及法学教育等相关。"如同其他制度一样，法律不可能是完善的，法律的缺陷、漏洞和错误能给一些当事人带来利益，给另一些当事人造成困境，律师因而有机会向客户出售他们利用法律缺陷的能力。同样，当成全或挫败当事人请求在法律上都能说得过去的时候，法官作出偏向一方当事人的决定，并不会面对不可逾越的道德障碍。法官不是，也不应当是法律文本的崇拜者；深信只要遵循文义，每个案件都能从法律条文找到现成答案的法官，这在现实生活中是不多见的。"他指出："水门事件把一个令人尴尬的问题摆到了所有法律人的面前：为什么法律人的道德障碍比一般人脆弱？尽管人们对这个问题的回答各不相同，但是，从中都看到了法律职业的道德危机，都意识到了整个法律行业都面临着失去公众信任的风险。于是，在美国律师协会的推动下，法律职业伦理成了法学院的必修课和律师入门考试的单考科目；法律职业行为规范也一再修订，以树立法律人对整个法律制度的责任心。教化和规诫并举，能否带来实质改变，现在作出结论还为时太早。但是，从公共关系的角度观察，这至少获得了一定程度的成功。"[1]

请结合本章所学内容，查找和阅读有关文献，对法律职业人员为何出现职业伦理困境的原因作出分析，并结合该问题探讨学习法律职业伦理的必要性。

---

[1] 方流芳：《法律人为什么容易学坏》，http://fangliufang.blog.caixin.com/archives/50056，访问日期：2021年2月10日。

就具体内容来看，法律职业伦理兼具普遍性和特殊性。在法律职业内部不同具体职业遵循特定的具体职业伦理规范的同时，法律职业又具有共通的伦理规范和基本原则。这些具有一般性的职业伦理规范和要求对所有法律职业人员而言均适用，构成法律职业整体的基本原则和规范。这些基本原则和一般规范反映了法律职业伦理规范体系中处于最高层次的法律规范，构成了法律职业伦理的基本范畴体系。

本章对法律职业伦理中的基本规范进行探讨，从而形成关于法律职业伦理的整体要求和一般规则的梳理。法律职业伦理的基本规范，主要体现为正义规范、独立规范、平等规范、审慎规范、礼仪规范和廉洁规范。其中，正义规范体现了法律职业伦理的最高追求，独立规范是法律职业伦理的手段规范，平等规范体现了法律职业伦理的形式要求，审慎规范反映了法律职业伦理的态度要求，礼仪规范是法律职业伦理的表征规范，廉洁规范是法律职业伦理的内在规范。

# 第二章

# 法律职业伦理基本规范

# 第一节　正义规范

正义是法律制度的最高价值，也是法律职业人员的最高追求。古往今来，正义的内涵存在诸多争论。但作为法律职业人员的最高价值规范，各国普遍在相关法律规范中作出明确规定，并通过具体规范的实施保障该最高规范的实现。

## 一、正义的内涵

正义是一个无处不在的问题，也是社会理念的最高价值。然而，关于正义的内涵，一直存在着诸多观点。该概念在长期发展过程中经历了不同的发展阶段，如从柏拉图、亚里士多德的正义观发展到近代契约论的正义观，再到当代以罗尔斯（John Rawls）等为代表的正义观。不同阶段的正义观内涵和判断标准不一，即使在同一时期，关于正义的认识也存在诸多争论。正如博登海默（Edgar Bodenheimer）所指出："正义有着一张普洛透斯似的脸，变幻无常、随时可呈不同形状并具有极不相同的面貌。当我们仔细查看并试图解开隐藏其表面背后的秘密时，我们往往会深感迷惑。"[①]西方对正义的内涵作出了诸多探讨，并形成了具有代表性的观点。我国古代亦对正义问题有所探究。结合中西方思想史上对正义的探讨，可对该概念形成一定认识。

### （一）秩序或平等

在古希腊哲学中，正义最初的含义是指事物之间的稳定顺序，毕达哥拉斯（Pythagoras）最早提出秩序正义观。根据该观念，世间万物都有自己的位置和职责，如果秩序被破坏则破坏者须受自然法规则之惩戒，恢复该永恒的秩序正义。[②]柏拉图将该秩序正义移植到人类社会中，指出"正义存在于社会有机体各个部分间的和谐关系之中。每个公民必须在其所属的地位上尽自己的义务，做与其本性最相适合的事情"。[③]每个阶级的成员必须专心做本阶级的工作，且不应干涉其他阶级的成员所做的工作。该思想依据的假定在于每个人都不是孤立的自我，都不能为所欲为，必须使得个人愿望和倾向服从于整个集体的有机统一性。柏拉图认为，个人须各尽其职，从而实现国家的和谐一致和正义。因此，他主张正义是政治秩序的首要品质。

在柏拉图的秩序正义基础上，亚里士多德将正义的内涵作出了拓展。他指出，政治学的最终目的是善德，而政治学上的善就是"正义"。"正义是以公共利益为依归，按照一般的认识，正义是某些事物的'平等'（均等）观念。"[④]就一般意义而言，正义是

---

① ［美］博登海默著，邓正来译：《法理学法律哲学与法律方法》，中国政法大学出版社1999年版，第252页。

② 侯学勇：《司法修辞方法在社会正义实现中的作用》，《法律科学》2012年第1期。

③ ［美］博登海默著，邓正来译：《法理学法律哲学与法律方法》，中国政法大学出版社1999年版，第253页。

④ ［古希腊］亚里士多德著，吴寿彭译：《政治学》，商务印书馆1965年版，第152页。

创造和维护政治共同体的幸福，故而"公正的也就是守法的和平等的""公正最为完全，因为它是交往行为上的总体的德性"。① "政治的公正是自给自足地共同生活、通过比例达到平等或在数量上平等的人们之间的公正。"② 他认为平等是正义的尺度，但也容忍社会结构中的不平等现象。亚里士多德强调，正义寓于某种平等之中，正义这一概念的分配含义要求按照比例平等原则把世界上的事物公平地分配给社会成员。③

美国社会学家莱斯特·沃德（Lester Ward）主张一种更加平等主义的正义观。他认为正义存在于"社会对那些原本就不平等的社会条件所强行施予的一种人为的平等之中"。故而他主张应采纳一种试图在社会或国家的全体成员之间实现机会无限平等化的社会政策。无论其性别、种族、国籍、社会背景等为何，每个人都应有充分的机会享有有价值的生活。这种状况需要通过旨在使得所有成员在知识上实现平等的教育规划才能实现，并且他确信知识和阶级背景无关，而是取决于环境因素。④

在马克思（Karl Marx）、恩格斯（Friedrich Engels）关于正义的论述中，正义、平等和公平三个概念往往同时使用，但正义更抽象，平等更具体，在范畴上正义包含了平等和公平，三者在本质意蕴上具有一致性，"平等是正义"的表现。⑤ 同时，如果一个社会生产方式的整体性质不正义，则在局部的道德正义或法律正义只是形式正义而非实质正义；如果一个社会的整体性质是正义的，这才是本质正义。⑥

## （二）正义即自由

部分学者则将正义与自由相联系。英国哲学家赫伯特·斯宾塞（Hebert Spencer）指出，与正义观念相联系的最高价值是自由。每个人都有权利享有其从本性和能力中获得的利益，应当被允许维护自己的权利、获得财产、从事自己选择的职业、表达自己的思想和宗教情感。上述权利和自由的行使不受限制，但每个人都必须认识并尊重其他人所进行的不应受到妨碍的活动，因为需要尊重其他人的自由权利。⑦

康德（Immanuel Kant）也持有类似的观点。在评价法律制度的价值和适当性时，他也使用了自由这个概念，以自由是每个人唯一原始和自然的权利为前提，他将正义定义为一些条件的总和，在这些条件下，一个人的意志能够按照普遍的自由法则与另一个人的意志相结合。

罗尔斯主张正义即公平，提出了正义的两个原则。第一个原则是，每个人都有平

① ［古希腊］亚里士多德著，廖申白译：《尼各马可伦理学》，商务印书馆 2003 年版，第 128~130 页。
② ［古希腊］亚里士多德著，廖申白译：《尼各马可伦理学》，商务印书馆 2003 年版，第 148 页。
③ ［美］博登海默著，邓正来译：《法理学法律哲学与法律方法》，中国政法大学出版社 1999 年版，第 253 页。
④ ［美］博登海默著，邓正来译：《法理学法律哲学与法律方法》，中国政法大学出版社 1999 年版，第 253 页。
⑤ 房广顺、司书岩：《论马克思恩格斯正义思想的深刻内涵》，《马克思主义研究》2019 年第 2 期。
⑥ 谌林：《马克思对正义观的制度前提批判》，《中国社会科学》2014 年第 3 期。
⑦ ［美］博登海默著，邓正来译：《法理学法律哲学与法律方法》，中国政法大学出版社 1999 年版，第 254 页。

等的权利去拥有可以与别人的类似自由权并存的最广泛的基本自由权。第二个原则是，对社会和经济不平等的安排应该能使得这种不平等不但可以合理地期望符合每个人的利益，而且与向所有人开放的地位和职务联系在一起。第一个原则规定的自由权包括政治自由权、言论和集会自由、良心自由权和思想自由、人身自由和拥有个人财产的权利，这些自由权都是平等的，因为正义社会里的公民应该拥有同等的基本权利。第二个原则适用于财富分配及组织机构设计，力求通过该限制条件来安排社会和经济的不平等，使每个人获利。第一个原则优先于第二个原则，多大的社会和经济利益也不能背离第一个原则所规定的平等自由权体制。①也即，自由只有因自由自身才可被限制。罗尔斯的正义理论将自由和平等两种价值相结合。

### （三）正义即安全

除平等、自由的基本价值外，部分学者强调维持普遍安全是立法工作的最重要的推动力，故而将正义与安全相联系。例如，霍布斯（Thomas Hobbes）主张主权者所应关注的基本自然法是在任何能够实现和平的地方维护和平，在和平存在危险的时候组织防御。保护生命、财产和契约的安全，构成了法律有序化的最重要任务，自由和平等应当服从于该最高目标。边沁（Jeremy Bentham）也将安全视为通过法律的社会控制的主要的、首要的目的，而自由和平等则处于从属地位。由此，法律控制应将注意力集中于人身的保护和财产权的不可侵犯等问题上。②无论是霍布斯还是边沁，均将法律的最高价值正义相联系，认为安全高于平等和自由。

### （四）我国古代的正义观

在我国传统语境中，正义一词不常连用，一般单用"义"字，如孔子的"君子喻于义，小人喻于利"，孟子的"舍生而取义"。《荀子·正名》里出现了两字连用，"正利而为谓之事，正义而为谓之行"，但这里的"正"字是用来修饰"义"字的附加字，故而仍然是在讨论"义"。③"义"有多种含义，基本含义为"宜"，引申为适宜、应当、公平、正当、合理之类。中国传统法律中的义或正义观念，是适宜、适当、公平、合理之类的观念，也即与纲常礼教、道德、仁义、情理等相同的观念，或者说合理的观念。也即，在我国传统语境和法律中，适宜、正当、公平、合理之类都是对义的基本内涵之表达。因此，中国传统法律中的正义观念，实则为合理的正义观。④

整体来看，正义概念具有多元性，人们关于正义的标准与其生活的现实环境等多种因素相关。但关于正义的基本含义具有共通性，如"每个人得到其应得到"或"不侵

① ［美］约翰·罗尔斯著，谢延光译:《正义论》，上海译文出版社 1991 年版，第 66~67 页。
② ［美］博登海默著，邓正来译:《法理学法律哲学与法律方法》，中国政法大学出版社 1999 年版，第 256~257 页。
③ 邓晓芒:《中西正义观之比较》，《华中科技大学学报（社会科学版）》2015 年第 1 期。
④ 张中秋:《中国传统法律正义观研究》，《清华法学》2018 年第 3 期。

害任何人的正当权益"，强调"应得"或"正当所得"的标准和结果。[①]正如《现代汉语词典》将之界定为"公正的、有利于人民的道理"，[②]正义该概念反映了人们对社会最高价值的追求。有学者强调，现代社会正义的基本底线建立在人的尊严之上，其基本内容是人权。[③]

## 二、正义是法律的应有之义

"正义只有通过良好的法律才能实现"，法律是实现正义的有效方式，正义也是法律的最高追求，"法是善良和正义的艺术"。

法律是社会表达和实现正义的最主要手段。具有强制性的法律规范，能够更大程度上促进人们形成较一致的正义观念，以更加集中明确的方式表达共同正义观念，促进和谐社会秩序的形成。因此，法律最能体现社会中人们公认的价值观念，尤其是正义观念，相关法律制度是体系化了的规则，从而协调人们的行为，减少不必要的冲突。制度正义能够产生大范围的甚至整体的社会正义，从而有效制止少数人的不正义行为，并统一社会成员的正义观念，提高其正义品德，培养社会成员的正义品质。[④]

正义也在法律的制定、实施等过程中得到体现和尊重。广义上的法的正义，包括三方面含义：一是指法的来源的正义；二是指法的本体正义和实质正义；三是指法的适用的正义。其中，法的来源的正义指法律产生方式的正义，法的适用的正义体现为执法、司法过程中的正义，法的本体正义则指构成法律的人们的行为规则系统本身具有正义性。[⑤]无论是在具体的法律制度中，还是在法律制度的制定、适用和执行过程中，正义都是最高的追求。

## 三、法律职业伦理中的正义规范

在法律职业伦理相关法律法规或其他规范性文件中，对公平正义的追求亦得到了普遍强调。作为法律职业人员的职业伦理的核心要求，公平正义是所有法律职业人员均须遵守的伦理规范。

维护社会公平正义是法官、检察官、律师等法律职业的基本要求。我国《法官法》第3条明确规定："法官必须忠实执行宪法和法律，维护社会公平正义，全心全意为人民服务。"《法官职业道德基本准则》第6条亦明确规定了对法官的伦理要求："热爱司法事业，珍惜法官荣誉，坚持职业操守，恪守法官良知，牢固树立司法核心价值观，以维护社会公平正义为己任，认真履行法官职责。"《检察官法》第3条规定："检察官必须忠实执行宪法和法律，维护社会公平正义，全心全意为人民服务。"《律师法》第2

① 徐大建：《西方公平正义思想的演变及启示》，《上海财经大学学报》2012年第3期。
② 中国社会科学院语言研究所词典编辑室编：《现代汉语词典》，商务印书馆2012年版，第1663页。
③ 张文显：《法理学》（第三版），高等教育出版社、北京大学出版社2007年版，第334页。
④ 严存生：《社会正义与法律正义论纲》，《学术研究》2018年第8期。
⑤ 张恒山：《论正义和法律正义》，《法制与社会发展》2002年第1期。

条第 2 款规定："律师应当维护当事人合法权益，维护法律正确实施，维护社会公平和正义。"国际律师协会通过的《法律职业行为国际原则》在引言中就强调律师是"司法公正所必需的参与人"，应"推进法律发展，捍卫自由、正义和法治"。维护公平正义是法律职业人员的普遍追求，也是法律职业伦理的最高规范。我国《法官法》《检察官法》《律师法》对维护公平正义作出了规定，并且在总论基本要求部分作出规范，体现了正义规范的重要地位。

正义规范要求法律职业者崇尚法律并捍卫正义。为实现正义，法律职业人员还须遵循一系列司法的基本原则和行为规范，从而通过规范法律职业人员的具体行为以实现对正义规范的遵守。以法官职业伦理为例，法官须遵循法官独立原则、法官中立原则和回避原则等，这些原则往往在各国法律制度和伦理职责中有所规定，成为推动法官追求公平正义的制度保障。我国《法官职业道德基本准则》第 13 条规定："自觉遵守司法回避制度，审理案件保持中立公正的立场，平等对待当事人和其他诉讼参与人，不偏袒或歧视任何一方当事人，不私自单独会见当事人及其代理人、辩护人。"这强调了法官应遵守司法回避制度及平等对待当事人和其他诉讼参与人，从而在司法活动中真正践行正义规范的具体行为要求。

同时，正义规范要求法律职业者维护基本人权，贯彻平等原则。人权是构成正义规范的重要内容。无论是法官、检察官还是律师等法律职业人员，均须重视对人权的尊重和保护，平等对待当事人，并须遵守有关平等及尊重和保障人权的具体规范。例如，我国《法官法》第 4 条规定："法官应当公正对待当事人和其他诉讼参与人，对一切个人和组织在适用法律上一律平等。"该规定强调法官应平等对待当事人和诉讼参与人，注重法律适用上的平等，强调了法官对平等原则的遵守。又如，我国《检察官法》第 5 条规定："检察官履行职责，应当以事实为根据，以法律为准绳，秉持客观公正的立场。检察官办理刑事案件，应当严格坚持罪刑法定原则，尊重和保障人权，既要追诉犯罪，也要保障无罪的人不受刑事追究。"该规定强调了检察官应秉持客观公正的立场，尊重和保障人权，同样体现了对正义规范的具体要求的设置。联合国《关于检察官作用的准则》第 12 条亦明确规定："检察官应始终一贯迅速而公平地依法行事，尊重和保护人的尊严，维护人权从而有助于确保法定诉讼程序和刑事司法系统的职能顺利地运行。"联合国《关于律师作用的基本准则》第 14 条规定："律师在保护其委托人的权利和促进维护正义的事业中，应努力维护受到本国法律和国际法承认的人权和基本自由，并在任何时候都根据法律和公认的准则及律师的职业道德，自由和勤奋地采取行动。"对人权、自由和平等的维护，体现了正义规范的基本要求。

因此，法律职业伦理法律规范不仅明确强调法律职业人员应维护司法正义，还通过保障人权和自由、平等对待当事人和其他诉讼参与人及回避制度、独立制度等具体原则和规范来保障法律职业人员对正义的追求，从而充分形成对正义规范的制度保障。

# 第二节 独立规范

独立规范是法律职业伦理的工具或手段，最终目的是实现法律的公平正义。西方国家保障法官和法院独立，我国宪法也规定了保障法院独立行使审判权、检察院独立行使检察权。法律职业伦理相关规范不仅对宪法和法律的规定作出了进一步强调，并对法官和检察官独立的具体制度规范、律师和公证员的职业独立性作出了规定。

## 一、独立性的含义与价值

独立性体现了一个职业内在的特定要求，从而保障相关职业人员的执业行为不受过多干涉。保持法律职业的独立性非常重要，这不仅基于法律职业本身需要保持独立性，更在于为实现公平正义的目的需要保持独立。所谓独立性，即要求法律职业人员在职业活动中免受法律之外的干预和压力。[①] 独立性的存在，对规范法律的有效实施、保障公平正义的实现发挥手段规范和制度保障之功能。

### （一）国际条约中的独立规范

在国际条约和文件中，独立规范逐渐成为重要内容，构成在世界范围内公认的基本原则。例如，联合国《世界人权宣言》第 10 条明确规定："人人完全平等地有权由一个独立而无偏倚的法庭进行公正的和公开的审讯，以确定他的权利和义务并判定对他提出的任何刑事指控。"该规定强调审判应独立而无偏倚，体现了对独立规范的强调。联合国《公民权利和政治权利国际公约》第 14 条亦强调："在判定对任何人提出的任何刑事指控或确定他在一件诉讼案中的权利和义务时，人人有资格由一个依法设立的合格的、独立的和无偏倚的法庭进行公正的和公开的审讯。"

国际法官协会《国际法官协会法官通用宪章》在前言部分强调了司法规范的重要性："法治之重要的组成要素是藉由司法权的独立来实现。因此，巩固这项权力即是保障人民权利不受国家和其他特殊利益集团攻击的保证。"该文件第 1 条指出："法官之独立性是法治社会公正正义之首要条件。这是不容割裂的。这不是赋予法官个人利益的特权，而是法治社会所应提供者，且任何人得要求、等待公平正义之正当利益。所有国内或国际性之任何组织及主管当局，应尊重、保护及捍卫这样的独立性。"该文件第 2 条规定了外部的独立性，"在职法官，应能行使司法权力，不受社会、经济和政治压力，独立于其他法官同侪和司法行政权"，并对法官地位之保障、司法委员会、司法资源、法官之保护与裁判之尊重作出规定。第 3 条对内部独立性作出了规定，指出"法官于执行司法职务时仅受法律拘束，且仅应考虑法律之规定"，强调"任何来自当局直接或间接之影响或压力、威胁或干预，都是不能接受的"。

除法院和法官规定外，国际条约或文件也对检察官、律师等法律职业的独立作出

---

① 李本森：《法律职业伦理》，北京大学出版社 2017 年版，第 59 页。

了规定。例如，联合国《关于检察官作用的准则》第4条明确规定："各国应确保检察官得以在没有任何恐吓、阻障、侵扰，不正当干预或不合理地承担民事、刑事或其他责任的情况下履行其专业职责。"联合国《关于律师作用的基本原则》第16条规定："各国政府应确保律师（a）能够履行其所有职责而不受到恫吓、妨碍或不适当的干涉；（b）能够在国内及国外履行并自由地同其委托人进行磋商；（c）不会由于其按照公认的专业职责、准则和道德规范所采取的任何行动而受到或被威胁会受到起诉或行政、经济或其他制裁。"该文件第25条规定："律师的专业组织应与政府合作以确保人人都能有效和平等地得到法律服务，并确保律师能在不受无理干涉情况下按法律和公认的职业标准和道德向其当事人提供意见，协助其委托人。"

国际律师协会《法律职业行为国际原则》第1条即为独立原则："律师应当保持独立，并应获得该独立能带来的保护，给予客户无偏见的建议和代理。律师在建议客户时应做出独立、无偏见的职业判断，包括客户案件胜诉可能性。"国际律师协会对该原则作出注释："司法的实施和法治的运行离不开律师以专业身份为客户代理，不受指示、控制或干扰。律师如果不能确保独立，而是受制于他人特别是掌权者的影响，就很难完全保护当事人。因此，确保律师的独立是在民主社会保护公民权利的必然要求。保障独立需要个体执业律师、政府和民间社会对法律职业独立性的重视均高过个体愿望，尊重独立的法律职业的必要性。客户有权利期待获得独立、公正、诚恳的建议，无论建议是否为客户所期望的结果。"

因此，各国和国际文件中普遍规定了法律职业的独立规范，尤其是将之作为基本原则在宪法中进行规范。仅就法官独立和法院独立来看，这是典型的重视和保障司法机关和法官独立性的体现。

### （二）独立性的价值

保障法律职业和法律职业人员的独立性具有重要意义，不仅有利于推动法律职业的良好运作，更是实现公平正义等最终价值和追求的有效途径和保障。

一方面，法律职业和法律职业人员的独立性是实现司法公正的重要途径和首要保障。公平正义是人类社会所追求的最重要的价值目标，司法公正是社会公平正义的重要体现。司法公正包括程序公正和实体公正，程序公正需要案件处理过程保持公正，实体公正则强调裁判结果之公正。法律职业人员的独立性，尤其是法官和检察官的独立，究其本质，构成程序公正的重要内容。古罗马时期的自然正义理念要求"任何人不得在涉及自己的案件中担任法官"和"必须听取双方当事人的陈述"，我国古代司法也强调"两造具备，师听五辞"，均重视对法官的中立和独立。当代法官负有对公民的生命、自由、权利、财产等作出最后判决的责任，故而只有保证法官在中立、独立的立场上处理案件，才能真正发挥法官在保障和实现社会正义方面的重要作用。[1]法律职业和法律职业人员的独立也是促进实体正义实现的重要保障。只有检察官、法官独立，

---

[1] 陈光中：《比较法视野下的中国特色司法独立原则》，《比较法研究》2013年第2期。

才能确保其对案件事实的认定和对法律适用的适用正确，从而保障最终的判决符合真正的正义。同理，保障律师的辩护或代理活动的独立开展，才能保障律师真正实现对当事人利益的维护，促进案件的最终结果有利于实质正义的实现。

另一方面，独立性也是法律职业发展的必然要求。在法律职业化过程中，法律职业人员的独立性具有必要性。这不仅在于法律职业人员需要有较丰富的专业知识，还在于在长期的司法实践中已经形成了区别于一般社会公众的法律思维方式。有学者将之界定为"依循法律逻辑，以价值取向的思考、合理的论证，解释适用法律"。[①]法律思维对案件的解决具有重要作用，如果法律职业人员的专业判断受到过多的舆论干扰或不合理的干涉，则可能产生最终判决结果的失误，违反相关法律规范。同理，律师执业行为的开展，亦不应受到非律师的左右，不受委托人或承办案件的法官或其他人员干扰，否则不仅会损害律师的职业形象，也不利于当事人利益的维护。

## 二、独立性是我国宪法和法律的基本规范

法律职业的独立性，尤其是法院独立行使审判权、检察院独立行使检察权，是我国宪法的明确规定，属于我国宪法和法律的基本规范。

我国《宪法》第 131 条规定："人民法院依照法律规定独立行使审判权，不受行政机关、社会团体和个人的干涉。"第 132 条规定："人民检察院依照法律规定独立行使检察权，不受行政机关、社会团体和个人的干涉。"这两条以国家根本大法的方式规定了法官、检察院独立行使职权，不受行政机关、社会团体和个人的干涉，强调了对法院、检察院独立行使职权的宪法保障。

我国宪法关于法院、检察院独立行使职权的规定经过了一定发展过程。以法院独立行使审判权为例，1954 年《宪法》第 78 条规定："人民法院独立进行审判，只服从法律。"该规定了参考 1936 年《苏联宪法》第 112 条的规定："审判员独立，只服从法律。"1982 年《宪法》则将该条修订为："人民法院依照法律规定独立行使审判权，不受行政机关、团体和个人的干涉。"之所以进行修改，是因为立法者认为 1954 年《宪法》的规定不够确切，明确列举出"不受行政机关、团体和个人的干涉"能够明确说明哪些主体不能干涉法院独立审判权的行使。[②]当然，根据该规定，无论是语义解释还是体系解释，主要还是对不受行政机关、社会团体和个人干涉的规定，但并不意味着国家权力机关、检察机关可以进行干涉。[③]党对法院工作的领导、立法机关对法院工作的监督和检察机关与法院之间的合作与制约，不在该条规范之中。

同时，根据该规定，我国《民事诉讼法》《行政诉讼法》《刑事诉讼法》均对法院、检察院独立行使职权作出规范。《民事诉讼法》第 6 条规定："民事案件的审判权由人民法院行使。人民法院依照法律规定对民事案件独立进行审判，不受行政机关、社会团

---

① 王泽鉴：《法律思维与民法实例：请求权基础理论体系》，中国政法大学出版社 2001 年版，第 1 页。
② 肖蔚云：《论宪法》，北京大学出版社 2004 年版，第 548 页。
③ 田夫：《中国独立行使审判权制度的历史考察》，《环球法律评论》2016 年第 2 期。

体和个人的干涉。"《刑事诉讼法》第 5 条规定："人民法院依照法律规定独立行使审判权，人民检察院依照法律规定独立行使检察权，不受行政机关、社会团体和个人的干涉。"《行政诉讼法》第 4 条规定："人民法院依法对行政案件独立行使审判权，不受行政机关、社会团体和个人的干涉。"由此，我国形成了对法院、检察院依法独立行使职权的宪法和法律保障。

### 三、我国法律职业伦理中的独立规范

除前文所述宪法和法律中对法院和检察院独立行使职权的规范外，我国其他法律法规或规范性文件也对法律职业人员的独立性作出了具体规范。这均体现了对法律职业人员的独立性的保障和制度规范。

法院依法独立行使审判权的规定在《人民法院组织法》《法官法》和《法官职业道德基本准则》中得到了强调。《人民法院组织法》第 4 条规定："人民法院依照法律规定独立行使审判权，不受行政机关、社会团体和个人的干涉。"《法官法》第 7 条规定："法官依法履行职责，受法律保护，不受行政机关、社会团体和个人的干涉。"《法官职业道德基本准则》第 8 条规定："坚持和维护人民法院依法独立行使审判权的原则，客观公正审理案件，在审判活动中独立思考、自主判断，敢于坚持原则，不受任何行政机关、社会团体和个人的干涉，不受权势、人情等因素的影响。"《法官职业道德基本准则》在规定法院独立行使审判权的同时，提出了对法官独立思考、自主判断、不受干涉或影响的要求，强调了法官在职业行为中对法院独立行使审判权的遵守和维护。

检察院独立行使检察权也在《人民检察院组织法》中有所规定，同时《检察官法》明确提出了检察官不受行政机关、社会团体和个人干涉的独立性，强调了对检察院独立行使检察权和检察官的独立性的保障。《人民检察院组织法》第 4 条规定："人民检察院依照法律规定独立行使检察权，不受行政机关、社会团体和个人的干涉。"《检察官法》第 6 条规定："检察官依法履行职责，受法律保护，不受行政机关、社会团体和个人的干涉。"

独立性也是律师职业的重要规范。《律师事务所管理办法》第 3 条规定："任何组织和个人不得非法干预律师事务所的业务活动，不得侵害律师事务所的合法权益。"《律师职业道德和执业纪律规范》第 27 条规定："为维护委托人的合法权益，律师有权根据法律的要求和道德的标准，选择完成或实现委托目的的方法。"该规范第 40 条规定："律师应当恪守独立履行职责的原则，不因迎合委托人或满足委托人的不当要求，丧失客观、公正的立场，不得协助委托人实施非法的或具有欺诈性的行为。"因此，律师的执业行为不应受到非法的干预，并且律师在维护委托人的合法权益时可以在符合相关规范要求的前提下选择工作方法，不因满足委托人的不当要求而丧失客观、公正的立场。

公证机构和公证员的执业活动亦具有独立性。《公证机构执业管理办法》第 4 条规定："公证机构办理公证，不以营利为目的，独立行使公证职能，独立承担民事责任，任何单位和个人不得非法干预，其合法权益不受侵犯。"《公证员执业管理办法》第 4 条

规定："公证员依法执业，受法律保护，任何单位和个人不得非法干预。"《公证员职业道德基本准则》第 24 条规定："公证员不得以不正当方式或途径对其他公证员正在办理的公证事项进行干预或施加影响。"公证机构独立行使公证职能，公证员的执业行为亦不受任何单位或个人的非法干预，也不受其他公证员的干预或影响。

# 第三节　平等规范

　　尽管人们对于平等的内涵有不同的主张，但平等的价值毋庸置疑。平等是法律的基本要求，法律面前人人平等在各国宪法和国际公约中都有明确规范。平等规范是法律职业伦理的基本要求，平等对待当事人或其他诉讼参与人，保障法律面前人人平等的实现，是法律职业伦理的重要内容之一。

## 一、平等的内涵

　　平等是一个内涵丰富的概念，虽然没有非常统一的内涵界定，但所有人都承认平等的一般性价值。在现代汉语中，平等是指人们在社会、政治、经济、法律等方面享有相等待遇。[①]这种平等思想在中国古代文化中源远流长，可追溯至"王侯将相宁有种乎"的政治口号，"均贫富，等贵贱"的政治追求也是平等的体现。在西方语境中，平等（equality）一词指人或事物处于相同的水平或标准并被同样地对待，或指同等的状态和相同的权利。在西方政治和法律思想中，平等一直是非常重要的概念。亚里士多德强调平等有两类，一类是数量相等，另一类是比值相等。前者即所得的相同事物在数目和容量上与他人所得相等，后者则指获得与之比例相平衡的事物。[②]因此，平等的概念在西方思想中往往有两种用法，一种指本质上的平等，另一种则指分配上的平等，即人与人之间在财产、社会机会或政治权力分配上较为均等。

　　一般意义上的平等，指的是人们享有同等的人格、基本权利、社会地位、基础资源、基本权利等，是一种无差别的结果或状态。当然，平等的具体内容和主体在不同条件下有所不同。[③]有学者指出，对平等的一般性理解应当包括三个方面：一是平等意味着在具有差异的个体之间寻找共性；二是平等具有相对性，源于比较，故而平等的环境是在集体环境中；三是平等的价值在于其是一个道德上的根本性判断。[④]有学者强调，平等是由双重概念组成的复杂概念，一方面其是描述性概念，即"作为相同性的平等"，另一方面其是一个规范性概念，强调在相同对待方面的平等。[⑤]同时，平等可分为形式平等和实质平等。形式平等即"在某方面同等对待"，体现了对形式正义的追求；实质

---

① 中国社会科学院语言研究所词典编辑室编：《现代汉语词典》，商务印书馆 2012 年版，第 1000 页。
② ［古希腊］亚里士多德著，吴寿彭译：《政治学》，商务印书馆 1965 年版，第 132 页。
③ 俞可平：《重新思考平等、公平和正义》，《学术月刊》2017 年第 4 期。
④ 孙一平、董晓倩：《概念与困境：平等问题的当代解读》，《学习与探索》2011 年第 6 期。
⑤ 王元亮：《平等概念的学理辨析》，《伦理学研究》2014 年第 5 期。

平等则是形式平等的实质化和具体化，即"到底哪一方面平等"。[①]

## 二、平等是法律的基本要求

平等是法律思想中的重要范畴。在法律范围内，平等一般被视为存在于自然权利或理想和正义的属性中，平等的基础是人人都平等地拥有自由意志。[②]平等是法律的基本要求，法律面前人人平等的观念已根深蒂固。在各项法律文件中，平等都具有基本原则和重要指导要求的地位。

1789 年，法国《人权宣言》明确强调了人人生而平等："在权利方面，人们生来是而且始终是自由平等的。除了依据公共利益而出现的社会差别外，其他社会差别，一概不能成立。"美国宪法第十四修正案亦指出保障基于所有人平等的法律保护："对于在其管辖下的任何人，亦不得拒绝给予平等法律保护。"《世界人权宣言》更是对平等作出了诸多规范。该宣言第 1 条规定："人人生而自由，在尊严和权利上一律平等。他们赋有理性和良心，并应以兄弟关系的精神相对待。"第 2 条规定："人人有资格享有本宣言所载的一切权利和自由，不分种族、肤色、性别、语言、宗教、政治或其他见解、国籍或社会出身、财产、出生或其他身份等任何区别，并且不得因一人所属的国家或领土的政治的、行政的或国际的地位之不同而有所区别，无论该领土是独立领土、托管领土、非自治领土或处于其他任何主权受限制的情况之下。"第 7 条规定："法律之前人人平等，并有权享受法律的平等保护，不受任何歧视。人人有权享受平等保护，以免受违反本宣言的任何歧视行为及煽动这种歧视的任何行为之害。"通过对人人享有的平等权和法律面前人人平等作出规范，域外国家宪法或国际公约普遍重视对平等原则的强调。

我国《宪法》也对平等原则作出了规范。《宪法》第 33 条规定："凡具有中华人民共和国国籍的人都是中华人民共和国公民。中华人民共和国公民在法律面前一律平等。国家尊重和保障人权。任何公民享有宪法和法律规定的权利，同时必须履行宪法和法律规定的义务。"其中，第 2 款规定的"中华人民共和国公民在法律面前一律平等"被普遍认为是我国的平等条款，该条款的位置体现了其在宪法中的重要地位。学者一般认为该规定既是法律原则规范，也是权利规范，平等一词前面的"一律"，强调了平等制度在内容上具有绝对性，即我国法律制度强调的是绝对或实质平等，从而区别于形式平等。[③]同时，还有部分条款分散在第一章"总纲"和第二章"公民的基本权利和义务"中，形成了平等条款体系。例如，第 33 条第 4 款规定："任何公民享有宪法和法律规定的权利，同时必须履行宪法和法律规定的义务。"该规定意味着在我国，公民平等地享有权利并承担义务，成为法律关系的主体。又如，《宪法》第 48 条第 1 款规定："中华人民共和国妇女在政治的、经济的、文化的、社会的和家庭的生活等各方面享有同

---

① 王元亮：《论形式平等与实质平等》，《科学社会主义》2013 年第 2 期。
② ［英］戴维·沃克著，李双元等译：《牛津法律大辞典》，法律出版社 2003 年版，第 383 页。
③ 石文龙：《我国宪法平等条款的文本叙述与制度实现》，《政治与法律》2016 年第 6 期。

男子平等的权利。国家保护妇女的权利和利益，实行男女同工同酬，培养和选拔妇女干部。"该规定体现了对男女平等的强调。

### 典型案例 2-1

## 平等：区别对待的依据与标准

对平等的探讨，不可避免地需要对具体案件中的平等作出探讨，这就会涉及一个重要问题，即歧视。一般情况下，为实现实质平等，人们可能采取保障少数人权利或给予其一定特权的方式，不同情况不同对待。然而，此时是否构成对多数人的歧视，则成为值得思考的问题。这种情况在域外大学招生中有典型体现。

例如，美国发生了多起针对大学招生"种族平权"规则的诉讼，主张旨在给予全面平等机会的《平权法案》（Civil Rights Act of 1964）保障了少数族裔的利益，但却引发争议。该法案主要集中解决教育和就业上的问题，对少数种族、土著人和妇女等在历史上被排斥的群体给予关照。《平权法案》的初衷在于保护所有人免受种族歧视，然而，在该法案实施的过程中，却出现了白人、亚裔等遭受"逆向歧视"的现象，即因照顾弱势群体而损害了强势群体利益的现象。

1978年，加州大学董事会诉巴基案是美国联邦最高法院裁决的里程碑式案件。该案中，巴基两次申请加州大学戴维斯分校医学院遭拒，他认为该校的强制16个少数族裔名额的招生政策导致作为白种人的自己无法录取。加利福尼亚州最高法院判决加州大学败诉，认为其政策侵犯了白人申请者的权利，下令接受巴基入学。该案引发公众广泛关注，联邦最高法院随后受理了该案上诉案件。联邦最高法院的大法官对该案存在显著争议，9位大法官共出具了6份意见。最终的判决书指出，政府有强制性的义务来保障课堂的多样性，故而肯定性行动政策符合宪法，未违反《平权法案》。然而，该校制定的为少数族裔强制分配16个名额的政策有些过分，故而法院裁决该校应接受巴基。该案的实际效果在于，大部分肯定性的行动政策可以执行，大学在招生过程中可以将种族纳入考量因素。[1]

2003年的格鲁特（Grutter）诉布林格（Bollinger）案同样是美国联邦最高法院裁决的里程碑式案件。该案原告格鲁特是一位密歇根州公民，其大学毕业时的成绩平均绩点为3.8，法学院入学考试分数为161分，尽管已经达到了学业水平要求，但密歇根大学法学院拒绝了她的入学申请。因此，她提起诉讼，指控被告基于种族歧视违反了宪法第十四修正案、《平权法案》等规范，校方在录取过程中将种族视为"主导"因素，给予了少数族裔群体以更大的录取概率，不重视解释种族区分的使用。联邦地区法院判定，被告在招生程序中引入种族因素违法，联邦第六巡回法院则撤销了上述判决，并基于巴基案的先例指出种族多样化是一个州的必要利益，认

[1] Regents of the University of California v. Bakke, 438 U.S. 265 (1978).

为该校录取程序中的种族适用经过了严谨设计，种族仅是"潜在的'附加'因素"。联邦最高法院肯定了第六巡回法院的判决，维持了密歇根大学的招生政策。联邦最高法院认为，尽管具有种族意识的录取程序有偏袒"未被充分代表的少数族裔"之嫌，但该评估程序也会同时考虑到每位申请人的个人条件和所有因素，故而该程序不等于种族配额制度。[①]

2016年，费舍（Fisher）诉得克萨斯大学案宣判，联邦最高法院最终支持了《平权法案》，费舍败诉。该案中，原告费舍是一名白人女子，其认为得克萨斯大学奥斯特分校拒绝自己的入学申请，却招收了成绩不如自己的拉美裔和非洲裔美国学生构成了对自己的"反向歧视"，违反了宪法赋予其的平等权利。2009年，美国联邦地区法院判定得克萨斯大学的录取标准没有违反宪法，学校将种族作为评估条件之一具有正当性，学生群体的多样性符合国家利益。2009年，美国第五巡回法院维持了原审法院判决，后费舍上诉。2015年，联邦最高法院审理了该案，并于2016年判决费舍败诉。[②]

上述案件均是涉及《平权法案》与美国宪法第十四修正案中平等规范的案件。上述案件中《平权法案》的适用困境，在于所有人的机会平等与《平权法案》所保障的实质平等之间的冲突，由此产生了关于该区别对待合理与否的探讨。实际上，平等保护是一个动态的、不断变化着的概念，如果进行区别对待，则必须说明理由，并且该理由应当是一个在利益衡量中压倒一切的公共利益，此时才构成正当的区别对待，否则可能构成歧视。

### 三、法律职业伦理中的平等规范

在法律职业伦理中，平等规范强调通过法官、检察官、律师等法律职业人员的司法行为体现出程序正义和对公民权利的平等保障，从而更好地维护宪法和法律中所规范的平等权。

例如，法官职业伦理规范强调法官平等对待当事人和诉讼参与人，在法律适用上坚持人人平等。我国《法官法》第4条规定："法官应当公正对待当事人和其他诉讼参与人，对一切个人和组织在适用法律上一律平等。"《法官职业道德基本准则》第13条规定："自觉遵守司法回避制度，审理案件保持中立公正的立场，平等对待当事人和其他诉讼参与人，不偏袒或歧视任何一方当事人，不私自单独会见当事人及其代理人、辩护人。"《关于检察官作用的准则》第13条也规定，检察官在履行其职责时应不偏不倚地履行其职能，并避免任何政治、社会、文化、性别或任何其他形式的歧视。

又如，律师伦理规范也明确提及了平等规范。联合国《关于律师作用的基本原则》第1条规定："所有的人都有权请求由其选择的一名律师协助保护和确立其权利并在刑

---

① Grutter v. Bollinger, 539 U.S. 306 (2005).
② Fisher v. University of Texas, 579 U.S. ___ (2016).

事诉讼的各个阶段为其辩护。"第 2 条规定："各国政府应确保向在其境内并受其管辖的所有的人，不加任何区分，诸如基于种族、肤色、民族、性别、语言、宗教、政治或其他见解、原国籍或社会出身、财产、出生、经济或其他身份地位等方面的歧视，提供关于平等有效地获得律师协助的迅捷有效的程序和机制。"第 25 条规定："律师的专业组织应与政府合作以确保人人都能有效和平等地得到法律服务，并确保律师能在不受无理干涉情况下按法律和公认的职业标准和道德向其当事人提供意见，协助其委托人。"该文件明确规定了所有人都具有获得辩护的权利，并规定了各国政府应确保公民获得律师协助和法律服务的权利。

除直接规定外，法律职业伦理中平等规范还体现在具体的制度设计中。例如，程序中立排除任何无关因素对法律职业行为的影响，从而使得当事人能够平等地通过司法程序解决纠纷。当事人各方在诉讼程序中承担的程序义务与其实体权利和主张相对应，从而要求具有公权力或垄断性地位的一方当事人承担更重的程序义务，从而减少当事人的实体权利差距，亦是保障平等规范实现的有效方式。[①]

# 第四节　审慎规范

审慎规范要求法律职业人员在执业活动中对案件进行充分思考，通过充分的利益衡量和各种法律思维方法，形成最适宜的纠纷解决方案，促进对当事人权益的维护。审慎规范体现了对法律职业人员应有的职业态度要求。

## 一、审慎的含义与发展

所谓审慎，即周密且谨慎。[②]安索尼·T.克罗曼（Anthony Kronman）在《迷失的律师》一书中明确强调了律师所具有的审慎的思维品质："一名作为其他人楷模的杰出法律人不单纯是一个成功的技术人员，而且还是一名审慎的或具有实践智慧的人。"[③]他详细论述了审慎这种思维品质所展现出的深思熟虑的能力，即同情和超然。前者强调置身事内，后者则强调置身事外。将两种相互冲突的能力集于一身的审慎智慧被当时美国律师所尊崇。案件斟酌过程中所需要的想象性的同情把两种表面上相反的性情联系到了一起，一端是同情，另一端是超然。这种相反的性情与相互冲突的混合性格之间的结合，恰恰是进行斟酌的过程中经常要经历的：一方面，是温暖的热情和某种大度的同情；另一方面，则是冷淡和矜持，它们并不是按照交替的顺序出现而是同时出现。[④]

---

① 李本森：《法律职业伦理》，北京大学出版社 2017 年版，第 65 页。
② 中国社会科学院语言研究所词典编辑室编：《现代汉语词典》，商务印书馆 2012 年版，第 1157 页。
③ 〔美〕安索尼·T.克罗曼著，田凤常译：《迷失的律师：法律职业理想的衰落》，法律出版社 2010 年版，第 3 页。
④ 〔美〕安索尼·T.克罗曼著，田凤常译：《迷失的律师：法律职业理想的衰落》，法律出版社 2010 年版，第 16~17 页。

审慎规范的产生，与英美法系国家判例法制度相关。判例法缺乏充分的成文法的环境，这要求法官对案件进行较好地把握，对法官在品德、经验、智慧等各方面的要求较高，需要法官在司法裁判中进行周密、谨慎的思考，并注重判决对之后案件的约束力。同时，在英美法系国家中，法律职业者在不同法律职业部门之间调换工作较为普遍，并且不需要进行新的专业训练，这种不同行业的经历增加了法律职业人员的工作经验，也有助于法律职业共同体的形成和共情能力的加强，从而形成更具审慎性的实践智慧，在司法实践中全面考量、深思熟虑，以更好地处理案件。[①]

因此，在法律职业伦理中，法律职业人员的审慎体现在对案件的全面、谨慎思考中，在各种利益之间进行平衡，通过法律解释、法律论证、价值衡量等法律方法选择合适的处理方案，并进行说理和分析。对法官而言，在裁判中对案件涉及的不同利益进行衡量，从而作出最终判决，是审慎规范的典型体现。以英国家事裁判文书公开问题为例，家事法官在审理该类案件中，往往通过利益衡量的方式，在个人隐私权保护和社会公众知情权之间进行利益衡量。例如，X v X［2016］案是英国涉及富有名人的离婚案件，该案中关于财产的处理会影响到男方与新合伙人的利益关系，但媒体对该案非常关注，拍摄到当事人双方进出高等法院并报道了当事人、律师及法官的姓名。主审法官戴维·博迪（David Bodey）公布的判决书以"X v X"的方式匿名，并修改了当事人及其子女的个人信息。随后，媒体向法院确认在知晓当事人信息的情况下是否可以报道该案。一家全国性报纸、记者协会持支持态度，男方反对，女方保持中立。戴维·博迪法官指出，这涉及如何衡量个人隐私权和言论自由两者的关系，法院需要根据案件具体情况在这两个相互竞争的权利中进行权衡。考虑到该案所包含的信息的性质、之前该案信息公开程度较低及媒体介入对当事人及其子女的影响等具体情况，法官支持了男方提出的匿名申请。[②]

## 二、法律职业伦理中的审慎规范

在法律职业伦理中，审慎规范的要求体现在对法律职业人员全面、谨慎处理案件，选择适宜的处理方法上。例如，国际律师协会《法律职业行为国际原则》第9条原则为："律师工作应以胜任及时的方式完成。对不能合理地相信可以按此方式完成的工作，律师不应接受。"对于"合理"一词的界定，国际律师协会强调律师的行为应当合理，并且所谓律师合理的行为，即指审慎并胜任的律师的行为水平。因此，审慎是对律师职业行为的普遍要求。

我国《律师职业道德基本准则》第4条亦强调律师应"为当事人提供勤勉尽责、优质高效的法律服务""依法充分履行辩护或代理职责，促进案件依法、公正解决"。我

---

① 李希兵：《审慎与思辨：两种法律思维品质的比较》，《社科纵横》2012年第1期。
② X v X［2016］EWHC 3512 (Fam).

国《法官职业道德基本准则》第9条强调，法官应"努力查明案件事实，准确把握法律精神，正确适用法律，合理行使裁量权"，亦体现了对法官正确适用法律、合理审慎地行使裁量权的基本要求。

# 第五节　礼仪规范

礼仪规范是法律职业伦理的重要内容，对维护司法公信力、树立司法权威和维持法律职业的良好形象具有重要作用，也是职业文明建设的重要体现。我国法律职业伦理规范对法律职业人员的礼仪规范作出了较明确的规定，包括职业形象、言行举止、司法仪式等具体内容，并逐渐上升为法律规范，从而形成更高位阶的制度保障。

## 一、礼仪规范的含义及作用

礼仪，指礼节、仪式。[①]作为礼仪之邦，遵守礼仪是我国的优良传统。作为特殊的社会活动，司法活动具有特殊的礼仪规范，即司法礼仪。司法礼仪不仅指引着司法主体在司法活动中的行为方式和态度，成为司法活动必不可少的组成部分，而且由于其表意功能和文化特征，也逐渐成为法院文化的重要表征。作为具有高度专业性和职业性的法律职业人员，法官、检察官、律师等均须遵循一定的礼仪规范，以维护良好的司法秩序和法律职业形象。礼仪规范具有一定的程序正义的色彩，可以被视为广义上的"正当法律程序"的内容之一。

作为法院文化的重要组成部分，司法礼仪构成法官及相关工作人员的行为规范。诸如司法形象、司法行为、司法文书和司法仪式等均构成司法礼仪的重要内容。虽然中西方在司法礼仪的具体内容上存在一定的差异，但其本质上都强调司法职业伦理，重视公平正义、清正廉明和权威有效的司法形象的构建。例如，法袍是司法形象的具体体现，是司法礼仪规范的内容之一。西方大多数国家的法官穿法袍，构成一种文化符号，象征着穿戴者思想成熟，独立判断，对自己的良心和上帝负责。这意味着司法的公正、独立和中立。我国法官在开庭等职业活动中亦须身着法袍，体现和象征法院代表国家形式审判权，忠于党和人民。[②]

又如，司法实践中，法官语言示范问题较突出，部分法官的语言有失公正、不够客观或不够专业的问题频现，不仅影响了正常的审判秩序，更会影响当事人对法官的信任程度，进而造成司法不公的不良印象，损害司法公信力建设。[③]

因此，在司法活动中，司法礼仪关系着司法公信力，对司法公正的实现具有重要

---

① 中国社会科学院语言研究所词典编辑室编：《现代汉语词典》，商务印书馆2012年版，第793页。
② 邓志伟：《符号学视角下的司法礼仪透视——法院文化的表达与实践》，《河北法学》2014年第4期。
③ 贺少锋：《法官语言与司法公信》，《人民法院报》2013年7月7日第2版。

影响。检察官、律师等法律职业人员亦须遵循相应的法律职业伦理，以维护法律职业的权威性和公正性，促进案件处理程序的公正性。

## 二、法律职业伦理中的礼仪规范

在具体的法律职业伦理规范中，礼仪规范是不可或缺的重要内容。我国《法官职业道德基本准则》规定维护司法形象是法官职业伦理的基本要求之一，并通过第 23 条至第 26 条明确规定了维护司法形象的具体要求，强调法官应遵守司法礼仪。其中，第 24 条规定："坚持文明司法，遵守司法礼仪，在履行职责过程中行为规范、着装得体、语言文明、态度平和，保持良好的职业修养和司法作风。"第 25 条规定："加强自身修养，培育高尚道德操守和健康生活情趣，杜绝与法官职业形象不相称、与法官职业道德相违背的不良嗜好和行为，遵守社会公德和家庭美德，维护良好的个人声誉。"《人民陪审员法》第 3 条规定："人民陪审员应当忠实履行审判职责，保守审判秘密，注重司法礼仪，维护司法形象。"该规定意味着对司法礼仪的强调已提升至立法层面。最高人民法院发布的《法官行为规范》亦强调对司法礼仪的遵守，该规范第 8 条规定："加强修养。坚持学习，不断提高自身素质；遵守司法礼仪，执行着装规定，言语文明，举止得体，不得浓妆艳抹，不得佩带与法官身份不相称的饰物，不得参加有损司法职业形象的活动。"

律师职业伦理也强调礼仪规范的重要性。《律师职业道德基本准则》第 6 条规定律师应"注重陶冶个人品行和道德情操，忠于职守，爱岗敬业，尊重同行，维护律师的个人声誉和律师行业形象"。《律师执业行为规范（试行）》第 71 条和第 72 条规定了律师的庭审仪表和语态，对律师应遵循的礼仪规范作出了强调："律师担任辩护人、代理人参加法庭、仲裁庭审理，应当按照规定穿着律师出庭服装，佩戴律师出庭徽章，注重律师职业形象。""律师在法庭或仲裁庭发言时应当举止庄重、大方，用词文明、得体。"

同时，《关于依法保障律师执业权利的规定》第 31 条第 2 款规定："法庭审理过程中，法官可以对律师的发问、辩论进行引导，除发言过于重复、相关问题已在庭前会议达成一致、与案件无关或侮辱、诽谤、威胁他人，故意扰乱法庭秩序的情况外，法官不得随意打断或制止律师按程序进行的发言。"

因此，在法律职业伦理中，礼仪规范构成重要的规范要求，对法律职业人员的言行作出了指引，以维护司法权威和法律职业的形象。

## 第六节　廉洁规范

廉洁规范对法律职业人员提出了更高的要求，是维护司法公信力和促进司法正义实现的必然要求。我国法律职业伦理规范对廉洁规范作出了较明确的规定，并不断推进法律职业人员对该规范的遵守。

## 一、廉洁规范的含义及必要性

所谓廉洁，即不损公肥私，不贪污。[1]作为职业伦理规范，廉洁要求职业人员不贪图小利，洁身自好。所有从事公务公职的人员都需要符合廉洁的规范，但法律职业人员遵守该规范更具必要性。这与法律职业的特殊性相关。一方面，司法是公平正义的最后一道防线，司法活动的开展关系着社会正义的实现，故而司法活动如果出现法律职业人员因贪腐问题而违法乱纪，则可能会影响司法正义的实现，并使得公众对司法公正的信任度降低，损害司法的权威和司法的公信力。另一方面，法律职业的特殊性使得法律职业人员应遵循独立规范，在案件处理过程中不偏不倚地对待当事人，如果违反廉洁规范，则可能会影响法律职业人员的中立地位和独立性，影响法律职业的形象。以检察官职业伦理为例，廉洁是检察官执法所必备的道德要求，因为检察官行业相较其他行业而言更具易腐性特点，经受更多的金钱或物质诱惑。[2]因此，只有养成和保持清正廉洁的风格，才能保障检察官的职业行为公正合法，从而获得社会公众的信任和尊重，否则显然会影响公众对法律的信仰。[3]

因此，廉洁规范要求法官、检察官、律师等法律职业人员洁身自好，公正执法，不得因其身份或声望谋取个人的私人利益。就法律职业人员而言，廉洁规范往往包括不以权谋私、不徇情枉法、不权色交易、不因权废法等具体内容。[4]正如有学者指出，司法不廉的基本形式是司法权力和金钱或其他利益的交易。[5]同时，廉洁规范不仅对法律职业人员提出要求，还要求法律职业人员约束其家庭成员遵守相关规范，从而真正践行廉洁规范的要求。

## 二、我国法律职业伦理中的廉洁规范

在法律职业伦理规范中，廉洁规范是法律职业人员必须遵守的重要规范，得到了普遍强调。

我国《法官职业道德基本准则》第 2 条明确指出，法官职业道德的核心之一是廉洁，并将"确保司法廉洁"作为法官职业道德的基本要求之一。该准则通过第 15 条至第 18 条对确保司法廉洁的具体要求作出具体规范，如树立正确观念、杜绝违法行为、不得利用职务便利谋取不当利益、不从事营利性经营活动、妥善处理个人和家庭事务等。

---

[1] 中国社会科学院语言研究所词典编辑室编：《现代汉语词典》，商务印书馆 2012 年版，第 806 页。
[2] 王艳敏：《检察官的职业道德建设》，《国家检察官学院学报》2009 年第 5 期。
[3] 李文嘉：《检察官伦理的养成》，《国家检察官学院学报》2015 年第 6 期。
[4] 周洪波：《检察官"清廉"的职业内涵及践行》，《中国检察官》2010 年第 9 期。
[5] 喻中：《司法腐败的概念、根源及其治理》，《法治论丛》2006 年第 4 期。

例如，第 15 条规定："树立正确的权力观、地位观、利益观，坚持自重、自省、自警、自励，坚守廉洁底线，依法正确行使审判权、执行权，杜绝以权谋私、贪赃枉法行为。"第 16 条规定："严格遵守廉洁司法规定，不接受案件当事人及相关人员的请客送礼，不利用职务便利或法官身份谋取不正当利益，不违反规定与当事人或其他诉讼参与人进行不正当交往，不在执法办案中徇私舞弊。"第 18 条规定："妥善处理个人和家庭事务，不利用法官身份寻求特殊利益。按规定如实报告个人有关事项，教育督促家庭成员不利用法官的职权、地位谋取不正当利益。"

我国《检察官职业道德基本准则》也强调了检察官的廉洁义务。该准则第 5 条规定："坚持廉洁操守，自觉接受监督。"《律师职业道德和执业纪律规范》第 35 条规定："律师不得挪用或侵占代委托人保管的财物。"第 36 条规定："律师不得从对方当事人处接受利益或向其要求或约定利益。"这两条规定同样体现了对律师遵循廉洁规范的具体要求。

> **典型案例 2-2**

### 法官贪腐报告

2013 年，有记者发布了一份以 200 个样本组成的《法官贪腐报告》，针对法官贪腐的特点、高发人群、司法生态等作出分析。在该报告所涉样本中，既包括具有重大影响力的法官，也包括籍籍无名的助理审判员。该报告所指"司法腐败"，即"法院系统的任何一员对公正司法程序的所有不当影响"。作为样本的 200 人，集合了 1995—2013 年被追究刑事责任的大部分法案，地方高级人民法院和中级人民法院的法官是法官腐败的重灾区。该报告显示，相较于个体腐败，群体性的腐败窝案、串案较为典型，此类案件案情复杂、影响恶劣。同时，因司法人员知晓法律，反侦察能力强，腐败多通过滥用自由裁量权，故而司法腐败具有一定的隐秘性，查处难度相对较大。在部分案件中，法官与当事人形成"利益联盟"，不利于案件查处工作之开展。按照职务来看，法院领导干部贪腐比例较高，容易成为权力寻租对象，超越职权干扰办案。法官腐败不仅损害当事人或被害人的利益，更影响公众对司法正义和法治的信心，故而利用审判进行权权交易、权色交易、枉法裁判等为公众所痛恨。统计样本显示，利用审判权办理人情案、金钱案、关系案或枉法裁判者占 37%。对司法腐败的有效治理，是维护司法公正、推进法治中国发展的基石。[①]

贪腐问题是法官违反廉洁规范的典型体现，严重影响了法官职业的发展和司法公信力。法律职业人员应严格遵守廉洁规范，从而维护司法活动的客观公正，提升司法权威。

---

① 郑小楼：《法官腐败报告》，《财经》2013 年第 15 期。

# 本章思考问题

## 一、司法是否应与民意保持距离？

罗斯科·庞德（Roscoe Pound）指出，"法官受理性的支配，真正的法官是坚定的理性主义者"。我国《宪法》规定法院独立行使审判权，不受行政机关、社会团体和个人的干涉。但是，法院的审判活动应当受到人民群众的监督。在司法实践中，诸多案件往往引起舆论的广泛关注，部分案件得到了公正判决，部分案件则存在一定争议，并出现了所谓"舆论影响司法"的现象。

例如，在许霆案中，许霆因ATM机出现故障，用余额只有170余元的银行卡，重复操作171次，取走现金17.5万元。被捕后其于2007年被广州市中级人民法院一审判处无期徒刑，后引发关注，获得舆论普遍同情。2008年，广东省高级人民法院以"事实不清，证据不足"为理由裁定案件"发回重审"，最终判处有期徒刑5年。

又如，2016年4月，于欢将催款辱母者刺死1人，刺伤3人。2017年2月，山东省聊城市中级人民法院一审以故意伤害罪判处其无期徒刑，后引发舆论关注。辱母情节、死者涉黑背景等问题引发关注，社会舆论普遍支持于欢。2017年6月，山东省高级人民法院撤销一审判决，在二审判决书中裁定其犯故意伤害罪，判处有期徒刑5年。

再如，2018年12月，赵宇为阻止女邻居被打与施暴者发生肢体冲突，因涉嫌过失致人重伤罪被送至检察院。2019年2月，福州市公安局发布案情通报称，检方认为，赵宇的行为属于正当防卫，但超过必要限度，造成了被害人李某重伤的后果。鉴于其有制止不法侵害的行为，为弘扬社会正气，结合全案事实证据，对其作出不起诉决定。在最高人民检察院指导下，福建省人民检察院指令福州市人民检察院对该案进行了审查。经审查认为，赵宇的行为属于正当防卫，不应当追究刑事责任，原不起诉决定书认定防卫过当属适用法律错误，依法决定予以撤销。最高人民检察院表示，严格依法对赵宇一案进行纠正，有利于鼓励见义勇为行为，弘扬社会正气，欢迎社会各界监督支持检察工作。"赵宇案受到舆论的高度关注，体现了人民群众对公平正义的期盼，检察机关以事实为根据、以法律为准绳重新审查本案的事实证据，及时对错误的司法结论作出纠正，体现了实事求是、有错必纠的担当精神，有助于提升司法公信力。"[1]

---

[1] 陈菲、丁小溪：《最高人民检察院就"赵宇正当防卫案"作出回应》，https://www.spp.gov.cn/spp/zdgz/201903/t20190301_410013.shtml，访问日期：2021年2月14日。

司法与民意的关系一直是备受关注的问题，部分引发民众关注的案件往往会加强该问题的社会关注度。有学者指出，在司法中，民意不等于案件当事人的意见，也不等于舆论的意见。舆论是各种观点、意见的表达，即使舆论达到了一种可以称为公共舆论的程度，也只是一种意见的表达，很难说其代表了民意。在司法中，民意具有不可测度性，需要密切关注。同时，在司法中民意也可能不断变化，司法也须考虑如何应对不断变化的民意。另外，民意可能会被操纵，应当警惕。[①]

有学者对130个具有影响性的刑事个案中的民意、司法及其相互关系作出研究，指出受到普遍关注并形成民意与刑事司法之间的紧张关系的个案尤其特殊，如犯罪主体被判处的刑罚、涉案主体的身份或犯罪折射的社会问题等较特殊。影响性个案中民意促进了刑事司法朝着客观、公正的方向发展，但这还不能说是法治的胜利。个案的处理过程出现了民意和刑事司法的反复，这是民意作为一种影响司法力量的强调。营造司法与民意的良性互动，发挥司法判决对民意的改造具有重要性。[②]

有学者指出，经由一系列全面关注的个案而引发的司法与民意之间的较量，是转型时期司法必须直面的难题，这个问题核心的法理学问题在于司法裁判的公信力和权威如何与大众的法律表达形成一种良性互动的关系。专业论者主张民意不能代替法官在案件中的专业判断，民意论者主张司法判决应吸纳民众的见解，回应论者则主张法院在独立审判的基础上回应一定时期内的民意。基于司法在宪法体制中的功能设计和民意表达的现实问题，回应论在当前司法环境中最可取。也即，司法审判的独立应该是最高的价值，任何时候都应被遵守；法院不能在个案中直接依据民意审判，而是应当通过司法民主和司法公开与民众形成间接的沟通和交流；司法机关应当考虑的是在一段时期内汇聚社会共识的民意，并且通过审判的方式回应大众在某一段时期内的正义期待。[③]

请结合本章所学内容与以上材料，分析法院独立行使审判权与民意之间的关系和界限。

**二、审慎规范在个案裁判中的具体体现**

审慎规范是法律职业人员应当遵循的基本规范，该规范要求法律职业人员在执行职务过程中通过充分的利益衡量和法律思维方法，形成最适宜的纠纷解决方案。以下案例在处理过程中，均体现了审慎规范的运用。

**（一）案例一：戴维斯离婚夫妻冷冻胚胎归属案**

该案是1992年美国法院审理的一起涉及冷冻胚胎归属的案件。在该案中一对

① 刘作翔：《司法与民意的关系辨析》，http://www.iolaw.org.cn/showArticle.aspx?id=2947，访问日期：2021年2月14日。
② 徐光华：《个案类型特征视阈下的刑事司法与民意——以2005至2014年130个影响性刑事案件为研究范本》，《法律科学》2015年第5期。
③ 涂云新、秦前红：《司法与民意关系的现实困境及法理破解》，《探索与争鸣》2013年第7期。

美国夫妇朱利耶·戴维斯和玛丽·戴维斯结婚后长期未怀孕，所以决定采用人工授精的方法进行生育。1988年12月，妇科专家成功提取了9个单细胞受精卵进行培育，并于12月10日将一个受精卵植入玛丽·戴维斯的子宫，将剩下的受精卵冷冻保存，但玛丽并未怀孕。1989年2月，当诊所正要再次为其进行受精卵植入时，朱利耶·戴维斯提出了离婚。他声称早就知道他们的婚姻"不是很牢固"，因为相识仅一年多的时间，希望孩子会改善他们之间的关系，但事与愿违。玛丽不认为婚姻出现了问题。但由于冷冻胚胎的存在，离婚程序变得非常复杂。

玛丽首先要求拥有冷冻胚胎的所有权，因为在离婚前受精胚胎是移植在其体内使其怀孕。朱利耶则反对，主张宁愿使胚胎保持原状，直至其决定是否想成为父亲。此后，当时双方状况发生变化，两人分别再婚，玛丽离开美国，再也不想使用这些冷冻胚胎，她想将其捐赠给不能生育的夫妇。朱利耶坚决反对，宁愿扔掉它们。事情再一次陷入僵局。

另外，当时两人与诺克思威利诊所拟订的人工授精计划没有签订书面协议说明怎样处理冷冻保存的多余无用的胚胎，并且美国当时也没有法律对这样的问题作出规定。

该案的争议焦点是谁拥有"监护"剩下的冷冻胚胎的权利。初审法院认为，在受精的那一刻起，胚胎就变成了"人类"，所以把"监护权"授予了玛丽，准许她"通过植入体内的形式把这些孩子带走"。上诉法院推翻了该判决，认为朱利耶"有权利拒绝生育孩子，拒绝怀孕发生，这是符合宪法的"，还认为"这里不存在无法抗拒的国家利益，这些胚胎属于双方共享"。玛丽对上诉法院判决的合宪性提出质疑，于是提交到田纳西州最高法院复审，州最高法院维持了上诉法院的判决。虽然州最高法院没有推翻上诉法院的判决，但在法律适用的分析方面却不赞成上诉法院的说理，因为其没有给初审法院一个明确的指导。州最高法院对该案作出了分析。

一方面，胚胎的属性究竟是人还是财产，其中还涉及关于国家利益与个人利益的分析。有观点认为前胚胎受精时就应该被视为人，享有人的权利。然而如果该观点成立，则存在着一个压倒一切的国家利益存在。法律有责任在移植前禁止任何伤害前胚胎的行为或科学研究。相反观点则认为前胚胎虽然不同于人体的其他组织，但在有决定权人的同意下，可以对其采取任何行动，这就像一般的财产权。由此，对前胚胎的处理属于私人空间的财产权的行使，国家无法干涉。普遍的看法则介于两者之间，认为前胚胎不仅是人体组织，而且比人体组织重要，但也不等同于真正的人，由于其可能变成人，故而应给予更多的尊重。同时，前胚胎不是财产，"由复杂蛋白质构成、有两到八个细胞的一些块状物对当事双方都没有任何实际价值"。它的价值在于可能会变成两人的孩子。由此，州最高法院认为，前胚胎既不是人，也不是财产，只是因其变成人的可能性而被暂时给予特殊的尊重。

另一方面，生育权和拒绝生育权两种权利之间的平衡。本案带给朱利耶的负担很明显，如果让前胚胎受孕，则不想为人父的他不得不做父亲，并且需要承受由此带来的经济和心理上的不良后果，这种压力和困境只有考察了他的特殊处境后才能理解。相反，玛丽希望将前胚胎捐赠给其他夫妇进行移植，不允许捐赠的不利后果是她经受了长期的人工授精过程，付出了很大代价，但前胚胎却毫无用处被丢弃，永远不能变成孩子。这也是一种心理负担，但该心理负担与朱利耶所承受的心理负担不能相提并论。

因此，关于如何处理前胚胎问题，应该在征求双方意愿基础上解决。如果发生了争议，在人工授精前有合同的按照合同条款执行，若没有合同，则需要权衡当事人各方的利益，通常优先考虑不愿意生养孩子一方的利益而预设另一方可能通过其他合理方式生养孩子。如果另一方没有其他合理方式可以生养孩子，则可以考虑用前胚胎进行怀孕。但是，如果该方只是想将前胚胎捐献，则此时反对方的利益更加重要。

### （二）案例二：泸州遗产案

该案是 2001 年我国法院受理的案件。该案中，被告蒋某与丈夫黄某于 1963 年结婚。1996 年，黄某认识了原告张某，并与张某同居。2001 年 3 月，黄某癌症去世，在办理丧事期间，张某当众拿出黄某生前的遗嘱，称其与黄某是朋友，黄某在遗嘱中对财产作出了明确的处理，其中一部分指定由蒋某继承，另一部分总值约 6 万元的遗产遗赠给张某，遗嘱已经在黄某去世前进行了公证。遗嘱生效后，蒋某却控制了全部遗产，故而张某主张蒋某的行为侵害其合法权益，按照《继承法》等有关法律规定，请求法院判令蒋某给付相关遗产。

一审法院经 4 次开庭审理后作出判决，认为尽管《继承法》中有明确的规定，并且本案中的遗赠也是遗赠人的真实意思表示，但其将遗产赠送给"第三者"的行为违反了《民法通则》第 7 条"民事活动应当尊重社会公德，不得损害社会公共利益，破坏国家经济计划，扰乱社会经济秩序"的规定，故法院驳回了原告张某的诉讼请求。

张某不服一审判决提起上诉，2001 年 12 月，泸州市中级人民法院开庭审理此案，并当庭驳回张某的上诉。泸州市中级人民法院认为，应当首先确定遗赠人立下书面遗嘱的合法性和有效性。尽管遗赠人立遗嘱时具有完全行为能力，遗嘱也是其真实意思表示，并且形式上合法，但遗嘱的内容违反了法律和社会的公共利益。《婚姻法》第 26 条规定："夫妻有相互继承遗产的权利。"夫妻之间的继承权，是婚姻效力的一种具体体现，蒋某本应享有继承黄某遗产的权利，黄某将财产赠与张某，实质上剥夺了蒋某的合法财产继承权，违反法律，应为无效。同时，该法院指出，《婚姻法》和《继承法》均为一般法律，《民法通则》为基本法律，依照《立法法》，《民法通则》的效力高于《继承法》，后者若出现与《民法通则》的规定不一致的地方，则应适用《民法通则》。故而原审法院认定事实清楚，适用法律正确，维持原判。

（三）案例三：G（A Child - transparency in the family courts）[2018]案

该案是 2018 年英国高等法院审理的案件。在该案中，主审法官詹姆斯·孟比拒绝了当事人要求公开一起 16 年前案件信息的请求。原案件于 2002 年由前高等法院家事法庭法官彼得·辛格（Peter Singer）审理，其将该案描述为"一个长期的消耗性诉讼"，案件涉及一名当时年仅 2 岁的女孩 G 及其父母，有大量证据等文件。辛格法官在判决书中指出，该案包含"很多非常私密的家庭历史，部分内容令人极其痛苦，其中也包括许多令 G 痛苦的事情"，他制作了他描述的"一些非常不愉快的发现"和"一些严重的调查结果"的目录，并"讨伐"儿童母亲 M 直到案件审理后期仍在一直为自己辩护。在判决过程中，辛格法官还须要考虑到本案儿童的同父异母哥哥 B 的状况（当时 17 岁），以及其另一个同父异母的哥哥 BB（当时年仅 15 岁）的状况。[①]

辛格法官最终判决儿童 G 应与其父亲居住在一起，并且只能与其母亲保持非常有限的、间接的接触。关于该案的传播问题，他作出了四项决定：其一，他得到了儿童父母的承诺，不将该案告知媒体；其二，他规定将部分有限的判决内容向儿童 B 公开；其三，他保留了向儿童 G 公开该判决的问题；其四，他在判决中解释，"在公共论坛中公开该案所有问题会导致更多不利因素的出现"。该案判决后，当事人 M 从未试图提出上诉。

2016 年，儿童 B 向法院申请披露该判决书及作为判决依据的专家报告，詹姆斯·孟比允许儿童 B 获得该案判决书和 3 份专家报告的复印件，前提是在未经法院许可情况下，儿童 B 不会向其诉讼代理人之外的任何人披露文件内容。根据普通法的规定和《欧洲人权公约》第 8 条的规定，儿童 B 有权知悉关乎其过去和父母的事实。从公共档案信息中获取一个人的童年、成长或发展历史符合第 8 条的规定。该案中儿童 B 根据第 8 条所享有的权利并不涉及法院的所有文件，因为其中很多文件只与当事人 F 或儿童 G 有关，而与儿童 B 无关。如果将当事人 F 和儿童 G 基于第 8 条所享有的隐私权和儿童 B 希望了解诉讼程序之间作出权衡，基于辛格法官的调查，则完全公开是不必要且不适当的，儿童 B 与这些诉讼程序的关联相对较为疏远。自 2002 年起，当事人 F 就存在其隐私能够得到保护的合理预期，儿童 B 已经知悉诉讼程序的相关材料。儿童 B 探索自己历史的权利不能使得他获取该案中家庭所有成员的直接或间接信息。根据最终平衡原则的考量，儿童 B 只能获取与其相关的适当信息。

同时，当事人 M 申请解除不告知媒体该案信息的禁令，希望法院允许其将该案的信息传递给子女和媒体，从而使得她能够从其立场出发阐述该故事。针对当事人

---

① G (A Child - transparency in the family courts) [2018] EWHC 1301 (Fam).

M的诉请，詹姆斯·孟比指出：其一，除时间流逝外，自当事人M向辛格法官承诺不传播之后案件情况未发生重大变化。其二，当事人M提出的匿名化措施不太可能使得案件其他当事人免受暴露"一些极度痛苦的家庭史"的不利影响。其三，在何时、何种情况下，以何种方式告知儿童G其家庭史内容应该由儿童的父亲决定，而非当事人M。其四，当事人M辩称该案存在误判。然而，她已经接受了儿童G跟随儿童父亲生活的判决，法院作出儿童是否应与当事人M有接触的判决并不以当事人M提出质疑的专家证据为根据，并且，当事人M未曾以上诉方法质疑原判决结果。由此，庭长指出，在评估不允许公开对当事人M的影响和允许公开对当事人F、儿童G、儿童B和儿童BB的影响来看，必须驳回当事人M的请求从而保证该平衡。就英国家事司法实践来看，对裁判文书公布与否的衡量需要在具体个案中对各项竞争性权利作出平衡与判断。

请结合所学内容与上述案例，分析在个案裁判中法官如何遵循审慎规范。

### 三、法律职业中的性别平等

男女平等是我国宪法的基本规定，我国亦有"妇女能顶半边天"的说法，但在世界各国和地区，很多妇女还无法获得平等的地位，在工作场所中不能够获得与男性同等的就业机会和报酬，甚至遭受歧视或暴力等。根据联合国妇女署的数据，至2019年，全球有150余个国家仍然执行带有性别歧视的法律条款，不同性别之间的工资平均差距为23%。即使在倡导性别平等的国家，男女工资差距仍然较大，如美国全职妇女与男性的工资差距为20%。依照相关数据统计，全球需要两百余年才能实现性别平等。[1]

在法律职业领域，男女性别的差异仍然存在。2021年3月，北京市律师协会发布了《北京市女律师职业状况调查与分析报告》，该报告对北京市823名女律师和1059名社会公众进行了调研。该报告指出，北京市的女律师普遍学历水平较高，具有较好的职业地位，是一个年轻、高知和关爱社会的群体，对律师行业充满信心。北京市的律师群体学历以本科和硕士为主，在拥有硕士学历的律师群体中，女律师超过一半。在北京市的律师事务所中，45%的合伙人为女律师，22%左右的律师事务所主任由女律师担任，这一任职比例远低于男律师。在特定类型案件中，社会公众在选择律师时可能存在性别倾向，例如，在离婚、遗产、劳动纠纷中，公众倾向于选择女律师，而在刑事、商事和行政诉讼中则倾向于选择男律师。受访者在离婚案件中倾向于选择女律师，但在刑事案件中选择女律师的比例只有11.8%。该报告认为，女律师是一个追求更高的职业成就、努力提升职业管理水平和工作家庭自我平衡能力的群体。为促进职业发展，女律师应在自己擅长的业务领域内积极发挥优

---

[1]《工作场所实现性别平等还须200年？"联合国全球契约"负责人表示质疑》，https://news.un.org/zh/story/2019/03/1029681，访问日期：2021年4月1日。

势，并注重改变社会公众对特定类型案件的承办律师性别的刻板印象，提升女性自身的性别自信和优势。同时，社会公众也需要消除职业性别偏见，帮助女律师获得更多的职业发展机会。[①]

请结合上述材料，思考法律职业中是否存在男女不平等或职业偏见。如果存在，应如何改善？

---

[①] 张雪泓：《女律师是年轻高知关爱社会群体》，《法治日报》2021年3月15日第7版。

# 第三章 法官职业伦理

　　法官是代表国家行使审判权的公职人员，是法律职业群体中的重要组成人员。法官职业伦理的核心是公正、廉洁和为民，其中，司法公正规范是法官职业伦理的核心规范，并通过回避制度、平等规则、独立审判、司法公开和说理规则等实现。司法效率规范和司法涵养规范也是法官职业伦理的重要内容。

# 第一节 法官职业伦理概述

法官是典型的法律职业人员，代表国家行使审判权。我国《法官法》对法官的任职条件、职责和权利义务等作出了明确规范。法官职业伦理是法官在审判过程和业外活动中为了保障司法的公正所应遵循的伦理规则，核心在于公正、廉洁和为民。

## 一、法官

国内外的法官职业均经历了较长的发展过程，并在各具特色的同时形成了一定的共性，如规范法官的任职条件、保障法官的独立性、加强法官的职业保障等，由此形成现代化的法官制度。法官是行使国家审判权的工作人员，具有较明确的范围界定和任职资格，并且存在职级的区别。法官应履行法律规定的职责和义务，并享有相应的权利，获得职业保障。

### （一）法官职业的发展状况

各国法官职业经过了较长时间的发展过程，形成了各具特点的法官职业，我国法官职业亦经历了一定的发展过程。对法官职业发展史的梳理，能够形成对法官职业的基本认识。

#### 1. 域外法官职业发展状况

域外的法官职业和相关制度的发展，呈现出不同的特点和状态。整体来看，各国法官制度在发展过程中，都积极保障法官的独立性，为法官提供职业保障，规范法官的权利和义务，并对法官的任职条件等作出明确规范。

大陆法系国家对法官的任职资格、管理和奖惩制度等普遍作出了较明确的法律规范，形成了以法官法为核心、具有一定特色的法律制度，它们重视对法官的任职资格的规范和对法官的奖惩考核，并通过各项措施保障法官的独立性。德国、法国和日本等国家的法官职业及其制度充分反映了这一点。

德国法官分为职业法官和荣誉法官，荣誉法官指参与审理特别案件的法官，《德国法官法》主要适用于职业法官。同时，由于德国实行联邦体制，各州可在权限范围内决定法官制度的部分事项，故而各州的法官体制有所区别。联邦层面的法官制度主要体现在《德国法官法》中，该法于1972年公布实施，在2015年作了修订。该法第4条规定，法官禁止同时行使司法权、立法权和行政权。除司法权外，法官还可履行的职责包括法院行政管理，法律赋予法院或法官的其他职责，在研究型高校、公共教学机构或官方教学机构从事教学和研究工作，考试相关事务，等等。除独立性规范外，该法规定了对法官的"职务监督"，即有权机关为确保法官合法及时履行职务而采取的告诫、警告等措施。职务监督只针对法官的外部行为，不能干预审判活动本身，以不损害法官的独立地位作为前提。<sup>①</sup>同时，德国在涉及法官的非司法事务中采用"法官自治"原则，设立了独立于法院行政部门的法官代表机关——"法官委员会"和"法官评议会"。"法官委员会"参与法官的社会性和一般性事务，"法官评议会"则负责法官的任命程序，两者构成法官自治管理的制度基础，促进法官参与涉及自身利益的事务的决策过程。各州自行制定法官的工资标准，故而各州法官工资因经济水平不一而有所差异。联邦法官的工资按照职务高低分为 10 个等级，并采取了"经验层级"标准。针对法官的职务履行情况和纪律惩戒问题，德国设立了专门的职务法庭，由法官群体自行负责法官的纪律和职务案件。从法官队伍组成来看，德国法院职员规模处于较稳定的状态，州法院法官所占比例最多，其次为州高等法院和联邦最高普通法院，初级法院的法官人数比例最少。德国法官需要负责的事务较专一，事务分配具有合理性，并且辅助人员具有专业性，这使得德国能够在法官比例不够高的情况下完成大量的司法裁判任务。<sup>②</sup>

法国的检察机关没有独立机构，法官与检察官统称为司法官，以社会的名义执行法律，形成司法官群体。检察官和法官在同一机构办公，但分属于不同的体系，相互独立的同时亦相互配合。法官的职责在于适用法律，担任法律的代言人，听取当事人及律师、检察官的意见，承担多方面责任。普通法院体系中的法官隶属于法国司法部门，行政法院司法体系的法官则由政府部门把控，属于国家公务员。经过多年发展，法国的司法官管理体系较完善。司法官的选拔较严格，任职培训内容较广泛，公众对法官的认同感较高。法官是受人尊敬的职业，其职务具有不可撤销性，也即，未经法官本人同意，不得传唤法官或对其进行职务调整。法官依法独立审判，无需对裁决行为承担民事赔偿责任，亦不受舆论干涉或影响。最高司法官委员会下设法官惩戒委员会，对法官进行监督与惩戒。2010 年，最高司法官委员会发布了《司法官职业操守原则的汇编》，该文件明确规定了司法官应遵守的职业操守的基本原则：司法官独立性、公正司法、廉洁正直、司法合法、严守秘密和保留原则。<sup>③</sup>

日本在法律现代化过程中参照德国模式建立了各项制度。在审判方面，法官实行职业终身制，职业法官以超然、中立的态度处理案件，通过当事人举证和职权取证来发现事实并通过严格适用法律以认定权利。<sup>④</sup>日本宪法赋予了法官较高的社会地位，故而日本对法官任职的要求较严格，并根据其所任职法院级别的不同有不同的法律工作年限要求。法官身份受到法律保护，法官不能被轻易调离或免职。《法官身份法》明确规定了法官的惩戒制度。日本的法官惩戒制度是司法性质而非行政性质，惩戒机构在运作中实行合议制，通过集体讨论决策机制以保障法官权益、维护司法公正。同时，

① 王葆莳：《德国法官惩戒制度研究》，《时代法学》2017 年第 3 期。
② 王琦：《德国法官管理的特色制度及其对中国司法改革的启示》，《南海法学》2017 年第 1 期。
③ 刘宇琼：《在自由与规制之间的动态平衡——法国司法制度及其对我国司法改革的启示》，《比较法研究》2017 年第 5 期。
④ 季卫东：《世纪之交日本司法改革的述评》，《环球法律评论》2002 年春季号。

该惩戒制度是典型的内部惩戒制度，缺乏一定的透明度。

英美法系国家在法官职业发展过程中，逐渐形成和完善相关制度，从而形成了现代法官制度。英国的法官职业和相关制度发展较久远，美国、澳大利亚等国家的法官职业制度深受英国影响。英美法系国家普遍对法官的任职条件要求严格，并通过高薪制保障法官的职业尊荣感和公正司法。

英国自 17 世纪资产阶级革命以来，逐渐形成了较健全的现代法官制度。英国法官的遴选范围较窄，任职资格和程序的要求较为严格。英国对法官的职业素养要求较高，法官必须具有法律知识、经验和相关技能。同时，英国对法官的人品素质有较明确的要求，并且法官受政治的影响较小。英国的法官实行高薪制，1701 年的《王位继承法》和 1760 年的《法官委任及薪金法》中已经对高薪制有所规范："法官在任期间，薪酬不得削减。"英国法官的薪酬水平远高于政府其他部门的同级别工作人员，由此保障法官职业的尊荣感，减少法官贪腐的动机，故而英国的法官群体是世界上最清廉的法官群体之一。英国对法官的行为规范、纪律惩戒等问题作出了较多的法律规范，如 2005 年《宪法改革法》对法官惩戒权的主体、权限范围、审查机构、审查程序及特殊适用规则等内容作出规范。司法行为调查办公室负责调查法官行为，协助大法官和首席法官迅速、统一、公平地行使法官纪律惩戒之职能。[①]

美国没有形成专门规范法官职业的立法，对法官的任职、管理、职业保障等各方面的规范散见于宪法和具体法律之中。美国联邦法律和各州法律虽未明确规范法官的任职资格，但原则上对担任联邦法院的法官和州法院的法官都具有国籍、法学学历、律师职业资格及相关经验的要求。联邦法院的法官遴选通过行政命令产生，州法院法官的遴选程序则相对比较复杂，且各州之间存在较大差异。美国关于法官职业保障制度的规范较完善，法官实行终身制，在忠于职守期间终身任职，并且通过高薪制和薪金不得减少的制度为法官提供物质保障。美国法官的收入制度设计使得法官不仅能够满足生存和安全的需求，并且能够保障法官处于中产阶级的上层，由此保障法官致力于工作本身，保护法官的声誉。[②]同时，法官在执行审判职责过程中的行为和言论不受指控和法律追究，并具有一定的司法豁免权。为了规范法官的行为，美国制定了《法官行为规范》，以约束其法庭的审判行为和庭外活动。[③]

澳大利亚的法律制度深受英国法的影响。在澳大利亚，司法人员仅指法官。法官的任职条件比较严格，大多数法官为具有多年执业经验的优秀出庭律师。在法官选任过程中，重视候选人的职业道德、个人品行等方面，需要征求相关组织和人员的意见。法官实行单独序列管理，法院不设置考核考评制度，法官亦不需要向任何人作出汇报或总结，由此保障法官办案的独立性。澳大利亚为法官提供了较全面的职业保障，法官具有较高的职业尊荣感及优厚的退休待遇，由此保障其对公平正义的追求。成为法

① 郑曦：《司法责任制背景下英国法官薪酬和惩戒制度及其启示》，《法律适用》2016 年第 7 期。
② 丁文生：《中美法官经济保障比较研究》，《中南民族大学学报（人文社会科学版）》2014 年第 3 期。
③ 崔锡猛：《中美法官制度比较研究》，《四川警察学院学报》2010 年第 1 期。

官是大多数法律人的最终和最高的职业追求。同时，澳大利亚法官实行终身制，非因受贿等法定犯罪事由不被解职。澳大利亚设置了以独立的第三方机构为主的司法责任追究制度，以监督法官的职业行为，保护投诉人和涉事法官的合法权益。①

### 2. 我国法官职业发展状况

我国古代传统官制中没有专门从事审判职业的人员，审判职责往往由行政官员兼任，可称为刑官。至清末新政时期，我国出现了新式的司法官群体，具有近代意义的法官逐渐出现，并在民国时期获得了较大发展，形成了具有一定规范性的法官职业制度，但存在诸多问题。1949年后，我国逐渐形成了较完善的法官职业制度，法官群体逐渐向专业化、职业化、正规化发展。

"法官"这一称谓在我国古代早已有之。《商君书·定分》中记载："天子置三法官，殿中置一法官，御史置一法官及吏，丞相置一法官。诸侯、郡、县皆各为置一法官及吏。""吏民（欲）知法令者，皆问法官。"尽管早在战国时期就有了"法官"一词，但我国古代并未设置以"法官"为头衔的职位。我国古代并未出现专门的审判人员，故而不存在现代意义上的法官职业。同时，古代从事司法审判的官员不具备最终裁判的功能，需要在皇权的意志下行事。在中央政府层面，皇帝集合立法、司法和行政权于一身；在地方层面，地方行政长官兼任了地方司法官员，履行司法职能和行政管理职责。②

历朝各代均设置了负责司法事务的官员，如司寇、推事、廷尉、判官等，皋陶被视为"司法鼻祖"。但整体来看，在我国古代，皇帝是最高的法官，司法和行政合一，导致我国古代所谓法官制度实则为古代行政官僚制度。同时，各级司法官员均受到上级官员或专门的监察机关的严密监管，无独立审判可言。

由于在我国传统官制中没有专门的审判人员，故而凡是参与审判的人员均列入了刑官之列。近代意义上的法官则伴随着独立的司法审判机构出现而逐渐产生。1896年，清政府将大理院设置为最高审判机构，《大理院官制》确定审、检合署制，对司法工作人员的称谓作出了说明，将司法官定名为推事、检察官，由此形成近代意义上的司法官概念。③在清末民国时期的各种法律法规或政府文件中，"司法官"和"法官"的概念多有混用，但两者在含义上存在一定区别。法官是对审判人员的通称，审判官、裁判官、判事、推事等不同称谓的审判案件的人员均可称为法官，司法官的范围，则不仅包括审判案件的法官，还包括检察人员。

1904年，法部预保京师高等和地方审检厅长官人员，指派了高等裁判员6人，地方裁判员20人，后又续派地方裁判、高等裁判各3人。对司法官任用条件，法部指出："任用法官较之别项人才倍宜审慎，其有熟谙新旧法律及于审判事理确有经验者，自应酌加遴选以备临事之用……此项人员不分京外实缺及候补候选，均经采访确实，并次

① 屈晓华：《由澳大利亚之行谈司法人员职业保障机制》，《人民法治》2019年第15期。
② 李丽：《从历史角度看中国法官制度发展》，《理论界》2011年第11期。
③ 李超：《晚清法制变革中的法官考选制度研究》，《新疆大学学报（社科版）》2004年第4期。

第传见,详细甄择。"由此可知,京师法官任用的基本条件是熟谙新旧法律和具有审判案件的经验。[①]1909 年 12 月,清政府颁布施行《大清法院编制法》,明确规定法律考试是选任司法官的主要方式,开启了我国司法官考选制度的先河。在清末司法官管理中,司法官应遵循严格的回避制度和兼职限制制度,以维护司法的公正和独立性。例如,清政府规定地方审判厅以下推事回避本管府州及本籍 300 里以内地方。[②]《大清法院编制法》第 121 条明确规定了推事和检察官在职中不得从事的事项:在职务外干预政治,为报馆主笔或律师;为政党员、政社员和中央一会或地方议会之议员;兼任非本法所许可的职务;经营商业和官吏不应为的职务。该执业限制规定明确限制了司法官对政治的干预,并限制其从事经营活动,以免对法官的公正性和权威造成损害,影响司法的公信力和案件的公正审理。

在清末时期的法官群体中,除传统的刑官外,虽然法政毕业人员的数量不断增多,但大部分人同时也是获得传统功名的人或候选佐杂人员。另外,为解决人员不足问题,诸多人员通过免考或降低标准等方式进入司法领域,这造成了司法官的整体素质和审判质量的下降,成为人们诟病清末司法改革的论据。[③]

清廷灭亡后,随着政府的更迭,司法官的任职资格和选拔制度在沿袭清朝规定的同时出现了变化。北洋政府时期,司法官承担着双重职责:一方面需要履行司法裁判职责,承担维护人民生命财产安全、稳定国家政权和推进法治国家建设的重任;另一方面还须对外树立新型司法制度模式,为领事裁判权的收回打下基础。由此,司法官肩负着人们较高的期待,这也是司法官选任条件较严格的重要原因。[④]

1932 年,南京国民政府公布《法院组织法》,该法于 1935 年实施。该法第 33 条对法官的任职资格作出了规定,符合以下情形之一的可被任命为法官:一是经司法官考试及格并实习期满;二是曾在公立或经立案之大学、独立学院、专门学校教授主要法律科目两年以上并经审核合格;三是曾经担任推事或检察官一年以上并经审查合格;四是在公立或经立案大学、独立学院、专门学校修习学科三年以上,有毕业证书并且曾担任司法行政官办理民刑事案件两年以上;五是执行律师职务三年以上并经审查合格;六是曾在教育部认可的国内外大学、独立学院、专门学校毕业,并且有法学上的专门著作并经审查合格且实习期满。[⑤]该任职资格标准是近代历史上最系统的规范,并且该要求较严格,或是需要通过考试并且进行培训实习,或是需要有一定的司法经验并审查合格,这说明在南京国民政府时期,司法专业化观念已经逐渐深入人心。[⑥]

---

① 李在全:《制度变革与身份转型——清末新式司法官群体的组合、结构及问题》,《近代史研究》2015 年第 5 期。

② 刘焕峰、周学军:《清末法官的培养、选拔和任用》,《历史档案》2008 年第 1 期。

③ 李在全:《变动时代的法律职业者——中国现代司法官个体与群体(1906—1928)》,社会科学文献出版社 2018 年版,第 87~89 页。

④ 谢舒晔:《从诋毁到赞誉:北洋司法官在司法变革中的蜕变》,《法学》2017 年第 7 期。

⑤ 丁元普:《法院组织法要义》,上海法学书局 1935 年版,第 52~53 页。

⑥ 施玮:《法官制度近代化研究》,《武汉科技大学学报(社会科学版)》2014 年第 2 期。

南京临时国民政府时期,《临时约法》中明确规定了法官的独立性:"法官独立审判,不受上级官厅之干涉。法官在任中不得减俸或转职。非依法律受刑罚宣告,或应免职之惩戒处分,不得解职,惩戒条规以法律定之。"该规定也延续至北洋政府时期。南京国民政府时期颁布的《法院组织法》对法官的职业保障制度也作出了明确规定。该法第40条规定:"实任推事非有法定原因并依法定程序不得将其停职、免职、转调或减俸。"

然而,尽管民国时期司法官的待遇不低,但司法官流失现象严重,1931年英文报纸《英华独立周报》以"法官做律师之众多"为题专门报道了我国民国时期法官转任律师的热潮。之所以出现司法官流失现象,与司法环境恶劣、社会地位低下、晋升空间困难相关,各地司法机关创收渠道不同,在动荡时局中司法官的生活难以得到切实保障。[①]

整体来看,我国在清末民国时期出现了新式的司法官群体,通过相关法规制度对法官的任职、管理、考核等作出规范,形成了新式的司法官制度。然而,近代时期法官的裁判水平良莠不齐,数量不足,发挥的作用有限。尽管如此,我国近代新式法官的出现,推动了我国近代法律史上法官制度的发展。

1949年后,我国法官制度进入了新的发展阶段,各地以县级为基本单位组建人民法院,培养了一批法官,为成立初期的法律实施发挥了重要作用。1951年《中华人民共和国人民法院暂行组织条例》规范了法院的设置和法官队伍建设,将法院分为县级、省级和最高人民法院三级,规定下级法院的审判工作受上级法院的领导和监督,各级法院院长领导本院工作,庭长领导庭内工作。该规定具有比较浓厚的行政色彩。"文化大革命"时期,我国法官制度的发展基本停滞。1978年之后,我国法官制度逐渐恢复和发展。1979年,我国法院系统的总人数仅为5.8万人,这包括法官、司法辅助人员和行政人员,至1982年,我国法院工作人员人数达到14万人,1986年扩展至19万人,其中法官人数为9.5万人。然而,这段时期内的法学专业学生数量较少,在法院工作人员人数迅速增加的时期,法学教育提供的人才资源较少,这一时期的法官主要由法律工作者、中小学教师、机关干部及专业退伍军人等组成。[②]同时,1979年《人民法院组织法》规定了法院院长、副院长及审判员的任免办法,并在1983年进行修改,对法官的任职条件提出了新要求,即具有法律知识。这是我国法官职业化发展的重要标志。1987—1995年期间,法院人数增长速度减慢,至1995年时,法院工作人员约有30万人,其中法官所占比例有所提高。同时,法学专业毕业生逐渐加入法官队伍,使得法官队伍的学历结构逐渐发生变化。

1995年,我国出台了《法官法》,正式提出了法官的称谓,并建立起较完善的现代法官制度,标志着我国法官制度进入新的发展时期。该法将法院的审判人员称为法官,

---

① 徐清:《民国司法官流失的原因》,《民主与法制时报》2017年6月15日第5版。
② 姚莉:《中国法官制度的现状分析与制度重构》,《法学》2003年第9期。

并对法官的任职条件、考核奖惩、福利保障、权利义务等作出了明确规定。同时，该法经不断修改，更加符合新时期法治建设的需要。同时，1995 年之后，法官的人数增长得到控制，中级人民法院新增法官以本科以上学历为主，高级以上法院新增法官则逐渐向硕士研究生过渡。2001 年《法官法》的修改，使得通过统一司法考试成为法官任职的必备条件，并自 2002 年开始，我国举行统一司法考试，目前修改为法律职业资格考试，这意味着法官精英化进程的推进。

进入 21 世纪，我国法官制度不断完善。《法官法》相继在 2001 年、2017 年和 2019 年得到进一步修订。自 2013 年起，我国推进全面深化司法改革，这是全面深化改革、全面依法治国的重要组成部分。通过司法改革，最高人民法院积极推进司法人员分类管理制度改革，遴选出员额法官，坚持"入额必办案"，优化法院的人员结构，明确各类司法人员的职责权限，促进司法队伍的正规化、专业化和职业化水平进一步提升。同时，《关于完善人民法院司法责任制的若干意见》明确了审判组织权限和法官职责，落实了"让审理者裁判，由裁判者负责"的要求，明确法官对其履行审判职责的行为承担责任，并在职责范围内对办案质量终身负责。实行法官员额制改革后，员额法官按照单独职务序列进行管理，法官等级与行政职级脱钩，司法人员依法履职保障机制得到完善。

整体来看，1949 年以来，我国法官职业得到了有序发展，法官制度逐渐发展和完善。目前，我国形成了较完善的关于法官任职、权利和义务、职责和保障的法律制度，形成了较稳固的法官职业，并不断推进法官队伍的正规化、专业化、职业化发展，促进法官积极履行维护司法正义的职责。在法官职业和相关法律制度不断完善的过程中，法官职业伦理建设也不断完善。我国在 2019 年修订的《法官法》中明确提出了"恪守职业道德"的要求，通过法律规定的方式进一步强化对法官职业伦理的建设。

### （二）法官的概念

法官是行使国家审判权的审判人员。我国《法官法》第 2 条明确规定了法官的定义："法官是依法行使国家审判权的审判人员，包括最高人民法院、地方各级人民法院和军事法院等专门人民法院的院长、副院长、审判委员会委员、庭长、副庭长和审判员。"该定义通过一般规定与列举的方式对法官作出了界定，一方面指出了法官的基本内涵，另一方面又界定了法官概念的外延。

需要指出的是，该定义与修改前的《法官法》有所区别。修改前的《法官法》第 2 条规定："法官是依法行使国家审判权的审判人员，包括最高人民法院、地方各级人民法院和军事法院等专门人民法院的院长、副院长、审判委员会委员、庭长、副庭长、审判员和助理审判员。"对比修改前后的《法官法》对法官的界定，可以发现现行《法官法》规定的法官的范围不再包括助理审判员。之所以作出该修改，在于法官员额制改革推行后，各级人民法院已经不再任命助理审判员。"改革之前任命的助理审判员，改革中不宜整体转为法官助理。对于符合遴选条件的助理审判员，应允许其通过参加统一的考核和考试，成为员额法官，并依照法定程序任命为审判员。"①因此，在取消助理审判员的设置后，《法官法》关于法官的外延也删除了助理审判员的规定。

实际上，如果结合我国现行《法官法》的修订过程来看，可以发现对法官的定义存在着一定的争论和探讨。在我国现行《法官法》修订过程中，最早的修订草案第2条规定："法官是依法行使审判权的国家公职人员。"《2017年关于〈中华人民共和国法官法（修订草案）〉的说明》针对第2条的修订指出，为推进法官正规化、专业化、职业化建设，提升法官职业尊荣感，草案取消了审判员称谓，统称为法官。同时，鉴于在司法改革试点中，各地法院已基本不再任命助理审判员，其部分职责也逐步由法官助理取代。因此，草案在法官职务中取消了助理审判员设置。也即，最初的修订草案采用了直接界定的方式，将法官界定为"依法行使审判权的国家公职人员"，未采取列举方式明确说明法官的外延。没有使用审判员称谓，删除了有关法官范围的规定，构成该规定修改的重要内容。

至修订草案（二审稿）时，关于法官的定义则出现了变化。《法官法》修订草案（二审稿）第2条规定："法官是依法行使国家审判权的审判人员，包括最高人民法院、地方各级人民法院和军事法院等专门人民法院的院长、副院长、审判委员会委员、庭长、副庭长和审判员。"该规定未再修改，在现行法律中适用。2018年《全国人民代表大会宪法和法律委员会关于〈中华人民共和国法官法（修订草案）〉修改情况的汇报》指出："现行法官法第二条规定，法官是依法行使国家审判权的审判人员，包括院长、副院长、审判委员会委员、庭长、副庭长、审判员和助理审判员。修订草案第二条将上述规定简化为：'法官是依法行使审判权的国家公职人员'，没有使用审判员称谓，删除了有关法官范围的规定。有的常委委员、地方和部门提出，审判员的称谓是宪法中使用的，今年10月通过的人民法院组织法对法院审判人员的组成作了规定，法官法对法官具体包括哪些人应当予以明确。宪法和法律委员会经研究，建议依照人民法院组织法有关规定。"②2018年修订的《人民法院组织法》第40条规定："人民法院的审判人员由院长、副院长、审判委员会委员和审判员等人员组成。"由此可见，最终《法官法》关于法官的界定并未突破原定义方式，仍是采用了一般内涵界定和外延列举的方式，并为保持与《人民法院组织法》在体系上的一致性，仍沿用了审判员的称谓。

值得一提的是，在《人民法院组织法》修订过程中，已经产生了关于审判员一词的争论。在最早提出的《人民法院组织法（修订草案）》第42条规定："人民法院由院长一人，副院长、审判委员会委员和其他法官若干人组成。"该草案规定未再提及"审判人员""审判员"等用语。之所以用"法官"取代"审判员"一词，在很大程度上也是因为有关方面认为"审判员"的称谓已经过时。新中国成立后，各行各业劳动群体的称呼

---

① 《司法改革热点问题问答》，《人民法院报》2017年4月17日第2版。
② 刘季幸：《全国人民代表大会宪法和法律委员会关于〈中华人民共和国法官法（修订草案）〉修改情况的汇报——2018年12月23日在第十三届全国人民代表大会常务委员会第七次会议上》，《中华人民共和国全国人民代表大会常务委员会公报》2019年第3期。

有了新变化，如售票员、邮递员、炊事员、服务员等，民国时期的法官也由"推事"改为"审判员"，但时至今日该用语过时。然而，该观点存在争议，正如有学者指出，该修改没有必要，并且可能会制造新的语言混乱。"员"的用语仍然可以继续使用，如"公务员"一词。依据《人民法院组织法》使用"审判员"和依据《法官法》使用"法官"并行不悖，在实践中不会产生冲突，故而废弃"审判员"用语不具有必要性。[①]

由此可见，我国《法官法》关于法官的定义将法官限定在行使审判权的审判人员范围之内。该定义方式较明确地指出了法官的概念和外延。

### （三）法官的任职条件

法官的任职条件，或称法官的准入标准，是指担任法官应当符合的条件或资格。法官在司法活动中发挥着重要的作用，科学、合理的选任法官的标准或机制是选出高素质法官的保障，有利于维护法律的正确实施和司法正义的实现，否则会影响司法活动的正常运行。法官队伍是中国特色社会主义法治体系的重要组成部分，也是社会主义法治国家建设和发展的不可或缺的力量，为实现依法治国的总目标，需要专业化的法官队伍，而法官准入环节则至关重要。现代法治国家一般都建立了比较严格的法官遴选制度或准入标准，但各国具体制度或要求各有特色。

#### 1. 国外法官的任职条件

美国联邦法院和州法院法官分别适用不同的任职资格标准。联邦法院法官须为美国公民、在美国法学院毕业并获得法律博士（Juris Doctor）学位，通过律师资格考试并从事律师工作若干年。州法院法官的任职条件比联邦法院法官的任职资格宽松，但担任州最高法院、上诉法院或具有普通管辖权的初审法院法官，一般须具备上述条件。英国的法官从律师事务所的律师中选拔。担任地方法院法官（不含治安法官）必须有 7 年以上的出庭律师经历；担任高等法院的法官需要有 10 年以上出庭律师经历，并且年龄在 50 岁以上；担任上诉法院法官需要有 15 年以上出庭律师经历或两年以上高等法院法官经历；大法官需要有 10 年担任高等法院法官或出庭律师的经历。德国遴选法官需要通过两次国家司法考试。首先，在大学学习法律并通过第一次国家司法考试，这一阶段最少为 4 年时间，结束时参加第一次国家考试。然后经过两年的预备培训，通过第二次国家司法考试。日本的法官职业准入标准较高，这体现在其国家统一司法考试的难度上，该考试较严格，通过率非常低。同时，日本对不同等级法院的法官的任职资格作出明确规定，如最高法院法官的任职资格为：有法律素养，见识多，年龄在40 岁以上；担任过高等法院院长、法官、简易法院法官，律师，检察官，大学法学教授或副教授，任职时间在 20 年以上。高等法院、地方法院、家庭法院的法官的任职资

---

① 侯猛：《〈人民法院组织法〉大修应该缓行——基于法官制度的观察》，《中国法律评论》2017 年第 6 期。

格条件基本与最高法院相同，但任职年限要求从 20 年降为 10 年。[①]

整体来看，各国法官基本的入职条件包括：其一，国籍和行为能力的要求；其二，品行要求，如品行良好、无犯罪记录，忠于国家等；其三，学历要求，一般要求具有法学专业学历；其四，通过法律职业资格考试；其五，具有一定的法律工作经验。

### 2. 我国法官任职资格的发展

我国法官的任职资格，经历了从无到有并且逐渐严格的发展过程。1995 年《法官法》出台之前，我国法官选任没有统一的标准，也未对法律教育背景、法律工作经历等作出要求。1979 年《人民法院组织法》第 34 条规定，有选举权和被选举权的年满 23 岁的公民可以被选举为人民法院院长或被任命为副院长、庭长、副庭长、审判员和助理审判员，但被剥夺政治权利的人除外。1983 年《人民法院组织法》修改了第 34 条规定，补充了一款规定："人民法院的审判人员必须具有法律专业知识。"

1995 年《法官法》对法官的任职条件进一步作出了明确的规定。该法第 9 条规定："担任法官必须具备下列条件：（一）具有中华人民共和国国籍；（二）年满二十三岁；（三）拥护中华人民共和国宪法；（四）有良好的政治、业务素质和良好的品行；（五）身体健康；（六）高等院校法律专业毕业或高等院校非法律专业毕业具有法律专业知识，工作满二年的；或获得法律专业学士学位，工作满一年的；获得法律专业硕士学位、法律专业博士学位的，可以不受上述工作年限的限制。本法施行前的审判人员不具备前款第（六）项规定的条件的，应当接受培训，在规定的期限内达到本法规定的条件，具体办法由最高人民法院制定。"第 10 条规定："下列人员不得担任法官：（一）曾因犯罪受过刑事处罚的；（二）曾被开除公职的。"这两条规定分别从肯定条件和否定条件对法官的任职资格作出规范，肯定条件中已明确规定了国籍、年龄、法律教育背景或法律知识、品行和身体健康等条件，并通过否定条件列举了不可担任法官的情形。自该法颁布后，法官的任职资格形成了较明确的标准。

2001 年《法官法》对法官的任职资格作出了一定修改，该法第 9 条规定："担任法官必须具备下列条件：（一）具有中华人民共和国国籍；（二）年满二十三岁；（三）拥护中华人民共和国宪法；（四）有良好的政治、业务素质和良好的品行；（五）身体健康；（六）高等院校法律专业本科毕业或高等院校非法律专业本科毕业具有法律专业知识，从事法律工作满二年，其中担任高级人民法院、最高人民法院法官，应当从事法律工作满三年；获得法律专业硕士学位、博士学位或非法律专业硕士学位、博士学位具有法律专业知识，从事法律工作满一年，其中担任高级人民法院、最高人民法院法官，应当从事法律工作满二年。本法施行前的审判人员不具备前款第六项规定的条件的，应当接受培训，具体办法由最高人民法院制定。适用第一款第六项规定的学历条件确有困难的地方，经最高人民法院审核确定，在一定期限内，可以将担任法官的学历条

---

① 王琦：《国外法官遴选制度的考察与借鉴——以美、英、德、法、日五国法官遴选制度为中心》，《法学论坛》2010 年第 5 期。

件放宽为高等院校法律专业专科毕业。"该任职资格的修改主要体现在第6款中，即对担任高级人民法院、最高人民法院法官提出了更高的要求，其他条件和否定条件均未修改。由此，我国关于法官的任职资格形成了较稳定的要求，2017年《法官法》修改时未发生变化，直至2019年《法官法》进行修订才作出进一步修改，形成了我国现行的法官任职资格要求。

### 3. 我国现行法官任职条件

我国《法官法》对法官的任职资格作出了明确规定，这既包括肯定条件，也包括否定条件。《法官法》第12条规定了肯定条件："担任法官必须具备下列条件：（一）具有中华人民共和国国籍；（二）拥护中华人民共和国宪法，拥护中国共产党领导和社会主义制度；（三）具有良好的政治、业务素质和道德品行；（四）具有正常履行职责的身体条件；（五）具备普通高等学校法学类本科学历并获得学士及以上学位；或普通高等学校非法学类本科及以上学历并获得法律硕士、法学硕士及以上学位；或普通高等学校非法学类本科及以上学历，获得其他相应学位，并具有法律专业知识；（六）从事法律工作满五年。其中获得法律硕士、法学硕士学位，或者获得法学博士学位的，从事法律工作的年限可以分别放宽至四年、三年；（七）初任法官应当通过国家统一法律职业资格考试取得法律职业资格。适用前款第五项规定的学历条件确有困难的地方，经最高人民法院审核确定，在一定期限内，可以将担任法官的学历条件放宽为高等学校本科毕业。"第13条规定："下列人员不得担任法官：（一）因犯罪受过刑事处罚的；（二）被开除公职的；（三）被吊销律师、公证员执业证书或被仲裁委员会除名的；（四）有法律规定的其他情形的。"

相较于修订前的《法官法》规定的任职条件，可以发现修订后的法官任职条件发生了较显著的变化，这主要体现在以下方面。

其一，提高了法律专业学习经历要求。修订后的《法官法》对法律专业学习经历的要求进一步提高。修改之前可以放宽至高等院校法律专业专科毕业，修改后的放宽学历条件为高等学校本科毕业，将专科提升至本科。修改之前规定"高等院校法律专业本科毕业或高等学校非法律专业本科毕业具有法律专业知识"和"获得法律专业硕士学位、博士学位或非法律专业硕士学位、博士学位具有法律知识"，修改后则明确对学历和学位作出要求，即"普通高等学校法学类本科学历并获得学士及以上学位""普通高等学校非法学类本科及以上学历并获得法律硕士、法学硕士及以上学位""普通高等学校非法学类本科及以上学历，获得其他相应学位，并具有法律专业知识"三类。修订后的三类规定明确区分了法学教育背景和非法学教育背景但具有法律专业知识的不同情形。

之所以修改法律专业学历经历要求，这是因为随着我国法学教育的不断发展，具有本科学历的学生大量增多，法学专业专科设置已相对较少，故而提升初任法官的学历条件已经具备较好的基础。同时，部分地区可通过提高待遇、增加津贴等方式吸引人才，而非过低放宽招录条件，从而保障法官队伍整体素质的提升。①正如2019年4月《关于〈中华人民共和国法官法（修订草案）〉的说明》所指出："按照中央《关于完善国家统一法律职业资格制度的意见》，结合放宽地区法官任职实际，草案将放宽地区担任法官的学历条件修改为高等学校本科毕业。取消现行法官法中关于学历条件放宽为高等院校法律专业专科毕业的规定，主要理由是目前法律大专学历报名和通过人数均较少。以2016年为例，法律大专学历报名人数（15452人）占2.6%，通过人数（1031人）只占1.3%。因此，将学历条件放宽至高等学校本科毕业，既有效解决了放宽地区法官人数不足的问题，又符合加强法官正规化、专业化、职业化建设的要求。"②

其二，提高了法律工作年限要求。修订后的《法官法》提高了对工作年限的要求。修订前，本科毕业担任法官须从事法律工作满两年，担任高级人民法院法官、最高人民法院法官须从事法律工作满三年，法律专业硕士、博士学位或非法律专业硕士学位、博士学位具有法律知识应当从事法律工作满一年，担任高级别法院法官须从事法律工作满两年。修订后将不再区分高级别法院和一般情况，统一将基本年限设定为五年，并规定法律硕士和法学硕士、法学博士学位获得者从事法律工作年限可以放宽至四年、三年。整体来看，修订后的《法官法》提高了对从事法律工作年限的要求。

在《法官法》第三次修订过程中，关于从事法律工作年限的规定几易其稿。修订草案（一审稿）按照中央改革试点文件《法官、检察官单独职务序列改革试点方案》关于担任法官需要担任法官助理满五年（含试用期）的规定，将法官任职的工作年限统一规定为五年。但最终对法学和法学硕士、法学博士从事法律工作的年限要求分别适当放宽至四年、三年，从而更有利于保障高层次专业人才的加入。

所谓"从事法律工作"，根据全国人大常委会法制工作委员会的回复，"主要包括从事国家或地方的立法工作，审判、检察工作，公安、国家安全、监狱管理、劳动教养管理工作，律师，法律教学和研究工作，党的政法委员会及政府部门中的法制工作等。其中'从事检察工作'，应以从事检察机关的检察业务工作为宜"。③根据该表述，从事法律工作要求相关人员从事法律职业或与法律密切相关的职业，并且工作内容与法律密切相关，如检察工作以从事检察机关的检察业务为宜，相应地，审判工作以审判业务为宜。然而需要指出的是，目前该解释范围较宽泛，难以体现担任法官应当具有的特殊的职业经验和法律素养，将"从事法律工作"的范围限定在与法官职业密切相关的审判、检察、法官辅助、国家或地方立法，及律师、法律教学研究的范围内可能更为

---

① 杨奕：《我国法官准入标准及选任机制研究——以新修订的〈法官法〉为研究背景》，《法律适用》2019年第9期。

② 周强：《关于〈中华人民共和国法官法（修订草案）〉的说明——2017年12月22日在第十二届全国人民代表大会常务委员会第三十一次会议上》，《中华人民共和国全国人民代表大会常务委员会公报》2019年第3期。

③《如何理解〈中华人民共和国检察官法〉规定的"从事法律工作"和"具有法律专业知识"》，http://www.npc.gov.cn/zgrdw//npc/xinwen/lfgz/xwdf/2007-01/04/content_363236.htm，访问日期：2021年2月15日。

适宜。[①]

其三，取消了最低年龄限制。对比修订前后的《法官法》，取消年龄限制是法官任职条件的显著变化。之所以在新法中取消了年龄限制，实则与法官任职条件的其他条款设置相关。根据担任法官的学历要求和年限要求可知，本科毕业担任法官须从事法律工作5年以上，硕士毕业从事法律工作4年以上，博士毕业从事法律工作3年以上，根据公民接受义务教育及高等教育的时间来算，本科毕业的学生年龄一般在22周岁左右，这意味着担任法官的年龄至少在27周岁左右。即使存在较早接受教育的学生，可能年龄较低时已经毕业，但结合从事法律工作年限的要求，其初任法官的年龄也基本大于23周岁。在这种情况下，年满23周岁的规定则成为无须规定、不言而喻的条款。

然而，该年龄条款的删除实则经过了一定的反复过程。首先，修订草案（一审稿）保留了年满23周岁的规定，对此，《关于〈中华人民共和国法官法（修订草案）〉的说明》指出："关于法官任职的年龄条件。草案保留现行法官法年满二十三周岁的规定，理由如下：一是年满二十三周岁仅是法官任职的最低年龄条件，担任法官仍须要满足其他任职条件要求，特别是要具有五年以上法律工作经历；二是参照公务员法关于公务员任职年龄条件为年满十八周岁的规定，法官最低年龄条件并不等同于担任法官的实际年龄。因此，草案确定法官任职的年龄条件为年满二十三周岁较为合理。"[②] 最初的修订草案之所以没有删除最低年龄限制，一方面在于该最低年龄限制不会影响其他条件，另一方面是该规定能够起到一定的标志作用，并参照了《公务员法》的年龄限制，指出该最低年龄并非实际年龄，故而不删除不会对法官的任职条件造成影响。

该修订草案发布后引发诸多探讨。有委员建议调整对最低年龄为23岁的规定，强调"法律的生命在于经验，丰富的社会经验和阅历应当成为担当法官的条件之一"。有委员指出，"关于法官、检察官的任职年龄的问题，现在规定都是23岁。但是陪审员的最低年龄却规定为28岁。按理说法官、检察官的年龄应该更高一些，除了要有专业知识以外还要有经验积累。实际上23岁是不可能当法官、检察官的，因为还要有5年工作经历，如果我们在法律里面把它的标准提高一点，也能够满足社会心理需求。"有委员建议将修订草案中的"年满二十三岁"修改为"年满二十七岁"，认为鉴于行使审判权的性质和重要性，法官需要具有很高的专业素养、丰富的工作经验和较多的人生历练，本身法官的任职条件也规定了本科以上学历和五年以上法律工作经历。"年龄是心智成熟的基本标志，按照达到本科以上的学历和五年以上法律工作经历的要求，其年龄通常会在27周岁以上，对照公证员法规定的公证员的任职年龄为25周岁以上，法官任职年龄规定为23周岁显然太低了。因此将担任法官的年龄条件确定为年满27

---

① 杨奕：《我国法官准入标准及选任机制研究——以新修订的〈法官法〉为研究背景》，《法律适用》2019年第9期。

② 周强：《关于〈中华人民共和国法官法（修订草案）〉的说明——2017年12月22日在第十二届全国人民代表大会常务委员会第三十一次会议上》，《中华人民共和国全国人民代表大会常务委员会公报》2019年第3期。

周岁比较适宜。"[①]

随后，修订草案（二审稿）删除了最低年龄限制。之所以删除，在于"有的常委委员、地方、部门和社会公众提出，按照草案规定的学历条件和从事法律工作的年限，实际上担任法官的年龄将超过 23 周岁，这也符合法官职业需要一定社会阅历的要求。因此，草案可不再具体规定'年满二十三周岁'。"[②] 因此，可以明确的是，之所以删除最低年龄限制，实则在于第 12 条的体系性使得年龄规定必然会符合。

但是，最低年龄限制规定的删除仍引发了诸多关注。有委员指出，"法官法中关于年龄的限制被删除了，我认为这样处理弊大于利。因为法官是需要一定社会阅历的。许多国家和地区对法官年龄都有一定要求，有的国家对级别较高的法官年龄要求甚至更高。比如在英国，如果要当高等法院的法官，必须是 50 岁以上，要求是比较高的。日本是 40 周岁以上才能当最高法院法官。"有委员强调："但是如果没有年龄的最低限，是不是有点不太严谨？如果一个正常的孩子，18 岁上大学，上 4 年，实习 1 年，再经过 5 年法律从业经历，可能得到 28 岁，才能够符合法官的条件，确实也有一定的社会阅历了，但是也不排除有些上大学年龄比较小的孩子，他可能很年轻，没有什么社会阅历就大学毕业了，有了 5 年的经历，那时候他可能也就是 23、24 岁甚至更年轻，不一定特别的好。所以建议还是增加一个最低年龄限制的规定，这样更严谨，比如说 28 周岁。"全国人大宪法和法律委员会副主任委员周光权也表示，"现在删掉了 23 岁的最低年限规定。理由是，大学毕业后一般都超过 23 岁，所以没有必要规定。但是这个理由仔细想是站不住脚的"；"在年龄问题上要规定，不然显得不严谨。至于是 23 岁、25 岁还是 27 岁，确实还可以研究，但是 23 岁可能是不合适的，年龄太小了，不能处理复杂的社会纠纷"。[③]

关于删除该最低年龄限制的争议，主要体现为两方面：一是主张可能存在符合学历和工作经历年限后仍不满 23 岁的情形；二是主张应当规定更高的年龄限制。针对第一个问题，本科毕业并工作 5 年后仍不满 23 岁的情形鲜少发生，故而该担忧状况出现的可能性非常低。针对第二个问题，是否应当设置更高的最低年龄以增强法官的职业经验和对复杂案件的处理能力，结合当前学历和工作年限规定来看，符合该条件的人员一般情况下年龄会在 27 周岁左右，与部分观点主张应提高的年龄相一致。还须指出的是，即使部分年轻法官从事法律职业工作时间较短，但可通过专业的法律知识和能力在一定程度上有效处理复杂的案件，年龄与对案件的处理效果并非绝对相关，更大程度上取决于具体法官的专业能力和职业素养。

其四，修改了身体条件要求。修改后的《法官法》对担任法官的身体条件亦作出了

① 《司法改革热点问题问答》，《人民法院报》2017 年 4 月 17 日第 2 版。
② 刘季幸：《全国人民代表大会宪法和法律委员会关于〈中华人民共和国法官法（修订草案）〉修改情况的汇报——2018 年 12 月 23 日在第十三届全国人民代表大会常务委员会第七次会议上》，《中华人民共和国全国人民代表大会常务委员会公报》2019 年第 3 期。
③ 王姝：《"两官法"修改，"法官需不需要满 23 周岁"引关注》，https://www.sohu.com/a/285565900_114988，访问日期：2021 年 2 月 15 日。

修改。将"身体健康"修改为"具有正常履行职责的身体条件",反映了立法的进步。一方面,正常履行职责的身体条件能够满足进行职业活动的要求,身体健康标准则存在要求过高且不易判断之问题,故而要求正常履职的身体条件更适宜。另一方面,之所以修改该规定,也与保持法律体系的一致性相关。《公务员法》在公务员任职条件中已经不再使用"身体健康"的表述,代之以"具有正常履行职责的身体条件",故而此处修改也与公务员任职条件的变化相一致。

然而,需要指出的是,在2018年第7次修订的《公务员法》中,公务员的任职条件增加了新的规定,即在身体条件该条款中增加了"心理素质"一词,即"具有正常履行职责的身体条件和心理素质",这意味着公务员不仅需要正常履行职责的身体条件,还须要有正常履行职责的心理素质。该条款对正常履职的心理素质提出了要求,意味着在公务员选任过程中需要考虑个人的心理素质,以保障其能够正常履职。该规定具有必要性,对个人而言,心理素质和身体素质均非常重要,并且可能会影响到一个人的正常工作,故而对身心条件的要求具有必要性。

我国《法官法》将"身体健康"修改为"具有正常履行职责的身体条件",但未对心理素质作出规定,这一点有待进一步完善。一方面,《法官法》和《公务员法》的相关规定应具有一致性,因为法官亦在公务员之列,故而法官的任职条件应符合《公务员法》的一般标准,《法官法》的规定应与《公务员法》的基本规定保持一致,从而保持我国法律整体的体系性。另一方面,具有正常履行职责的心理素质在法官职业中极为重要。不同于其他职业,法官职业关系着国家审判权的行使和司法正义的实现,法官的行为会对当事人乃至社会公平正义产生深远影响,故而保障法官的正常履行职责更具必要性。因此,从《法官法》未来修订的角度而言,增加具有正常履行职责的"心理素质"的规定极为重要。

其五,扩大了不得担任法官的范围。修改后的《法官法》扩大了不得担任法官的范围。修改前的《法官法》规定了不得担任法官的两种情形:曾因犯罪受过刑事处罚和曾被开除公职。修改后的《法官法》则增加了两款规定:一是被吊销律师、公证员执业证书或被仲裁委员会除名的;二是兜底条款,即有法律规定的其他情形的。

该条款在一审稿和二审稿中均表述为:"第十三条 下列人员不得担任法官:(一)因犯罪受过刑事处罚的;(二)被开除公职的;(三)被吊销律师、公证员执业证书的;(四)有法律规定的其他情形的。"其中,新增加的第3款为"被吊销律师、公证员执业证书的"。之所以增加该条款,《关于〈中华人民共和国法官法(修订草案)〉的说明》指出:"根据党的十八届四中全会决定,要建立终身禁止从事法律职业制度,对因违法违纪被吊销执业证书的律师和公证员,终身禁止从事法律职业。为此,草案在不得担任法官情形中,增加'曾被吊销律师、公证员执业证书的'规定。"

然而,该款规定在第三次审议时进一步作出了修改。有的常委委员提出,仲裁法规定仲裁员有索贿受贿、枉法仲裁等行为的,由仲裁委员会予以除名。因此,被除名的仲裁员也不能担任法官。宪法和法律委员会经研究,建议增加规定"被仲裁委员会除名的"，不得担任法官。[①]由此，在最终出台的《法官法》中，该条款表述为"被吊销律师、公证员执业证书或被仲裁委员会除名的"，增加了被仲裁委员会除名的情形。

习近平总书记曾指出："制度的生命力在执行，有了制度没有严格执行就会形成'破窗效应'。比如，世界上许多国家都对律师同法官、检察官接触交往作出严格规定，严禁律师和法官私下会见，不能共同出入酒店、娱乐场所甚至同乘一部电梯。但是，我们的一些律师和法官、检察官相互勾结，充当'司法掮客'，老百姓说是'大盖帽，两头翘，吃了被告吃原告'，造成了十分恶劣的影响。这方面已经有的制度要严格执行，不完善的制度要抓紧完善，筑起最严密的篱笆墙。在执法办案各个环节都要设置隔离墙、通上高压线，谁违反制度就要给谁最严厉的处罚，终身禁止从事法律职业，构成犯罪的要依法追究刑事责任。"[②]法官任职条件中的禁止性规定，体现了对终身禁止从事法律职业制度的贯彻。

另外，我国《法官法》第 14 条规定："初任法官采用考试、考核的办法，按照德才兼备的标准，从具备法官条件的人员中择优提出人选。人民法院的院长应当具有法学专业知识和法律职业经历。副院长、审判委员会委员应当从法官、检察官或其他具备法官条件的人员中产生。"该法修改前第 12 条规定："初任法官采用严格考核的办法，按照德才兼备的标准，从通过国家统一司法考试取得资格，并且具备法官条件的人员中择优提出人选。人民法院的院长、副院长应当从法官或其他具备法官条件的人员中择优提出人选。"《法官法》中关于法官任用方式的修改主要体现在两方面：一是增加了"通过国家统一司法考试取得资格"的范围限制，二是对人民法院的院长和副院长的选拔条件，增加了"应当具有法学专业知识和法律职业经历"的要求，从而更加强调其法学专业学习和从业经历，与《人民法院组织法》的规定相吻合。

### （四）法官的等级

法官等级制度是我国法官制度改革的重要内容，旨在推进法官的专业化和职业化建设，被视为我国法官职业化进程中的重要制度构建。

法官等级制度的构建具有必要性。其一，法官等级制度是司法"去行政化"的客观要求。行政化的管理模式不利于司法权的独立行使，通过等级制度可以对法官进行分类管理，加强司法文化和法官独立的职业规范的构建。其二，法官等级制度有助于解决法院人力资源匮乏的问题。一方面，上级法院可以有足够的权威来改变或推翻初级法院的裁判，保障审判质量。另一方面，一定程度的等级管理能够促进已有人才资源的充分利用，提升裁判效率。其三，法官等级制度也是减少和预防司法腐败、促进法

---

[①] 《全国人民代表大会宪法和法律委员会关于〈中华人民共和国法官法（修订草案三次审议稿）〉修改意见的报告——2019 年 4 月 23 日在第十三届全国人民代表大会常务委员会第十次会议上》，《中华人民共和国全国人民代表大会常务委员会公报》2019 年第 3 期。

[②] 习近平：《严格执法，公正司法》，中共中央党史和文献研究院编辑：《十八大以来重要文献选编》（上），中央文献出版社 2014 年版，第 720 页。

官不断提升自身能力和职业水平的制度保障。[1]正如《中华人民共和国法官等级暂行规定》(以下简称《法官等级暂行规定》)第 2 条指出:"为了实现对法官的科学管理,增强法官的责任心和荣誉感,保障法官依法行使国家审判权,国家实行法官等级制度。"

1995 年《法官法》规定了法官等级制度的等级划分和基本的评定依据,从而建构起基本的法官等级制度框架。该法第 16 条规定:"法官的级别分为十二级。最高人民法院院长为首席大法官,二至十二级法官分为大法官、高级法官、法官。"第 17 条规定:"法官的等级的确定,以法官所任职务、德才表现、业务水平、审判工作实绩和工作年限为依据。"第 18 条规定:"法官的等级编制、评定和晋升办法,由国家另行规定。"这几条规定对法官的等级和评定依据作出了较简略的规定,结合相关立法释义,可以发现引入法官等级制度的立法意图,即淡化法官的行政管理色彩,建立单独的法官序列,从而推进法官的专业化和职业化。[2]随后,1997 年中共中央组织部、人事部和最高人民法院联合发布了《等级暂行规定》,1998 年最高人民法院颁布了《评定法官等级实施办法》,这两个文件形成了法官等级制度的具体实施细则。2011 年,最高人民法院发布《法官职务序列设置暂行规定》,对法官等级制度进行了一定调整。至 2019 年《法官法》第 3 次修订,在总结以往经验基础上,对法官等级制度改革提供了新的指引。法官等级制度自制定以来存在着一定争议,如有学者指出,法官等级制度的立法目的在实践中遭到扭曲,法官等级评定标准出现了单一化的问题,即将法官等级的评定标准和法官的行政职务相对应,导致法官等级制度成为其行政职务的"附庸",未能实现最初的立法目的。[3]

2019 年修订的《法官法》第 26 条至第 29 条对法官的等级制度作出了规定。第 26 条规定了法官实行单独序列管理,并分别列举了 12 个等级:"法官实行单独职务序列管理。法官等级分为十二级,依次为首席大法官、一级大法官、二级大法官、一级高级法官、二级高级法官、三级高级法官、四级高级法官、一级法官、二级法官、三级法官、四级法官、五级法官。"第 27 条规定了首席大法官的设置:"最高人民法院院长为首席大法官。"第 28 条规定了法官等级的评定标准:"法官等级的确定,以法官德才表现、业务水平、审判工作实绩和工作年限等为依据。法官等级晋升采取按期晋升和择优选升相结合的方式,特别优秀或工作特殊需要的一线办案岗位法官可以特别选升。"第 29 条同样是对具体办法作出了另行规定的规范:"法官的等级设置、确定和晋升的具体办法,由国家另行规定。"

需要强调的是,2019 年修订的《法官法》试图解决法官等级制度在实践中存在的问题,如在法官等级评定和晋升中"唯职务"问题突出等,再次在立法中强调设立法官单独职务序列,并在评定依据中取消了"所任职务"该因素,保留"德才表现、业务水平、审判工作实绩和工作年限"。除保留这四个因素外,《法官法》还有增加了"等"字,从

---

① 李蓉:《法官等级制度与法官等级化》,《广西社会科学》2013 年第 6 期。
② 胡康生:《中华人民共和国法官法释义》,法律出版社 2001 年版,第 40 页。
③ 侯学宾:《我国法官等级制之检讨——以大法官群体为例》,《法商研究》2013 年第 4 期。

而为法官等级评定因素留了一定的扩展空间。[①]例如，《法官法》第 32 条规定："法官培训情况，作为法官任职、等级晋升的依据之一。"根据该规定可知，法官培训情况亦是法官等级制度评定的判断因素之一。

### （五）法官的职责、义务和权利

关于法官的职责、权利和义务，我国《法官法》通过具体条文作出了明确规范。法官应履行其职责与义务，并可享有法律所规定的权利，获得职业保障。

#### 1. 法官的职责

《法官法》第 8 条和第 9 条对法官的职责作出了规范。第 8 条规定："法官的职责：（一）依法参加合议庭审判或独任审判刑事、民事、行政诉讼及国家赔偿等案件；（二）依法办理引渡、司法协助等案件；（三）法律规定的其他职责。法官在职权范围内对所办理的案件负责。"根据该规定可知，法官的职责主要体现在三方面：一是依法审理案件，二是办理引渡、司法协助等案件，三是其他法律规定的职责。该条规定第 2 款强调，法官在职权范围内对所办理的案件负责。该规定意味着，一方面，法官对所办理的案件负责，这包括对案件的事实认定和适用法律负责，也包括对案件处理的程序公正负责。无论是实体错误还是程序错误，法官均须承担相应责任。同时，对所办理的案件负责，包括对案件的质量、相关程序等负责，并且该负责具有终身性。当然，应当实事求是地按照法官审理案件时的具体情况判断是否属于错案，以及法官是否需要承担责任。另一方面，法官在"职权范围内"负责，也即法官所应承担的责任应基于权责相一致原则。另外，在认定案件是否属于错案或法官是否应当承担责任时，还须要遵循审判工作规律，而不能够因为案件被改判就追究法官的责任。

第 9 条则规定了担任特定职务的法官的相应职责："人民法院院长、副院长、审判委员会委员、庭长、副庭长除履行审判职责外，还应当履行与其职务相适应的职责。"所谓"审判职责"，即第 8 条所指的三方面的法官的职责。承担了特定职务的法官，除履行一般职责外，还须承担其他职责，《人民法院组织法》等规范对其他职责作出了规范。

需要指出的是，法官的职责是一种代表行为，也即代表国家审判机关行使审判权的行为，其行为在性质和法律效果上并非只是法官的个人行为，职责的履行也是在整个法院组织结构体系中进行定位。因此，对法官的职责的判断，需要结合法官所在的特定审判组织结构进行分析。故而有学者指出，将法官的职责规定在《法官法》中，脱离了法官职责的体制和机制语境，也混淆了法官职务行为和法官个人行为的界限。[②]

---

① 侯学宾：《我国法官等级制的反思与重构——以〈法官法〉修订为契机的分析》，《法律适用》2019 年第 9 期。
② 傅郁林：《修订后法官法的罅漏与弥补》，《人民司法》2019 年第 22 期。

### 2. 法官的义务

《法官法》对法官需要承担的义务和享有的权利同样作出了规范。《法官法》第10条规定："法官应当履行下列义务：（一）严格遵守宪法和法律；（二）秉公办案，不得徇私枉法；（三）依法保障当事人和其他诉讼参与人的诉讼权利；（四）维护国家利益、社会公共利益，维护个人和组织的合法权益；（五）保守国家秘密和审判工作秘密，对履行职责中知悉的商业秘密和个人隐私予以保密；（六）依法接受法律监督和人民群众监督；（七）通过依法办理案件以案释法，增强全民法治观念，推进法治社会建设；（八）法律规定的其他义务。"

其一，严格遵守宪法和法律是法官在履行职责过程中应当遵循的首要义务。法官在行使审判权时，必须依照宪法和法律的规定，在宪法和法律规定的职权范围内，按照法律规定的程序和方式开展审判活动，依法处理案件。同时，法官个人在职务活动之外亦须遵循宪法和法律。

其二，秉公办案，不得徇私枉法是法官在职务活动中应当履行的义务。该义务要求法官在办理案件时的出发点在于公共利益，而非以权谋私或为了地方或部门的局部利益，更不能在办理案件的过程中出现权力寻租或利益输送等问题。

其三，依法保障当事人和其他诉讼参与人的诉讼权利。该义务要求法官在履行职责过程中注重对当事人和诉讼参与人的权利保障，避免程序不公正现象的发生，保障参与诉讼程序的所有人能够获得合理的对待。

其四，维护国家利益、社会公共利益，维护个人和组织的合法权益。该义务要求法官在履行职责过程中注重对国家利益和社会公共利益的维护，并注意保障当事人或其他诉讼参与人的合法权益。对公共利益和个人合法权益的保障，是对公平正义追求和人权保障的典型体现。

其五，保守国家秘密和审判工作秘密，对履行职责中知悉的商业秘密和个人隐私予以保密。该义务体现了对法官的保密义务的要求。法官应当保守审判工作秘密，对于审理案件过程中形成的不应当透露的与审判相关的材料、信息等，法官不得泄露。对于在审理案件时知悉的当事人的个人隐私或商业秘密，法官也应根据相关法律规定予以保密，不得随意散播。如果违反该义务，法官需要按照相关法律规定受到处分，构成犯罪的则应被依法追究刑事责任。

其六，依法接受法律监督和人民群众监督。法官的审判活动应当受到法律和人民群众的监督。例如，各级监察委员会依法对所有行使公权力的公职人员进行监察，这包括对法官进行监督。人民检察院对人民法院的审判活动进行法律监督，这包括对法官依法履行职责的活动进行监督。又如，法官的审判活动还会受到社会公众的监督。

其七，通过依法办理案件以案释法，增强全民法治观念，推进法治社会建设。所谓"以案释法"，指法官通过依法办理案件、具体使用法律等活动阐明法律。裁判文书是法官进行说理的重要载体，有利于促进当事人及公众对相关法律的理解。同时，法官还可通过公开开庭、庭审直播等方式以案释法，更好地加强公众对法律的了解，提升公众的法治意识，推动法治社会建设。

最后，法律规定的其他义务。除上述 7 项义务外，法官还须遵循其他法律所规定的义务。例如，法官需要遵循《公务员法》所规定的公务员的义务，以及《民事诉讼法》《刑事诉讼法》《行政诉讼法》等法律中规定的法官在诉讼程序中应当遵循的义务等。

### 3. 法官的权利

《法官法》第 11 条对法官的权利作出了明确规定："法官享有下列权利：（一）履行法官职责应当具有的职权和工作条件；（二）非因法定事由、非经法定程序，不被调离、免职、降职、辞退或处分；（三）履行法官职责应当享有的职业保障和福利待遇；（四）人身、财产和住所安全受法律保护；（五）提出申诉或控告；（六）法律规定的其他权利。"该规定体现了对法官的职业保障，这既包括对法官的基本职权、工作发展等一般权利的保障，也包括对法官的职业待遇、人身安全等的保障，还涉及对法官的申诉控告权利的保障。一方面，法官的义务和权利相对应，没有无权利的义务，故而法官在履行职责、承担义务的同时需要获得相应的权利。另一方面，对法官的职业保障能够更好地保障法官职业的独立性，从而避免法官的职业活动存在不公正等问题，以促进司法正义的实现。

实际上，《法官法》第 11 条第 2 款、第 3 款和第 4 款的规定，都体现了对法官的职业保障。法官的职业保障相关规定在 2019 年修订后的《法官法》中为独立一章，强调对法官权益的保障的重视，形成了较完善的法官保障制度。《法官法》第 7 章共 14 个条文，内容涵盖了法官身份保障、安全保障、履职保障和工资福利制度等内容。例如，新《法官法》增加了关于法官安全保障的具体条文。法官作为纠纷的裁判者，面临着利益对抗和矛盾激化等问题可能带来的风险，法官的人身权利受到侵害的现象时有发生。新《法官法》扩大了法官安全保障的范围，规定"法官的职业尊严和人身安全受法律保护"；扩大了安全保障的对象，从法官自身扩展到法官及其近亲属；扩大了对法官进行安全保障的惩治行为范畴，如报复陷害、侮辱诽谤、暴力侵害、威胁恐吓、滋事骚扰等 5 类；规定了对法官安全保障采取的具体措施和义务主体。可以说，《法官法》在第 3 次修订后，针对法官职业的特殊性，提高了对法官安全的保障力度，从而构建了较完善的法官安全保障制度。[1]

## 二、法官职业伦理的概念与特征

法官职业伦理是对法官在审判活动及业外活动中的行为进行规范的伦理规则，其主体、对象和内容都具有一定特殊性，显著区别于其他职业伦理。

---

[1] 胡昌明：《健全法官职业保障制度的价值与路径——以新修订的〈法官法〉为视角》，《法律适用》2019 年第 9 期。

### （一）法官职业伦理的概念

法官职业伦理，或称司法伦理或审判伦理，是指法官在审理案件的过程中和审判活动之外为了保障司法的公正所应遵循的伦理规则。法官职业伦理是法官道德行为的规范依据，关注的是法官的责任和义务。作为法官行为规范的司法伦理，主要内容是法官的德性伦理，也即关注法官的德性问题。法官职业伦理是关于法官职业道德及其价值关系的评价，是关于法官良知的一种道德判断。同时，法官职业伦理也是法官道德行为的规范依据，根据司法的特殊要求对法官规定了伦理责任和义务，根据法律的理性来规范、指引法官的行为。因此，法官职业伦理也体现了法官的自我道德约束，有待于法官恪守相关规范和原则，从而实现司法伦理对司法理想的赋予和对司法实践的价值赋予。[①]

法官职业伦理是法官在司法过程中所形成的比较稳定的道德观念、行为规范和内心自律，包括法官在司法过程中需要遵循和展现的价值观念和道德品质。在现代司法活动中法官职业伦理融合了公平、正义、独立等基本的法律价值因素，并要求法官在司法过程中灵活进行价值判断和取舍，对纠纷作出谨慎处理。法官职业伦理是法官在从事职业活动时的一般性自我约束，能够激励法官更好地从事司法工作，促使法官为其职业行为负责，向法官传递司法的价值、责任和规范，从而推进司法正义的实现和法治国家建设。[②]

通过法官职业伦理来规范和指引法官的行为，推动法官良好道德品质的养成，是法律职业伦理对法官德性培养的重要作用。法官职业伦理是一种实践活动，强化法官职业伦理是树立司法权威、实现司法正义的重要内容，将法官职业伦理内化为法官德性则需要法官将公平、正义等司法价值理念内在化，从而提升法官个人的职业道德水平。[③]

### （二）法律职业伦理的特征

法官职业伦理是法官在司法活动和社会生活中为了保障司法公正所应遵循的伦理规则。法律的价值在于公平正义，法官是法律的捍卫者，法官职业伦理的价值基础同样是公平正义。相较于其他职业，法官职业伦理具有一定特殊性，这主要体现在法律职业伦理的主体、对象和内容等方面。

#### 1. 主体的特定性与包容性

顾名思义，法官职业伦理的主体是法官，法官职业伦理是关于法官的职业行为和社会活动的伦理规范。从这个意义上来说，法官职业伦理的主体具有特定性，是针对该法官该行业而言。以我国为例，《法官法》已明确界定了法官的概念和范围：法官是依法行使国家审判权的审判人员，包括最高人民法院、地方各级人民法院和军事法院

---

[①] 王申：《法官道德须满足司法伦理的客观需要》，《政治与法律》2016 年第 7 期。
[②] 王淑荣：《法官职业伦理的法治功能》，《社会科学战线》2011 年第 12 期。
[③] 王申：《法官德性是法治之力量》，《东方法学》2016 年第 2 期。

等专门人民法院的院长、副院长、审判委员会委员、庭长、副庭长和审判员。因此，法官职业伦理所适用的主体，即为行使国家审判权的审判人员。

然而，除法官之外，还存在适用法官职业伦理的主体，这构成了法官职业伦理在适用主体方面的包容性。也即，法官职业伦理不仅适用于法官，还适用于其他相关人员，在我国，该类人员主要包括人民陪审员、法院的行政人员和法警等。人民陪审员是指公民直接参与司法管理并亲自审判案件，从而保障人民主权的行使，避免法官的职业定性思维，提升司法的公信力。①由于人民陪审员在参与司法活动过程中对事实认定可独立发表意见，并行使表决权或与法官共同表决，对法律适用可独立发表意见，并在部分案件中行使表决权，故而人民陪审员在审判过程中发挥了审判的功能，这就意味着人民陪审员在审判过程中应当遵循法官职业伦理规范，从而维护司法的公正，促进司法正义的实现。《民事诉讼法》第39条规定："陪审员在执行陪审职务时，与审判员有同等的权利义务。"该规定意味着，人民陪审员在执行陪审职务时，应当遵循审判员的职业伦理规范，符合相关职业伦理要求。《人民陪审员法》第3条规定："人民陪审员依法享有参加审判活动、独立发表意见、获得履职保障等权利。人民陪审员应当忠实履行审判职责，保守审判秘密，注重司法礼仪，维护司法形象。"该规定所强调的"保守审判秘密，注重司法礼仪，维护司法形象"等，视为法官职业伦理的基本要求。因此，执行陪审职务的人民陪审员，显然应当遵循法官职业伦理。

实际上，《法官职业道德基本准则》对此作出了明确规范。该准则第27条规定："人民陪审员依法履行审判职责期间，应当遵守本准则。人民法院其他工作人员参照执行本准则。"该规定指出，人民陪审员在依法履行审判职责期间，应当遵循关于法官职业伦理的规范，同时强调法院其他工作人员参照执行该准则。此处法院其他工作人员，主要指法院的行政人员和法警。这也意味着，即使法院的行政人员和法警并不从事审判工作，但其仍须参照适用部分法官职业伦理相关规范，以维护司法的公正性。

除人民陪审员、法院行政人员和法警外，还须适用法官职业伦理的主体为法官助理。法官助理不在法官的范围之内，但却从事审判辅助事务，故而亦应遵循法官职业伦理的相关要求，以维护司法的公正性。我国《法官法》第67条规定："人民法院的法官助理在法官指导下负责审查案件材料、草拟法律文书等审判辅助事务。"鉴于《法官职业道德基本准则》在2010年发布，彼时尚未设置法官助理该职务，故而在准则中只提及了人民陪审员、法院其他工作人员。法院行政人员和法警须参照适用该准则，作为从事审判辅助事务的法官助理，显然更须遵守法官职业伦理规范。因此，除法官外，人民陪审员、法官助理、法院其他工作人员亦须遵循法官职业伦理的要求。

另外，法官对法律职业伦理的遵循，不仅体现在其任职期间，退休之后亦须遵循伦理规范之要求。《法官职业道德基本准则》第26条规定："法官退休后应当遵守国家相关规定，不利用自己的原有身份和便利条件过问、干预执法办案，避免因个人不当

---

① 施鹏鹏：《人民陪审员制度：宪法民主精神的载体》，《人民法院报》2020年12月7日第2版。

言行对法官职业形象造成不良影响。"因此，法官无论是任职期间还是退休之后，都应遵循法官职业伦理。

由此可见，法官职业伦理的主体主要是法官，同时扩展至人民陪审员、法官助理和法院其他工作人员。法官职业伦理对法官的约束不仅体现在法官任职期间，法官退休后仍须遵循相关伦理规范。

### 2. 对象的特定性与全面性

法官职业伦理规范的是法官的职业行为和各种社会活动。一般情况下，职业伦理约束的是从业人员的职业行为。法官职业伦理不仅规范法官在职业活动中的行为，避免影响司法公正等问题的出现，还规范法官在职业行为之外的社会活动，从而更好地维护法官的形象。《法官职业道德基本准则》第3条规定："法官应当自觉遵守法官职业道德，在本职工作和业外活动中严格要求自己，维护人民法院形象和司法公信力。"因此，法官职业伦理规范的行为不仅包括审理案件过程中的立案、法庭调查、主持法庭辩论、裁判等一系列活动中的法官行为，还包括法官与社会上各个主体发生关系所产生的可能会影响司法公正的行为，如法官与媒体的关系等，从而对法官的行为形成更全面的规范。

之所以约束法官的业外活动，主要在于法官职业的特殊性。司法是正义的最后一道防线，法官是公平正义的象征，故而法官职业伦理具有更高的责任感和使命感。因此，法官无论是在职业活动还是业外活动中，都应维持对公平正义的指引和象征作用，从而引导社会伦理风尚。

### 3. 内容的更高要求

法官职业伦理的内容，相较于其他职业伦理而言，具有更高的要求。《法官职业道德基本准则》第2条规定："法官职业道德的核心是公正、廉洁、为民。基本要求是忠诚司法事业、保证司法公正、确保司法廉洁、坚持司法为民、维护司法形象。"廉洁是对法官个人品质的要求，为民是法官在政治上的使命，两者在检察官职业伦理、律师职业伦理等法律职业伦理中具有一定共性，而公正则在法官职业伦理中最为突出。可以说，法律职业伦理的展开，均以司法公正为基础和价值追求。司法公正是司法制度发展的基本标准和目标追求，也是法官、当事人和律师等相互之间共同信奉的精神支柱。[①]

同时，鉴于审判活动是司法过程中的终局环节，在整个司法程序中处于核心地位，故而审判伦理的具体要求比律师或检察官职业伦理的要求更高，更加注重对司法正义的维护及法官的形象和公信力建设。因此，就法官职业伦理内容而言，其对法官提出了高于一般法律职业人员的伦理要求，以更好地维护法官所代表的公平正义之形象，促进司法公正该基本价值追求之实现。

---

① 许身健：《法律职业伦理》，中国政法大学出版社2019年版，第20页。

### 三、我国法官职业伦理的基本要求

我国关于法官职业伦理的具体要求，体现在《法官法》《人民法院组织法》《法官职业道德基本准则》《法官行为规范》等法律法规文件之中。这些规范性文件对法官职业伦理作出了较明确的要求，从而形成了我国法官职业伦理的基本规范。其中，《法官法》提出了关于法律职业伦理的基本要求，《法官职业道德基本准则》则作出了详细阐释。

#### （一）《法官法》提出了基本要求

《法官法》是我国法官职业伦理的基本依据，对法官的职业伦理提出了一系列基本规范和要求。一方面，《法官法》在总则部分提出了部分关于法官职业伦理的基本要求。第 3 条规定："法官必须忠实执行宪法和法律，维护社会公平正义，全心全意为人民服务。"该规定强调了法官职业伦理中的公正和为民要求。第 4 条规定："法官应当公正对待当事人和其他诉讼参与人，对一切个人和组织在适用法律上一律平等。"该规定体现了法官职业伦理中平等规范的具体要求。第 5 条规定："法官应当勤勉尽责，清正廉明，恪守职业道德。"该条款明确提出了恪守职业道德的要求，在法律中明确提及了职业道德一词，并且强调了法官应遵循廉洁规范和勤勉尽责。第 6 条规定："法官审判案件，应当以事实为根据，以法律为准绳，秉持客观公正的立场。"该条款同样强调了法官应当遵循公正规范。第 7 条规定："法官依法履行职责，受法律保护，不受行政机关、社会团体和个人的干涉。"该条款体现了独立规范的适用，强调了法官的职业行为不受干涉的独立性。

另一方面，《法官法》的具体条款也体现了对法官职业伦理的规范。例如，《法官法》在第 10 条关于法官的义务规定中，同样提出了关于法官职业伦理的要求，如严格遵守宪法和法律；秉公办案，不得徇私枉法；依法保障当事人和其他诉讼参与人的诉讼权利；维护国家利益、社会公共利益，维护个人和组织的合法权益；保守国家秘密和审判工作秘密，对履行职责中知悉的商业秘密和个人隐私予以保密；依法接受法律监督和人民群众监督；等等。这些关于法官义务的规定体现了对法官的公正规范、保密义务等的要求，从而为法官职业伦理提供了法律上的依据。

#### （二）《法官职业道德基本准则》作出了全面规范

2001 年，最高人民法院发布了《法官职业道德基本准则》，并于 2010 年进行了修改。该准则对法官职业伦理作出了明确规范，强调了法官职业伦理的核心是公正、廉洁和为民，提出了法官职业伦理的五项基本要求并分别进行了规定。

其一，忠诚司法事业。该准则第 4 条至第 7 条对忠诚司法事业作出了具体规定。第 4 条规定："牢固树立社会主义法治理念，忠于党、忠于国家、忠于人民、忠于法律，做中国特色社会主义事业建设者和捍卫者。"该条款强调了对党和国家的忠诚和对社会主义法治理念的坚守。第 5 条规定："坚持和维护中国特色社会主义司法制度，认真贯彻落实依法治国基本方略，尊崇和信仰法律，模范遵守法律，严格执行法律，自觉维护法律的权威和尊严。"该条款规定了对法律和中国特色社会主义司法制度的忠诚。第6条规定："热爱司法事业，珍惜法官荣誉，坚持职业操守，恪守法官良知，牢固树立司法核心价值观，以维护社会公平正义为己任，认真履行法官职责。"该规定从法官良知和司法核心价值观入手，规定了法官对司法职业及实现社会公平正义追求的忠诚。第7条规定："维护国家利益，遵守政治纪律，保守国家秘密和审判工作秘密，不从事或参与有损国家利益和司法权威的活动，不发表有损国家利益和司法权威的言论。"该规定强调了对法官保守秘密和维护国家利益和司法权威的要求。

整体来看，忠诚司法事业要求法官对党、国家、人民和法律忠诚，自觉维护法律的权威和尊严，热爱司法事业，恪守法官良知，以维护社会公平正义为己任，真正实现对国家利益的维护。

其二，保证司法公正。保证司法公正是法官职业伦理的核心要求，体现了对法官公正司法的基本要求。《法官职业道德基本准则》第8条至第14条对保证司法公正作出了明确规范。保证司法公正要求法官独立行使审判权，独立思考、自主判断，不受行政机关、社会团体和个人的干涉，正确适用法律，合理行使裁量权，确保案件裁判结果的公正公平。同时，法官应当牢固树立程序意识，坚持实体公正和程序公正并重，充分保障当事人和其他诉讼参与人的诉讼权利，严格遵守法律规定的办案时限，节约司法资源，认真贯彻司法公开原则，尊重人民群众的知情权，并自觉接受法律监督和社会监督。另外，法官还须自觉遵守回避制度，不偏袒或歧视任何一方当事人，并尊重其他法官对审判职权的依法行使。

整体来看，保证司法公正是对法官提出的最基本的伦理要求，并包含着大量具体规范和原则，如独立规范、回避制度、司法公开等，从而对司法公正的实现形成了制度保障。

其三，确保司法廉洁。廉洁是法官职业伦理的核心要求，《法官职业道德基本准则》在第15条至第18条对确保司法廉洁作出了基本规定。法官应当树立正确的权力观、地位观和利益观，坚守廉洁底线，正确行使审判权和执行权，严格遵守廉洁司法的规定，不接受当事人及相关人员的请客送礼，不违反规定与当事人或其他诉讼参与人进行不正当交往。同时，法官也不得从事或参与任何营利性的经营活动，并应妥善处理个人和家庭事务，不利用法官身份寻求特殊利益，并教育督促家庭成员不利用法官的职权、地位谋取不正当利益。

廉洁是对法律职业人员的普遍要求，法官作为司法裁判的主体，更须遵守廉洁规范，以维护司法的公正性。廉洁不仅要求法官对自我形成约束，还须法官约束家庭成员，从而切实遵守廉洁规范的具体要求，维护法官的公正廉洁之形象。

其四，坚持司法为民。为民是法官职业伦理的核心，体现了对法官践行为人民服务的基本要求。《法官职业道德基本准则》第19条至第22条对司法为民作出了具体规范。法官应当牢固树立以人为本、司法为民的理念，自觉维护人民群众的合法权益，积极寻求有利于案结事了的纠纷解决办法，努力实现法律效果和社会效果的统一。同时，法官应当认真执行司法便民的规定，为当事人及其他诉讼参与人提供必要的诉讼便利，尊重当事人和其他诉讼参与人的人格尊严，并尊重律师，依法保障律师参与诉讼活动的权利。

司法为民应在法官的司法活动中得到贯彻，法官不仅应维护当事人和其他诉讼参与人的合法权益，还须尊重和维护其他法律职业人员参与诉讼活动的权利，从而真正形成司法为民的服务态度和实践效果。

其五，维护司法形象。法官的形象是关系司法公信力的重要方面，维护司法形象是关系司法正义实现的重要内容。《法官职业道德基本准则》第23条至第26条对维护司法形象作出了具体规范。法官应忠于职守，秉公办案，保持昂扬的精神状态和良好的职业操守，坚持文明司法，遵守司法礼仪，在履行职责过程中保持良好的职业修养。同时，法官应当加强自身修养，培养高尚的道德操守和健康的生活情趣，遵守社会公德和家庭美德，在退休后不利用原有身份和便利条件过问、干预执法办案，避免因个人不当行为对法官职业形象造成不良影响。

法官形象的维护不仅需要法官保持良好的职业修养，还需要法官增强对一般社会公德和家庭美德的遵守，从而无论在职业道德还是一般道德方面均树立良好的形象。同时，法官的形象不仅需要法官在任职期间维护，在退休后仍须维持公正，避免对法官职业形象造成影响。

总体来看，我国《法官法》《法官职业道德基本准则》等法律法规或其他规范性文件对法官职业伦理作出了较细致的规范。结合法官职业伦理的理论和我国相关立法和实践状况，本书对法官职业伦理具体规范的探讨，将从司法公正规范、司法效率规范、司法涵养规范三方面展开，从而对作为法官职业伦理核心内容的公正、廉洁、为民作出探讨。

> **典型案例 3-1**

### 恐龙法官

我国台湾地区对部分法官有一个称谓——"恐龙法官"。在我国台湾地区诸多媒体报道中，都往往会出现"恐龙"一词。该词暗喻恐龙虽然看似强大，却思维脱节，难以跟上形势，脱离社会现实，对受害者没有任何同情心。2010年9月，我国台湾地区高雄地方法院法官庄佩君、王俊彦和杨国煜在审理一名6岁女童被抱在被告大腿上性侵的案件中，因缺乏女童反抗的证据，轻判被告3年2个月的有期徒刑，引发社会公众的愤怒，舆论中开始出现"权力大但反应迟钝"的"恐龙法官"之称谓。随后，15万民众联署要求开除法官，社会团体和民间组织等号召民众走上街头，以白玫瑰为象征，呼吁社会各界抵制"恐龙法官"。2011年1月5日，我国台湾地区所谓的"法官法"通过初审，增设了"恐龙法官"的退场机制。

由此，我国台湾地区将"不符合社会普遍期待"、认为显失正义的裁判称为"恐龙判决"，将作出相关判决的法官称为"恐龙法官"。如果法官的判决无法契合社会的普遍期待，即使法官的判决书旁征博引，仍然可能引发众怒。这使得承办备受社会瞩目的案件的法官可能会面临较大的舆论压力。同时，"恐龙法官""恐龙判决"这些词汇的使用也会让一般民众更容易将不符合期待的裁判结果作出负向归类，影响公众对司法的信心。例如，2013 年，台湾中正大学犯罪研究中心公布了关于民众犯罪被害暨政府维护治安施政满意度问卷调查，调查结果显示，76%的被调查对象质疑法官审判的公正、公平性，73%被调查对象质疑检察官侦办案件的公平、公正性。民众对治安改善的信心较低，质疑司法的比率上升，这很大程度上受到司法官重大贪污渎职案件和"恐龙法官"的影响。[①]

2016 年，我国台湾地区"最高法院"经全体法官决议，在具有较大社会关注度的案件的新闻稿中，一律标示承审法官，该举引发关注，被认为是"改革封闭司法圈的第一步"。在此之前，按照惯例，法院公告的新闻稿都以尊重法官个人隐私为由，未揭露审理案件的法官姓名，只有当事人、律师及旁听审判的人员才知晓承审法官为何人。我国台湾地区"最高法院"的新措施虽然对下级法院而言不具有法律上的约束力，但可起到有效的示范引领作用。[②] 这也意味着，承审具有重要影响的案件的法官需要承担更大的舆论压力。

尽管部分案件中存在着公众一般认知与法律认定之间的差异，但实践中也不乏显失公平正义的判决，这也是民众质疑"恐龙法官"的重要依据。"恐龙法官"这一称谓的产生，除反映了民众对司法的监督和司法公信力等问题外，还对法官遵守职业伦理、依法判案提出了更高要求。只有遵循法官职业伦理、依法作出合法裁判，确保司法的公正性，才能减少民众对司法的误解，增强司法公信力。

## 第二节  司法公正规范

司法公正规范是法律职业伦理的核心内容，体现了对司法正义的追求和对法官行为的基本规范。司法公正是法官必须遵循的基本准则，也是司法工作的本质特征。因此，作为法官职业伦理的首要准则和核心内容，司法公正需要法官将程序公正与实体公正相结合，并通过对各种具体规则或规范的遵守来维护司法公正。回避规则、平等规则、独立审判原则、司法公开规则和说理规则等均是为保障和实现司法公正而作出的具体规则。

---

① 《恐龙法官影响信赖度　逾 7 成民众质疑司法公正》，https://www.ettoday.net/news/20130206/162325.htm，访问日期：2021 年 4 月 1 日。
② 林伟信：《恐龙不怕骂错只　重大案件法官姓名全都露》，https://www.chinatimes.com/newspapers/20160731000306-260106?chdtv，访问日期：2021 年 4 月 1 日。

### 一、司法公正概述

司法公正是最基本的法官职业伦理，既包括实体公正，也包括程序公正。为实现对司法公正规范的追求，法官及相关主体还须遵循一定的具体伦理规则，诸多程序制度设计本质上也是为了实现司法公正服务。

#### （一）司法公正的概念

司法公正是法的公平与正义的一般概念在司法活动中的体现，表现为被社会伦理所普遍认同的司法制度和被司法活动参与者个别认同的司法程序。司法最基本的功能在于通过实体规范的适用以解决纠纷，实现特定的法律秩序。在该过程中，无论是具体制度设计还是最终的纠纷解决方案，均以公平正义为最终追求。司法公正是公平和正义观念在司法中的具体体现，内涵丰富，故而制度建构上也表现出多样性。司法公正与司法的权威性、司法活动被社会伦理的认同程度和司法程序的合理性相关，同时也关系着案件裁判结果和具体处理过程中对当事人权益的维护和对公平正义的追求。[1]

司法公正以司法人员的职能活动为载体，体现在司法人员的职业行为中。因此司法公正的主体是以法官为主的司法人员。作为司法活动和法官职业伦理的基本原则，司法公正要求司法人员在审理案件过程和结果中体现公平正义的精神。因此，在我国，司法公正既指国家司法机关工作人员在处理各类案件过程中运用体现公平原则的实体规范确认和分配权利义务，实现案件结果的公平正义，也包括在该确认和分配过程中体现公平。作为一种价值判断，司法公正服务于实现社会公平正义该最终的价值目标，并强调在司法过程中的程序公正。因此，司法公正既包括实体公正，也包括程序公正。

实体公正是指司法活动对诉讼当事人的实体权利和义务所作出的裁判结果或处理结果公正，实体公正是裁判的个案正义，构成了社会正义的基本内容。程序公正则强调诉讼活动过程对有关人员而言是公平的，也即参与诉讼活动的人在诉讼过程中受到了公平的对待。程序公正强调司法程序相关规则的民主、平等和科学性，重视依照司法程序规则进行司法活动的效率和合法性。实体公正是司法系统追求的根本目标，程序公正是实现实体公正的措施和保障。[2] 就两者关系而言，程序公正是手段，实体公正是目的。同时，程序公正是司法公正不可或缺的重要内容，有其自身的价值。相较于实体公正，程序公正更能体现社会公众对公正的认识，体现司法对人权的保障。就司法活动而言，程序公正有两个基本功能，一是保障诉讼参与者平等的参与权利和正当权利，二是保障在司法裁判中实现实体公正。因此，通过程序公正和实体公正，司法公正最终旨在实现对当事人合法权益保障的个体公正和社会正义的整体公正。

#### （二）司法公正规范的具体要求

作为法官职业伦理的核心内容，司法公正规范对法官及相关人员提出了明确的行

---

① 姚莉：《司法公正要素分析》，《法学研究》2003 年第 5 期。
② 何家弘：《司法公正论》，《中国法学》1999 年第 2 期。

为要求。一方面，法官需要在司法活动中合理行使审判权，确保案件裁判结果的公平公正；另一方面，法官需要将程序公正和实体公正相结合，充分保障当事人及其他诉讼参与人的诉讼权利，注重程序正义的实现。

为实现司法公正的基本要求，诸多司法程序制度构成了该基本规范的具体内容。例如，回避规则、平等规则、独立规则、司法公开规则和说理规则等既是为保障司法公正而制定的具体程序规则，也是法官职业伦理的重要内容。其中，回避规则强调保障法官在审理案件中保持公平正义的立场，避免裁判结果的不公正。法官审理案件需要保持中立公正的立场，平等对待当事人和其他诉讼参与人，不偏袒或歧视任何一方当事人等。平等规则强调法官应平等对待当事人和其他诉讼参与人，保障其诉讼权利的实现。独立审判原则要求法官在行使审判权的过程中不受行政机关、社会团体和个人的干涉，通过保障独立性来促进案件公正审判的实现。司法公开则强调保障公众的知情权，从而提升司法公信力，促进法官自觉接受监督。说理规则强调法官通过裁判文书说理等方式保障公众对司法的了解和认识，增强裁判行为的公正度和透明度，规范审判权行使，从而提升司法公信力和司法权威。

因此，在司法公正基本要求基础上，回避规则、平等规则、独立规则、司法公开规则和说理规则等构成法官司法公正的具体伦理要求和行为规范。

## 二、回避规则

回避规则是保障法官公正审理案件的重要制度。回避规则不仅涉及法官的任职回避和在具体案件裁判中的回避，还包括法官的兼职行为限制和离任后的工作限制等内容。作为程序正义的重要内容，回避规则可以防止影响案件公正裁判因素的出现，保障法官的中立性，并一定程度上减少法官承担的心理压力，以促进司法公信力的提升。

### （一）回避规则概述

所谓回避制度，是指在诉讼程序中，审判人员及其他可能影响案件公正审理的有关人员，在符合法律规定的特别情形时，退出某一案件的诉讼程序或不承担特定审判工作任务的制度。回避制度设立的根本原因在于维护法官的中立性，从而保障案件得到公正审理。同时，回避制度也可以在一定程度上减少法官承担的心理压力，使得法官免于受到人伦亲情和司法公正之间不断冲突的压力。对当事人及案外人而言，回避制度能够使得裁判过程及结果更具可信度，从而有利于个案中公平正义的实现和司法权威的树立。[①]可以说，回避制度是人类在法律实施过程中为追求公平正义所作出的重要的制度设计，包含较强的程序意义和公正理念。"任何人不得作自己的法官"，裁判者中立是程序正义的基本要素，而回避制度则是裁判者中立的重要制度体现。

作为保障司法公正的重要制度，回避制度相关规范要求构成了法官职业伦理的基

---

① 王福华、张士利：《民事诉讼回避制度的两个基本问题》，《法学论坛》2005 年第 5 期。

本要求之一。《法官职业道德基本准则》在 13 条对法官遵守回避规则作出规范："自觉遵守司法回避制度，审理案件保持中立公正的立场，平等对待当事人和其他诉讼参与人，不偏袒或歧视任何一方当事人，不私自单独会见当事人及其代理人、辩护人。"回避规范构成司法公正规范的基本内容，也是法官职业伦理的主要内容，不仅包括审判过程中的回避规则，还包括任职回避和执业限制规则。

### （二）任职回避规则

所谓任职回避，即法官的非诉讼回避，也即规制某些具有亲属关系的人的任职问题或限制相关人员的任职地域，从而避免存在影响司法活动公正性因素的存在，保障司法人员的中立性和公正性。

我国《法官法》对法官的任职回避作出了明确规范。该法第 23 条规定："法官之间有夫妻关系、直系血亲关系、三代以内旁系血亲及近姻亲关系的，不得同时担任下列职务：（一）同一人民法院的院长、副院长、审判委员会委员、庭长、副庭长；（二）同一人民法院的院长、副院长和审判员；（三）同一审判庭的庭长、副庭长、审判员；（四）上下相邻两级人民法院的院长、副院长。"根据该规定，如果法官之间存在夫妻关系、直系血亲关系、三代以内旁系血亲及近姻亲关系，则不得同时担任该条 4 款规定中所列职务，如不得同时担任同一法院的院长和审判员，不得同时担任同一审判庭的审判员等。需要指出的是，这 4 款情形的规定有所区别，第 1 款、第 3 款和第 4 款中的情形均可组合适用，以第 3 款为例，即不得同时担任同一审判庭的庭长和审判员、不得同时担任同一审判庭的庭长和副庭长、不得同时担任同一审判庭的副庭长和审判员、不得同时担任同一审判庭的审判员等多种禁止情形。而第 2 款规定使用了"和"字，这意味着相关法官不得担任同一法院的院长和审判员或是同一法院的副院长和审判员，但如果两人都是同一法院的审判员，则不在需要回避的范围内。

实行任职回避的情形，主要指法官存在夫妻关系、直系血亲关系、三代以内旁系血亲及近姻亲关系。其中，夫妻关系是指根据《民法典》第 1049 条的规定，要求结婚的双方亲自到婚姻登记机关申请结婚登记，完成结婚登记即确立婚姻关系。该婚姻关系即夫妻关系。直系血亲关系是指有直接血缘关系的亲属，如生育自己和自己所生育的上下各代亲属，如祖父母、外祖父母、父母、子女、孙子女、外孙子女，也即包括父母子女关系、祖父母孙子女关系、外祖父母孙子女关系等。旁系血亲是指具有间接关系的亲属，即在血缘上和自己是同一源的血亲，三代以内旁系血亲是指同源于祖父母、外祖父母的旁系血亲，主要包括伯叔姑舅姨、兄弟姐妹、堂兄弟姐妹、表兄弟姐妹、侄子女、甥子女。近姻亲关系则包括配偶的父母、配偶的兄弟姐妹及其配偶、子女的配偶和子女配偶的父母及三代以内旁系血亲的配偶。

除上述任职条件条款外，2019 年修订的《法官法》增加了新的任职限制条款，即第 24 条："法官的配偶、父母、子女有下列情形之一的，法官应当实行任职回避：（一）担任该法官所任职人民法院辖区内律师事务所的合伙人或设立人的；（二）在该法官所任职人民法院辖区内以律师身份担任诉讼代理人、辩护人，或者为诉讼案件当事人提供其他有偿法律服务的。"该规定限定了法官的配偶、父母、子女符合一定情形时，法官应进行任职回避的问题。之所以增加该规定，在于从严管理法官队伍的需要。该规定在最初的修订草案中仅规定了法官的配偶和子女，即："法官的配偶、子女有下列情形之一的，法官应当实行任职回避：（一）担任该法官所任职人民法院辖区内律师事务所的合伙人或设立人；（二）在该法官所任职人民法院辖区内以律师身份担任诉讼代理人、辩护人，或者为诉讼案件当事人提供其他有偿法律服务的。"《2019年全国人民代表大会宪法和法律委员会关于〈中华人民共和国法官法（修订草案三次审议稿）〉修改意见的报告》指出："修订草案三次审议稿第二十四条规定，法官的配偶、子女在该法官所任职人民法院辖区内律师事务所担任合伙人或设立人的，法官应当实行任职回避。有的常委会组成人员建议，在回避情形中增加法官的父母。宪法和法律委员会经研究，建议采纳上述意见。"①

因此，在法官任职回避相关规定中，既涉及存在特定亲属关系的法官不得在法院同时从事特定职业的规范，也包括对法官的配偶、父母、子女在法院辖区律师事务所担任合伙人或设立人的，法官应当实行任职回避。由此，法官需要遵循任职回避规范，以保证司法程序之公正。

> **典型案例 3-2**

### 广州市中级人民法院关于严格执行任职回避制度的实施细则（试行）

2020年10月，广州市中级人民法院为了落实从严治党和从严治院的要求，进一步完善人民法院预防和惩治腐败体系建设，从源头上杜绝人情案、金钱案、关系案和枉法裁判的产生，确保司法的廉洁、公正、高效，提升司法权威和公信力，根据《中华人民共和国法官法》《最高人民法院关于对配偶子女从事律师职业的法院领导干部和审判执行岗位法官实行任职回避的规定（试行）》《人民法院工作人员纪律处分条例》等规定，结合广州法院实际状况，该院制定了相关实施细则。

广州市两级法院工作人员，其配偶、子女（含子女的配偶）、父母在广州市法院辖区内从事律师职业的，均适用该实施细则。所谓广州市两级法院工作人员，包括广州市两级法院工作的政法编、事业编、合同制工作人员。该实施细则第2条规定："政工部门每年应当对配偶、子女、父母从事律师职业工作人员的任职资格进行审查。配偶、子女、父母从事律师职业（含见习律师、律师顾问）的工作人员每年1月应当填报《法院工作人员配偶、子女、父母从事律师职业情况申报表》，如实报告配偶、子女、父母从事律师职业情况，由政工、纪检监察部门备案。法院工

---

① 《全国人民代表大会宪法和法律委员会关于〈中华人民共和国法官法（修订草案三次审议稿）〉修改意见的报告——2019年4月23日在第十三届全国人民代表大会常务委员会第十次会议上》，《中华人民共和国全国人民代表大会常务委员会公报》2019年第3期。

作人员不如实填报的，属瞒报，视情节给予不予提级提职、诫勉谈话、调离岗位、降职降级、责令退出法官员额等处理。"第3条规定："配偶、子女、父母从事律师职业及律师业务范围发生变化的，法院工作人员应在一个月内书面报告变化情况。超过一个月不报的，属漏报，给予谈话提醒、责令作出公开检讨等处理；超过两个月不报的，属瞒报，按本细则第二条第二款规定处理。"第4条规定："法院工作人员的配偶、子女、父母在法院工作人员任职辖区内从事以下业务的，应填报《法院工作人员任职回避申请书》，主动向组织提出任职回避申请：（一）个人或与他人合伙开办律师事务所的；（二）以律师身份为案件当事人提供诉讼代理的；（三）以律师身份接受委托，为案件当事人提供法律咨询、代理申诉控告等有偿法律服务的。"由此，该实施细则明确要求法院工作人员如实汇报相关近亲属的律师执业状况，并及时报告业务范围变化情况，主动作出任职回避申请。

政工部门在相关人员提出任职回避申请后，应及时按照有关程序提交党组讨论，决定调整岗位。不申请任职回避的法院工作人员应签署相关承诺书，并接受监督。该实施细则第9条规定："政工、纪检监察部门每年第一季度应当将法院工作人员配偶、子女、父母从事律师职业等情况通报省、市司法行政管理部门，协调相关部门依法加强对相关律师事务所及从业律师的监督管理，及时掌握相关律师开展业务的情况。"第12条规定："对应当申请任职回避而不申请，配偶、子女、父母违反规定超范围执业，因配偶、子女、父母律师身份引发投诉举报造成恶劣影响等违反任职回避规定情形的，从严从重问责，依纪依规作出开除、撤职、降级、记大过、记过、警告、岗位调整、责令退出员额法官等处理。"第13条规定："党组在研究决定法院人员人事任免、岗位安排、组织处理、纪律处分时，应当充分评估其配偶、子女、父母从事律师职业有关情况，要从有利于树立司法公信力、有利于防止法官个人利益与法院公共利益冲突、有利于增进法院工作人员廉洁自律意识、有利于维护人民法院的整体形象出发，严格落实党管干部和问责从严原则。"

该实施细则体现了我国法官在实践中对任职回避规则的具体落实，其严格规范了法院工作人员申请回避的具体程序、违反回避规则的后果等，从而有利于在实践中实施任职回避规则，避免因违反回避规则可能造成的司法不公等问题。由此可见，对回避制度的严格遵循，是实现司法公正的有力保障。

## （三）执业限制规则

法官需要遵循一定的执业限制规则，以保障司法的公正。一方面，法官不得在任职期间从事相关兼职活动，但可在符合法律规定的情形中在高等学校、科研院所协助开展实践性教学、研究工作；另一方面，法官在离任后存在一定的担任诉讼代理人、辩护人的限制。

### 1. 法官的兼职限制

除任职回避外，法官还须遵循一定的执业限制规则。《法官法》第22条规定："法官不得兼任人民代表大会常务委员会的组成人员，不得兼任行政机关、监察机关、检察机关的职务，不得兼任企业或其他营利性组织、事业单位的职务，不得兼任律师、仲裁员和公证员。"同时，该法第37条规定："法官因工作需要，经单位选派或批准，可以在高等学校、科研院所协助开展实践性教学、研究工作，并遵守国家有关规定。"根据这两条规定可知，法官存在一定的执业限制，即不得兼任四种类型的职务：一是人民代表大会常务委员会的组成人员，二是行政机关、监察机关、检察机关的职务，三是企业或其他营利性组织、事业单位的职务，四是律师、仲裁员和公证员。但是，如果符合相关要求，可以在高等学校、科研院所协助开展实践性教学、研究工作。

需要指出的是，2019年《法官法》的上述规范在制定过程中经过了一定探讨。在修改之前，原《法官法》第15条规定："法官不得兼任人民代表大会常务委员会的组成人员，不得兼任行政机关、检察机关及企业、事业单位的职务，不得兼任律师。"修订草案（一审稿）第22条规定："法官不得兼任人民代表大会常务委员会的组成人员，不得兼任行政机关、检察机关及企业、事业单位和其他营利性组织的职务，不得兼任律师、仲裁员和公证员。法官经过批准可以在高等学校、科研院所兼职从事教学、研究工作。"对比修订草案（一审稿）第22条和原《法官法》第15条的规定可知，修订草案（一审稿）增加了不得兼任仲裁员、公证员和不得兼任其他营利性组织的职务，从而扩大了禁止兼职的范围。同时，该条款增加了可以在高等学校、科研院所兼职从事教学、研究工作的规定。《关于〈中华人民共和国法官法（修订草案）〉的说明》指出："为贯彻落实中央从严管理干部精神，借鉴公务员法相关规定，草案增加法官不得在'营利性组织'兼职的情形。同时，为落实中央关于在法学高校和法律实务部门之间相互交流的精神，草案规定'法官经过批准可以在高等学校、科研院所兼职从事教学、研究工作'。"[①]

然而，在修订草案（二审稿）中，在高等学校、科研院所兼职的规定被删除。修订草案（二审稿）第22条规定："法官不得兼任人民代表大会常务委员会的组成人员，不得兼任行政机关、监察机关、检察机关的职务，不得兼任事业单位、企业、营利性组织的职务，不得兼任律师、仲裁员和公证员。"之所以在二审稿中删除了在高等学校、科研院所兼职的规定，在于部分委员担心该兼职可能会影响法官公正司法的实现。2018年《全国人民代表大会宪法和法律委员会关于〈中华人民共和国法官法（修订草案）〉修改情况的汇报》指出："一些常委委员、地方和部门提出，为从严管理队伍，防止兼职对法官公正履职的影响，不宜在法律中作上述规定。宪法和法律委员会经研究，

---

① 周强：《关于〈中华人民共和国法官法（修订草案）〉的说明——2017年12月22日在第十二届全国人民代表大会常务委员会第三十一次会议上》，《中华人民共和国全国人民代表大会常务委员会公报》2019年第3期。

建议删去这一规定。"①

关于法官、检察官能否在高等学校、科研院所兼职的问题，存在着不同的观点。支持者认为法官在法学院校兼职符合中央关于法治人才培养要求的政策精神，明确在法律中加以规定可以为法官参与法学院校的人才培养活动提供制度保障，有利于推进法学教育改革的进一步深化。反对者则认为法官在法学院校兼职可能会影响其履职的公正性和中立性，对此应当谨慎对待。

有学者论证了保障法官在高等学校、科研机构兼职的重要意义。其一，法律实务专家参与法律人才培养活动是法治国家固有的传统。无论是法官、检察官，还是律师、公证员、仲裁员等法律职业人员参与法学院校的教学研究一直是法学院校法律人才培养活动的重要方式。无论是英美律师公会的师徒制还是明清刑名幕学的师徒相传，在知识传授和实务阶段均须法律实务专家的参与。其二，法官在法学院校兼职贯彻了党和国家发展法学教育方针政策的要求，适应了法治实践的需要。2013年，教育部、中央政法委、最高人民法院、最高人民检察院、公安部、司法部联合出台了高等学校与法律实务部门人员互聘的"双千计划"，计划在5年内选聘1000名左右理论水平高、实践经验丰富的法律实务部门专家至高等学校法学院系兼职或挂职，承担法学专业课程教学任务，该计划的实施为法学院校规范化地开展聘请法官、检察官等参与法律人才培养工作提供了范本。其三，在全面依法治国新形势下，推动法律实务部门和法学院校的常态化合作是创新法治人才培养机制的重要任务。2017年，习近平总书记指出："法学学科是一个实践性很强的学科。法学教育要处理好知识教学和实践教学的关系。要打破高校和社会之间的体制壁垒，将实际工作部门的优质实践教学资源引入高校，加强法学教育、法学研究工作者和法治实际工作者之间的交流。"2018年，教育部和中央政法委联合推出的《卓越法治人才教育培养计划2.0》明确提出："健全法学院校和法治实务部门双向交流机制，选聘法治实务部门专家到高校任教，选聘高校法学骨干教师到法治实务部门挂职锻炼。在法学院校探索设立实务教师岗位，吸收法治实务部门专家参与人才培养方案制度、课程体系设计、教材编写、专业教学，不断提升协同育人效果。"其四，严格规范管理法官在法学院校兼职，不等同于禁止法官的兼职活动。在《法官法》《检察官法》修订草案相关拟定条文中具有前提性限定，即必须经过本人所在单位同意，这使得其兼职行为具有组织行为的意义，可以避免法官、检察官个人受聘兼职可能带来的风险，也为其取得合理合法的报酬提供了依据。②

上述论证具有合理性。法官、检察官等法律职业人员在高等院校、科研机构的兼职行为是促进法治人才培养的有力保障之一，也为法学教育的职业化、专业化发展提

---

① 刘季幸：《全国人民代表大会宪法和法律委员会关于〈中华人民共和国法官法（修订草案）〉修改情况的汇报——2018年12月23日在第十三届全国人民代表大会常务委员会第七次会议上》，《中华人民共和国全国人民代表大会常务委员会公报》2019年第3期。

② 王健：《要为法官检察官兼职法学院校提供制度保障》，https://mp.weixin.qq.com/s/yQVzsvuvoPkNrc5sB_lwvA，访问日期：2021年2月20日。

供保障，符合当前法学教育发展的方向。对法官、检察官在兼职过程中可能出现的影响司法公正或中立性的担忧，实则可通过健全的管理制度来解决。

在修订草案（三审稿）中，法官在高等院校、科研机构兼职的规定被恢复。"法官、检察官能否在高校、科研院校兼职，是此次'两官法'修改过程中一直存在争议的问题。二审稿中将此规定删除。对此，有意见提出，法官、检察官到高校、科研院校开展教学研究交流工作有利于加强法治人才培养，有关方面实施了高等学校与法律实务部门人员互聘'双千计划'等。根据习近平总书记在中国政法大学座谈会上的讲话精神，三审稿增加规定，法官、检察官因工作需要经单位选派或批准，可以在高等学校、科研院所协助开展实践性教学、研究工作，并遵守国家有关规定。"[1]

全国人大常委会法制工作委员会相关人员对该修订作出了解释。一审稿曾对法官、检察官高校兼职作出规定，但在审议和调研中有不同的意见，如有关于利益输送的担忧，师生关系、熟人关系可能会影响司法公正，以及在案多人少的情况下，法官能否保证本职工作的顺利开展。三审稿中恢复了允许兼职的规定，在于"法学是一个实践性很强的学科，所以四中全会对我们的法治专门人才的培养也都作出了专门的部署，实践中我们相关部门也都实施了高等学校和法律实务部门之间互聘'双千计划'。现在法律的规定，有利于将实际工作部门的优质实践教学资源引进高校，发挥法院、检察院在人才培养中的积极作用。同时对我们的法官和检察官而言，也是有利于提高其素质的。还考虑到国外一些国家的做法，对法官、检察官的活动，尤其社会活动是有严格要求的，但是对和法学院之间的学术的交流，也是允许的。"修改后的《法官法》并未从兼职的角度作出规定，而是从管理的角度对法官在高校院校、科研院所从事教学研究工作作出规范。法官、检察官到高校从事教学研究工作并非完全的个人行为，有些是根据组织要求，单位有计划地进行统一选拔。即使是个人确因工作需要，也必须经过单位批准。同时，关于兼职人员的数量、不得领取报酬、报批等管理方面，相关部分都有具体规定，从而对法官在高等院校、科研院所的兼职行为作出具体规范。[2]

由此可知，法官在高等院校、科研机构的兼职活动不在法律禁止兼职行为范围内，当然相关兼职活动应当符合法律的具体规范，依法实施。

### 2. 离任法官担任诉讼代理人、辩护人的限制

我国《法官法》第36条前两款规定了离任法官担任诉讼代理人、辩护人的限制："法官从人民法院离任后两年内，不得以律师身份担任诉讼代理人或辩护人。法官从人民法院离任后，不得担任原任职法院办理案件的诉讼代理人或辩护人，但是作为当事人的监护人或近亲属代理诉讼或进行辩护的除外。"

该规定是对离任法官担任诉讼代理人、辩护人的限制。一方面，第1款规定了

① 朱宁宁：《法官法修订草案、检察官法修订草案三审稿作出多处修改 拟恢复允许法官检察官高校科研院所兼职规定》，《法制日报》2019年4月20日第9版。
② 王姝：《权威回应：法官、检察官高校"兼职"不会产生利益输送》，https://baijiahao.baidu.com/s?id=16316047333308780547&wfr=spider&for=pc，访问日期：2021年4月1日。

法官离任后两年内不得以律师身份担任诉讼代理人或辩护人，其中限定了"以律师身份"，故而不以律师身份担任诉讼代理人或辩护人的情形不受限制。另一方面，第2款规定了法官离任后不能担任原任职法院办理案件的诉讼代理人或辩护人，其中"办理案件"所指的案件包括该人民法院办理的民事、刑事、行政案件等各类案件，可以是一审、二审或申诉案件等处于不同诉讼阶段的案件。但是，如果作为当事人的监护人或近亲属代理诉讼或进行辩护，则不受该限制。

《法官法》修改前第17条规定了该离任法官担任诉讼代理人、辩护人的限制："法官从人民法院离任后二年内，不得以律师身份担任诉讼代理人或辩护人。法官从人民法院离任后，不得担任原任职法院办理案件的诉讼代理人或辩护人。"经对比可知，修改后的《法官法》对法官离任后不得担任原任职法院办理案件的诉讼代理人或辩护人一款作出了除外规定，作为当事人的监护人或亲属代理诉讼或进行辩护不受该执业限制规定的约束，由此与第1款的规定相适应，保障离任法官为被监护人或近亲属代理诉讼或进行辩护的权利。

> **典型案例 3-3**

### 违反离任法官担任诉讼代理人、辩护人限制规定受处分

2020年12月，天津市西青区司法局针对律师张某作出行政处罚决定书。张某从吉林省吉林市龙潭区人民法院离任两年内，在天津富永律师事务所执业期间多次以该所律师身份担任诉讼代理人、辩护人。相关证据包括张某律师作为诉讼代理人、辩护人代理民事、刑事案件判决书26份。该行为显然违反了《法官法》第36条和《律师法》第41条的规定。因此，西青区司法局给予张某以停止执业两个月的行政处罚。[①]

该案是典型的离职法官因违反职业限制规则受处分的案例。"法官从人民法院离任后两年内，不得以律师身份担任诉讼代理人或辩护人。"该案中，张某在法院离职后两年内从事律师职业，多次以律师身份担任诉讼代理人、辩护人，违反了相关规范，因而受到了相应处分。

### （四）审判回避规则

除了任职回避和执业限制外，审判回避也是法官职业伦理中回避规则的重要内容。所谓审判业务回避，是指法官对与本人具有特定关系的案件，如果可能存在影响案件公正处理的情形，则法官本人不得参与办理。与任职回避不同，审判回避规范的是在职法官在处理具体案件时的参与，以保障具体案件审理的公平公正。在审判回避中，法官及相关主体需要在特定案件中自行回避，当事人或其法定代理人也有权要求或申

---

① 参见天津市西青区司法局行政处罚决定书（西青司罚决字〔2020〕第1号）。

请其回避。《刑事诉讼法》《民事诉讼法》《行政诉讼法》对审判回避都作出了具体规范，《法官职业道德基本准则》也明确规定了审判回避规则。

《刑事诉讼法》第29条规定："审判人员、检察人员、侦查人员有下列情形之一的，应当自行回避，当事人及其法定代理人也有权要求他们回避：（一）是本案的当事人或是当事人的近亲属的；（二）本人或他的近亲属和本案有利害关系的；（三）担任过本案的证人、鉴定人、辩护人、诉讼代理人的；（四）与本案当事人有其他关系，可能影响公正处理案件的。"该规定要求审判人员在影响公正处理案件的情形中自行回避或依申请回避，其中第四款"与本案当事人有其他关系，可能影响公正处理案件的"是兜底条款，为当事人寻求救济和法官裁量留出了一定的制度空间。

《民事诉讼法》第44条规定："审判人员有下列情形之一的，应当自行回避，当事人有权用口头或书面方式申请他们回避：（一）是本案当事人或当事人、诉讼代理人近亲属的；（二）与本案有利害关系的；（三）与本案当事人、诉讼代理人有其他关系，可能影响对案件公正审理的。审判人员接受当事人、诉讼代理人请客送礼，或者违反规定会见当事人、诉讼代理人的，当事人有权要求他们回避。审判人员有前款规定的行为的，应当依法追究法律责任。"该规定不仅要求了审判人员需要因与案件当事人、诉讼代理人有特殊关系或与案件有利害关系等而回避，还要求了接受当事人、诉讼代理人请客送礼或违反规定会见当事人、诉讼代理人情形中的法官可因当事人申请而回避，并且此类法官还须承担相应的法律责任。由此可知，民事案件中涉及审判回避的情形更多。

《行政诉讼法》同样规定了审判回避规则。该法第47条规定："当事人认为审判人员与本案有利害关系或有其他关系可能影响公正审判，有权申请审判人员回避。审判人员认为自己与本案有利害关系或有其他关系，应当申请回避。前两款规定，适用于书记员、翻译人员、鉴定人、勘验人。"该规定虽然没有明确列举近亲属等关系，只是作出了"有利害关系或其他关系"的概括性规定，但可通过法律解释等方法对该一般性规定作出裁量。在行政诉讼中，同样存在着当事人申请回避和审判员自行回避两种不同形式。

当然，需要指出的是，虽然《刑事诉讼法》和《民事诉讼法》都将与当事人为近亲属关系作为需要回避的情形，但刑事案件和民事案件中近亲属的范围有所区别。《刑事诉讼法》第108条规定了"近亲属"的范围："'近亲属'是指夫、妻、父、母、子、女、同胞兄弟姊妹。"《民事诉讼法》虽然未对"近亲属"作出界定，但《最高人民法院关于适用〈中华人民共和国民事诉讼法〉的解释》第85条规定："根据民事诉讼法第五十八条第二款第二项规定，与当事人有夫妻、直系血亲、三代以内旁系血亲、近姻亲关系及其他有抚养、赡养关系的亲属，可以当事人近亲属的名义作为诉讼代理人。"根据该规定可知，在民事诉讼中，近亲属的范围包括与当事人具有夫妻、直系血亲、三代以内旁系血亲、近姻亲关系及其他有抚养、赡养关系的亲属。民事诉讼中属于近亲属范围的主体显然要比刑事诉讼中近亲属范围的主体多，故而在审判回避规则具体适用时还须作出具体判断。

还须注意的是，2011 年，最高人民法院发布了《最高人民法院关于审判人员在诉讼活动中执行回避制度若干问题的规定》，对审判人员在司法活动中执行回避规则作出了明确的规定。该规定第 1 条指出："审判人员具有下列情形之一的，应当自行回避，当事人及其法定代理人有权以口头或书面形式申请其回避：（一）是本案的当事人或与当事人有近亲属关系的；（二）本人或其近亲属与本案有利害关系的；（三）担任过本案的证人、翻译人员、鉴定人、勘验人、诉讼代理人、辩护人的；（四）与本案的诉讼代理人、辩护人有夫妻、父母、子女或兄弟姐妹关系的；（五）与本案当事人之间存在其他利害关系，可能影响案件公正审理的。本规定所称近亲属，包括与审判人员有夫妻、直系血亲、三代以内旁系血亲及近姻亲关系的亲属。"第 2 条规定了当事人申请回避的情形："当事人及其法定代理人发现审判人员违反规定，具有下列情形之一的，有权申请其回避：（一）私下会见本案一方当事人及其诉讼代理人、辩护人的；（二）为本案当事人推荐、介绍诉讼代理人、辩护人，或者为律师、其他人员介绍办理该案件的；（三）索取、接受本案当事人及其受托人的财物、其他利益，或者要求当事人及其受托人报销费用的；（四）接受本案当事人及其受托人的宴请，或者参加由其支付费用的各项活动的；（五）向本案当事人及其受托人借款，借用交通工具、通信工具或其他物品，或者索取、接受当事人及其受托人在购买商品、装修住房及其他方面给予的好处的；（六）有其他不正当行为，可能影响案件公正审理的。"该司法解释未区分具体案件类型，而是对需要回避的情形作出了整体性的区分，并且将近亲属的范围界定为"与审判人员有夫妻、直系血亲、三代以内旁系血亲及近姻亲关系的亲属"。

在回避制度的设计中，回避的法定理由设计是其核心和灵魂。只有将足以影响法官公正裁判的所有因素都吸收进法定事由之中，才可有效规制审判人员影响司法公正的行为。然而，法律不可能穷尽所有的需要回避的具体事由，故而各国普遍在明文列举一些具体回避事由的同时还规定包容性较强且较为模糊的回避理由。例如，德国刑事诉讼法在法定回避事由外将"有偏颇之虞"作为当事人申请法官回避的理由，该理由指法官参与审判足以令人对其中立性产生不信任的情形，该偏颇之虞并非法官确实有成见才能成立，而是有无法保持不偏不倚的可能或危险时即可申请法官回避，由此保证法官的中立和超然。[①]

我国立法使用了"与本案当事人有其他关系，可能影响对案件公正审理的""与本案当事人有其他关系，可能影响公正处理案件的""与本案有利害关系或有其他关系可能影响公正审判"等表述，从而为审判回避制度的适用规定了兜底或开放性条款。然而，需要注意的是，该规定并未完全要求将与当事人有其他关系的情形作为需要回避的事由，也即如果法官与当事人之间存在除法条列举的具体事由外的其他关系，但如

---

① 陈瑞华：《无偏私的裁判者——回避与变更管辖制度的反思性考察》，载夏戴乐主编：《北大法律评论》，北京大学出版社 2004 年版，第 44~45 页。

果法官能够作出公正判决，则此时法官不需要回避。因此，在回避制度的具体适用过程中，还须结合案件的具体情况对审判人员是否应当回避作出裁量，以保障回避规则的有效实施。

## 三、平等规则

平等规则是保障司法公正的重要规则，既体现了法律面前人人平等在法律适用中的要求，也是程序正义原则中当事人平等和法官中立原则的具体体现。平等规则要求法官平等对待当事人，不得歧视或偏向任何一方当事人，并应在诉讼程序中始终保持超然、客观的态度。《法官法》等相关法律法规均对平等规则作出了具体规定，并就审判过程中平等规则的具体要求作出规范。

### （一）平等规则的概念与理论

所谓平等规则，指法官应平等对待当事人，不搞亲疏远近。[1]我国《宪法》第33条第2款明确规定："中华人民共和国公民在法律面前一律平等。"法律面前人人平等是宪法规定的公民基本权利，也是社会主义法治理念的首要内涵。树立宪法法律至上、法律面前人人平等的法治理念，需要将宪法和法律精神、法治文化等融入国家治理和公民生活各个领域，体现在立法、执法、司法、守法各个方面。因此，平等规则是法律面前人人平等的法治理念和宪法规范在司法领域的体现，它明确指出了对法官公正司法的具体要求。

平等规则要求法官平等对待当事人，这也体现了当事人平等和法官中立原则的要求，即程序正义的要求。一方面，如前所述，法律面前人人平等意味着在司法领域中当事人平等，这也是程序正义的基本要求。当事人平等是诉讼程序中的基本诉讼原则，强调当事人享有平等的诉讼权利，并且法院需要平等地保护当事人行使诉讼权利。其中，后者强调动态的平等，即法官在诉讼过程中给予当事人以平等参与司法的机会，对诉讼各方的意见、主张和证据给予同等的关注和尊重。法官在诉讼中的重要职责之一就是维护各方当事人平等的诉讼地位，并为其平等地行使诉讼权利提供便利条件，要求各当事人平等地履行诉讼义务。另一方面，程序正义要求法官处于中立地位，故而法官中立也构成现代诉讼程序的基本原则。法官中立原则要求法官在诉讼结构中与双方当事人保持同等的距离，对案件保持客观、超然的态度。中立原则要求法官不得对任何一方当事人存在偏爱或歧视，以保障法官在裁判过程中不因个人的价值取向和情感因素等产生偏向一方的倾向，从而确保法官能够公平地对待各方当事人，实现纠纷的公正解决。[2]

有学者对诉讼经历者的司法信任问题进行了实证考察，研究结果显示，在程序正义中，平等对待和法官品德对当事人的司法信任能够产生显著效果，当事人在诉讼中

---

[1] 李本森：《法律职业伦理》，北京大学出版社2017年版，第98页。
[2] 肖建国：《程序公正的理念及其实现》，《法学研究》1999年第3期。

最关心的问题是法院能够平等对待自己和法官是否具有较高的道德水平。在以审判为中心的诉讼制度改革中，应当注重提升当事人的平等对待体验，否则可能影响司法信任的建构。[①]

### （二）平等规则的基本要求

《法官法》及相关法规均对平等规则作出了规范。《法官法》第 4 条规定："法官应当公正对待当事人和其他诉讼参与人，对一切个人和组织在适用法律上一律平等。"该规定明确强调了平等规则的基本内涵，即公正对待当事人和其他诉讼参与人，对一切主体在法律适用上一律平等，实则强调了平等规则即为对法律面前人人平等在法律适用上的实践。《法官职业道德基本准则》第 13 条也对平等规则作出了规范："自觉遵守司法回避制度，审理案件保持中立公正的立场，平等对待当事人和其他诉讼参与人，不偏袒或歧视任何一方当事人，不私自单独会见当事人及其代理人、辩护人。"该规定强调法官应保持中立公正的立场，平等对待当事人和其他诉讼参与人，并强调了法官不得为的行为，即偏袒或歧视任何一方当事人，私自单独会见当事人及其代理人、辩护人。

《法官行为规范》也对平等规则作出了具体的规定，如在第 29 条"出庭时注意事项"中规定了第 5 款："不得与诉讼各方随意打招呼，不得与一方有特别亲密的言行。"在第 34 条"诉讼各方发生争执或进行人身攻击"的处理中，法官首先应"及时制止，并对各方进行批评教育，不得偏袒一方"。第 36 条"宣判时注意事项"规定："平等对待与庭审活动有关的人员，不与诉讼中的任何一方有亲近的表示。"

因此，法官需要在履职过程中注重对平等规则的遵循，充分保障当事人各方的合法权益，不得作出任何歧视或偏袒一方的行为，不得单独会见一方当事人，否则这意味着损害了另一方当事人申辩的机会，不利于司法程序的公正性。另外，法官在调解案件时也须遵循平等规则，避免当事人或其他诉讼参与人对法官的公正性产生怀疑。

### 四、独立审判原则

独立规范是法律职业伦理的基本要求，在法官职业伦理中体现为审判权的独立行使，不受行政机关、社会团体和个人的干涉。独立规范体现在外部独立、内部独立和法官的精神独立等方面。司法实践中容易出现影响审判权独立行使的状况，如新闻媒体的过分干预。如何保障新闻媒体监督和审判权独立行使的融贯和平衡，是各国司法系统面临的普遍问题。

### （一）独立审判原则的基本内涵

独立规范是法律职业伦理的普遍要求，适用于法官的独立规范则为独立审判原则。

---

① 周立民：《诉讼经历者的司法信任何以形成 对 87 名随机当事人的模糊集定性比较分析》，《中外法学》2019 年第 6 期。

独立审判是指审判权的独立行使，不受行政机关、社会团体和个人的干涉。独立审判作为各国普遍承认的一项基本法律规则，在法治运行中发挥了重要作用。独立审判预设了司法机关应当并且可以阻绝政治干预，根据法律和良知作出公正裁判，从而维护法治原则，保障公民的权利。如果审判无法独立，则审判机关无法发挥保障公民权利的作用，其裁判也不一定能够产生保障公民权利的效果。[①]

独立审判受到宪法保障。我国 1954 年《宪法》第 78 条规定："人民法院独立进行审判，只服从法律。"该规定体现了独立审判原则的正式确立和规范表达。1982 年《宪法》第 126 条规定："人民法院依照法律独立行使审判权，不受行政机关、社会团体和个人的干涉。"该规定通过宪法文本的方式彰显保障独立审判的信念，但审判权的独立行使并非不受限制，而是应依照法律规定，此处的法律仅指狭义的法律，即宪法和全国人大及其常委会制定的法律。

保障法官依法独立办案是独立审判的必然要求。司法职能的独特价值在于提供公正的纠纷解决途径，故而在纠纷解决过程中，法官应根据法律规定和良知对案件作出裁判，不受制于任何权威的压力或外部的不利影响。法官独立是专门的法律理性和技艺的独立，缺乏这种独立地位则法官作出的判决无法实现公正性和终局性。[②] "让审理者裁判、由裁判者负责"的改革即体现了要求法官独立审判案件并独立地承担责任。

独立审判是法治国家的重要标志，也是现代国家保障人民民主、尊重人权与基本自由、实现社会正义的重要制度安排。独立审判原则包含两方面含义：一是强调审判权只能由法院行使，其他机关不能行使；二是强调合议庭或法官个人独立行使审判权，只服从于宪法和法律，不受行政机关、社会团体和个人的干涉，亦不受其他法院或本法院内其他法官的影响。[③]

另外，独立审判原则不意味着审判权的行使不受任何监督。其一，独立审判是在党的领导下进行的审判活动，应当以适应司法专业特点之方式维护和坚持党的领导地位。坚持党的领导和法院独立行使审判权之间并不冲突，党的领导主要体现在政治、思想、组织等方面，而非对业务活动的直接干涉。其二，审判权的独立行使需要受到人大监督。根据《宪法》第 133 条规定："最高人民法院对全国人民代表大会和全国人民代表大会常务委员会负责。地方各级人民法院对产生它的国家权力机关负责。"最高人民法院应当对全国人大常委会负责并受其监督，地方各级法院应当对产生它的国家权力机关负责，并受其监督。法院向权力机关负责、受其监督，强调法院通过严格执行人大制定的法律以做到裁判公正，从而实现人民的意志。[④] 其三，法院的审判工作还须受到检察院和上级法院的监督。《宪法》第 132 条第 2 款规定："最高人民法院监督地

① 苏绍龙：《审判独立与权利保障：两岸语境、差异与共识——第六届海峡两岸公法学论坛综述》，《法学评论》2015 年第 5 期。
② 韩大元：《论审判独立原则的宪法功能》，《苏州大学学报（法学版）》2014 年第 1 期。
③ 李林：《何谓"独立审判原则"》，《北京日报》2014 年 6 月 16 日第 18 版。
④ 李林：《何谓"独立审判原则"》，《北京日报》2014 年 6 月 16 日第 18 版。

方各级人民法院和专门人民法院的审判工作，上级人民法院监督下级人民法院的审判工作。"

### （二）独立审判的基本要求

关于独立审判的基本要求，学者各持己见，但一般来说，独立审判的基本要求包括三方面，即外部独立、内部独立和精神独立。

所谓外部独立，即司法系统独立于司法系统之外的权力或影响，表现为司法职能的独立和司法机构的独立两方面：一方面，司法职能的独立在于司法发挥着居中裁判、公平适用法律的职能，与其他国家职能相区分；另一方面，司法机构的独立即作为一个整体的司法机关不受外部管控。

内部独立是独立审判的重要内容，指司法系统内部作出裁判的法官、法官合议体之间和其所属机构之间的相互独立，即排除审判机构可能会对法官的独立审判存在不利影响的因素。这既包括不同法院之间在管辖范围内的相互独立，也包括法官合议体之间的独立，即合议庭、审判委员会在各自的权限范围内独立，还包括法官之间的独立，即法官的裁判不受其他法官的影响，如不受担任行政职务的法官、同事或上级法院法官的违法请托。

精神独立，是指法官个人人格方面的独立。也即，法官应当具有独立思考、分析和处理问题的能力，并能够独立承担责任。该要求不易直接衡量或量化，但体现了对法官职业道德的要求，也是审判独立理念的重要组成部分。就法官个人而言，其在职务行为中应当保持独立思考和处理问题的能力，并通过独立承担责任来实现真正的独立审判。在我国司法改革之后，"让审理者裁判，由裁判者负责"在全国法院推行，让裁判案件的法官对案件负责，能够更好地提升法官独立裁判的正确性，保障法官依法作出裁判。

### （三）独立审判与新闻媒体监督

新闻媒体监督是司法公开的重要方式，也是保障司法权合法行使的重要监督途径。然而，新闻媒体在报道司法案件过程中容易出现与审判权独立行使的冲突，甚至可能出现媒体审判，以致影响司法的公正。如何处理审判权的独立行使和新闻媒体监督之间的关系，体现了对言论自由和审判独立两种基本价值的探讨。

#### 1. 新闻媒体监督司法与审判独立

新闻媒体监督司法是保障司法公正的重要方式。新闻媒体监督和审判权独立行使之间的关系，始终备受关注。我国新闻媒体不断加强对司法活动的监督，但在新闻媒体报道司法活动的过程中也存在着一定问题。

媒体监督，是指通过报纸、刊物、广播、电视、网络等大众传媒方式对各种违法违纪行为，尤其是国家工作人员的违法犯罪、渎职等行为进行的揭露、报道或评论等。在现代法治国家，司法权是国家权力的重要组成部分，媒体对司法活动进行报道并监督是普遍的社会现象。我国重视加强新闻媒体对司法工作的监督，强调发挥舆论监督的作用。媒体报道是舆论的主导，也是舆情和司法之间的重要沟通桥梁，起到介绍司法活动、反映舆情的作用，故而媒体监督已成为我国加强司法监督的重要方式。[①]

媒体监督是审判公开原则的重要体现。审判公开是现代诉讼法的基本原则，也是司法民主的标志。审判公开既可通过允许公民旁听法庭审判的直接方式来进行，也包括允许新闻媒体采访和报道的间接公开方式。因此，媒体报道是审判公开的重要途径，对满足公众知情权具有重要作用。在现代社会生活中，公众往往工作繁忙、时间紧张，无法经常直接去法院旁听审判、监督司法，故而在直接参与过程中存在一定局限，间接参与则更加可行。在互联网迅速发展的当今社会，法院庭审直播或互联网审判也有了较大发展，为公民的直接参与提供了便捷的机会。然而，并非所有的案件都会通过互联网直播或审理，故而间接参与仍是民众监督司法的重要途径。

新闻媒体在舆论监督方面具有独特作用，其影响力和号召力足以使得法院的行为有所顾忌，从而保持其在法律允许范围内开展审判活动。正如美国传媒业巨子普利策所言："罪恶、卑鄙和腐败最害怕的就是报纸，因为任何法律、伦理和规章制度都无法与报纸相比。"而且，实践证明，舆论监督在反腐败、控制权力滥用方面确实起到很大的作用。有学者对媒体监督与司法公正进行过调研。调查结果表明，媒体提供的法治新闻基本符合受众需求，多数被调研者认为媒体对司法审判具有影响力，对媒体监督持正面态度，认可媒体对案件审理的监督和评论。受众对正面的法治新闻宣传信息较满意，对法治新闻的批评性、监督性报道的满意度不高。尽管如此，受众仍普遍认为新闻媒体对司法的监督具有较大的影响力，愿意将媒体作为实现司法公正的重要渠道。[②]

随着电视、报纸、网络等新闻媒体产业的迅速发展，公众的知情权、言论自由和批评建议权获得了较好的表达机会，成为制约权力、遏制腐败的有力方式。新闻媒体在司法与舆情知情间起到了双向的传达和沟通作用，以保障司法公正的实现。我国宪法明确规范了审判权的独立行使，但该审判独立原则并不意味着司法活动不受新闻媒体和舆论的监督。相反，新闻媒体的合理监督能够促进审判权的合法行使，推动司法机关不受其他因素干涉作出独立判决，从而真正实现案件的公平正义。可以说，新闻媒体监督与审判权独立行使的良性互动是实现司法公正的重要保障，也是现代社会司法发展的必然要求。

关于媒体是否可以进入法庭，这是一个广受关注的问题。反对媒体进入法庭的理由主要有以下几方面：其一，媒体的介入会分散审判的注意力，让法官、证人甚至律师受到影响；其二，媒体的报道可能会让民众误解法官，裁判比媒体报道的内容复杂，片面报道可能会影响法官的独立思考，进而影响裁判的公正性；其三，被告人接受的"公正审判"应不受干扰，若存在媒体干扰，则审判不公正；其四，司法是庄严的，而

---

① 卞建林：《媒体监督与司法公正》，《政法论坛》2000年第6期。
② 姚广宜、黄金、王佳航：《"媒体监督与司法公正"调查报告》，《检察日报》2012年1月11日第8版。

非民众"娱乐的场所"。然而，支持新闻媒体介入的观点同样存在依据：其一，司法机关是公共权力的组成部分，公共权力的行使需要民众监督，媒体则为最佳的监督者；其二，法院并非审判个别被告的场所，也应成为全民法律教育的基地，媒体的报道则成为对民众进行法律教育的最佳方式。因此，媒体监督与法院独立审判之间的冲突，在国内外都是具有普遍性的热点法律问题。[①]

新闻媒体报道和法院独立审判的关系背后，反映了现代社会中媒体报道与司法裁判的价值平衡问题。在现代社会中，新闻媒体报道和司法审判是两种基本价值，且相互不可替代。新闻媒体报道是民众知情权的保障，也是宪法所规定的公民言论自由的必然延伸，更是社会舆论监督的重要组成部分。司法同样需要接受社会舆论的监督，故而不应以特殊性为由拒绝新闻媒体报道或外界关注。然而，法院依法独立行使审判权是宪法所赋予的职权，也是实现社会正义、保障司法公正的必然要求，故而在新闻媒体报道和审判权的独立行使之间应形成平衡的立场，通过良性互动关系实现双赢。[②]另外，新闻媒体报道和监督也是推动司法有效运作的必不可少的助力，并且在部分案件中，新闻媒体监督起到了极为关键的作用。当然，在实践中，新闻媒体监督和法院裁判权的独立行使之间容易出现冲突，甚至可能出现媒体监督影响审判权独立行的问题，引发社会关注。

> **典型案例 3-4**

### 最高人民法院发布典型案例应对社会舆论压力

2014 年 7 月，最高人民法院发布了陈某某人身损害赔偿案，吴俊东、吴秀芝与胡启明、戴聪球交通事故人身损害赔偿纠纷案，许云鹤与王秀芝道路交通事故人身损害赔偿纠纷案，曾明清诉彭友洪、中国平安财产保险股份有限公司成都市蜀都支公司机动车交通事故责任纠纷案等四起侵权纠纷典型案例。最高人民法院民一庭负责人就这四起案件所涉相关重大问题作出回应，指出一系列交通事故损害案件或其他侵权纠纷在不同程度和范围内引起社会关注，如许云鹤案、吴俊东案等。这些案件的共同特征是，在案件审理期间甚至判决作出后，社会舆论都给予了较大关注，不同媒体给出了不同的评价，有些甚至是较具负面性的评价，案件的审理结果在一定程度上未得到舆论的理解和支持。

之所以出现这种社会现象，主要在于两方面原因。其一，这些案件或在认定事实方面存在困难，如道路交通事故的发生及责任认定缺乏监控录像等直接证据，需要结合全案其他证据综合判断和推理，如许云鹤案、吴俊东案；或在法律适用上存在一定困难，如曾明清案，在多辆机动车共同造成同一侵权损害后果的情况下，各机动车分别应承担的责任及其责任基础的判断存在难度。其二，在这些案件的审理

---

① 徐爱国：《论媒体与司法的内在规则与外在效果》，《政法论丛》2014 年第 1 期。
② 张志铭：《法院如何面对媒体报道》，《人民法院报》2014 年 7 月 29 日第 2 版。

过程中，有被告宣称自己是做好事被诬陷，引发社会舆论关注，如许云鹤案、吴俊东案；有被告或社会舆论认为法院判决认定责任不公平，如曾明清案。然而，根据现有证据和法律规范看，实际情况并非如此。"这一些案件及它们造成的影响和后果，对我们人民法院审理案件的借鉴意义是，无论社会舆论如何评价，只有详细审阅双方当事人证据、认真听取双方辩论的法官才最有可能作出公正的判决。进而言之，法官审理案件，应当依据证据、依据法律做出自己的判断，排除社会舆论的压力。"

针对记者提出的"对于媒体广泛关注的案件，法院如何确保依法独立公正审判？如何提升司法公信力"，相关负责人表示："媒体与司法的关系，是一个很大的话题，涉及新闻伦理、职业操守，涉及司法程序的特殊性，涉及当事人的诉讼权利和实体权利的保护，等等，当然也涉及公众的知情权和监督权。要妥善处理好，不仅需要相关的法律法规支持，也需要应有的职业伦理支撑，更需要一定的文化铺垫。在现阶段，就人民法院的工作而言，要从自身做起，确保独立公正审判的底线。以下几点值得重视：首先，要坚定不移地贯彻最高人民法院党组确定的、周强院长也多次强调的司法公开的各项措施。我们知道，信息公开越是充分，社会获得信息量越大，偏颇之词、一面之词的影响就会越小，混淆视听的信息大行其道的机会就越小，这在互联网时代、自媒体时代更是如此。其次，党的十八届三中全会决定全面深化司法体制改革，推动省以下地方人民法院人财物统一管理，推行主审法官办案责任制、合议庭办案责任制，让审理者裁判，由裁判者负责，其目的就是要确保人民法院依法独立公正行使审判权，建立公正高效权威的社会主义司法制度。当前改革试点工作正在扎实稳步向前推进。我们相信，随着改革的深入，我国司法的独立性、公正性、权威性一定会进一步增强。最后，同样也要看到，专业知识、专业技能也是抵御一些不当舆论的影响、确保公正独立审判的重要资源。进一步提升法官在事实认定、法律适用、文书写作等各个方面的职业素养和专业水平，也是确保公正审判、提升司法公信力的题中应有之义。"[①]

最高人民法院通过发布这四起典型案例，对新闻媒体舆论监督与法院独立行使审判权的关系作出探讨，阐述了媒体和司法的关系，并强调法官在审理案件过程中应当依据证据和法律作出判断，排除舆论压力。只有实现舆论监督和法院依法独立公正行使职权的良性互动，才能保障新闻媒体舆论的有效监督作用的发挥，避免新闻媒体舆论对司法造成的不良影响。[②]此类典型案例也反映了司法实践中新闻媒体监督和审判权独立行使的复杂关系和现实困境。新闻媒体的监督具有必要性，但新闻媒体的监督应依法实施，并应排除对司法的不利影响，以促进两者的良性互动。

---

[①] 杨夏怡：《应对社会舆论压力 依法独立公正审判——最高人民法院民一庭负责人答记者问》，《人民法院报》2014 年 7 月 25 日第 4 版。

[②] 王比学：《当独立审判遇上舆论监督》，《人民日报》2014 年 7 月 30 日第 17 版。

早在20世纪末，随着我国新闻媒体业的发展，媒体监督也随之不断发展。1998年，中央电视台对电影厂诉电影版权侵权损害赔偿案的法庭审理进行了首次现场直播，诸多新闻媒体也热衷于报道审判活动，"今日说法"等栏目是备受公众关注的收视重点，媒体监督司法成为时尚。尽管媒体报道增强了公众对司法的认知，将司法活动置于民众的监督之下，有利于促进审判的公正，但当时就有学者表示担忧，认为现场直播庭审过程可能会妨碍法官的理性判断，有可能影响法官的独立审判，产生不利于实现司法公正的后果。

随着互联网的发展，媒体与司法的关系出现了新的特征。微博、博客、短视频平台等互联网新兴媒体涌现，其与传统媒体存在一定区别，如在新闻的内容和设定安排方面对人力信息来源的依赖较小、由读者对内容进行检查并发现错误、很少要求满足新闻价值标准、与读者之间形成探讨争论之关系等。新兴媒体对司法系统的影响程度逐渐加深，媒体编辑"把关人"的作用降低，辟谣难度增大，事后审查方式可能不及时，发帖人自律性降低并且查处困难等，这都使得新闻媒体对司法的影响进一步增强，并且使得平衡媒体监督和审判权独立行使更加困难。[①]

因此，随着网络信息技术的进步和审判公开制度的不断发展，以及民众对于司法的关注度的提高，新闻媒体和社会舆论对司法的影响逐步显现，并且越来越受到人们的关注，舆论发出的各种声音也影响着司法活动的进程。在部分案件中，新闻媒体监督起到了较大的推进司法公正的作用，如于欢案。在于欢案的审理过程中，《南方周末》发布的深度调查报道《刺死辱母者》使得该事件进入公众视野并引爆舆论。该案裁判结果最终由一审的无期徒刑到终审的有期徒刑五年，媒体及其引导的大众舆论发挥了重要的监督和推动作用，被认为是舆论和司法的双赢。[②]在2020年"百香果女孩被害案"中，二审改判死缓经媒体报道后引发舆论高度关注，后最高人民法院对该案调卷审查，指令再审，最终撤销二审判决，改判死刑。

> **典型案例 3-5**

### "百香果女孩被害案"中媒体的理性监督

2018年10月，广西某10岁女孩在卖百香果回家途中遭到同村男子杨光毅奸杀。2019年7月，一审法院以强奸罪判处杨光毅死刑，剥夺政治权利终身，被告人不服提起上诉。二审法院改判死刑缓期两年执行，引发社会公众广泛质疑。后该案经最高人民法院指定再审，最终判决死刑。

在该案二审法院改判死缓之后，媒体对该案的报道和监督对该案审理的推进发挥了重要作用。例如，2020年5月，《中国青年报》刊发了名为《最高法调卷审查广

① 高一飞：《互联网时代的媒体与司法关系》，《中外法学》2016年第2期。
② 房立俊：《"于欢案"舆论背后的社会心态及媒体引导研究》，http://media.people.com.cn/n1/2018/0205/c416774-29806543.html，访问日期：2021年4月3日。

西"百香果女孩"遭奸杀案 一起恶性侵犯未成年人致死案件改判风波》的文章，该文指出，该案经媒体报道，引发舆论高度关注。该文列举了法律界人士和学者的不同观点，提供了专业解读和多元观点。①红星新闻发布评论文章《"百香果女孩案"凶手改判死缓，应给出充分裁判理由》，强调"就犯罪情节而言，杨某对未满14周岁的幼女实施奸淫，满足《刑法》强奸罪的应当从重处罚的法定情节。从目前媒体披露的信息来看，杨某的行为……充分说明犯罪情节极为严重"。②该报道虽然有质疑法院裁判结果之嫌，但该质疑具有合法性，即对已公布的判决结果发表自己的观点。

而在最高人民法院指令二审法院再审后，各家新闻媒体的报道亦较克制，如《新京报》发表的史洪举法官撰写的文章《"百香果女孩被害案"再审，恶行必须付出代价》，强调"指令再审的做法，就跟民众期许的方向同向"；观察者网发布的《如果百香果女孩案不能判死刑，还要死刑干什么？》则在探讨死刑废除与否之争。在这两个阶段中，媒体并未僭越其职责，在该案改判过程中发挥了一定的积极作用，并尊重了法院审判权的独立行使。③

该案中，在关键时刻最高人民法院及时出面，对已经二审终审的案件进行调卷审查并指示再审，体现了作为审判机关的人民法院正视问题、回应公众关切的定力和担当。面对公众的高度关注，及时回应而非视而不见反映出司法机关的文明执法和社会法治建设水平。故而该案中最高人民法院的做法得到了普遍认可，这体现了其重视案件质量和内部监督，关注社情民意的立场和态度，也反映了其坦然听取民意、坚持司法民主的担当。④由此可见，媒体的理性监督能够有效推动司法的公平公正，促进具体个案中公平正义的实现。

然而，实践中也出现了大量新闻媒体监督影响审判权独立行使的案件，甚至出现了"舆论绑架司法"的争议。2003年的刘涌案，二审撤销一审的死刑判决，改判死缓，消息传出后引起民众舆论"刘涌不死，民心必死"等，最终最高人民法院判处刘涌死刑，新闻媒体报道称"刘涌案是法律与民意的胜利"。⑤2006年的许霆案，一审法院以盗窃罪判其无期徒刑，引起媒体与民众一片哗然，如"许霆ATM机案：民意为何逐天涯"⑥，最后改判五年有期徒刑。2009年的李昌奎案，一审判处死刑，云南省高级人民法院终

① 谢洋：《最高法调卷审查广西"百香果女孩"遭奸杀案 一起恶性侵犯未成年人致死案件改判风波》，《中国青年报》2020年5月13日第1版。
② 殷清利：《"百香果女孩案"凶手改判死缓，应给出充分裁判理由》，https://baijiahao.baidu.com/s?id=1666208278247051195&wfr=spider&for=pc，访问日期：2021年4月3日。
③ 《"百香果女孩案"再审：媒体可以理性，但不能冷血》，https://wemp.app/posts/486f636f-75f8-44b5-b907-f8e3da4bdd24，访问日期：2021年4月3日。
④ 史洪举：《以再审"百香果女孩案"回应公众关切》，《人民法院报》2020年11月14日第2版。
⑤ 黄良军：《刘涌案是民意和法律的胜利》，http://jiangxi.jxnews.com.cn/system/2008/11/07/002881400.shtml，访问日期：2021年4月3日。
⑥ 何兵：《许霆ATM机案：民意为何逐天涯》，http://www.bjlawyer.net.cn/ShowArticle.shtml?ID=20103141156260525.htm，访问日期：2021年4月4日。

审改判死缓，受到媒体和民众的质疑，新浪网新闻报道"媒体称多地杀人改判死缓案掀起再审民意"[①]，后高院再审改判死刑。2010年的药家鑫案，受到媒体和民众的广泛关注，"药家鑫不死，则中国法律已死"的呼声此起彼伏[②]，最终其被执行死刑。2013年夏俊峰被执行死刑，引来媒体和民众的关注，虽然最终其仍被执行死刑，但舆论对其的同情和对案件却存在着很大的争议。

新闻媒体对于法院审判活动的监督，能够增强司法的公开性和透明度，防止审判权滥用及司法腐败的行为，保障审判权的公正合法行使。然而，新闻媒体的过度报道和民众的舆论导向，在某些方面却起到了相反的作用，当案件风波过后，可能会引发人们深思。在李昌奎案中，媒体称其"为舆论所杀"；药家鑫执行死刑后又出现各种问题，人们开始感慨"药家鑫这件案子舆论最不应该的就是对当事人做了大量的诛心之论，而且不乏恶意地去忖测当事人的心理"；夏俊峰的家人得到大量的同情和帮助，而后续新闻媒体报道说"夏俊峰妻子曾找网络推手炒作案件，拿3万捐款做酬劳"，[③]这使得人们对于新闻媒体舆论监督的效果产生了质疑。

当前，媒体和司法处于一种复杂的博弈关系中，媒体报道和司法审判之间的无序关系值得警惕。尽管大部分新闻媒体对司法活动进行了较客观、公正的报道，并逐渐减少新闻报道中存在的新闻煽情主义等问题，但尚存部分媒体对公众关注案件的司法审判活动进行大量片面、割裂或过度报道，甚至通过虚构事实、肆意炒作来博取公众关注，并且使用感情色彩或倾向性浓厚的词汇来进行报道，违反了媒体报道的客观性要求。在部分案件中，甚至出现了以"正义"之名对裁判结果进行暗示的行为，以致出现所谓"媒体审判"的乱象。这对法院依法独立审判造成了巨大的舆论压力，容易使得法院在案件裁判过程中处于两难境地，法院在媒体的舆论场中略显无能为力。[④]

**" 典型案例 3-6**

### 药家鑫案中媒体监督司法的得与失

药家鑫案是指2010年10月发生在陕西省的一起因交通事故引发的故意杀人案。在该案中，肇事者药家鑫撞到被害人，下车后发现被害人在记自己的车牌号，未予施救，而是连捅其8刀，致其死亡，后驾车逃逸，被目击者发现堵截并报警。该案于2011年3月在陕西省西安市中级人民法院开庭审理，4月22日该院一审宣判被告人药家鑫犯故意杀人罪，其被判处死刑。4月28日，药家鑫提起上诉。同年5

---

① 新浪网:《媒体称多地杀人改判死缓案掀起再审民意》，http://news.sina.com.cn/c/2011-08-04/041522930648.shtml，访问日期: 2021年4月3日。

②《药家鑫不死，中国的法律就死了》，http://bbs.tianya.cn/post-free-2123862-4.shtml，访问日期: 2021年4月3日。

③ 杨璐:《夏俊峰妻子曾找网络推手炒作案件 拿3万捐款做酬劳》，http://news.china.com/domestic/945/20131025/18110388.html，访问日期: 2019年11月25日。

④ 张志铭:《法院如何面对媒体报道》，《人民法院报》2014年7月29日第2版。

月 20 日，陕西省高级人民法院裁定驳回上诉，维持死刑判决。2011 年 6 月 7 日，药家鑫以注射方式被执行死刑。

该案发生后，新闻媒体作出了大量报道，社会舆论对该案密切关注，普遍支持判药家鑫死刑。后来，随着被害人家庭的相关负面新闻出现，如其家人违背承诺向药家索要 20 万赔款并发生肢体冲突、被害人代理人针对药家背景放出的大量消息被证实为造谣等，部分社会舆论同情药家鑫及其家人，并反思判决是否出现了被新闻媒体误导或被舆论绑架的问题。

在该案审理过程中，新闻媒体的报道对该案产生了较大影响。自该案爆发后，新闻媒体就对当事人进行了采访，但自药家鑫说出"我害怕撞到农村的，特别难缠"之后，各类媒体开始对药家鑫的言行举止更加关注，并引起社会猜测。在开庭前，不少电视台、报纸等媒体走访了被害人的家庭，并对被害人的代理人张显进行采访，对被害人家人的态度作出调查。但因药家鑫的父母一直未露面，故而开庭前无太多关于药家鑫家庭的报道，多为猜测。庭审结束后，各大电视台对该案件进一步进行报道。

各新闻媒体对该案的报道具有一定的可取之处。其一，各电视台关于该案的庭审报道或转播能够给予各方辩解的画面，不做一方的代言人，从而让报道的可信度提升，也让公众能够从多方面了解案件，保障各方的发言权。其二，新闻评论基本能够对案件进行客观反思，如对药家鑫的家庭教育缺失问题分析较到位，对社会能起到一定的警示作用。其三，电视媒体陈述案件所使用的词汇比较客观，基本得当，能更好地维护公众情绪的稳定，减少个人情感的带入。相比之下，部分网络媒体在评论该事件时带有一定的个人情绪，甚至出现了对被告人的名誉进行污蔑的情况。例如，有学者在节目中评论药家鑫的长相，说其长着一副杀人犯的脸，连狗都不如等，从长相对被告人进行评判显然属于用词不当和污蔑，这容易影响公众的认知，为法院审判造成舆论压力。

除此之外，该案中媒体报道还存在较多问题。其一，新闻报道中存在信息缺失问题，这导致社会公众对案情处于不知全貌的激愤状态。有媒体报道药家鑫父母在案发 127 天之后才与被害人家人取得联系，并只赔偿了 15000 元丧葬费，引发公众对其父母冷漠的认知。然而，药家鑫的父母不与被害人家属联系有其原因，并非因为冷漠，但该信息缺失却容易使得公众产生误解。其二，在案件报道过程中，部分媒体给予双方的机会不平等，只对一方当事人提供陈述案件事实或表达观点的机会，如侧重对药家鑫的报道，尤其是"富二代"的家庭背景、"音乐学院师妹认为该捅"等内容，容易吸引公众关注的同时也易误导公众对该案的认识，引发具有偏差的舆论。同时，这些报道内容违背了新闻的客观性原则，不符合真实状况，而是为了追求轰动效应作出的报道，故而使得社会舆论出现了一边倒的态势。其三，在部分媒体报道中，确实存在着用一般道德来评价法律问题的状况，从而习惯性地对其进行"审判"，出现所谓"媒体审判"的状况，认为药家鑫品行恶劣，其罪当诛，这影响了该案的舆论倾向。

该案宣判死刑后，有学者联名呼吁免除药家鑫死刑，但遭到舆论的普遍批评，认为其对药家鑫的"善良"只会造成更多的李家鑫、张家鑫的出现，甚至有评论将这五名学者比作东郭先生。[①]2014年，《南方周末》刊登的文章《死刑复核权上收八年 最高法院如何刀下留人》提及药家鑫一案。该文指出："药家鑫被执行死刑后，原本一边倒的社会舆论有过反思。一位死刑复核法官也介绍，像西方国家那样，被害人家属主动向法院求情不判死刑的例子其实已经出现好几个了，'说明经过这些年的调解、判决和宣传，老百姓们的观念也发生了些变化。舆论多元了，不像以前，谁为被告人说两句话都会变成众矢之的'。"[②]

在药家鑫案中，新闻媒体在发挥监督作用的同时，存在着违反职业规范的行为，对社会舆论走向产生了一些误导，并对法院审判工作的开展产生了一定的不良影响。该案件一定程度上凸显出新闻媒体监督与审判权独立行使之间的冲突，并在判决后引发诸多反思。在部分案件中，新闻媒体监督与审判权独立行使之间的冲突会影响到案件的公正裁判，进而阻碍具体个案中公平正义的实现。因此，新闻媒体监督和审判权独立行使的良性互动，应得到合理规制和有效保障。

### 2. 媒体审判

所谓媒体审判（Trial by Media），又称为媒介审判，起源于美国，从"报纸审判"一词演变而来，本意是国外司法界对报刊等媒介在法治新闻报道中的越界行为的批判，后来扩展到广播、电视等媒体对司法活动造成的干预。也即，媒体审判是指新闻媒体报道形成某种舆论压力，从而妨碍或影响审判权的独立行使和司法公正的行为。

该概念来源于美国的谢泼德（Sam Sheppard）案。谢泼德是美国俄亥俄州的一名著名外科医生，1954年因涉嫌杀害已有身孕的妻子而被捕。他自称无辜，其妻为外人入室击昏后杀害。该案公开后，引发美国国内媒体极大关注，相关评论和报道铺天盖地，在谢泼德被捕前，诸多媒体报道已认定其犯有谋杀罪，并且报纸的报道对其较不利，如"他拒绝与警方合作，不接受关于谋杀案的调查""他和许多女性存在婚外情"等。在该案庭审过程中，新闻媒体广泛参与，主审法官未采取任何措施保障陪审团的判断不受干扰，直至法院作出有罪判决。在长达3天的审讯中，电台进行了现场直播，谢泼德的辩护律师只能出席而不能参与审讯。电台为取得更好的直播效果，将话筒直接放置于被告席上，使得谢泼德及其律师无法当场交流。随后，谢泼德以该案审判过程受到严重干扰为由上诉至美国联邦最高法院，但该上诉被驳回。直至1996年，该案件

---

① 周禄宝：《药家鑫案：五教授呼吁免死刑，谁来还张妙公平？》，https://web.archive.org/web/20110531024547/http://nf.nfdaily.cn/huati/content/2011-05/27/content_24705348.htm，访问日期：2021年4月3日。

② 任重远：《死刑复核权上收八年 最高法院如何刀下留人》，http://www.infzm.com/content/104788，访问日期：2021年4月3日。

获得联邦最高法院重审，最终谢泼德被宣告无罪释放，但其出狱几年后去世。

美国联邦最高法院认为，州法院主审法官在该谋杀案的审判过程中没有充分保护被告人获得正当法律程序所规定的公正审判权利，未能保护被告人不受公众偏见和传媒报道所造成的伤害。主审法官克拉克（Tom Clark）在判决书中严厉批评了新闻媒体的过分报道和法官的失职行为。他指出，鉴于现代传播媒介的煽动能力和将有倾向性的新闻报道隔绝开来的困难，初审法院应当采取有力措施以保证法律的天平不会不利于被告。将陪审团与外界隔绝开来，是法官应根据辩护律师的建议而采取的措施。如果审判活动因被公开报道而可能有失公正，则应令重新审判。[①]此后，美国法院规定法庭和法庭的一切设施受法庭控制，法官有责任严格控制法庭和法院所处的环境，以确保媒体和公众不会对被告接受公正审判的权利造成干预。联邦最高法院认为，初审法官有权发布禁令，禁止检察官、辩护律师、当事人、证人、法院工作人员等向媒体披露可能会导致法官审理案件时产生偏见、影响法官独立性的事项，如被告人的陈述、证人的身份或与案件有关的评论意见等。

1991年的罗德尼·金（Rodney King）案也是典型的媒体审判案件。该案涉及洛杉矶的一名黑人青年罗德尼·金，其酗酒驾车、抗拒拘捕，4名白人警察在警告无效的情况下对其使用警棍，该过程被人偶然摄入录像镜头，4名警察因刑事罪遭加利福尼亚州地方法院起诉。一年后，加利福尼亚州地方法院以白人为主的陪审团宣判被告无罪，判决作出后当地黑人群情激奋，聚众闹事，形成了大暴乱，最终造成54人死亡、2328人受伤、1000多栋建筑物被焚毁，财产损失达10亿美元。在得知无罪判决结果后，绝大多数美国人感到震惊和愤慨。1993年4月，两名警察被联邦地区法院判决因侵犯被害人的公民权被处以30个月的有期徒刑，另外两名警察无罪释放。美国各地民权团体闻讯大怒，要求联邦司法部向联邦第九巡回上诉法院起诉。1995年1月，美国联邦第九巡回法院在压力下作出判决，判定联邦地区法院对有罪警察量刑过轻，下令重新量刑，加重刑罚。[②]1996年6月，美国联邦最高法院以9:0推翻了上诉法院作出的判决。[③]

实际上，在案发后长达一年的时间里，4名警察野蛮殴打罗德尼·金的录像画面被全美三大电视新闻网（ABC、NBC、CBS）和美国有线电视新闻网（CNN）反复不断播映。民意测验显示，在看过电视录像的观众中，92%的人认为白人警察有罪。然而，需要指出的是陪审团在法庭审判时观看的录像，与新闻媒体播放的录像画面不相同。在法庭播放的作为证据的录像材料中，有罗德尼·金拘捕过程中攻击警察的镜头，但新闻媒体播放的电视录像中，不利于罗德尼·金的镜头和画面被全部删减。因此，新闻媒体用偏离了事实真相的新闻误导民众，在法院判决作出前，用经过删减的电视画面预先提供警察有罪的证据，导致大多数民众在法庭审判前已经认定涉案警察难辞其咎，这也就导致了无罪判决之后的乱象。

---

① Sheppard v. Maxwell, 384 U.S. 333 (1966).

② King v. United States Dist. Court for Cent. Dist. of California, 16 F.3d 992 (9th Cir. 1994).

③ Koon v. United States, 518 US 81 (1996).

因此，所谓媒体审判，即新闻媒体在行使采访报道权时对司法过程的不当干预。一方面，媒体在法院审判前对被告人作出有罪的推定或揣测，通过具有倾向性的报道对案件作出定性，误导公众对案件的认知。另一方面，非经法院审判，而是通过媒体的"审判"形成巨大的舆论压力，迫使法院按照所谓"民意"办案，从而导致司法的公正性遭到破坏，这是媒体审判的典型状态。媒体审判的存在，明显影响了审判权的独立行使，构成对司法公正的损害。

在我国司法发展过程中，也出现了一定的具有媒体审判特征或倾向的案件，体现了新闻媒体监督在具体运行中存在的问题，引发人们对新闻媒体监督和审判权独立行使之间关系的反思，如张金柱案、邓玉娇案、唐慧案、汤兰兰案等。

1997年8月24日，郑州市发生了一起令人发指的恶性交通肇事案，11岁的男孩被当场撞飞，其父被卡在汽车前后轮之间，被逃跑的汽车拖行数百米。发现此情的行人、出租车等一起对肇事车辆围追堵截，终于将其逼停。肇事者名为张金柱，原郑州市公安局二七分局局长、郑州市高新技术产业开发区公安分局政委。1997年8月25日，《大河文化报》（现《大河报》）刊登新闻："昨晚郑州发生一起恶性交通事故：白色皇冠拖着被撞伤者狂逃，众出租车司机怀着满腔义愤猛追。"随后，该报道迅速被全国媒体转载，《南方周末》《焦点访谈》等亦对该案作出报道和调查。该案在国内得到广泛宣传，其道德沦丧行为引发了民众的强烈谴责和声讨，出现了"不杀不足以平民愤"的社会舆论。如张金柱的代理律师所言，张金柱已经超出了交通肇事案被告人的身份，成为公安队伍中违法乱纪的典型代表。在全民声讨中，当年12月3日，郑州市中级人民法院公开审理该案，并于1998年1月12日判处其死刑。张金柱不服提起上诉，河南省高级人民法院维持原判。之后数年，张金柱成为驾车肇事逃逸的代名词。

2007年，《大河报》前副总编马云龙谈起该案报道，指出："如果它是一个标志，那就是表明媒体开始以前所未有的深度来干涉社会，成为监督的一种力量。"然而，在被行刑前，张金柱曾有言："不是法律杀的我，是记者杀了我。"2002年，《第一种危险——张金柱恶性交通肇事案真相调查》一书出版，作者在肯定了舆论监督的重要力量之后质疑：新闻本身如果出了问题应如何处理？马云龙则认为该质疑毫无理由，因为我国的舆论监督刚刚开始，还远不是讨论"新闻杀人"之际。有学者指出，公众的愤怒仅仅是情绪的发泄，公众愤怒未必会引发相应的司法裁判。法院进行合法裁判的责任不在于记者的文字，而在于法院自身，记者从来没有权力命令法院如何判决，关键问题在于法院能否抵抗干扰，依照法律程序作出判决。[①]

邓玉娇案同样受到了媒体的广泛关注和报道。2009年5月，邓玉娇在某宾馆从事服务员工作时，镇政府的3名工作人员涉嫌对其进行骚扰挑衅，基于自卫目的，邓玉娇刺死、刺伤镇政府工作人员，引发全国轰动。案发后，网络上出现了《烈女邓玉娇传》

---

① 《张金柱》，https://baike.baidu.com/item/%E5%BC%A0%E9%87%91%E6%9F%B1/16519928，访问日期：2021年4月4日。

《生女当如邓玉娇》等赞美之文，网络舆论呈一边倒之势。2009年6月，该案在湖北省巴东县人民法院审理，一审判决邓玉娇构成故意伤害罪，有自首情节和限制刑事责任能力，故而免于刑事处罚。最高人民法院将该案写入《人民法院工作年度报告（2009年）》，称该案反映了法院"妥善审理社会舆论关注的热点案件，回应了社会关切，增强司法公信，取得了较好的法律效果和社会效果"。

尽管对该案的判决结果不存争议，但该案中媒体报道存在大量的伦理示范问题。一方面，部分媒体报道了未经核实的内容，违反了新闻报道的基本原则。例如，《南方都市报》转载非专业记者的新闻稿件，并在没有一线记者进行实地调查的情况下发表社论，将舆论矛头直指当地案件受理部门，其仓促报道一定程度上引导了舆论走向。另一方面，部分媒体进行推测性报道，误导舆论认知。因案件的敏感性和部分记者的思维定式，部分媒体进行了一定的推测性报道，引发部分公众的偏激理解，导致了存在偏差的社会舆论。

另外，唐慧案也反映了媒体监督司法中存在的问题。2013年8月，《南方周末》在头版发表《"永州幼女被迫卖淫案"再调查》，以通栏大标题的形式质问"唐慧赢了，法治赢了没？"，引发舆论关注，并被部分媒体视为"颠覆性报道"。该报道指出，"作为唐慧事件的起点，此案存在核心证据不足、司法程序受到外部压力影响等情况"，并且唐慧曾自述"通过以死相逼和不断上访，迫使案件走向正轨"，由此，阅读该报道的读者不免对报道中提出的问题形成答案：唐慧赢了，但法治没有胜出。"永州幼女被迫卖淫案"存在着较复杂的情节，反映出各种问题，但从新闻媒体报道角度来看，该案宣判之初唐慧被媒体誉为"伟大的母亲""用一个母亲弱小的身躯维护着司法的威严与公正"，而半个月之后，诸多媒体又将其形容为"狡黠、撒谎、无理的泼妇""偏执狂""不能容忍的恶"。该转变既反映了新闻媒体关于该案件认识上的变化和重归理性的状态，也暴露出新闻媒体在报道司法案件过程中存在的问题和缺失。[1]

当新闻媒体的监督存在偏差或伦理示范时，审判权的独立行使容易受到影响，司法的公正性会受到损害。因此，媒体审判会严重影响具体个案中真正的公平正义的实现。与美国的情形相似，我国被认为具有媒体审判特点或倾向的案件往往也是引发较大关注的刑事案件。在这些案件中，往往存在着法律和情理的冲突，由此导致法院对案件事实的认定和公众对案件的评价存在着分歧。在英美法系国家，媒体审判往往通过媒体报道影响陪审团的独立判断，进而影响裁判结果。而在我国的具体个案中，媒体报道和评论会对权力机关、政府机构和司法机构造成压力，从而可能会影响法官最终的裁判结果。[2]

---

① 王君超：《唐慧赢了，媒体能赢吗？》，《光明日报》2013年8月10日第9版。
② 李兵、展江：《"媒体审判"真伪辨》，《中国地质大学学报（社会科学版）》2014年第5期。

**典型案例 3-7**

## "寻找汤兰兰"：新闻伦理与法律边界

汤兰兰（化名）事件是 2018 年初发生的一起舆论争议事件，由澎湃新闻和《新京报》记者关于 2008 年黑龙江省某未成年人被性侵案的报道所引发。在报道中，记者公开了当年仍为未成年人的被害人的身份信息，试图"寻找"被警方保护并更换身份信息的被害人。该事件引发舆论争议，并引起人们关于新闻报道的职业伦理和法律边界的反思。

2008 年 10 月，不满 14 周岁的汤兰兰向警方举报称其遭到父亲、爷爷、叔叔、姑父等亲属和村民强奸。2009 年 9 月，黑河市中级人民法院一审开庭审理此案，并于同年 10 月作出判决，以强奸罪、强迫卖淫罪、嫖宿幼女罪等判处 1 名被告人无期徒刑，10 名被告人有期徒刑 5 至 15 年不等。11 名被告向黑龙江省高级人民法院提起上诉，但被驳回。2014 年，黑龙江省高级人民法院再次驳回其中一名被告人的上诉，2017 年其申诉亦被最高人民检察院驳回。该案 4 名被告以被诬陷、刑讯逼供等为由向黑龙江省高级人民法院申诉，于 2018 年 7 月 27 日被开庭宣布驳回申诉。同日，中央电视台新闻频道首次采访汤兰兰，其表示这 11 人无一蒙冤。

该事件始于 2018 年 1 月 30 日澎湃新闻发布的一篇报道《寻找汤兰兰：少女称遭亲友性侵，11 人入狱多年其人"失联"》。该报道第一句话即为："14 岁那年，正在读初一的汤兰兰（化名）把全家人送进了监狱。"这篇报道称该案疑点颇多，证据不足，需要重审，呼吁寻找汤兰兰，并且公布了作为本案被告人之一的汤兰兰的母亲万秀玲提供的汤兰兰新的身份信息。次日，《新京报》发布评论文章《被全家"性侵"的女孩，不能就这么"失联"着》。这两篇报道发出后引发了舆论关注，不仅这件旧案本身备受关注，媒体"寻找汤兰兰"的做法亦引发争议。

在相关报道中，记者表现出了明显倾向于当年的被告人的态度。"事发那年，除了暑假没回家，万秀玲称她想不起孩子有任何异常。""裁判文书显示，汤兰兰的父亲汤继海量刑最重，被判了无期。减刑后，他离出狱还有 17 年。如今，该案已有 5 人出狱，6 人仍在服刑。'孩子造下这么大祸，我永远欠他们的。'万秀玲说。"[1]"到底是童言无忌、曝出惊天真相，还是全家人被冤枉？荒唐的究竟是"至亲茶毒"，还是相关判决？""'真相只有一个'，究竟是哪个，决定了该案所涉问题的定性——到底是儿童性侵案，还是冤假错案。无论是哪样，都不应被容忍。"[2]相关报道中使用的这些语句，一方面只使用了一方当事人的观点和论证，另一方面也存在着一定的倾向，即认为该案中汤兰兰可能存在欺骗行为，并试图通过媒体监督促进司法机

---

[1] 王乐：《寻找汤兰兰：少女称遭亲友性侵，11 人入狱多年其人"失联"》，https://www.sohu.com/a/219905812_260616，访问日期：2021 年 4 月 3 日。

[2] 佘宗明：《被全家"性侵"的女孩，不能就这么"失联"着》，http://www.bjnews.com.cn/opinion/2018/01/31/474713.html，访问日期：2021 年 4 月 4 日。

关重新对该案件进行审理或给出说法。同时，记者虽然采访了较多相关人士，但主要为被告人一方，汤兰兰一方的相关人员较少，并且媒体报道的信息来源并非全部是直接采访，相关材料缺乏足够说服力，且逻辑存在混乱之处。

另外，该案中汤兰兰作为未成年的举报人和强奸案件的被害人，受到国家司法机关对其信息的保护以防止二次伤害具有合法性，故而相关公安分局才会给予其特殊的改名迁户的保护措施。然而，部分新闻媒体却打着还原真相的旗号要求汤兰兰站出来面对其受保护的隐私，并大量暴露她的户籍信息、医院诊断报告等，显然侵犯了当事人的隐私权。

针对该问题，《人民日报》相关评论文章指出："尘封已久的汤兰兰案经由一篇报道进入公众视野。由于案件情节恶劣、案情复杂，迅速引发舆论关注，当地有关部门也在第一时间进行了回应。由于涉及未成年人隐私，对相关案情的调查需要遵循法律程序，但由此展现的媒体与司法的关系，值得我们深思。""近些年来，媒体助力司法正义实现的例子有之。然而，少数案例也因为媒体介入搅动舆论、拉高情绪而呈现出更复杂的图景。比如当年的唐慧案、药家鑫案等，部分媒体的表现，至今依然值得讨论。这也是汤兰兰案重回视野后，公众对于媒体报道、评论的客观性、公正性要求更高的原因。""汤兰兰案引发的关注，提示我们需要认真反思媒体与司法之间的复杂关系。毫无疑问，新闻媒体和司法机构的共同点之一，就在于追求真相，推动社会公平正义的实现。也要看到，媒体有其自身的规律，尤其是在人人都有麦克风的时代，自媒体、社交媒体空前繁荣，更潜藏着'态度重于真相''观点太多，事实不够用'的风险。这意味着，媒体更需要以客观、真实、负责的职业伦理，对催生极端观点、偏激情绪抱持应有的警惕。""正如习近平总书记所强调的，'新闻媒体要直面工作中存在的问题，直面社会丑恶现象，激浊扬清、针砭时弊，同时发表批评性报道要事实准确、分析客观。'媒体进行监督，是职责所在，不能因可能有人'借媒体炒作、企图翻案'就迟疑退缩。但在媒体的个案监督过程中，如何有节制、更客观地传递信息、表达观点，考验从业者的媒体素养。这就需要每一个媒体、每一位记者更具法治思维、法治意识，更多考虑自己对社会舆论的责任，以客观、理性的职业伦理，更好地推进问题解决，涵养整个社会的法治精神。"[1]

该案是关于新闻媒体职业伦理及其监督司法的典型案例，该案中部分媒体的新闻报道存在有失偏颇、泄露当事人隐私等问题，引发了人们对新闻媒体行业的职业伦理的关注。新闻媒体在报道司法案件过程中应遵循相关职业道德规范和要求，恪守职业良知，避免对新闻报道的失真或倾向性，作出客观、真实、负责任的新闻报道。

新闻媒体报道和司法冲突的背后反映了言论自由与审判权独立行使的冲突。新闻

① 《人民日报评论：汤兰兰案引关注，如何界定媒体行动的边界》，https://www.sohu.com/a/220558180_115479，访问日期：2021年4月4日。

媒体对案件进行报道的权利来源于公民的言论自由和批评建议权，审判权的独立行使同样在各国宪法中予以保障。之所以出现新闻媒体报道与审判权独立行使之间的冲突，甚至形成媒体审判影响司法公正，与媒体报道和司法活动两者的区别有很大关系。

其一，新闻媒体与法院对于"事实"的认定存在差异。对新闻媒体而言，所谓事实即新闻媒体通过采访了解到的事实，尽管该事实可能综合了针对各方的采访进行了一定的真实性考察，但该事实并未经过严格的技术上的验证。相反，法院认定的事实，则是经过辩诉双方提交证据、经过事实认定和辩论所采信的事实。在案件审理结束前，法院认定的事实未成定论，而媒体早已发布了各种自当事人或侦查机关处收集的事实，故而这两种事实存在较大差别。

其二，新闻媒体的时效性和司法活动的运行规律之间存在冲突。新闻媒体报道有时效性的要求，旧的消息并非新闻。在媒体行业竞争激烈的情况下，以最快的速度报道案件则成为抢占先机、增加阅读量和增强影响力的重要方式。由此，部分媒体可能会为了追求新闻报道的速度而忽视对案件细节的认真考察和耐心核验。相反，司法活动需要在理性的基础上审慎作出判断，尽管司法审判活动具有审判时限的要求，但该时限往往在3个月及以上，这也就意味着司法工作人员需要对案件各种情况进行核查。该时限与新闻媒体的时效性要求显然不一致。

其三，新闻媒体报道的偏向性与司法的中立性存在冲突。司法的中立性是平等规则的要求，也是实现司法公正的必由之路。因此，法院在裁判过程中需要不受干涉，并且不偏不倚作出裁判。然而，新闻媒体在报道过程中虽然也追求公平正义，但容易存在同情弱势群体、体现人文关怀等报道倾向，该倾向易调动社会民众的情绪，以致形成社会舆论压力，甚至影响法院的独立审判。例如，部分新闻媒体对于案件的报道，并非基于案件事实和法律，而往往从弱势一方的角度进行报道，使得舆论对于弱势方怜悯而对于另一方形成错误印象。这种情形极为普遍，尤其体现在两类案件之中：一是公民与国家机关工作人员或行政机关的冲突，如小贩与城管、拆迁户与政府等，媒体的报道出现一边倒的趋势；二是普通公民与所谓的"富二代""官二代"等具有特殊社会背景的公民间的纠纷。弱势群体在这两类案件之中得到了舆论的关注和支持，使得案件的重点偏离了事实本身与法律规定，关注更多的是民众的情绪和反应。

除此之外，部分新闻媒体在报道过程中出现了违反职业伦理和行为规范的行为，伦理示范现象涌现，其错误报道或带有倾向性的报道容易误导舆论。一些新闻媒体为了获得高"收视率""点击率"，往往在案件报道的过程之中加入太多的主观评论，甚至是不实报道。大量极具煽动性的新闻报道会对法官、陪审员、证人以及被告人造成心理影响，并且可能会影响到审判活动的正常开展和案件的公正审理。这仅仅只是比较片面的新闻报道对于法院审理案件的影响，如果新闻媒体为追求噱头或点击量而对案件的事实进行扭曲作出失实的报道，则法院的审理更将陷入被动之中，最终导致案件的判决成为媒体审判的结果。

在诸多具有媒体审判特点或倾向的案件中，媒体报道引发了舆论压力，最终导致了法院裁判结果受到影响。需要指出的是，在具体案件中，所谓民意或舆论的正确性本身存在一定争议：一方面，公众获知的信息并不全面从而形成了主观印象；另一方面，公众对于问题的思考角度并非全部出于案件公正性角度，而且，由于不具备专业知识和能力，所以在进行分析时舆论形成的可能仅仅是感性的认识，而非理性的分析。卢梭曾在《社会契约论》中强调公意与民意的区别，指出"公意永远是公正的，而且永远是以公共利益为依归，但是并不能由此推论说，人民的考虑也永远有着同样的正确性。人们总是愿意自己幸福，但人们并不总是能看清幸福。人民是决不会被腐蚀的，但人民却往往受欺骗"。[①]因此，在媒体监督司法的过程中，可能会因报道的偏差误导舆论走向，或者说舆论导向本身具有一定的争议，由此可能会造成对司法活动的干扰。鉴于我国的新闻媒体监督机制并未得到很好的运行，公众容易受到失实新闻报道的影响，而法院的职责是审理案件而非对公众进行解释，因此容易造成偏听则暗的后果。公众获取信息的片面化和情绪化，导致舆论对于法院审判结果的争议，往往造成舆论影响司法局面的发生。这种缺乏理性和片面的舆论监督，有可能损害到法院审判权的独立公正行使和法院的权威。

另外，在新闻媒体监督与审判权独立行使的冲突中，还须注意的一点是法院审判权的独立行使问题。媒体的夸张或失实报道仅是导致媒体审判这种局面的表层原因，即使媒体做出的是完全正确的报道，仍然可能导致司法受到干扰的局面。因此掩藏在表层原因背后的更深层的原因应在于法院方面。概言之，新闻舆论监督对于法院审理案件造成影响主要在于两个方面：一方面是对于审理案件的法官而言，其会受到新闻媒体报道和舆论争议的影响，形成先入为主的观念，从而影响其对于案件的公正审理判决；另一方面，在案件审理过程中，舆论的压力致使法官的审判工作受到干预，面临案件的审理结果必须符合民意的要求。这也就意味着，在规范新闻媒体的报道行为的同时，还须保障法官审判案件的独立性，加强法官的职业操守和专业素养。

新闻媒体报道和审判独立之间的冲突是各国和地区普遍面临的问题。为解决媒体审判问题，在允许媒体监督的同时保障审判权的独立行使，各国通过不断完善相关法律法规以保障新闻媒体监督和审判独立之间的平衡。

在英国，法律赋予了司法机关以推迟相关报道的权力。《1981年藐视法庭法》（*Contempt of Court Act 1981*）第4条第2款规定："关于正在进行的诉讼程序或任何其他处于未决或迫近状态下的诉讼程序，当似乎有必要采取措施以避免对相关司法程序造成损害的时候，法院可以命令，在其认为有必要的一段时间内，推迟对相关诉讼程序或诉讼程序某一部分所作的报道。"丹宁勋爵（Tom Denning）指出，该规定并非旨在减少法律所规定的新闻自由，而是为了减少损害司法公正的风险。英国法院通过判例法对该推迟报道规定的适用条件作出了较严格的限制：其一，必须以法院命令的形式作出；其二，具有必要性；其三，媒体报道必须针对的是正在进行的诉讼程序或其他紧

---

① ［法］卢梭著，何兆武译：《社会契约论》，商务印书馆 2001 年版，第 52 页。

迫或未决的诉讼程序；其四，媒体报道损害司法公正的风险是实质性的；其五，法院命令不能无期限推迟媒体报道，延迟只是为了避免损害的实质性风险，在陪审团作出裁决之后应当终止。同时，如果新闻媒体违反了法院的推迟公开令或禁止公开令，提前报道或披露了案件的相关信息，则法庭可以"藐视法庭罪"对违规媒体进行惩罚。所谓藐视法庭罪，即一切足以干扰、阻碍或妨害法庭审判某一特定案件的司法活动或程序的行为。[①]

美国注重保护新闻媒体的言论自由和新闻自由，但在认识到媒体审判的现实风险和危害后，逐渐通过多种方式减少新闻报道对陪审员造成的不利影响，建立起一套较有效的司法制度来规范和协调新闻媒体和司法之间的关系。其一，司法机关有规制媒体的权力，法院可具体判断媒体的报道是否违法。其二，允许法院在审判前对案件信息发布进行限制，从而在源头上减少不利于审判独立的潜在因素，这包括间接方式和直接方式。间接方式包括推迟案件审理、改变审理地点、对陪审员进行预先审核、警戒陪审员、隔离陪审团等方式，以免陪审员受媒体舆论之影响。直接方式即"司法限制言论令"，通过法院命令的方式禁止新闻媒体报道具体个案中的特定细节。该直接方式的适用须符合严格的条件。其三，美国在审判过程中注重对案件信息的限制。例如，通过不公开审理拒绝媒体和公众进入法庭旁听，通过封闭部分物证避免新闻媒体接触，限制案件相关人员向媒体透露信息，限制摄影摄像者和相关设备的使用等。[②]

在加拿大，法庭审判案件一般公开进行，媒体可以全程跟踪报道，但在特殊情况下主审法官有权进行不公开审理。加拿大各级法院充分肯定了媒体在推动司法公开方面的重要作用，大多数民众均是通过媒体了解司法状况。司法部门有责任向公众和媒体第一时间传达关于庭审的相关信息，确保新闻报道的客观公正。从实践情况看，媒体仍是大多数人了解庭审过程的唯一途径，媒体必须具备客观报道的能力，公众也需要具有全面分析和理性思考的能力。法院应提供一切便利条件，帮助媒体第一时间查阅相关庭审案卷。对于《刑法》禁止媒体公开报道的案卷材料，法院有义务在案卷上详细注明相关规定。[③]

大陆法系国家普遍采取了司法向媒体开放的模式。鉴于大陆法系国家普遍为成文法国家，实行职权主义诉讼模式，媒体舆论的影响较之英美法系国家而言相对较小，故而大陆法系国家普遍采取较宽松的态度。德国刑法未规定藐视法庭罪，也没有对媒体的司法报道作出特别限制，但在提供媒体相关信息时对法院作出了限制。《法官刑法典》虽然规定了藐视法庭罪，但该罪名不针对媒体报道行为。法、德等国家要求媒体

---

① 陈建云：《英国法律对媒体报道司法的规制》，《今传媒》2016 年第 11 期。
② 张智聪、欧阳元旭：《浅析美国司法规制"媒体审判"的实践及对我国的启示》，《中国检察官》2014 年第 8 期。
③ 加拿大不列颠哥伦比亚省法院院长办公室著，张来霞译：《加拿大不列颠哥伦比亚省媒体报道司法指南》，《人民法院报》2014 年 1 月 17 日第 5 版。

对当事人的报道需要遵守无罪推定，并且需要尊重当事人的隐私。[①]

同时，反对和防治媒体审判、维护司法的公正和独立，在国际新闻界和法律界均已形成共识。1948 年，联合国《国际新闻自由公约草案》将"妨碍法庭审判之公正进行"的新闻列入禁载之列。1994 年，世界刑法学会《关于刑事诉讼中人权问题的决议》第15 条明确规定："公众传媒对法庭审判的报道，必须避免产生预先定罪或形成情感性审判的效果。如果预期可能出现这种影响，可以限制或禁止无线电台和电视台播送审判情况。"世界法学家协会通过的《关于媒体与司法关系的马德里准则》对媒体和司法的关系作出了明确界定："媒体自由是表达自由的一部分，是民主社会实行法治的基础。法官的责任是承认和实现言论自由，适用法律时作有利于言论自由的解释。只能根据《公民权利与政治权利国际公约》明示授权才能对媒体自由予以限制。"

### 3. 审判独立与新闻媒体监督之融贯

新闻媒体报道是司法公开与监督的重要方式，审判权的独立行使是司法公正的基本要求，两者的共同归宿均在于实现司法的公正。新闻媒体监督和审判权独立行使在实践中可能会产生冲突，这一方面需要规范新闻媒体的报道，避免不实报道或刻意炒作，影响裁判活动的开展；另一方面需要保障法院审判权的独立行使，加强法官的职业素养和裁判说理能力，保障法官对案件的裁判不受干扰。

关于新闻媒体监督与司法之间的关系，习近平总书记曾明确指出："现在，人人都有摄像机，人人都是麦克风，人人都可发消息，执法司法活动时刻处在公众视野里、媒体聚光灯下。一个时期以来，网上负面的政法舆情比较多，这其中既有执法司法工作本身的问题，也有一些媒体和当事人为了影响案件判决、炒作个案的问题。政法机关要自觉接受媒体监督，以正确方式及时告知公众执法司法工作情况，有针对性地加强舆论引导。新闻媒体要加强对执法司法工作的监督，但对执法司法部门的正确行动，要予以支持，加强解疑释惑，进行理性引导，不要人云亦云，更不要在不明就里的情况下横挑鼻子竖挑眼。要处理好监督和干预的关系，坚持社会效果第一，避免炒作渲染，防止在社会上造成恐慌，特别是要防止为不法分子提供效仿样本。"[②]

早在 2009 年 12 月，最高人民法院就印发了《关于人民法院接受新闻媒体舆论监督的若干规定》，以进一步落实公开审判的宪法原则，规范法院接受新闻媒体舆论监督工作，妥善处理法院与媒体的关系，保障公众的知情权、参与权、表达权和监督权，提高司法公信力。该规定明确提出了对法官接受新闻媒体舆论监督的具体工作要求。其一，法院应主动接受新闻媒体的舆论监督。对新闻媒体旁听案件庭审、采访报道法院工作、要求提供相关材料的，法院应当根据具体情况提供便利。其二，对于社会关注的案件和法院工作的重大举措及按照有关规定应当向社会公开的其他信息，人民法

---

[①] 高一飞：《互联网时代的媒体与司法关系》，《中外法学》2016 年第 2 期。

[②] 习近平：《严格执法，公正司法》，中共中央党史和文献研究院编辑：《十八大以来重要文献选编》（上），中央文献出版社 2014 年版，第 723 页。

院应当通过新闻发布会、记者招待会、新闻通稿、法院公报、互联网站等形式向新闻媒体及时发布相关信息。其三，对于公开审判的案件，新闻媒体记者和公众可以旁听。审判场所座席不足的，应当优先保证媒体和当事人近亲属的需要。有条件的审判法庭根据需要可以在旁听席中设立媒体席。记者旁听庭审应当遵守法庭纪律，未经批准不得录音、录像和摄影。其四，对于正在审理的案件，人民法院的审判人员及其他工作人员不得擅自接受新闻媒体的采访。对于已经审结的案件，人民法院可以通过新闻宣传部门协调决定由有关人员接受采访。对于不适宜接受采访的，人民法院可以决定不接受采访并说明理由。其五，新闻媒体因报道案件审理情况或法院其他工作需要申请人民法院提供相关资料的，人民法院可以提供裁判文书复印件、庭审笔录、庭审录音录像、规范性文件、指导意见等。如有必要，也可以为媒体提供其他可以公开的背景资料和情况说明。其六，人民法院接受新闻媒体舆论监督的协调工作由各级人民法院的新闻宣传主管部门统一归口管理。新闻宣传主管部门应当为新闻媒体提供新闻报道素材，保证新闻媒体真实、客观地报道人民法院的工作。对于新闻媒体报道人民法院的工作失实时，新闻宣传主管部门负责及时澄清事实，进行回应。其七，人民法院应当建立与新闻媒体及其主管部门固定的沟通联络机制，定期或不定期地举办座谈会或研讨会，交流意见，沟通信息。人民法院与新闻媒体可以研究制定共同遵守的行为自律准则。对于新闻媒体反映的人民法院接受舆论监督方面的意见和建议，有关法院应当及时研究处理，改进工作。其八，对于新闻媒体报道中反映的人民法院审判工作和其他各项工作中存在的问题，以及反映审判人员和其他工作人员违法违纪行为，人民法院应当及时调查、核实。查证属实的，应当依法采取有效措施进行处理，并及时反馈处理结果。其九，人民法院发现新闻媒体在采访报道法院工作时有下列情形之一的，可以向新闻主管部门、新闻记者自律组织或新闻单位等通报情况并提出建议。违反法律规定的，依法追究相应责任。（1）损害国家安全和社会公共利益的，泄露国家秘密、商业秘密的；（2）对正在审理的案件报道严重失实或恶意进行倾向性报道，损害司法权威、影响公正审判的；（3）以侮辱、诽谤等方式损害法官名誉，或者损害当事人名誉权等人格权，侵犯诉讼参与人的隐私和安全的；（4）接受一方当事人请托，歪曲事实，恶意炒作，干扰人民法院审判、执行活动，造成严重不良影响的；（5）其他严重损害司法权威、影响司法公正的。[①]

　　需要指出的是，一方面，我国目前专门规制媒体活动的法律规范相对较少，这为媒体审判的出现留下了隐患。《新闻工作者职业道德守则》属于行业自律条例，法律位阶相对较低，故而关于新闻媒体行业的职业规范和行为准则应进一步完善，以形成对新闻媒体报道活动的指引和规范。另一方面，法官不同于英美法系的陪审员。我国法官具有职业素养和专业能力，应当能够避免自己的行为受到外界舆论的影响。正如丹宁勋爵所说："从职业性质来说，一位训练有素的法官不会受他在报纸上读到的或在电

① 参见《最高人民法院关于人民法院接受新闻媒体舆论监督的若干规定》（法发〔2009〕58号）。

视上看到的任何东西的影响。"[1]因此，在处理独立公正行使审判权和新闻舆论监督方面，法官的职业素养起着很重要的作用。法官的职业素养和专业能力决定了其应对新闻舆论监督的态度和对策，故而其职业素养和专业能力对于审判权的独立行使具有重要影响。提升法官的职业素养和水平，加强对法官的培训，是增强法官审判权的独立行使能力、减少外部舆论的不利影响的重要途径。

## 五、司法公开规则

司法公开是实现司法公正的重要保障，也是树立法院权威、增强司法公信力的重要途径。我国宪法和法律均规定了司法公开的原则和制度，并通过司法公开四大平台建设，推进互联网时代司法公开的进一步完善。

### （一）司法公开的含义与价值

司法公开，或称为审判公开，是指法院对诉讼案件的审理和判决，除有特别规定外，都应在法庭公开进行，允许公众旁听。这是狭义的司法公开的含义。广义的司法公开或审判公开，是指法院在办理案件过程中依法向社会和诉讼参与人公开有关诉讼活动和信息，[2]这不仅包括法庭审理和判决的公开，还包括执行、文书等相关信息的公开。司法公开是各国司法制度的基本原则，也是实现司法公正的制度保障。从国际范围来看，司法公开基于公正审判权和公民知情权，不仅包括庭审过程的公开，还包括与案件审判相关的信息的公开。司法公开是国家应承担的责任，也是当事人和公众的权利。同时，司法公开也属于广义的政府信息公开的范畴，是世界各国司法制度发展的重要内容和普遍趋向。

其一，司法公开是公正审判权的基本要求。《世界人权宣言》第10条明确规定："人人完全平等地有权由一个独立而无偏倚的法庭进行公正的和公开的审讯，以确定他的权利和义务并判定对他提出的任何刑事指控。"该规定将"公开"与"公正"并列，以强调公开审判的重要意义。《公民权利与政治权利国际公约》第14条第1款规定："在判定对任何人提出的任何刑事指控或确定他在一件诉讼案中的权利和义务时，人人有资格由一个依法设立的、合格的、独立的和无偏倚的法庭进行公正的和公开的审讯。由于民主社会中的道德的、公共秩序的或国家安全的理由，或当诉讼当事人的私生活的利益有此需要时，或在特殊情况下法庭认为公开审判会损害司法利益因而严格需要的限度下，可不使记者和公众出席全部或部分审判；但对刑事案件或法律诉讼的任何判决应公开宣布，除非少年的利益另有要求或诉讼系有关儿童监护权的婚姻争端。"该条约强调了公开审判的基本原则，并列举了不公开审判的例外情形，规定了判决应公开宣布。获得公开审判是当事人的权利，同时也是公众的权利。

---

① ［英］丹宁勋爵著，李克强、杨百揆、刘庸安译：《法律的正当程序》，群众出版社1984年版，第40页。
② 肖沛权：《推进司法公开问题的思考》，《法学》2015年第12期。

其二，司法公开是保障公民知情权的重要制度。公民具有主张和表达意见的自由，该自由包括寻求、接受和传递消息和思想的自由。《公民权利和政治权利国际公约》第19条明确规定："人人有自由发表意见的权利；此项权利包括寻求、接受和传递各种消息和思想的自由。"知情权作为基本人权，产生于言论自由权，并逐渐形成独立的权利。正如《亚特兰大知情权宣言》所规定，知情权是公民参与、良好治理、打击腐败、人类发展及实现其他社会经济和公民政治权利的基础。公民的知情权是政府信息公开的基础和内在要求，司法公开的程度一定意义上反映了公众对司法的知情权的实现程度。[①]

其三，司法公开能够实现人民批评监督权力，提升司法权威和公信力。任何国家机构都处于人民的监督之下，公开透明是普遍的监督方式。司法活动的公开，能够促进权力在阳光下行使，规范和约束司法工作人员更加自律，从而树立司法的权威，提升司法的公信力。正如习近平总书记所指出："阳光是最好的防腐剂。权力运行不见阳光，或有选择地见阳光，公信力就无法树立。执法司法越公开，就越有权威和公信力。涉及老百姓利益的案件，有多少需要保密的？除法律规定的情形外，一般都要公开。要坚持以公开促公正、以透明保廉洁。要增强主动公开、主动接受监督的意识，完善机制、创新方式、畅通渠道，依法及时公开执法司法依据、程序、流程、结果和裁判文书。对公众关注的案件，要提高透明度，让暗箱操作没有空间，让司法腐败无法藏身。"[②]

其四，司法公开可实现社会规范之效果。法院公开庭审过程，是对社会进行普法教育的重要方式，裁判文书的公布也可以成为社会各界学习法律的资料。同时，司法公开可以为公民提供知晓司法程序和相关规则的机会，加强公众对司法制度的了解，增进公众对防范纠纷和参与司法的认识。[③]

无论是作为基本原则、基本制度还是权利，司法公开均构成司法制度的重要内容，也是保障司法公正实现的基本要求。"正义不仅要实现，而且要以人们看得见的方式实现。"司法公开是司法公正的基本标准，也是保障诉讼程序中辩论原则、直接言词原则、陪审原则等具体制度的不可或缺的原则。因此，司法公开在司法公正规范中具有占有地位，构成司法公正规范的重要内容。

### （二）我国司法公开之法律规则

公开审判是我国《宪法》明确规定的规范。我国《宪法》第130条规定："人民法院审理案件，除法律规定的特别情况外，一律公开进行。被告人有权获得辩护。"该规定明确说明，在我国诉讼活动中，公开为原则，不公开为例外，司法公开是受宪法保护的基本原则和制度。

① 高一飞：《国际准则视野下的司法公开》，《河南财经政法大学学报》2014年第2期。
② 习近平：《严格执法，公正司法》，中共中央党史和文献研究院编辑：《十八大以来重要文献选编》（上），中央文献出版社2014年版，第720页。
③ 张新宝、王伟国：《司法公开三题》，《交大法学》2013年第4期。

《刑事诉讼法》《民事诉讼法》《行政诉讼法》等法律对司法公开的具体规则作出规定。三大诉讼法均将公开审判作为诉讼程序的基本制度，对司法公开原则及其例外适用情形作出规范，并均规定了当事人可以申请不公开的情形。同时，三大诉讼法均规定了判决应当公开宣告，并规定了公众查阅发生效力的判决书、裁定书的权利。

《民事诉讼法》第 10 条规定："人民法院审理民事案件，依照法律规定实行合议、回避、公开审判和两审终审制度。"该条规定意味着司法公开是民事诉讼的基本制度。该法第 134 条规定："人民法院审理民事案件，除涉及国家秘密、个人隐私或法律另有规定的以外，应当公开进行。离婚案件，涉及商业秘密的案件，当事人申请不公开审理的，可以不公开审理。"根据该规定可知，在民事审判中，以公开审判为原则，不公开审判的例外情形为涉及国家秘密、个人隐私或法律另有规定。同时，在部分案件中可以依当事人申请不公开，这主要是离婚案件和涉及商业秘密的案件。《民事诉讼法》第 148 条第 1 款规定："人民法院对公开审理或不公开审理的案件，一律公开宣告判决。"第 156 条规定："公众可以查阅发生法律效力的判决书、裁定书，但涉及国家秘密、商业秘密和个人隐私的内容除外。"由此可知，尽管有案件不公开审理，但其判决宣告都须公开，并且除法定不公开的案件外，其他案件的发生效力的判决书、裁定书可以供公众查阅。

《刑事诉讼法》第 11 条规定："人民法院审判案件，除本法另有规定的以外，一律公开进行。被告人有权获得辩护，人民法院有义务保证被告人获得辩护。"该条直接规定了司法公开原则。第 188 条规定："人民法院审判第一审案件应当公开进行。但是有关国家秘密或个人隐私的案件，不公开审理；涉及商业秘密的案件，当事人申请不公开审理的，可以不公开审理。不公开审理的案件，应当当庭宣布不公开审理的理由。"根据该规定，刑事案件以公开审理为原则，不公开审理为例外，即涉及国家秘密或个人隐私的案件。当事人可以申请不公开审理的案件范围为涉及商业秘密的案件。不公开审理的案件需要当庭宣布不公开审理的理由。同时，该法第 285 条规定："审判的时候被告人不满十八周岁的案件，不公开审理。但是，经未成年被告人及其法定代理人同意，未成年被告人所在学校和未成年人保护组织可以派代表到场。"这意味着，在刑事诉讼中，涉及被告人为未成年人的案件同样不公开审理。与民事诉讼相同，即使存在不公开审理的情形，所有刑事案件的最终判决均须公开宣告。因此，该法第 202 条第 1 款规定："宣告判决，一律公开进行。"

《行政诉讼法》第 7 条规定："人民法院审理行政案件，依法实行合议、回避、公开审判和两审终审制度。"该规定明确将公开审判作为行政诉讼的基本制度。该法第 54条规定："人民法院公开审理行政案件，但涉及国家秘密、个人隐私和法律另有规定的除外。涉及商业秘密的案件，当事人申请不公开审理的，可以不公开审理。"同理，在行政诉讼中，司法公开为基本原则，涉及国家秘密、个人隐私和法律另有规定的是例外情形，涉及商业秘密的案件当事人可以申请不公开。第 80 条规定："人民法院对公开审理和不公开审理的案件，一律公开宣告判决。"也即，无论案件是否公开审理，判决宣告均须公开。同时，该法第65条规定："人民法院应当公开发生法律效力的判决书、裁定书，供公众查阅，但涉及国家秘密、商业秘密和个人隐私的内容除外。"该规定与《民事诉讼法》的规定相一致。

除此之外，《人民法院组织法》也对司法公开作出明确规定。该法第7条规定："人民法院实行司法公开，法律另有规定的除外。"第58条规定："人民法院应当加强信息化建设，运用现代信息技术，促进司法公开，提高工作效率。"该法同样以法律的方式对司法公开原则作出规定，并强调了运用现代信息技术促进司法公开是法院应履行的任务。

整体来看，我国通过宪法、三大诉讼法和《人民法院组织法》明确将司法公开作为司法程序的基本制度，并具体规定了不同诉讼程序中的不公开的例外情形。三大诉讼法均将涉及国家秘密、个人隐私的案件作为不公开审理的情形，将涉及商业秘密的案件作为可以依申请不公开审理的案件。所谓国家秘密，是指关系国家的安全和利益，在一定时间内只能够由一定范围人员知晓的事项，《中华人民共和国保守国家秘密法》（以下简称为《保守国家秘密法》）对国家秘密根据不同的密级作出划分和界定。国家秘密关系着国家的安全和利益，一旦泄露会对国家造成严重损害。个人隐私是指公民个人生活中不愿为他人知悉的秘密。隐私权是自然人享有的对个人信息和私人领域进行支配的人格权。商业秘密指不为公众所知悉、能为权利人带来经济利益，经权利人采取保密措施的经营信息和技术信息。商业秘密关系着企业的发展和竞争力，是企业的财产权利。尽管关于国家秘密、个人隐私和商业秘密有一般性的界定和认识，但针对我国目前法律关于"不公开审判"范围是否明确的调研显示，49.1%接受调研的刑事法官认为相关规范不是很明确，缺乏可操作性，并且认为相关规定存在一定缺陷，如某些可能会传播犯罪方法的案件不在不公开审理范围内，但从社会效果考虑不应公开。同时，鉴于法律关于司法公开制度的条文较少，未能充分体现该制度在整个诉讼过程中的制度价值和重要地位，也影响其在司法实践中的可操作性。[1]

我国通过诸多法律文件保障宪法和法律中规定的司法公开制度在实践中得到有效实施。1999年最高人民法院发布的《关于严格执行公开审判制度的若干规定》是我国首个专门就公开审判制度进行规范的法律文件，将公开审判定义为"公开开庭，公开举证、质证，公开审判"。2006年，最高人民法院先后发布了《人民法院新闻发布制度》《关于人民法院执行公开的若干规定》，对司法公开的方式和范围作出新规定。2007年，最高人民法院发布《关于加强人民法院审判公开工作的若干意见》，是就审判公开问题出台的第二个司法解释。该司法解释对审判公开的界定已经不局限于庭审相关的公开，而是将涉及立案、审判、执行等诉讼环节及与审判相关的司法工作，如裁判文书公开、庭审直播等都包含在内，从而将审判公开的概念从狭义转变为广义的司法公开。同时，该司法解释明确规定了审判公开的三个原则，即依法公开、及时公开和全面公开，对

[1] 叶青、张栋、刘冠男：《刑事审判公开问题实证调研报告》，《法学》2011年第7期。

解决缺乏明确操作要求的问题具有指导意义。2009 年，最高人民法院发布了《关于司法公开的六项规定》，确立了司法公开的六大内容，即立案公开、庭审公开、执行公开、听证公开、文书公开和审务公开，这意味着我国司法公开进入全面公开的新发展阶段。之后，最高人民法院还颁布实施了《关于人民法院在互联网公布裁判文书的规定》《关于人民法院直播录播庭审活动的规定》《关于确定司法公开示范法院的决定》等，不断推进司法公开的明确性和可操作性。①

2018 年，最高人民法院发布了《最高人民法院关于进一步深化司法公开的意见》。该意见指出，加强司法公开是落实宪法法律原则、保障人民群众参与司法的重大举措，是深化司法体制综合配套改革、健全司法权力运行机制的重要内容，是推进全面依法治国、建设社会主义法治国家的必然要求。该意见将司法公开的基本原则概括为主动、依法、及时、全面、实质五个方面。其一，主动公开。法院应充分认识深化司法公开工作的重大意义，进一步增强主动接受监督意识，变被动公开为主动公开，健全完善阳光司法机制。其二，依法公开。严格执行法律规定的公开范围，依法公开相关信息，同时严守国家秘密和审判秘密，保护当事人的信息安全，确保司法公开工作规范的有序开展。其三，及时公开。严格遵循司法公开的时效性要求，属于主动公开范围的应及时公开，有明确公开时限规定的要严格在规定时限内公开。其四，全面公开。以公开为原则、以不公开为例外，推动司法公开覆盖人民法院工作各个领域和环节，通过传统方式和新媒体方式相结合，最大限度保障人民群众的知情权、参与权、表达权和监督权。其五，实质公开。紧紧围绕人民群众司法需求，依法及时公开当事人和社会公众最关注、最希望了解的司法信息，将司法公开的重心聚焦到服务群众需求和保障公众参与上来，主动回应社会关切，将深化司法公开变成法院和群众双向互动的过程。②

### （三）新媒体时代我国司法公开之实践：司法公开四大平台

2013 年，最高人民法院发布了《关于推进司法公开三大平台建设的若干意见》，指出为进一步深化司法公开，依托现代信息技术，打造阳光司法工程，全面推进审判流程公开、裁判文书公开、执行信息公开三大平台建设，以增强公众对司法的了解、信赖和监督。这三大平台的建设，是展示现代法治文明的重要窗口、履行人民法院社会责任的重要途径。同时，庭审公开平台也得到建设和推进，由此形成了新媒体时代我国司法公开的四大平台，"互联网＋司法"的理念在司法公开四大平台的运行和效果中得到深化。

#### 1. 中国审判流程信息公开网

2014 年 8 月，中国审判流程信息公开网（https://splcgk.court.gov.cn/gzfwww/）上线试运行，最高人民法院发布了《最高人民法院审判流程信息公开暂行办法》，规定将

---

① 高一飞：《走向透明的中国司法——兼评中国司法公开改革》，《中州学刊》2012 年第 6 期。
② 参见《最高人民法院关于进一步深化司法公开的意见》（法发〔2018〕20 号。）

最高人民法院审理案件的流程信息等依托网上办案平台实现自动、同步向当事人及其诉讼代理人公开。同年 11 月，该网站正式开通。至 2015 年年底，全国各高级人民法院普遍建成本辖区三级法院统一的审判流程信息公开平台，并与中国审判流程信息公开网建立了链接，初步实现"一个入口查看全国法院所有在办案件流程信息"。然而，在该网站运行期间，发挥作用的同时也存在一定问题，如没有区分向公众公开审判政务信息和向当事人公开审判流程，公开的内容只是原则性列举，缺少操作性强的审判流程信息公开业务标准，存在"选择性公开"问题。部分法院的审判流程信息公开工作基本未开展或流于形式，参与诉讼的当事人的知情权不能得到充分满足，可能会影响当事人的诉讼权利和司法体验，也有损司法公开政策的严肃性和实施效果。为此，2016 年，最高人民法院开启了对中国审判流程信息公开网升级改造的工作。目前，该网站已成为全国法院审理案件的审判流程信息的集中汇聚和统一发布平台，为全国法院审判案件的当事人提供"一站式"的公开服务，成为全国法院审判流程信息公开的主要渠道。

2018 年，最高人民法院发布了《最高人民法院关于人民法院通过互联网公开审判流程信息的规定》，就审判流程信息公开的基本原则、审判流程信息公开平台的定位、诉讼参与人身份信息的采集与核对、特殊情况下的公开规则、通过互联网公开的审判流程信息的范围、依托审判流程信息公开平台进行电子送达的规则与效力、已公开审判流程信息的更正与撤回、审判流程信息公开工作督导机制等内容作出了明确、具体的规定。根据该规定，除涉及国家秘密，以及法律、司法解释规定应当保密或限制获取的审判流程信息之外，法院审判刑事、民事、行政、国家赔偿案件过程中产生的程序性信息、流程信息、诉讼文书和笔录等四类审判流程信息，均应通过互联网向参加诉讼的当事人及其法定代理人、诉讼代理人和辩护人公开。[1]审判流程信息公开是法院进一步严格履行宪法法律规定的公开审判职责的重要举措，也是司法体制综合配套改革的重要内容，旨在最大限度满足当事人的知情权、参与权和监督权。[2]该规定第 1 条第 2 款明确指出："人民法院审判具有重大社会影响案件的流程信息，可以通过互联网或其他方式向公众公开。"这体现了法院回应社会关切、自觉接受社会监督的举措，也是履行普法职责的重要渠道。

需要指出的是，该规定体现了司法公开以"依法""必要"为限度。该规定第 12 条指出："涉及国家秘密，以及法律、司法解释规定应当保密或限制获取的审判流程信息，不得通过互联网向当事人及其法定代理人、诉讼代理人、辩护人公开。"其中，国家秘密关系着国家的安全和利益，此类审判流程信息不宜在互联网流转，如果法律、司法解释未禁止当事人获取相关信息，则可通过互联网之外的方式向当事人发布。在界定国家秘密之外的不得公开的审判流程信息范围上，第 12 条并未直接列举，而是援引了

---

① 参见《最高人民法院关于人民法院通过互联网公开审判流程信息的规定》（法释〔2018〕7 号）。
② 徐隽：《审判流程信息网上公开》，《人民日报》2018 年 3 月 21 日第 11 版。

法律、司法解释，这意味着随着未来法律、司法解释的内容调整，不公开的范围也会随之变化。该条文设计增强了该规定的适应能力，并且将不公开范围严格限缩在"有法可依"的前提下，最大限度地限缩了解释空间，以有效杜绝"选择性公开"现象。[①]

2019年，最高人民法院发布的《最高人民法院关于深化人民法院司法体制综合配套改革的意见》强调"深化审判流程信息公开。……全面落实通过互联网公开审判流程信息的规定，完善相关业务规范和技术标准"。[②]需要注意的是，审判流程信息公开还依赖于审判流程体系的标准化构建，加强审判流程标准化建设能够促进公开的专业化和体系化，故而在公开的同时，法院还须加强不同专业领域的审判流程标准建设。[③]

### 2. 中国裁判文书网

中国裁判文书网（https://wenshu.court.gov.cn/）是我国裁判文书公开的重要平台。至2020年8月30日，中国裁判文书网的文书总量超过了1亿篇。有学者指出，从2013年7月1日中国裁判文书网开通到文书总量突破1亿，短短7年间中国的裁判文书实现了质的跨越，向规范化、标准化、制度化、信息化方向"大踏步前进"。[④]

2013年，最高人民法院在中国裁判文书网集中公布了第一批裁判文书，我国裁判文书上网公开工作拉开序幕。同年，最高人民法院发布《最高人民法院关于人民法院在互联网公布裁判文书的规定》，强调人民法院在互联网公布裁判文书应遵循依法、及时、规范、真实的原则。该规定第4条规定了公开的原则及其除外情形："人民法院的生效裁判文书应当在互联网公布，但有下列情形之一的除外：（一）涉及国家秘密、个人隐私的；（二）涉及未成年人违法犯罪的；（三）以调解方式结案的；（四）其他不宜在互联网公布的。"同时，该规定第6条和第7条对匿名化处理也作出规范："人民法院在互联网公布裁判文书时，应当保留当事人的姓名或名称等真实信息，但必须采取符号替代方式对下列当事人及诉讼参与人的姓名进行匿名处理：（一）婚姻家庭、继承纠纷案件中的当事人及其法定代理人；（二）刑事案件中被害人及其法定代理人、证人、鉴定人；（三）被判处三年有期徒刑以下刑罚及免予刑事处罚，且不属于累犯或惯犯的被告人。""人民法院在互联网公布裁判文书时，应当删除下列信息：（一）自然人的家庭住址、通信方式、身份证号码、银行账号、健康状况等个人信息；（二）未成年人的相关信息；（三）法人及其他组织的银行账号；（四）商业秘密；（五）其他不宜公开的内容。"[⑤]

---

① 《最高法院审管办负责人对〈最高人民法院关于人民法院通过互联网公开审判流程信息的规定〉答记者问》，https://www.chinacourt.org/article/detail/2018/03/id/3231258.shtml，访问日期：2021年4月6日。

② 参见《最高人民法院关于深化人民法院司法体制综合配套改革的意见》（法发〔2019〕8号）。

③ 李亮、章扬：《当前审判流程信息公开工作应当注意的几个问题》，《人民法院报》2019年5月9日第5版。

④ 姜佩杉、万紫千、赵利丽：《中国裁判文书网：法治中国的"亿"道亮丽风景》，《人民法院报》2020年9月5日第1版。

⑤ 参见《最高人民法院关于人民法院在互联网公布裁判文书的规定》（法释〔2013〕26号）。

2014 年起，各级法院陆续将生效的裁判文书在中国裁判文书网公布，最高人民法院按照季度制作全国法院裁判文书上网情况通报，强化对全国范围内裁判文书上网工作的统一化、精细化管理。自 2016 年 8 月起，中国裁判文书网每天都有超过 2000 万的访问量，并呈增长趋势。2016 年 10 月，修订后的《最高人民法院关于人民法院在互联网公布裁判文书的规定》正式施行。该规定第 4 条对不在互联网公布的裁判文书范围作出了调整："人民法院作出的裁判文书有下列情形之一的，不在互联网公布：（一）涉及国家秘密的；（二）未成年人犯罪的；（三）以调解方式结案或确认人民调解协议效力的，但为保护国家利益、社会公共利益、他人合法权益确有必要公开的除外；（四）离婚诉讼或涉及未成年子女抚养、监护的；（五）人民法院认为不宜在互联网公布的其他情形。"但是，该规定第 6 条指出："不在互联网公布的裁判文书，应当公布案号、审理法院、裁判日期及不公开理由，但公布上述信息可能泄露国家秘密的除外。"① 由此可知，修订后的规定扩大了不公布的范围，尤其是将离婚诉讼或涉及未成年子女抚养、监护的案件规定在不公开的范围内，以保障当事人和未成年人的隐私权、促进未成年人的身心健康发展。

需要指出的是，尽管我国裁判文书公开取得了较大成就，但裁判文书公开还尚存一定问题。以家事裁判文书的公开为例，根据《最高人民法院关于人民法院在互联网公布裁判文书的规定》，离婚诉讼或涉及未成年人抚养、监护的案件不在公开范围内，但应作出说明。除离婚诉讼、涉及未成年人抚养、监护的案件不在互联网公布外，其他家事案件在互联网上公布时需要符合第 9 条的匿名化处理规则和第 10 条删除个人信息的规定。然而在实践中，家事裁判文书的网上公开还存在问题，这集中体现在四个方面。

其一，尽管司法解释规定离婚、儿童抚养或监护类案件的判决书可以不在互联网上公布，但此类案件的判决书均在中国裁判文书网上公布，且大量裁判文书的发布时间在司法解释生效之后。诸多离婚或涉及儿童抚养、监护类案件的裁判文书不符合仅公布案号、审理法院、裁判日期及不公开理由的规定，多数在匿名化处理之后公布了全文。因此，司法解释中关于离婚、儿童抚养或监护案件的不公开规定在实践中并未落实。

其二，部分公开的家事裁判文书的匿名化处理不符合司法解释的要求，尚存侵犯个人隐私权或泄露个人信息的隐患。司法解释规定在匿名化处理中，一般保留姓氏，名字以"某"替代，但部分案件中当事人的姓名仍然保留在公布的裁判文书中。该匿名化处理存在缺陷的裁判文书主要分为两类：一类裁判文书虽然在正文中隐去了当事人的姓名，但在搜索页标题中仍然保留了当事人姓名，如 2017 年 9 月 11 日发布的一份判决书，虽然在判决书正文中使用了"童××""姚××"代替，但在标题中却未处理当

---

① 参见《最高人民法院关于人民法院在互联网公布裁判文书的规定》（法释〔2013〕26 号）。

事人的姓名;[①]另一类裁判文书在标题与裁判文书正文中未隐去当事人姓名,如 2017 年 9 月 4 日发布的离婚纠纷一审判决书、2017 年 9 月 13 日发布的离婚纠纷一审判决书等,无论是标题还是正文均未隐匿当事人姓名,亦未对未成年子女作出匿名处理。[②]

其三,部分公开的离婚诉讼等裁判文书未删除能够确认当事人身份的个人信息,违反了司法解释第 10 条的规定。司法解释第 10 条规定应当删除自然人的身份证号码、家庭住址、通信方式等个人信息,但部分公开的裁判文书并未完全删除该类信息,如 2017 年 8 月 30 日发布的"赵某某诉王某某离婚纠纷一审判决书"、2017 年 9 月 11 日发布的"江某某与李某峰离婚纠纷一审判决书"等,均未删除当事人的家庭地址信息。[③]

其四,部分家事裁判文书完全没有经过匿名化及删除个人信息的处理,直接发布在了中国裁判文书网上,泄露了当事人的个人信息,侵犯了当事人的隐私权。例如,2017 年 9 月 11 日发布的一份判决书中,当事人的姓名、家庭住址、工作单位等个人信息均未处理。[④]

尽管我国积极推进裁判文书网上公开,司法解释已经对匿名化处理和个人信息保护的要求和具体操作标准作出了明确规定,但实践中各地法院在公开过程中存在失误和问题,导致不符合司法解释规定的情形频繁出现。因此,各地法院在网上公开家事裁判文书的过程中,应当加强对匿名化处理的重视,不仅处理当事人姓名,还应当修改或处理可能识别出当事人的具体信息,从而使得当事人及未成年人不会因该公开被公众识别出来。

域外诸多国家和地区基本也是通过加强匿名化处理来保障家事裁判文书公开过程中的当事人隐私权保护。韩国对裁判文书公布的匿名化处理作出了明确规定,当事人的姓名、住所地等需要进行非实名化处理,身份证号、地址、电话号码、账号等均须删除。该匿名化处理程序具体分为两个阶段:第一阶段利用自动的非实名化处理软件处理;第二阶段则在法院事务官的监督下由外部人力公司职员进行人工验收工作,以免出现错误。[⑤]欧盟各国普遍将个人信息隐匿后公布裁判文书,或仅公布当事人的姓氏,或以英文字母代替当事人姓名,或在保留姓名的情况下对住址、通信方式等作技术化处理。德国《法院组织法》规定婚姻等亲属法诉讼的审判不许公开,法院公开判例时不应包括当事人、证人的姓名。[⑥]

部分国家公布的家事裁判文书对当事人的姓名进行了处理,一般以姓氏或简称的形式匿名。新加坡网上公布的家事裁判文书中涉及的当事人、儿童的姓名均以简称代

---

① 参见新疆生产建设兵团下野地垦区人民法院民事判决书(2017)兵 0801 民初 399 号。

② 参见山东省郯城县人民法院民事判决书(2017)鲁 1322 民初 4068 号、湖南省道县人民法院民事判决书(2017)湘 1124 民初 1945 号。

③ 参见黑龙江省大庆市萨尔图区人民法院民事判决书(2017)黑 0602 民初 2821 号、江西省莲花县人民法院民事判决书(2017)赣 0321 民初 365 号。

④ 参见吉林省汪清林区基层法院民事判决书(2017)吉 7501 民初 108 号。

⑤ 杨建文:《韩国的文书公开制度》,《人民法院报》2013 年 8 月 23 日第 8 版。

⑥ 〔德〕F.门策尔著,田建设整理:《司法审判公开与德国当代判例数据库》,《法律文献信息与研究》2009 年第 4 期。

替，如上诉人"TSG"与被上诉人"TSE"，判决书正文中则以儿童"M""父亲""母亲"作出指代。[①]澳大利亚通过AustLII网站公布裁判文书，家事判决书中当事人以姓氏简称，如以Atkinson先生、Atkinson夫人指代案件当事人。[②]我国香港地区家事法院公开的案件被划分为婚姻诉讼、家事杂项诉讼及离婚共同申请三类，当事人名称均以姓氏或英文简称指代，如呈请人"张"及答辩人"AAG"等。[③]

实践中当然也存在将个人信息隐匿但保留当事人姓名的情形。我国台湾地区自2003年起将上网公开的裁判文书中当事人的身份证号、地址等信息进行隐匿，自2007年起将上网文书中当事人的姓名隐匿。2010年台湾地区所谓"法院组织法"第83条作出修正，规定判决书应公开当事人的姓名，但不应公开当事人的身份证统一编号及其他可能足以识别该个人的资料。台湾地区司法机构的修正说明指出，隐匿当事人姓名的公开方式不利于媒体和一般民众的检索，当事人姓名在法院审判过程中已经公开，之后再在判决书上网过程中公开并未过分侵害当事人的隐私权。[④]

整体来看，在涉及个人隐私的案件中，很多国家的法院基本上是将经过匿名化处理的裁判文书上网公开，并注重对个人信息和隐私的保护。除特定地区公布的判决书保留了当事人姓名，大部分国家同样将当事人的姓名进行了匿名化处理。2018年5月，最高人民法院发布了《关于全面提升裁判文书质量切实防止低级错误反复发生的紧急通知》，针对一些法院个别上网裁判文书存在低级错误等问题，指出应大力推广裁判文书智能纠错软件的安装和应用，按照智慧法院建设要求，充分发挥随案同步生成电子卷宗、裁判文书智能辅助生成、文书智能纠错等软件的作用，有效辅助法官及时发现和纠正文书低级错误。在互联网与人工智能迅速发展的今天，相关辅助软件的有效利用能够在匿名化处理中发挥重要作用。

裁判文书网上公开并非简单的一项制度或操作，而是具有较强的专业性的系统工程，需要一系列配套制度措施和具有可操作性的运行和监督机制。有观点指出，为保障裁判文书网上公开的质量，应当明确裁判文书负责制和上网公开之前的审查责任制，首先由承办案件的部门负责人审核，重大、复杂、疑难或社会关注度较高的案件由主管副院长审核。[⑤]司法解释仅对匿名化处理的标准和要求作出规定，具体的操作流程或运行机制有待不断探索。在员额制推行后，案件的匿名化处理和上传发布的责任由法官负责，具体操作事宜可由法官助理负责；相关审查机构应当负责审核家事裁判文书的形式错误和统计相关公开数据，并负责与上级法院相关机构对接相关技术问题。[⑥]

---

① TSG & Anor v TSE & Anor, ［2017］SGHCF 21
② Atkinson & Atkinson ［2017］FamCA 649 (25 August 2017).
③ FCMC 1289 / 2016;FCMC 4022 / 2016. 具体可见香港司法机构网站 www.judiciary.gov.hk。
④ 龙飞编译：《如何推动裁判文书上网——集阳光"防腐"之功而免其"灼伤"之患》，《法制资讯》2013年第5期。
⑤ 赵红星、李君剑：《裁判文书网上公开现状探析及公开方向论证》，《河北法学》2015年第12期。
⑥ 马超、于晓虹、何海波：《大数据分析：中国司法裁判文书上网公开报告》，《中国法律评论》2016年第4期。

《最高人民法院关于人民法院在互联网公布裁判文书的规定》第16条规定技术处理不当的裁判文书应及时撤回并在纠正后重新公布，然而并未规定具体的撤回及纠正流程。目前公布的诸多裁判文书存在着技术处理不当的问题，各地法院在完善裁判文书匿名化和个人信息保护处理机制的同时，还应完善撤回和纠正机制，将已公布的处理不当的裁判文书撤回并在纠正后重新公布。同时，家事裁判文书公布之后的反馈与监督机制，也有待于裁判文书网上公开相关程序的不断完善。案件承办法官是裁判文书质量的第一责任人，其所在审判团队、所在部门和分管领导也应承担管理责任。一经发现存在多处瑕疵和低级错误的文书，应及时采取有效措施处理问责。同时，进一步健全完善长效机制，填补办案和管理漏洞，不断提升法官的裁判文书制作和说理释法水平，在当前实践中仍有待完善。

### 3. 中国庭审公开网

2020年12月4日，中国庭审公开网（http://tingshen.court.gov.cn/）庭审直播突破1000万场。作为四大司法公开平台之一，中国庭审公开网自2016年9月上线以来已实现了全国3500余个法院全接入、全覆盖的目标，近30万名法官在该网站进行庭审直播，网站总访问量至2021年4月6日已超过360亿次。中国庭审公开网是世界范围内最大的政务视频直播网站。[1]该网站设有"庭审直播""直播回顾""庭审录播""重大案件""普法教育""热点排行""数据公开"等栏目，不断优化直播检索功能，提升用户体验。

庭审直播过程是有效普法的过程，体现了司法公开和以案释法的有效运用。无论是快播公司传播淫秽物品牟利案、康菲溢油案还是首例大气污染公益诉讼案、于欢故意伤害案等热点案件，相关法院通过庭审全程直播，便利了公众对司法的监督和了解，通过司法公开增强了法院的权威和公信力，充分发挥了庭审直播的效应。[2]

针对有关人士提出的庭审直播可能造成的隐私权风险，最高人民法院着手制定相关司法解释亦明确划定庭审直播的案件范围，进一步加强对庭审中涉及的公民隐私权和商业秘密的保护，并注重对未成年人、被害人和证人等特殊主体的保护，从而努力在司法公开和维护公民隐私权及企业商业秘密之间维持平衡。[3]

### 4. 中国执行信息公开网

中国执行信息公开网（http://zxgk.court.gov.cn/）是司法公开的另一重要平台。在该网站上，全国各地的失信被执行人姓名、法人或其他组织的名称、身份证号码、组织机构代码等查询端口信息清晰，便于公众查阅。加强执行信息公开，为当事人和公众提供全方位的执行公开服务，体现了阳光执行的要求，也是司法公开的重要内容。该网站于2014年11月正式开通，为查询失信被执行人提供了专门分区。

---

① 《中国庭审公开网庭审直播一千万场颁证活动举行》，《人民法院报》2020年12月18日第1版。
② 扬凡：《发挥直播效应 助推全民普法》，《人民法院报》2019年8月10日第2版。
③ 孙航：《中国庭审公开网公开庭审总量突破1000万场》，《人民法院报》2020年12月5日第1版。

执行信息公开是司法公开的重要内容，执行信息公开平台建设能够保障民众的知情权和监督权的落实，最大限度减少执行权徇私的空间，让执行权在阳光下运行。通过深化执行公开，能够更大程度督促执行法官严格规范其司法行为，有力促进司法的公正高效廉洁，预防和遏制司法腐败。[①]

## 六、说理规则

说理规则要求法官在裁判活动中释法说理，以增强司法的公正性、提升司法权威。我国裁判文书出现了一定的违反说理规则的现象，近年来加强裁判文书说理得到了充分重视。释法说理水平也一定程度上反映了法官的职业素养和专业水平。遵守说理规则、加强裁判文书的可接受性，是实现司法公正的必然要求。

### （一）说理规则的含义与价值

所谓说理，或称为裁判说理、司法说理，是指法院审判活动的说理，这贯穿于审判活动的各个环节和全部过程，并且时间、空间和形式多样。[②]其中，裁判文书说理是裁判说理的重要体现，其强调法官通过裁判文书对案件进行释法说理，通过阐明事理、释明法理、讲明情理、讲究文理，向案件的当事人及其代理人、社会公众阐明判决结论的形成过程和正当性理由的活动。裁判说理是司法公正的重要要求，能够增强裁判行为的公正性和透明度，规范裁判权的行使。裁判文书是诉讼程序的重要组成部分，而说理则是裁判文书的实质，这又体现在判决书最核心的部分，即判决理由。

裁判说理具有重要意义。《最高人民法院关于加强和规范裁判文书释法说理的指导意见》在三个方面作出界定：其一，说理的目的在于阐明裁判结论的形成过程和正当性理由，提高裁判的可接受性，实现法律效果与社会效果的统一；其二，增强裁判的可预见性和程序公正，即增强裁判行为的公正性和透明度，规范审判权的运行，从而提升司法的公信力和司法权威；其三，促进司法公正的实现，即发挥裁判的定分止争和价值引领功能，努力让人民群众在每一个司法案件中感受到公平正义，切实维护诉讼当事人的合法权益，以促进社会的和谐稳定。[③]有法官指出，裁判说理改革是提升国家治理能力的重要途径，承担着展示法院公正形象的重要任务，是提升司法产品质量和审判效率的重要途径，也是推进司法公开和提升人民群众公平正义获得感的重要方式。[④]

裁判说理是当事人感受公平正义、增强裁判可接受性的重要保障，一定程度上可以减少当事人对裁判结果的疑惑或偏见，减少裁判后的法律释明工作量和司法资源的

---

① 刘婧：《阳光执行尽显威力——人民法院执行信息公开工作纪实》，《人民法院报》2016 年 11 月 4 日第 1 版。
② 胡云腾：《论裁判文书说理与裁判活动说理》，《人民法院报》2011 年 8 月 10 日第 5 版。
③ 参见《最高人民法院关于加强和规范裁判文书释法说理的指导意见》（法发〔2018〕10 号）。
④ 李少平：《新时代裁判文书释法说理改革的功能定位及重点聚焦》，《人民法院报》2018 年 6 月 13 日第 5 版。

耗费。同时，裁判说理也是保障公众监督、增强司法公信力的重要途径。裁判文书公开是当前司法公开的有力方式，加强对裁判文书的释法说理则有利于促进公众加强对相关法律和案件的了解，形成相对明确的法律确信和预期，并且能够增强司法裁判的社会正当性，从而增强公众对司法的信心，提升司法权威，由此形成良好的法律效果和社会效果。作为司法活动的程序产品和最终产品，裁判文书展示了诉讼流程、诉辩主张、法律事实、裁判理由、裁判结论等内容，全景展现了司法公正的产生过程和依据。[①]如果法官的说理不充分或存在问题，则可能引发公众质疑，损害司法权威。

对法官而言，裁判文书说理是基本的法律要求，也是法官的司法素养和职业操守的体现。裁判文书是法官职业生涯的见证，也是其工作成效之展现。释法说理是裁判文书的灵魂，说理水平很大程度上决定了裁判文书的质量。[②]《最高人民法院关于加强和规范裁判文书释法说理的指导意见》第 17 条明确指出："人民法院应当将裁判文书的制作和释法说理作为考核法官业务能力和审判质效的必备内容，确立为法官业绩考核的重要指标，纳入法官业绩档案。"由此可见，作为法官业务能力、审判质量和效果的必备内容，裁判说理与法官个人的职业发展联系密切。

### 🗨 典型案例 3-8

#### 备受诟病的"彭宇案"一审判决书

2007 年，南京市鼓楼区人民法院关于彭宇案的一审判决书引发了社会和法学界的广泛讨论，法官的裁判说理遭受质疑。该案基本事实为 2006 年 11 月 20 上午，在南京市某公交站等车的原告，在前往乘坐位置靠后的公交车时，与从前一辆公交车后门下车的被告彭宇相撞。该案在公众舆论中成为"救人反被诬""好人被冤枉"的典型案件，但在案件和解撤诉后，彭宇表示在该意外中，两人确实发生了碰撞。之所以出现做好事反被诬陷的错误认知，一定程度上与该案一审法官在裁判文书中的错误说理有关。

在一审中，该案的争议焦点为原被告双方是否相撞，但警方丢失了事发时双方的询问笔录，故原始证据缺失。法官在一审判决中对双方相撞事实的认定进行了推理分析："如果被告是见义勇为做好事，更符合实际的做法应是抓住撞倒原告的人，而不仅仅是好心相扶；如果被告是做好事，根据社会情理，在原告的家人到达后，其完全可以言明事实经过并让原告的家人将原告送往医院，然后自行离开，但被告未作此等选择，其行为显然与情理相悖。"[③]

尽管一审法官根据彭宇的自认，结合当班交警电子笔录，传讯交警和原告儿子

---

① 夏克勤：《裁判文书说理：推开司法公正全景之门》，《人民法院报》2020 年 7 月 2 日第 5 版。
② 章光园：《多维主体视角下裁判文书释法说理的意义阐释》，《人民法院报》2020 年 1 月 2 日第 8 版。
③ 参见南京市鼓楼区人民法院民事判决书（2007）鼓民一初字第 212 号。

等目击者当庭质证，适用民事诉讼的优势证明标准已经基本可以认定不利于彭宇的事实，但可能担心裁判理由不够充分，故而运用所谓"经验法则"，以"人性恶"的个人经验判断作为社会一般经验判断，从而作出了违背证据原理和普遍道德认知的事实推定，以致引发轩然大波。①

针对该案，2014年最高人民法院民一庭负责人在回答记者提问时指出："日常生活经验对于司法裁判的作用，不仅《最高人民法院关于民事诉讼证据的若干规定》中已经做出明确规定，更重要的是，它确实是法官在案件审理过程中不可或缺也不能回避的一种手段。换句话说，无论法律或司法解释如何规定，日常生活经验也难免会在司法裁判中发挥作用。原因在于，法官与社会不可能相脱离，人情与法理也不可能截然排斥，司法裁判说到底是一种人性良知的判断。但是，运用日常生活经验进行推理、作出判断，我们觉得要注意两点：一是一定要结合既有证据全面综合考量，日常生活经验往往是既有证据的辅助，有可能补强既有证据，也有可能削弱既有证据的证明力，但无论如何，都要结合既有证据来考虑日常生活经验，不宜先入为主。二是在裁判过程中要注意与社会的善良风俗结合起来，要鼓励、引导、发扬社会主义道德，要弘扬公序良俗。因为，人民法院的民事判决不仅仅具有定分止争的作用，更有教育、引导的功能。前几年的彭宇案，从一审的证据看，彭宇确实与原告发生了碰撞，一审判决在证据评价和事实认定上并无错误，在审理结果上也并无不当，但为何会引起争论？一个重要的原因就是一审判决没有正确理解和运用生活经验推理。本次公布的案例，同样在不同程度上运用了生活经验，比较好地把握了日常生活经验、司法推理和公序良俗之间的关系，在正确认定事实的同时，在价值倡导上、在教育引导方面，也起到了积极的作用。"②

彭宇案是关于裁判文书说理的典型案例。该案中一审法官的推理作出了"人性恶"的经验判断，明显违反了人们的一般道德认知，以致产生了不良的社会影响。由此可见，法官的裁判说理对普及法律知识和维护司法公信力具有重要作用，法官的裁判说理水平应不断增强。

**（二）域外裁判说理之发展**

域外国家和地区普遍重视裁判文书的说理工作，但两大法系国家在裁判方法和撰写风格上有所差异。

德国裁判文书一般由判决的冒头部分、判决主文、本案事实、裁判理由和法官签名组成。根据《民事诉讼法典》第313条第3款之规定，裁判理由应包括对裁判中事

---

① 傅郁林：《当信仰危机遭遇和谐司法——由彭宇案现象透视司法与传媒关系》，《法律适用》2012年第12期。

② 刘婷：《最高人民法院民一庭负责人就典型案例答记者问》，http://www.chinatrial.net.cn/news/2595.html，访问日期：2021年4月8日。

实和法律观点考量的概括，遵循相对固定的格式和判决体例，这主要包括两部分内容。一是该部分须解释法院的关于事实认定的结论和对认定其关键作用的观点。该部分应详略得当，说明法院为何基于证据调查得出某个结论。二是应当解释可适用的法律和所有根据案件事实存疑的个别要件，从而论证裁判的正当性。为了保障当事人的听审权，法院应深入分析当事人的实质性申述并表达自己的观点，从而使得当事人能够理解和接受裁判结果。在实践中，德国法院的判决书中容易出现学术性讨论，这可能会导致裁判文书过于冗长。在说理方法中，法官在形式上必须遵循法律解释方法与逻辑涵摄规则，在实质上则应详细分析所有涉及公正裁判的观点。[①]法国裁判文书说理具有整体性、概括性的特点。在法国，判决书应当简要说明双当事人的诉讼请求及其理由，判决结果应当说明理由。裁判文书具有较浓重的"权威"色彩，在判决中只会展现同一种法官意见，避免不同观点的意见阐释影响对最终裁判结果的说理。[②]

鉴于英美法系国家以判例法为基础，法官的裁判说理是普通法得以延续和发展的基础，故而英美法系国家注重对法官裁判说理的培训。英国最高法院前任院长廖伯嘉勋爵指出："没有理由的判决是非正义的，甚至都不能成为判决。"塞德利勋爵（Lord Sedley）指出，在公共机构作出决定的正当程序中，说明理由是最后必然一步。决策者说明理由的法定职责不在于程序烦琐或给予律师发现错误的机会，而是在于政府善治的基本要求，说明理由能够让决策者关注裁判决定及其法律依据、证据材料。通过严格的裁判说理程序，裁判者甚至可能会改变最初的结论，故而这是保障司法公正的有力措施。[③]所谓裁判说理，即用直白的语言向当事人解释他们胜诉或败诉的原因。若当事人不知道自己胜诉或败诉的原则，则正义无法实现。[④]裁判理由应说明裁判结果作出所依据的关键证据，并且表述应避免不必要的复杂性，不需对案件作出全面、详细的分析。同时，应当从常识角度把裁判理由作为一个整体进行理解，而非作为法学文献来解读。[⑤]美国裁判文书历来强调法官对案件的审慎思考和清晰的文字表述。法院通过司法判决与当事人、律师、其他法院和社会公众联系，最终的裁判文书是法院权威的衡量标准，故而除了裁判结果正确外，裁判文书应当公正、合理、便于理解。在判例法中，裁判理由是裁判发挥约束力的关键内容，故而注重裁判说理是英美法系法律制度的基本要求。[⑥]

### （三）裁判说理的方式与规则

2010 年修订的《法官行为规范》在第五部分"文书制作"中对说理规则作出了明确

① ［德］彼得·哥特瓦尔德著，曹志勋译：《德国司法判决书中的说理：实践与学说》，《苏州大学学报（法学版）》2015 年第 4 期。
② 马宏俊：《裁判文书说理改革应德法并重》，《光明日报》2018 年 7 月 15 日第 7 版。
③ R v Solihull MBC ex parte Simpson(1993)26 HLR 370.
④ English v Emery Reimbold and Strick Ltd（Practice Note）（2002）1 W.L.R. 2409.
⑤ ［英］杰里米·库珀著，杨小利译：《英国法官如何进行裁判说理》，《中国应用法学》2018 年第 2 期。
⑥ 马宏俊：《裁判文书说理改革应德法并重》，《光明日报》2018 年 7 月 15 日第 7 版。

要求。第46条规定了文书制作的基本要求："（一）严格遵守格式和规范，提高裁判文书制作能力，确保裁判文书质量，维护裁判文书的严肃性和权威性；（二）普通程序案件的裁判文书应当内容全面、说理透彻、逻辑严密、用语规范、文字精练；（三）简易程序案件的裁判文书应当简练、准确、规范；（四）组成合议庭审理的案件的裁判文书要反映多数人的意见。"[1] 该要求既对说理内容和逻辑性提出要求，也对裁判文书的格式规范作出强调。同时，《法官行为规范》对裁判文书质量责任的承担、具体部分的写作要求、法律条文的应用、裁判文书宣告或送达后发现文字错误的处理等情形作出了相应规定。

**>> 典型案例 3-9**

### 错误频现的裁判文书

2008年，一篇名为《天津某法院多达18处低级错误的终审判决书》的帖子在互联网发布。发帖人写道："这是我2008年11月7日领到的法院终审判决书。一份仅6页的判决书，光错别字、丢字等低级错误就有18处。这样一份错误百出的终审民事判决书还赫然盖上了'××法院'的公章。难道法官就是这样的工作态度吗？法律的权威与神圣荡然无存！"[2]

无独有偶，2014年，湖南省高级人民法院出具的一份关于一起国有土地使用权转让合同纠纷的判决书出现了300余处笔误，除病句、标点符号等低级错误外，机构名称、涉案金额等内容也出现错误，"60亩土地变20万亩"。[3]

2017年，湖南省永州市东安县人民法院发布的一份"七错"裁判文书引发公众关注。这份裁判文书是东安县法院作出的执行裁定书。该裁定书只有几百字，却出现了包括地名、姓名、性别在内的7处书写错误。其中，两处把"东安县"写成"东这县"，并把被执行人的姓名反复写错，性别"女"写为"吕"，"身份证号码"写为"身份号码"。该事件被爆出后，相关责任人员受到了党纪、政纪处分。[4]

错误频现的裁判文书的出现，影响了司法的公信力，也容易引发当事人和公众对司法公正和法官审判水平的质疑。由此，2018年，最高人民法院下发了《关于全面提升裁判文书质量切实防止低级错误反复发生的紧急通知》，指出个别法院的裁判文书存在明显低级错误，反映出个别法官工作作风不严谨、工作态度不扎实、职业能力有欠缺，也集中反映出有些法院裁判文书审核把关机制不健全、文书上网管理制度有疏漏、信息化应用程度不高等问题，必须引起高度重视，采取切实有力举

---

① 参见《法官行为规范》（法发〔2010〕54号）。

② 《法院判决书出现18处错误 人工流产成工人流产》，https://news.ifeng.com/c/7fYZYS5vrLm，访问日期：2021年4月8日。

③ 《60亩土地变20万亩 湖南高院一判决书现317处错误》，https://www.guancha.cn/politics/2019_04_13_497481.shtml，访问日期：2021年4月8日。

④ 靳昊：《"胜得茫然、输得糊涂"，裁判文书如何以理服人》，《光明日报》2018年7月15日第7版。

措，从根本上解决个别裁判文书质量不高问题，最大限度减少裁判文书各种错误的
反复发生。

2018 年，最高人民法院印发了《关于加强和规范裁判文书释法说理的指导意见》，
进一步加强对裁判文书说理的指引和规范。该意见指出了裁判文书说理的内容：一是
阐明事理，说明裁判所认定的案件事实及其根据和理由，展示案件事实认定的客观性、
公正性和准确性；二是释明法理，说明裁判所依据的法律规范及适用法律规范的理由；
三是讲明情理，体现法理情相协调，符合社会主流价值观；四是讲究文理，语言规范，
表达准确，逻辑清晰，合理运用说理技巧，增强说理效果。同时，该意见规定了裁判
说理的基本要求："裁判文书释法说理，要立场正确、内容合法、程序正当，符合社会
主义核心价值观的精神和要求；要围绕证据审查判断、事实认定、法律适用进行说理，
反映推理过程，做到层次分明；要针对诉讼主张和诉讼争点、结合庭审情况进行说理，
做到有的放矢；要根据案件社会影响、审判程序、诉讼阶段等不同情况进行繁简适度
的说理，简案略说，繁案精说，力求恰到好处。"有学者以 276 份民事裁判文书为样本，
分析核心价值观的司法适用，适用方式分为单独适用和符合适用，并有价值宣示、教
育、补强说理或作为说理依据之功能，在基层法院适用较多。[①]

该意见区分了强化说理和简化说理的不同案件类型，如疑难、复杂案件，诉讼各
方争议较大的案件，社会关注度较高、影响较大的案件等需要强化说理。在法官的论
据材料中，该意见强调，除依据法律法规、司法解释的规定外，法官还可运用下列论
据论证裁判理由，以提高裁判结论的正当性和可接受性："最高人民法院发布的指导性
案例；最高人民法院发布的非司法解释类审判业务规范性文件；公理、情理、经验法则、
交易惯例、民间规约、职业伦理；立法说明等立法材料；采取历史、体系、比较等法律
解释方法时使用的材料；法理及通行学术观点；与法律、司法解释等规范性法律文件不
相冲突的其他论据。"由此可知，情理、经验法则、民间规约、职业伦理、立法说明等
可以成为法官的论据，并且法官可以采用体系解释、比较法等方式，并且可以运用通
行学术观点和法理作出论证，这一定程度上扩大了法官可使用的论据范围和论证方法。
同时，该意见对裁判文书说理的风格和表达方式作出了规范："裁判文书行文应当规范、
准确、清楚、朴实、庄重、凝炼，一般不得使用方言、俚语、土语、生僻词语、古旧
词语、外语；特殊情形必须使用的，应当注明实际含义。裁判文书释法说理应当避免
使用主观臆断的表达方式、不恰当的修辞方法和学术化的写作风格，不得使用贬损人
格尊严、具有强烈感情色彩、明显有违常识常理常情的用语，不能未经分析论证而直
接使用'没有事实及法律依据，本院不予支持'之类的表述作为结论性论断。"[②]这意味
着，裁判文书说理应注重客观、准确和朴实，避免使用不恰当的修辞方法或学术化的

---

① 周尚君、邵珠同：《核心价值观的司法适用实证研究——以 276 份民事裁判文书为分析样本》，《浙
　江社会科学》2019 年第 3 期。
② 参见《最高人民法院关于加强和规范裁判文书释法说理的指导意见》（法发〔2018〕10 号）。

写作风格，其目的在于保障裁判文书的受众，如当事人及公众能够准确了解案件信息，保证司法的公正性和客观性。

> 典型案例 3-10

### "诗意判决书"：法律与诗意兼得？

2016 年，江苏省泰兴市人民法院一份离婚判决书"走红"，引发公众关注。该判决书指出："本院认为，婚姻关系的存续是以夫妻感情为基础的。原、被告从同学至夫妻，是一段美的历程：众里寻他千百度，蓦然回首，那人却在灯火阑珊处。令人欣赏和感动。若没有各自性格的差异，怎能擦出如此美妙的火花？然而生活平淡，相辅相成，享受婚姻的快乐与承受生活的苦痛是人人必修的功课。人生如梦！当婚姻出现裂痕，陷于危机的时刻，男女双方均应该努力挽救，而不是轻言放弃，本院极不情愿目睹劳燕分飞之哀景，遂给出一段时间，以冀望恶化的夫妻关系随时间流逝得以缓和，双方静下心来，考虑对方的付出与艰辛，互相理解与支持，用积极的态度交流和沟通，用智慧和真爱去化解矛盾，用理智和情感去解决问题，不能以自我为中心，更不能轻言放弃婚姻和家庭，珍惜身边人，彼此尊重与信任，重归于好。"[1]

该判决"走红"后，部分公众认为该判决反映了法官的文化素养、为民情怀和柔性执法，体现了"宁拆百座庙，不毁一桩婚"的传统文化，认为判决具有人性化；部分公众则质疑法官裁判的专业性，认为应使用法言法语，"法官不应该把居委会大妈的事儿给干了"。裁判文书属于国家法律公文，具有法律属性和写作属性，前者要求统一、规范，后者则允许灵活性。[2] 然而，结合《关于加强和规范裁判文书释法说理的指导意见》的规定来看，该意见允许法官在裁判文书中进行一定的灵活化处理，必要时可以采用适当的修辞方法增强说理效果，但是，裁判文书应避免采用主观臆断的表达方式和不恰当的修辞方法。

这并非首个引用《青玉案·元夕》中该词句进行裁判的判决书。2014 年，广州市南沙区人民法院在审理陈某与陆某离婚纠纷案中，已经进行了如此表述："本院认为，原、被告从同学至夫妻，是一段美的历程：'众里寻他千百度，蓦然回首，那人却在，灯火阑珊处（辛弃疾诗词）'令人欣赏和感动。没有各自性格差异，怎能擦出如此美妙火花？生活平谈（注：此处可能为错别字：'淡'），夫妻相背，甚至吵架，令人不悦，是生活常态：苦乐相辅相成。享受婚姻快乐与承受生活苦痛是人人必修功课。本院能够理解被告'为儿子着想'的母爱情感，此时原、被告的生活要事应该是合力拉扯儿子成人，而完整的家庭才能使儿童身心健康成长。儿子是原、

---

① 参见江苏省泰兴市人民法院民事判决书（2016）苏 1283 民初 3912 号。
② 靳昊：《"胜得茫然、输得糊涂"，裁判文书如何以理服人》，《光明日报》2018 年 7 月 15 日第 7 版。

被告生活的根本和方向，应珍惜养育过程，切勿轻率断绝婚姻，以免年老追悔。"①
对比两份判决书可知，除引用古代词句外，"没有各自性格差异，怎能擦出如此美妙火花""享受婚姻快乐与承受生活苦痛是人人必修功课"等感情色彩较强烈的表达也具有相似性。

该"诗意判决书"引发了裁判文书写作的争议，但未形成定论。其后，部分法院在裁判离婚案件中仍使用了相同的表述，并且基本是对上述一段文字表述的复制。例如，2020年，河南省濮阳市台前县人民法院的法官田某在其审理的梁某1与曹某离婚纠纷一审民事判决书②、陈某与刘某1离婚纠纷一审民事判决书③、赵某与王某1离婚纠纷一审民事判决书④、宋某与徐某1离婚纠纷一审民事判决书⑤、邵某1与蒋某1离婚纠纷一审民事判决书⑥、贾某与党某离婚纠纷一审民事判决书⑦、方某与丁某1离婚纠纷一审民事判决书⑧、李某与刘某1离婚纠纷一审民事判决书⑨、魏某与陈某1离婚纠纷一审民事判决书⑩、汪某与冯某离婚纠纷一审民事判决书⑪、刘某1与刘某2离婚纠纷一审民事判决书⑫、刘某与李某1离婚纠纷一审民事判决书⑬、张某与韩某1离婚纠纷一审民事判决书⑭、朱某与肖某离婚纠纷一审民事判决书⑮、金某与马某1离婚纠纷一审民事判决书⑯、李某1与李某2离婚纠纷一审民事判决书⑰中均使用了基本完全一致的裁判说理内容，并均指出，在审理过程中原告未能举证证实夫妻感情确已破裂，故对原告要求与被告离婚的诉讼请求，本院不予支持。尽管该法官审理的这16起离婚案件均属于可以简要说理的案件，法官的裁判说理可以相对简化，但该法官一方面并未对"未能举证证实夫妻感情确已破裂"作出任何论证，另一方面均适用了完全相同、充满文学色彩的"人性化"表述进行论证，从而形成了几乎完全一致的"同案同判"的结果。

法官的裁判说理应当实现法律效果和社会效果的统一，讲究文理，增强说理效果。"诗意判决书"能够引发关注，也与其人性化的表达有关，这增强了当事人和公

① 参见广州市南沙区人民法院民事判决书（2014）穗南法南民初字第 115 号。
② 参见河南省濮阳市台前县人民法院民事判决书（2020）豫 0927 民初 1485 号。
③ 参见河南省濮阳市台前县人民法院民事判决书（2020）豫 0927 民初 2550 号。
④ 参见河南省濮阳市台前县人民法院民事判决书（2020）豫 0927 民初 2534 号。
⑤ 参见河南省濮阳市台前县人民法院民事判决书（2020）豫 0927 民初 2498 号。
⑥ 参见河南省濮阳市台前县人民法院民事判决书（2020）豫 0927 民初 2405 号。
⑦ 参见河南省濮阳市台前县人民法院民事判决书（2020）豫 0927 民初 1909 号。
⑧ 参见河南省濮阳市台前县人民法院民事判决书（2020）豫 0927 民初 1600 号。
⑨ 参见河南省濮阳市台前县人民法院民事判决书（2020）豫 0927 民初 1697 号。
⑩ 参见河南省濮阳市台前县人民法院民事判决书（2020）豫 0927 民初 1558 号。
⑪ 参见河南省濮阳市台前县人民法院民事判决书（2020）豫 0927 民初 1531 号。
⑫ 参见河南省濮阳市台前县人民法院民事判决书（2020）豫 0927 民初 1267 号。
⑬ 参见河南省濮阳市台前县人民法院民事判决书（2020）豫 0927 民初 1249 号。
⑭ 参见河南省濮阳市台前县人民法院民事判决书（2020）豫 0927 民初 1169 号。
⑮ 参见河南省濮阳市台前县人民法院民事判决书（2020）豫 0927 民初 870 号。
⑯ 参见河南省濮阳市台前县人民法院民事判决书（2020）豫 0927 民初 1248 号。
⑰ 参见河南省濮阳市台前县人民法院民事判决书（2020）豫 0927 民初 671 号。

众对裁判文书的认识。然而，裁判文书行文应当朴实、一般不得使用古旧词语，并应避免不恰当的修辞方法或具有强烈感情色彩的用语。"诗意判决书"的文学性表达一定程度上增加了较多的感情色彩，并且不判决离婚的原因并未得到充分论证，甚至出现了诸多离婚案件采用相同的"诗意"表达方式，未按照当事人的实际状况判定和论证感情尚未破裂。从这个角度而言，"诗意判决书"的"诗意"过多，但法理略显不足。

# 第三节　司法效率规范

在实现司法公正的过程中，效率亦不可少。提升司法效率及时解决纠纷是司法工作的基本要求，也是法官应当遵循的职业伦理规范。效率规范要求法官勤勉尽责及时高效处理案件，并注重裁判的法律效果与社会效果的统一。

## 一、司法效率

所谓效率，即投入和产出、成本与效益的比例关系，强调在给定的投入量中获得最大的产出。公平和效率是司法工作的主题，迟到的正义非正义。迅速、公正的审判是各方诉讼参与人的共同期望和利益，通过较低的诉讼成本或诉讼参与成本获得公正裁判是效率最大化的体现。司法公正和效率并非完全对立，而是具有一致性，两者作为审判的两项独立的价值标准相互联系和作用。司法效率的提升，有助于实现司法公正该最终目标。[①]

提升司法效率是对法官职业能力和素养的要求，也是对法官的职业伦理的要求。在当前社会中，随着各类纠纷的增多且日益复杂，各国司法系统都面临着较大的案件压力。及时高效地解决纠纷、维护当事人的合法权益，是法官应当履行的职责。为适应人民群众日益丰富的司法需求，我国不断推进司法效率的提升。其一，我国实行审限制度，明确规范了各类诉讼程序的审理期限，如民事案件适用普通程序审理一审案件的审理期限为 6 个月，适用简易程序审理一审案件的审理期限为 3 个月。为贯彻审限制度，最高人民法院先后出台相关文件对延长审限、延期开庭等问题作出细化规范。其二，我国实行繁简分流制度。2016 年出台的《关于进一步推进案件繁简分流优化司法资源配置的若干意见》对案件繁简分流机制作出进一步优化，强调充分利用电子支付令、电子送达、远程视频等信息化途径，提升民事案件审判效率。同时，2019 年发布的《关于适用认罪认罚从宽制度的指导意见》对刑事案件中的简单案件适用简易程序，以提升刑事审判效率。其三，调解、和解等非诉讼纠纷解决机制的适用，是及时高效解决纠纷的有效途径，这在民事案件中尤为突出，各地法院共设置了 2700 多个专

---

① 刘庆富、谷国文:《司法公正与审判效率之辩证关系》,《人民司法》2001 年第 5 期。

门的诉调对接中心。除具体制度设计外，在案件管理和具体程序运行中，同样强调司法效率，如网上办案、网上开庭和智能辅助服务的适用等，通过高科技手段提升效率。[①]

## 二、司法效率规范的具体要求

在法官职业伦理相关法律渊源中，效率规范均得到了强调。整体来看，我国关于效率规范重在强调法官在司法实践中勤勉敬业，保障工作效率，注重办案效果等方面。

### （一）勤勉尽责

勤勉尽责是对法官的基本要求，通过勤勉敬业以正常履行职责，是推进司法工作有序开展的重要保障。《法官法》第 5 条规定："法官应当勤勉尽责，清正廉明，恪守职业道德。"该规定明确提出了勤勉尽责的要求。《法官行为规范》第 7 条"敬业奉献"亦强调法官应"加强业务学习，提高司法能力，恪尽职守"。勤勉尽责是法官的司法职责得以有效实现的基本条件，这也意味着法官应当忠于职守、勤恳工作，提升司法能力，以高质量、高效率地完成审判工作。

### （二）及时高效

及时高效办理案件是司法效率规范的基本要求，也是实现司法公正的必然保障。法官应当在法定审理期间内完成案件的审理工作，促进正义的及时实现。《法官职业道德基本准则》第 11 条明确规定："严格遵守法定办案时限，提高审判执行效率及时化解纠纷，注重节约司法资源，杜绝玩忽职守、拖延办案等行为。"该规定明确要求法官应当遵循办案时限，提高审判效率及时化解纠纷。《法官行为规范》第 2 条提出了高效办案的要求："高效办案。树立效率意识，科学合理安排工作，在法定期限内及时履行职责，努力提高办案效率，不得无故拖延、贻误工作、浪费司法资源。"及时高效办理案件，避免拖延或司法资源浪费，是效率规范的典型体现，也是对法官履行职责的基本要求。

### （三）注重效果

除勤勉尽责、及时高效审判案件之外，法官还须要注重案件处理的法律效果和社会效果，从而更好地促进司法正义的及时实现。《法官职业道德基本准则》第 20 条规定："注重发挥司法的能动作用，积极寻求有利于案结事了的纠纷解决办法，努力实现法律效果与社会效果的统一。"《法官行为规范》第 2 条亦强调"努力实现办案法律效果和社会效果的有机统一"。法官在保障司法工作效率同时，还须注重裁判的效果，真正发挥司法的能动作用，促进案结事了和当事人合法权益的维护，实现法律效果和社会效果的统一。[②]

---

① 陈龙业：《论中国特色社会主义审判制度的高效性》，《人民法院报》2020 年 6 月 4 日第 5 版。
② 许身健：《法律职业伦理》，中国政法大学出版社 2019 年版，第 20 页。

# 第四节 司法涵养规范

除司法公正、司法效率规范外，司法涵养规范也构成法官职业伦理的重要内容。法官须具有良好的政治素养、清正廉洁，遵守司法礼仪，从而维护法官的形象，增强司法的公信力。

## 一、司法涵养规范的含义

法官作为代表国家行使审判权的公职人员，需要通过裁判活动树立审判的权威和尊严，而这通过法官的审判行为和言行举止等反映出来。由此，法官在处理案件的过程中，需要不断提升自己的职业道德修养，形成高尚人格，从而更好地履行审判职责。与其他法律职业相比，法官的职业伦理标准更高，这在很大程度上体现在法官的自身修养、职业形象等方面。

结合《法官职业道德基本准则》的规定，除维护司法公正、提升审判效率外，法官还须具有良好的业务素质和个人品行，从而维护司法形象。良好的个人品行则是维护法官职业形象和公信力的必要内容。作为法官，需要不断增强自己的政治能力、廉洁能力和司法形象，从而肩负起新时代赋予的职责与使命。

## 二、司法涵养规范的基本要求

司法涵养规范要求法官提升自己的各方面素养，维护司法形象。具体来看，这主要体现为良好的政治素养、业务素质和个人品行等方面。法官需要忠诚司法事业、确保司法廉洁和为民服务，并始终注意对司法形象的维护。也即，法官需要不断涵养自己的政治能力、廉洁能力和个人修养，树立良好的司法形象。

### （一）涵养政治能力，忠诚司法事业

就法官的司法涵养而言，忠诚司法事业、保持良好的素养是先决条件和要求。法官应不断提升自己的政治能力和素养，具有坚定的政治信念。习近平总书记强调："在干部干好工作所需的各种能力中，政治能力是第一位的。"法官在办案过程中需要提高政治敏锐性和鉴别力，严守党的政治纪律，维护司法领域意识形态的安全。《法官职业道德基本准则》明确强调，法官应忠于党、忠于国家、忠于人民、忠于法律，做中国特色社会主义事业的建设者和捍卫者。法官应当自觉维护法律的权威和尊严，恪守法官良知，牢固树立司法核心价值观。司法良知是存在于法官内心的道德品质，在法官履行职权的行为中得到实现。而在该行为过程中，司法良知决定了法官关于职权行使、案件处理等一系列行为的态度与方式，关系到司法活动的最终结果与法治事业的发展，关乎民众利益的维护和社会公平正义的实现。同时，司法良知也是促进法官个人发展进步的内在动力，推动法官综合素质的提高与进步。

另外，法官应当严格履行保密义务，保守国家秘密和审判秘密，并且不得从事或参与有损国家利益和司法权威的活动，不发表有损国家利益和司法权威的言论，切实履行法官职责。

### （二）确保清正廉洁，约束业外活动

确保清正廉洁、约束业外活动是对法官职业的基本要求，也是维护法官形象的重要保障。作为合格的法官，应当在物质生活和精神世界中保持清廉、纯洁，恰当处理公职和私利之间的关系，自觉抵制外部利益的诱惑，不应利用职权或地位为他人谋取不正当利益，从而积极维护司法形象和公信力。《法官职业道德基本准则》明确规定，法官应当严格遵守廉洁司法规定，不接受案件当事人和相关人员的请客送礼，不利用职务便利或法官身份谋取不正当利益，树立正确的权力观、地位观和利益观。法官在依法审理案件过程中需要正确面对各种诱惑，通过自律和他律的方式共同推进法官队伍的净化、正确处理人际交往，坚决抵制各种诱惑。[①]

同时，法官的业外活动应受到限制，以免影响法官的公正廉洁形象或削弱司法权威。《法官职业道德基本准则》第 17 条规定："不从事或参与营利性的经营活动，不在企业及其他营利性组织中兼任法律顾问等职务，不就未决案件或再审案件给当事人及其他诉讼参与人提供咨询意见。"通过限制法官从事业外活动以保证法官在司法活动中处于中立、超然的地位，从而既可以促进案件的公正裁决，也可以保护法官的职业形象。另外，法官还须妥善处理个人和家庭事务，不利用法官身份寻求特殊利益。按规定如实报告个人有关事项，教育督促家庭成员不利用法官的职权、地位谋取不正当利益。也即，法官需要告知家庭成员遵守相关行为规范和伦理要求，并监督家庭成员遵守相关规定。

### （三）遵守司法礼仪，维护司法形象

遵守司法礼仪、维护司法形象是司法涵养规范的主要内容。司法礼仪强调法官在司法活动中遵守相应礼节、仪式、语言等规范，体现一定的法律素养和文明态度，以维护法治尊严。司法礼仪体现在器物、制度、行为和观念等多个方面。

其一，器物方面，如法袍、法官服饰、法槌、司法建筑等。例如，法袍是法官出庭时穿着的服饰，在诉讼活动中法官身着法袍意味着法官的独立、中立和公正。最高人民法院 2002 年发布的《人民法院法官袍穿着规定》指出，为增强法官的职业责任感，进一步树立法官公正审判形象，就法官袍穿着问题作出规定。法官在下列场合应当穿着法官袍：一是审判法庭开庭审判案件；二是出席法官任命或授予法官等级仪式。法官在下列场合可以穿着法官袍：一是出席重大外事活动；二是出席重大法律纪念、庆典活动。除此之外的其他场合，法官不得穿着法官袍，其他人员在任何场合不得穿着法官袍。又如，2013 年《人民法院审判制服着装管理办法》规定，人民法院工作人员在依

---

① 姚振忠：《涵养四种能力做合格法官》，《人民法院报》2021 年 2 月 19 日第 2 版。

法履行法律职务或在公共场合从事公务活动时应当穿着审判制服，佩戴法徽。非履行法律职务或在公共场合从事公务活动，法官及其他法院工作人员原则上不得穿着审判制服。穿着审判制服，应当做到服装整齐洁净，仪表端庄得体，注重礼仪规范。

其二，法官的行为举止应当遵守礼仪规范。《法官职业道德基本准则》第24条强调法官应当坚持文明司法，遵守司法礼仪，在履行职责过程中行为规范、着装得体、语言文明、态度平和，保持良好的职业素养和司法作风。《法官行为规范》对法官出庭时的注意事项、庭审中的言行等作出明确规定，如：不得与诉讼各方随意打招呼，不得与一方有特别亲密的言行；坐姿端正，杜绝各种不雅动作；集中精力，专注庭审，不做与庭审活动无关的事；不得在审判席上吸烟、闲聊或打瞌睡，不得接打电话，不得随意离开审判席；平等对待与庭审活动有关的人员，不与诉讼中的任何一方有亲近的表示；礼貌示意当事人及其他诉讼参加人发言；不得用带有倾向性的语言进行提问，不得与当事人及其他诉讼参加人争吵；严格按照规定使用法槌，敲击法槌的轻重应当以旁听区能够听见为宜。

其三，特定的司法仪式。司法礼仪在制度层面体现为专门或特定的司法仪式，即具有某种特定意义的、制度化的司法仪式。例如，法官任职宣誓仪式即为较典型的司法仪式。我国《法官法》第19条规定："法官在依照法定程序产生后，在就职时应当公开进行宪法宣誓。"《全国人民代表大会常务委员会关于实行宪法宣誓制度的决定》规定宪法宣誓誓词为："我宣誓：忠于中华人民共和国宪法，维护宪法权威，履行法定职责，忠于祖国、忠于人民，恪尽职守、廉洁奉公，接受人民监督，为建设富强、民主、文明、和谐的社会主义国家努力奋斗！"

其四，使用法言法语。这体现了司法礼仪在观念方面的要求，即法官在裁判文书写作和案件审理中应注重语言表达的精确性和专业性，从而促进保障审判权独立行使的环境和提升司法权威。例如，我国《关于加强和规范裁判文书释法说理的指导意见》强调，"裁判文书释法说理应当避免使用主观臆断的表达方式、不恰当的修辞方法和学术化的写作风格，不得使用贬损人格尊严、具有强烈感情色彩、明显有违常识常理常情的用语"。

## 本章思考问题

### 一、"百香果女孩被害案"死刑复核裁定书的裁判说理

2021年2月2日，"百香果女孩被害案"凶手杨光毅被依法执行死刑，最高人民法院关于该案的死刑复核裁定书和广西壮族自治区高级人民法院的再审判决书均在中国裁判文书网上公布。该案曾引发公众广泛关注。该案是一起强奸、伤害女童，最终导致女童死亡的案件。该案一审判处罪犯杨光毅死刑，二审改判死缓，引发公众关注。后最高人民法院指令再审，最终撤销二审判决，改判死刑。该案死刑复核

裁定书得到了肯定，被认为是实现了法律效果和社会效果有机统一的裁判文书。

其一，该案死刑复核裁定书在保留规范写作模式的基础上，加强了裁判说理，通过犯罪构成和法定从重情节、自首与从宽的关系、综合评判三个段落逐一论述，深入解析。其二，在语言风格上，该裁定书使用和解释了"犯罪情节""人身危险性""主观恶性"等法律用语的含义，在保证裁判文书专业性的基础上便于公众阅读和理解。其三，该裁定书重点突出，明确分析了本案的焦点问题，即如何看待杨光毅的自首情节：虽然案发后"原审被告人杨光毅在父亲陪同下到公安机关投案并如实供述了强奸致死被害人的主要犯罪事实，系自首"，但是，"杨光毅系在公安机关已掌握一定线索并对其排查询问后迫于压力而投案；虽交代了强奸致人死亡等主要犯罪事实，但对有关强奸的部分重要犯罪事实予以隐瞒；虽然认罪，但原审、再审及死刑复核期间并未实质悔罪；其投案虽对案件侦破起到了积极作用，但并未达到至关重要的程度"。其四，该判决书以案说法，宣讲了我国的死刑政策：根据法律规定及死刑政策，"对于罪行不是十分严重的犯罪分子，不得适用死刑，但是，对于罪行极其严重，严重影响人民群众安全感的暴力犯罪分子依法判处死刑，是我国的民情所在，民愿所向，民意所期"。其五，该裁定书简要强调了对未成年人的特殊保护："严厉惩处严重损害未成年人身心健康的犯罪行为是我国法律的明确规定。"其六，该案直面社会公众关切。鉴于该案的特殊性，在二审结果经媒体公布后，该案引发了社会公众的广泛关注。裁定书在"本院认为"部分，使用了"民情、民愿、民意""国法、天理、人情""界限、底线、红线"等词汇，明确指出"对罪行极其严重，严重影响人民群众安全感的暴力犯罪分子依法判处死刑，是我国的民情所在、民愿所向、民意所期。""杨光毅的犯罪行为既违国法，又悖天理，更逆人情""严重突破国家法律界限，严重挑战伦理道德底线，严重冲击社会公共安全红线""社会危害性极大"，为依法核准死刑作出论证，也回应了社会公众的关切。

请结合该案，分析法官职业伦理中的说理规范。

## 二、纪录片《孩子换金钱》中的法官职业伦理

2014年，美国公映了一部名为《孩子换金钱》（Kids for Cash）的纪录片，该纪录片讲述了美国宾夕法尼亚州鲁泽恩县在2003—2008年间发生的司法丑闻：时任法官的马克·夏瓦瑞拉（Mark Ciavarella）与迈克尔·康纳瀚（Michael Conahan）收取了私立少年监狱数百万美元的贿赂，将3000多名未成年人在无律师辩护的情况下轻罪重判送入监狱。这一丑闻被公众和媒体称为"孩子换金钱"。

2009年，该丑闻被揭露后引发美国公众震惊。这两位法官收受了私人青少年监狱承包商260万美元的贿赂，其将3000多名未成年人送至少年监狱，以增加因犯的数量。在夏瓦拉瑞审理的案件中，12岁的贾斯汀因辱骂成年人在监狱度过7年，14岁的阿曼达因在学校与同学打架而在狱中度过5年时间，一个13岁男孩因不能接受父母离异而向母亲的男友扔了一块牛排，却被判刑入狱。此类案件不胜枚举。

　　宾夕法尼亚州联邦法院检方控告夏瓦瑞拉犯有敲诈勒索罪、受贿罪、洗钱罪等39项罪名，2011年，法院确定39项罪名中的12项成立，其被判28年监禁。经审理，夏瓦拉瑞审理的2480个案件被推翻。该纪录片导演罗伯特·梅（Robert May）是该县居民，他在采访中指出："我生活在这起丑闻发生的地方，我很震惊，因为我知道这些法官是很有名的法官，每个人都认为他们是很棒的人。"该司法不公案迟迟未被发现，主要在于上诉成本太高、青少年司法系统裁决不公开、贪腐文化盛行等原因。

　　请结合该纪录片所涉案件，探讨法官的职业伦理规范。

# 第四章　检察官职业伦理

　　检察官是法律职业共同体的重要组成部分，代表国家行使检察权。检察官的职业伦理与法官职业伦理具有相似性，但又呈现一定的特殊性。我国检察官职业伦理以忠诚、为民、担当、公正、廉洁为核心，体现了对检察官勤勉尽责、清正廉明、恪守职业道德的要求。

# 第一节  检察官职业伦理概述

检察官是行使国家检察权的公务人员，该职业属于广义的司法官范畴，但又呈现出不同于法官职业的行政属性。检察官的任职条件、职业保障等与法官具有一致性，但其职业伦理又具有一定的特殊性。

## 一、检察官职业

不同于法官职业，检察官职业兼具行政和司法属性，在遵循独立公正原则的同时实行垂直化或一体化管理。检察官代表国家行使检察权，与法官的任职条件、职业保障等具有一致性。

### （一）检察官职业发展

与法官职业相似，检察官职业亦经历了较长时间的发展，形成了具有高度专业性的检察官制度，并在发展过程中逐渐形成了较为全面的任免和管理，职权和权利义务，职业伦理等规范。

#### 1. 域外检察官职业发展

域外检察官职业发展在呈现共性的同时也存在不同国家或地区的区别或特点，由此形成了各具特色的检察官职业制度。

现代检察官制度是法国大革命的产物。法国大革命之后，公诉制度得到恢复，拿破仑颁布法令将侦查和追诉犯罪的权力赋予检察官，从而形成了现代检察制度，这也构成了世界范围内检察制度之滥觞。法国实行审检合署制，司法部向各级法院派驻检察官，检察官的等级和名称都与有关法院相对应。检察官有比较严格的等级划分，下级检察官要受到上级检察官的支配和指挥，司法部部长直接领导警察总长和上诉法院检察长，两者须定期向司法部部长汇报所有重要案件；上诉法院检察长领导共和国检察官和辖区内所有检察官。由此，在法国，检察院内部实行垂直的一体化管理，在检察官不听从指示或命令时，检察长可亲自办理案件或指派其他检察官办理该案。检察官主要由两类人员组成：一类是法律院校毕业、通过专门的考试并经职业培训被录用的人员，这是检察官队伍的主要人员；另一类是因符合部分法定条件获准参加职业培训之后成为检察官，这包括在法律院校任教两年以上或从事律师职业三年以上的法学博士，以及具有法学本科学历并从事司法等领域工作的公务员等。[①]

法国建立了较完善的检察官评价机制，检察官的晋升并不完全以从业经验为标准，更多地取决于检察官的职业素养。每位检察官均在司法部存有"行政档案"，涉及检察官的公民身份、任命文件、级别、培训经历、司法事故和纪律惩戒等内容，最核心的部分是业绩考核。检察官晋升遵循比较严格的内部行政程序，在晋升时主要的参考标

---

① 陈丽莉：《法国的检察官制度》，《法学杂志》2008 年第 6 期。

准包括候选人的职业素养、与职位的匹配度、地域和职业轮换、候选检察官的年龄和资深程度等。

近年来，法国检察官的司法官身份存在一定争议。2010 年，欧洲人权法院曾在判决中指出，法国的检察官并非欧洲人权法院定义的"司法权"的一部分，因为法国检察官欠缺了一个特殊的独立性，即独立于行政权之外的司法权属性。也即，司法部部长对检察官的个案指令权可能会造成对检察官独立办案的干预，这影响了检察官的独立性。为减少该个案指令权对检察官独立办案造成的影响，法国做出了一定探索，如：在法律上保留了部分固有权限交给检察长行使；在审判阶段贯彻"笔受拘束，口却自由"原则，即书面结论必须服从上级指令，但在庭审中有权自由陈述，不受上级指令权拘束。同时，法国还修改了刑事诉讼法以进一步限制司法部部长的个案指令权。然而，就实践状况来看，相关改革措施对司法部部长的个案指令权的约束有限，效果并不明显。法国将检察官定位为司法官的原因在于司法权的基本功能是维护个人自由，检察官是为保障民权而设置，故而检察官是司法官，独立性并非司法权最重要的特征，维护个人自由或实现司法公正是司法权最重要的功能性特征。[1]

作为现代检察官制度的发源地之一，法国大革命创立的检察官制度经过德国的改良得到了有效发展和完善，形成了为日本、韩国等诸多国家借鉴的检察官制度经验。根据德国《基本法》第 92 条规定，检察官并不属于严格意义上的司法官，而是属于行政官员之列，其权利和义务由公务员法进行规定，法官为司法权的行使主体。但是，检察官与法官的任职资格相同，检察官亦享有法律给予法官的身份保障，并且检察官和法官之间调换工作较普遍。在德国，检察官具有法律守护者的角色和客观义务，在受法治国原则约束的同时，作为公务员还应服从上级命令。故而，检察官兼具司法和行政之性质。[2]检察官并非以一方当事人的身份参与诉讼，而是以客观、公正的司法官身份参与诉讼，致力于全面查清事实和展开追诉，保障裁判的公正性。德国联邦最高法院的判例指出，检察机关不同于一般的行政机关，是归属于第三权力的司法机关。[3]

德国检察官可分为检察长、主任检察官和检察官三个层级，其中，检察长是地方检察机关的首席主任检察官，主任检察官为高级检察官，通常担任业务部门的负责人。检察官实行办案责任制，即作为基本的办案组织，检察官在履行职责过程中形成了一定的组织关系和工作机制，以保障检察官客观、独立、公正地行使职权。检察官在刑事诉讼中的职权包括侦查权、公诉权和刑罚执行监督权，办案方式分为独任制和协同办案制两种。为规范检察权的行使，检察官受到内部和外部监督机制之约束：在内部，上级检察官对下级检察官构成监督制约；在外部，检察官则受诉讼监督模式之约束。检察官在工作期间需要接受考核，该考核结果对任职终身制的检察官在职务升迁中有

① 万毅：《法国检察官的身份之谜》，《检察日报》2015 年 8 月 4 日第 3 版。
② 张永进：《德国检察官办案责任制及其启示》，《德国研究》2015 年第 3 期。
③ 万毅：《德国检察官"与法官一样独立"》，《检察日报》2015 年 6 月 23 日第 3 版。

影响，但违反法律或组织纪律的检察官需要受到相应惩戒。①

英国检察官制度的产生较法国、德国等国家而言相对较晚，1985 年英国颁布《犯罪起诉法》，设立了皇家检控署，从而建立起统一、独立的检察系统。英国的检察官来源于具有一定从业年限的执业律师，从而保障作为控诉方的检察官和处于辩护一方的被告律师具有相当的业务水平。除具有职业律师资格外，检察官还须通过相关遴选培训机制。总检察长是检察系统的首脑，由下院议员提名产生，皇家检控署署长由总检察长在有 10 年以上律师职业经历的人员中任命，在皇家法院和高等法院出庭的检察官除应具有律师资格外，还必须具有大律师资格。检察机关对检察官的考核按照公务员的考核标准进行，绩效考核主要考察检察官的观察和分析问题、沟通与交流、宏观决策、工作效率、人际关系处理、组织协调、领导管理、全局意识等多方面内容。英国检察机关同样实行垂直领导机制，下级检察官的任免和经费使用状况等均由上级检察机关负责。检察官职业同样享有终身制的职业保障，并且检察官的年薪较高，工资待遇保障等相对较完善。②

同时，英国检察官在量刑体系中的作用更加积极，在简易程序中，检察官对在治安法院审理的案件有权提出量刑建议，并且该量刑建议具有约束性司法效力。基于司法经济考量，治安法院处理案件往往较为迅速，故而检察官的量刑观点比较容易得到治安法官的采纳。③另外，由于英国检察机关具有强烈的垂直管理特征，故而针对检察官的纪律惩戒主要由上级官员负责。皇家检控署的公共检察主任、首席皇家检察官、检察官直线主管和人力资源部门等负责对检察官进行惩戒的工作；前两者进行一般的制度性管理，后两者负责具体调查和决定。④

美国的检察机关属于行政机关之列，检察官作为政府的律师代表参与民事诉讼，并在刑事案件中负责侦查、起诉、辩诉交易、根据有罪判决建议刑罚等职责。美国检察制度具有"三级双轨、相互独立"之特点，即监察机构建立在联邦、州和市镇三个政府层级，双轨则强调联邦和地方检察系统的相互独立。美国设有总检察长、副总检察长、地区检察官、州检察官和县检察官等不同级别的检察官职位。检察官的任职条件除需要具备律师资格外，候选人通常还须具有若干年诉讼经验，并且致力于投身公共服务。联邦地区检察院在检察官任用时会对申请人进行严格的背景调查、数次面试和毒品检测，部分地区甚至会进行测谎。《美国律师协会刑事司法准则》规定，职业技能是检察院人才选拔的基石。检察官的产生方式包括任命和选举两种。《全美检察准则》要求，检察官须确保较高水平的专业性和正直品质，并且细化了关于检察官职业化的具体要求。与法官不同，检察官采取任期制，大多数州通过选举方式产生的检察官任

① 张永进：《德国检察官办案责任制及其启示》，《德国研究》2015 年第 3 期。
② 吕泽华：《英国检察官培养制度及其启示》，《国家检察官学院学报》2017 年第 5 期。
③ 杨宇冠、李涵笑：《英国：检察官在量刑体系中更加积极》，《检察日报》2020 年 9 月 25 日第 3 版。
④ 郑曦：《英国检察官选任、惩戒制度及其启示》，《检察日报》2019 年 5 月 11 日第 3 版。

期为 4 年,部分州为 2 年。但在任期内,检察官的薪酬和职权等具有相对稳定性。[①]

美国检察系统并未形成统一的业绩指标,但具有一定的业绩指标框架或指引,如美国检察官研究所在 2003 年发布的业绩考核指标框架概括了检察机构应达到的理想目标:推动司法的公平、公正和效率,确保社区安全,提高检察职业素质和协调司法系统。对检察官业绩的考核不仅包括量化考核,还包括对检察官的能力和素质的考核。对检察权的监督,则形成了内部行政机关监督、法律职业共同体监督和选民监督三种不同的方式。[②]

日本在明治维新后借鉴法国的检察制度,在各级裁判所设置检察官,后借鉴德国检察制度设置检事局,形成了近代检察制度的发展。1947 年,日本制定《监察厅法》和《裁判所法》,形成了现代检察制度。日本检察厅分为最高检察厅、高等检察厅、地方检察厅和区检察厅,最高检察厅的领导为检事总长。检察官可分为检事总长、次长检事、检事长、检事和副检事 5 类。检事总长对全国范围内的检察厅职员具有指挥监督权;次长检事协助检事总长工作,并在其不能履职时予以代表;检察长是高等检察厅的首长,对管辖区域内的下级检察厅职员具有监督指挥权。检察官在刑事诉讼中行使侦查权、公诉权、正当适用法律之请求权、指挥和监督裁判执行权等。在日本,检察权本质上属于行政权,检察机关在组织上属于行政机关的环节,但因承担一定的司法职能而具有司法权属性。检察权的运行具有独立性,检察权的载体为每一个检察官,即每位检察官以个人的名义而非检察厅、检事长的名义履行职责。同时,日本规定了检察一体化原则,以保障检察权的外部独立。这包括上级对下级具有指挥监督权,上级具有事务承继权和事务转移权,并且具有职务代理权。[③]

整体来看,在日本,检察官虽然属于行政系列,但其职责在于达成刑事司法功能,故而其在组织上是行政属性,但功能上是司法属性,被称为广义上的司法官或准司法官。在检察一体化原则下,检察官对案件独立负责的主体地位受到尊重,即使受上级的指挥监督,但行使检察权的权限由检察官个人掌握,故而其职务独立性不因上级的内部指令权而动摇。在具体案件处理中,指挥监督权不会轻易被启动,上级检察首长往往通过劝告、沟通等方式促进双方达成共识,从而保障检察官的职务独立性。[④]

### 2. 我国检察官职业发展状况

我国古代已有"检察"一词,但并未出现相关官职或机构。清末新式司法官的出现,使得我国出现了检察官。司法官在清末新政后主要指法官和检察官,选任标准以深谙新旧法律和具有审判经验为主,早期多由长官决定,后期则开展了专门的法律考试,体现了清末时期法官选任制度的规范化发展。1906 年,清政府将大理院设置为最高审判机构,《大理院官制》确定审、检合署制,对司法工作人员的称谓作出了说明,将司

---

[①] 张鸿巍:《美国检察官职业化刍议》,《法学杂志》2011 年第 1 期。
[②] 张鸿巍、马芷柔:《美国检察官业绩考核机制及启示》,《人民检察》2020 年第 15 期。
[③] 张永进:《日本检察官办案责任制及对中国的启示》,《日本问题研究》2015 年第 6 期。
[④] 万毅:《对日本检察官"半独立"地位不要误读》,《检察日报》2015 年 6 月 9 日第 3 版。

法官定名为推事、检察官，由此形成近代意义上的司法官概念。1907 年，法部预保京师高等和地方审检厅长官人员，指派了高等裁判员 6 人，地方裁判员 20 人，检察厅员 6 人。在新政和立宪过程中，清政府设立了推事、检察官等诸多官制，使得已经存在于体制内或游离于体制的人员成为新制度中的新式人员，从而实现由传统身份向现代职官的转型。[①]《各级审判厅试办章程》规定："推事、检察官各员由督抚督同按察使或提法使认真遴选品秩相当之员或专门法政毕业者或旧系法曹出身者或曾任正印各官者或曾历充刑幕者抑或指派部员，俱咨部先行派署。"大理院总检察厅厅丞为从三品。总检察厅检察官为正五品，与推事相同。[②]清末改革在设立大理院和各级审检厅的同时，在审判机关内部设立专门检察厅负责检察工作，开创了控审分离的先河。由此，检察机关主要行使侦查起诉的职权，有权收受诉讼请求预审及公判，调查事实，汇集证据。除刑事案件的侦查起诉外，检察机关还可就民事保护公益陈述意见，监督审判运行等。《大清法院编制法》规定检察官有权根据民事诉讼法及其他法令所规定，为诉讼当事人或公益代表人实行特定事宜。

北洋政府时期，检察官处于原告的法律地位，代表国家进行检举、控告犯罪并提起上诉，并对政府或官吏的违法行为进行监督。南京国民政府时期，司法官依照所在法院审判庭的受案范围行使具体的审判职责。根据 1928 年《各省高等法院检察官办事权限暂行条例》的规定，检察官的职责包括两方面：一是在刑事案件中，依照刑事诉讼法和其他法令的规定施行搜查保护处分、提起公诉、实施公诉并监察判决的执行；二是处理民事及其他类型案件，依照民事诉讼法和其他法令为当事人或公益代表人实行特定事宜。南京国民政府时期颁布的《法院组织法》对司法官的职业保障制度作出了明确规定。该法第 40 条规定："实任推事非有法定原因并依法经法定程序不得将其停职、免职、转调或减俸，前项规定，除转调外，于实任检察官准用之。"该规定对司法官的职业保障作出规范，鉴于检察官的上下级领导的管理体制，故而将转调该检察官业务办理和管理的常态化行为排除在外，从而形成了更具体系性的职业保障规范。

新中国成立后，1949 年制定的《中华人民共和国中央人民政府组织法》规定最高人民检察署作为国家的最高检察机关。1954 年通过的《宪法》将人民检察署改称为"人民检察院"，并通过了《检察院组织法》，初步形成了我国当代的检察制度。全国各地各级检察院相继建立，铁路检察院等特殊类型的检察院也逐渐完善，从而形成了检察事业的稳定发展时期。1982 年《宪法》的颁布代表着检察事业发展的新时期，它明确规定了检察机关是国家的法律监督机关，依法行使检察权，为检察机关独立履行法律监督职责提供制度保障。1995 年《检察官法》颁布，该法对检察官的职责、等级、培训、任免、惩戒等内容均作出了详细规范，从而使得检察官管理工作得到了法律化保障。《民

---

① 李在全：《制度变革与身份转型——清末新式司法官群体的组合、结构及问题》，《近代史研究》2015 年第 5 期。
② 李在全：《变动时代的法律职业者——中国现代司法官个体与群体（1906—1928）》，社会科学文献出版社 2018 年版，第 64 页。

事诉讼法》《刑事诉讼法》《行政诉讼法》对检察机关的职能作出了进一步补充和完善。2013 年，我国推进司法改革，建立了符合职业特点的司法人员管理制度，健全了检察官的招录、交流、遴选机制和职业保障，推动了检察制度的科学化、职业化发展，也促进了检察官职业的完善。

我国的检察权具有司法属性。检察机关在诉讼活动中具有相对独立性，并且检察机关的公诉权以维护公共利益为宗旨，检察官具有与法官同等的身份保障、任职资格、晋升条件等要求。我国的检察权同样具有一定的行政属性，即实行上级领导下级的领导体制。最高人民检察院领导地方各级人民检察院，上级人民检察院领导下级人民检察院，检察院内部实行以检察长为机关首长的管理体制。与域外国家或地区存在区别的是，我国检察机关在宪法中的定位是国家的法律监督机关，故而检察权还具有法律监督的性质，检察官承担着惩治和预防犯罪、对诉讼活动进行监督等职责，是保护国家利益和社会公益的重要力量。[①]我国检察官作为公共利益的代表，肩负着重要责任。

### （二）检察官的概念

我国《检察官法》第 2 条对检察官作出了明确的界定："检察官是依法行使国家检察权的检察人员，包括最高人民检察院、地方各级人民检察院和军事检察院等专门人民检察院的检察长、副检察长、检察委员会委员和检察员。"该条对检察官作出了界定，即"行使国家检察权的检察人员"，并对检察官的范围作出了明确规定，即各级检察院的检察长、副检察长、检察委员会委员和检察员。与修订后的《法官法》相同，鉴于员额制改革后不再设置助理检察员，故而 2019 年修订的《检察官法》在检察官的范围中不再规定助理检察员。新产生的检察官助理属于检察辅助人员，不在检察官范围之列。

实际上，《检察官法》关于检察官定义的条款在最新修订过程中亦经历了与《法官法》相似的草案修改状况。修改之前的《检察官法》对检察官的定义是："检察官是依法行使国家检察权的检察人员，包括检察长、副检察长、检察委员会委员、检察员和助理检察员。"修订草案第 2 条将上述规定简化为"检察官是依法行使检察权的国家公职人员"，该规定没有使用检察员称谓，并删除了有关检察官范围的规定。然而，在修订草案出台后，有的人大常委会委员、地方和部门提出，检察员的称谓在宪法中仍然使用，新修订的《人民检察院组织法》对检察院检察人员的组成也作出了规定，故而《检察官法》对检察官具体包括哪些人员应当进行明确规定。由此，最终 2019 年《检察官法》按照《人民检察院组织法》的规定，对该条进行了修改。[②]2018 年修改的《人民检察院组织法》第 35 条规定："人民检察院的检察人员由检察长、副检察长、检察委员会委员和检察员等人员组成。"

---

[①]《习近平致信祝贺第二十二届国际检察官联合会年会暨会员代表大会召开》，http://news.12371.cn/2017/09/11/ARTI1505104322756513.shtml，访问日期：2021 年 4 月 19 日。

[②] 刘季幸：《全国人民代表大会宪法和法律委员会关于〈中华人民共和国检察官法（修订草案）〉修改情况的汇报》，《中华人民共和国全国人民代表大会常务委员会公报》2019 年第 3 期。

因此，在我国，检察官是指依法行使检察权的检察人员，范围包括各级检察院的检察长、副检察长、检察委员会委员和检察员。如果仅就检察人员、检察员和检察官的概念来看，检察人员不仅包括检察官，还包括书记员等在检察机关工作的人员，范围比检察官广。检察员是经有权机关批准任命的职务，是检察官的一类。

### （三）检察官的任职条件

我国《检察官法》第12条对检察官的任职条件作出了明确规定："担任检察官必须具备下列条件：（一）具有中华人民共和国国籍；（二）拥护中华人民共和国宪法，拥护中国共产党领导和社会主义制度；（三）具有良好的政治、业务素质和道德品行；（四）具有正常履行职责的身体条件；（五）具备普通高等学校法学类本科学历并获得学士及以上学位；或普通高等学校非法学类本科及以上学历并获得法律硕士、法学硕士及以上学位；或普通高等学校非法学类本科及以上学历，获得其他相应学位，并具有法律专业知识；（六）从事法律工作满五年。其中获得法律硕士、法学硕士学位，或者获得法学博士学位的，从事法律工作的年限可以分别放宽至四年、三年；（七）初任检察官应当通过国家统一法律职业资格考试取得法律职业资格。适用前款第五项规定的学历条件确有困难的地方，经最高人民检察院审核确定，在一定期限内，可以将担任检察官的学历条件放宽为高等学校本科毕业。"该任职条件与法官任职条件相同，由此可见，我国法官和检察官的任职条件相同，并且在2019年《检察官法》修订中作出了与《法官法》相同的修改内容，在此不做赘述。

需要指出的是，良好的政治、业务素质和道德品行是检察官、法官任职的基本条件之一。检察官是行使国家检察权的国家机关工作人员，故而必须拥护宪法所规定的国家的基本制度和原则，具有较高的政治觉悟和较强的政治责任感，从而更好地完成检察官的职业使命。所谓良好的业务素质，是指检察官应当精通检察业务，熟悉检察工作，能够正确地运用法律手段解决案件中所涉法律问题。良好的道德品行，则对检察官的道德修养提出要求。检察官应当具备良好的道德和品行，自觉遵守社会公德和职业道德，从而担负起行使国家检察权的神圣职责。

同时，我国《检察官法》第13条规定："下列人员不得担任检察官：（一）因犯罪受过刑事处罚的；（二）被开除公职的；（三）被吊销律师、公证员执业证书或被仲裁委员会除名的；（四）有法律规定的其他情形的。"该规定与法官任职的禁止条件相同。需要指出的是，此处的犯罪既包括故意犯罪也包括过失犯罪，刑事处罚既包括宪法规定的主刑也包括附加刑。因此，无论何种罪行、何种刑罚或是否适用缓刑，均不得担任检察官。所谓被开除公职，是指公务员和参照《公务员法》管理的人员，法律、法规授权或受国家机关依法委托管理公共事务的组织中从事公务的人员，国有企业管理人员，公办的教育、文化、科研、医疗卫生、体育等单位中从事管理的人员及其他依法履行公职的人员，因有违法犯罪行为或有影响履职的不当行为被用人单位开除。

### （四）检察官的等级

根据《检察官法》第 27 条的规定，我国检察官实行单独职务序列管理。检察官等级分为十二级，依次为首席大检察官、一级大检察官、二级大检察官、一级高级检察官、二级高级检察官、三级高级检察官、四级高级检察官、一级检察官、二级检察官、三级检察官、四级检察官、五级检察官。该级别划分与法官等级划分具有一致性。《检察官法》第 28 条规定，最高人民检察院检察长为首席大检察官。为体现检察官单独职务和行政职务脱钩的性质和特点，2019 年《检察官法》规定了"检察官实行单独职务序列管理"。根据《法官、检察官单独职务序列改革试点方案》要求，检察官单独职务序列等级设置为"四等十二级"。[①]

《检察官法》第 29 条对检察官等级的确定和晋升作出了一般性规范："检察官等级的确定，以检察官德才表现、业务水平、检察工作实绩和工作年限等为依据。检察官等级晋升采取按期晋升和择优选升相结合的方式，特别优秀或工作特殊需要的一线办案岗位检察官可以特别选升。"根据该规定，在检察官等级确定中，德才表现、业务水平、工作实绩和工作年限等是基本依据。其中，德才表现既包括检察官的思想道德情况，也包括检察官的能力和才能，这也是检察官年度考核的重要内容；业务水平主要指检察官完成检察工作的业务水平，以及与检察业务相关的工作水平等；检察工作实绩主要包括检察官的办案工作量、工作质量状况等；工作年限则体现了检察官工作经验的积累和成长。根据《检察官法》第 30 条的规定，检察官的等级设置、确定和晋升的具体办法，由国家另行规定，故而第 29 条的规定仅作出了一般的原则性规范。

### （五）检察官的职责、义务和权利

我国《检察官法》对检察官的职责、义务和权利作出了明确规范，强调检察官在履行职责的同时享有相应的职业保障和权利。

#### 1. 检察官的职责

我国《检察官法》第 7 条明确规定了检察官的职责："检察官的职责：（一）对法律规定由人民检察院直接受理的刑事案件进行侦查；（二）对刑事案件进行审查逮捕、审查起诉，代表国家进行公诉；（三）开展公益诉讼工作；（四）开展对刑事、民事、行政诉讼活动的监督工作；（五）法律规定的其他职责。检察官对其职权范围内就案件作出的决定负责。"该规定对检察官的职责作出了明确规定，并设置了兜底性条款。

其一，对法律规定由检察院直接受理的刑事案件进行侦查。根据 2018 年《最高人民检察院立案侦查司法工作人员相关职务犯罪案件若干问题的规定》，检察院直接受理的刑事案件包括司法人员涉嫌"非法拘禁罪""非法搜查罪""刑讯逼供罪""暴力取证罪""虐待被监管人罪""滥用职权罪""玩忽职守罪""徇私枉法罪""民事、行政枉法裁

---

① 曹建明：《关于〈中华人民共和国检察官法（修订草案）〉的说明》，《中华人民共和国全国人民代表大会常务委员会公报》2019 年第 3 期。

判罪""执行判决、裁定失职罪""执行判决、裁定滥用职权罪""私放在押人员罪""失职致使在押人员脱逃罪""徇私舞弊减刑、假释、暂予监外执行罪"这 14 个罪名的案件。

其二，对刑事案件进行审查逮捕、审查起诉，代表国家进行公诉。这是检察机关的基本职能，即审查逮捕、审查起诉，代表国家提起公诉。根据《刑法》和《刑事诉讼法》的规定，除由当事人自诉的案件外，大部分的刑事案件依法由检察院审查以确定是否需要提起公诉。在检察院提起诉讼的案件中，检察官以国家公诉人的身份出席法庭审判，对被告人提出指控，并参加法庭调查和辩论等环节。我国《刑事诉讼法》第176 条第 1 款规定："人民检察院认为犯罪嫌疑人的犯罪事实已经查清，证据确实、充分，依法应当追究刑事责任的，应当作出起诉决定，按照审判管辖的规定，向人民法院提起公诉，并将案卷材料、证据移送人民法院。"

其三，开展公益诉讼工作。所谓公益诉讼，是指特定的国家机关或相关的社会团体、组织、公民个人，根据法律，对违反法律并侵犯国家利益、社会公共利益的行为，向法院提起诉讼，寻求司法救济。我国《民事诉讼法》第 55 条规定："对污染环境、侵害众多消费者合法权益等损害社会公共利益的行为，法律规定的机关和有关组织可以向人民法院提起诉讼。人民检察院在履行职责中发现破坏生态环境和资源保护、食品药品安全领域侵害众多消费者合法权益等损害社会公共利益的行为，在没有前款规定的机关和组织或者前款规定的机关和组织不提起诉讼的情况下，可以向人民法院提起诉讼。前款规定的机关或组织提起诉讼的，人民检察院可以支持起诉。"《行政诉讼法》第 25 条第 4 款规定："人民检察院在履行职责中发现生态环境和资源保护、食品药品安全、国有财产保护、国有土地使用权出让等领域负有监督管理职责的行政机关违法行使职权或不作为，致使国家利益或社会公共利益受到侵害的，应当向行政机关提出检察建议，督促其依法履行职责。行政机关不依法履行职责的，人民检察院依法向人民法院提起诉讼。"《中华人民共和国英雄烈士保护法》（以下简称为《英雄烈士保护法》）第 25 条第 3 款规定："负责英雄烈士保护工作的部门和其他有关部门在履行职责过程中发现第一款规定的行为，需要检察机关提起诉讼的，应当向检察机关报告。"由此，检察官应根据上述案件范围开展公益诉讼工作。

其四，开展对刑事、民事、行政诉讼活动的监督工作。法律监督是我国法律中的专门术语，故而在域外检察官职责中未出现法律监督的概念。所谓法律监督，即由专门的国家机关根据法律授权，运用法律规定的手段对法律实施情况进行监察、督促并能够产生法定效力的专门工作。[①]根据《宪法》和《人民检察院组织法》的规定，检察院是国家的法律监督机关：对诉讼活动进行法律监督，对判决、裁定等生效法律文书的执行工作进行监督，对监狱、看守所的执法活动实行法律监督是检察院的职权所在。人民检察院行使法律监督职权，可以进行调查核实，并依法提出抗诉、纠正意见或检察建议。有关单位应当予以配合，并及时将采纳纠正意见、检察建议的情况书面回复

---

① 张智辉：《法律监督三辨析》，《中国法学》2003 年第 5 期。

人民检察院。最高人民检察院对最高人民法院的死刑复核活动实行监督；对报请核准追诉的案件进行审查，决定是否追诉。

需要强调的是，2019年《检察官法》在修订过程中对检察官的职责作出了修改。修改前的《检察官法》规定的检察官的职责包括4项："（一）依法进行法律监督工作；（二）代表国家进行公诉；（三）对法律规定由人民检察院直接受理的犯罪案件进行侦查；（四）法律规定的其他职责。"有的常委会组成人员、部门和社会公众建议有关检察官职责的规定应当与《人民检察院组织法》的规定进一步衔接，故而最新修改中对检察官职责的表述作出了相应调整，增加了开展公益诉讼活动等内容。[1]同时，该规定还增加了第2款，要求检察官对其职权范围内就案件作出的决定负责。

之所以作出该修改，主要基于四方面原因。第一，全面贯彻实施《人民检察院组织法》。该法规定了检察院的八项职权，作为该法的下位法，《检察官法》有必要对检察院的职权作出进一步细化和衔接，故而应在检察官的职责中予以明确。第二，全面贯彻实施修改后的《民事诉讼法》《行政诉讼法》《英雄烈士保护法》的需要。这三部法律都明确规定了检察官提起公益诉讼的职权。2018年，中央全面深化改革委员会第三次会议决定设立最高人民检察院公益诉讼检察厅。作为国家利益和社会公共利益的代表，开展公益诉讼工作是检察官的职责之一。第三，全面贯彻落实全国人大常委会决议的需要。第十三届全国人大二次会议关于最高人民检察院工作报告的决议第一次明确提出了检察机关的"四大检察"职能，即刑事检察、民事检察、行政检察和公益诉讼检察。通过《检察官法》明确检察官的具体职责，能够确保全国人大的决议得到贯彻落实。第四，满足人民群众新时代司法需求。新时代人民群众对法治、公平、环境等提出了新的更高要求，检察官着力为人民群众提供内涵更丰富、优质的法治产品和检察产品，一方面便于群众理解四大检察职能，另一方面有利于更好地接受人民群众对检察工作的监督，从而保障人民群众进一步增强获得感、满足感和安全感。[2]

另外，检察长、副检察长、检察委员会委员除履行检察职责外，还须履行与其职务相适应的职责。检察官在检察长的领导下开展工作，重大办案事项由检察长决定。检察长可以将部分职权委托检察官行使，可以授权检察官签发法律文书。

### 2. 检察官的义务

《检察官法》第10条对检察官的义务作出了明确规定："检察官应当履行下列义务：（一）严格遵守宪法和法律；（二）秉公办案，不得徇私枉法；（三）依法保障当事人和其他诉讼参与人的诉讼权利；（四）维护国家利益、社会公共利益，维护个人和组织的合法权益；（五）保守国家秘密和检察工作秘密，对履行职责中知悉的商业秘密和个人隐私予以保密；（六）依法接受法律监督和人民群众监督；（七）通过依法办理案件以案释

---

[1] 刘季幸：《全国人民代表大会宪法和法律委员会关于〈中华人民共和国检察官法（修订草案）〉审议结果的报告》，《中华人民共和国全国人民代表大会常务委员会公报》2019年第3期。

[2] 《新修订的法官法、检察官法有哪些重大变化？》，https://www.sohu.com/a/310192206_120038893，访问日期：2021年4月19日。

法，增强全民法治观念，推进法治社会建设；（八）法律规定的其他义务。"该规定对检察官的义务作出了明确的列举，并通过兜底条款作出了开放性规范。

修改之前的《检察官法》关于检察官的义务的规定为："检察官应当履行下列义务：（一）严格遵守宪法和法律；（二）履行职责必须以事实为根据，以法律为准绳，秉公执法，不得徇私枉法；（三）维护国家利益、公共利益，维护自然人、法人和其他组织的合法权益；（四）清正廉明，忠于职守，遵守纪律，恪守职业道德；（五）保守国家秘密和检察工作秘密；（六）接受法律监督和人民群众监督。"对比修改前后检察官的义务，可以发现修订后的《检察官法》增加了"对履行职责中知悉的商业秘密和个人隐私予以保密""通过依法办理案件以案释法，增强全民法治观念，推进法治社会建设"和"法律规定的其他义务"，移除了"履行职责必须以事实为根据，以法律为准绳"的规定。

实际上，在 2019 年《检察官法》修改过程中，修订草案删除了"严格遵守宪法和法律""不得徇私枉法"等内容，但有常委委员提出，上述规定仍具有针对性和现实意义，不宜删除，宪法和法律委员会经研究决定建议恢复原规定。同时，将"履行职责必须以事实为根据，以法律为准绳"的内容调整到了总则部分，作为检察官履职的基本原则之一。另外，有的常委会组成人员、地方和社会公众提出，应当结合司法责任制改革，进一步加强对检察官履职的监督，故而在检察官应当履行的义务中应增加规定，要求检察官对履行职责中知悉的商业秘密和个人隐私应予以保密。[①]

### 3. 检察官的权利

《检察官法》第 11 条明确规定了检察官的权利："检察官享有下列权利：（一）履行检察官职责应当具有的职权和工作条件；（二）非因法定事由、非经法定程序，不被调离、免职、降职、辞退或处分；（三）履行检察官职责应当享有的职业保障和福利待遇；（四）人身、财产和住所安全受法律保护；（五）提出申诉或控告；（六）法律规定的其他权利。"该规定对检察官享有的权利作出了较明确的界定。

修改之前的《检察官法》第 9 条规定："检察官享有下列权利：（一）履行检察官职责应当具有的职权和工作条件；（二）依法履行检察职责不受行政机关、社会团体和个人的干涉；（三）非因法定事由、非经法定程序，不被免职、降职、辞退或处分；（四）获得劳动报酬，享受保险、福利待遇；（五）人身、财产和住所安全受法律保护；（六）参加培训；（七）提出申诉或控告；（八）辞职。"对比修改之前的规定可以发现，2019 年修订后的《检察官法》通过兜底性条款作对检察官的权利作出了开放性规定，并将职业保障和福利待遇通过第 7 章"检察官的职业保障"专门作出规范。原规定中的独立履行职责规范成为独立一条在总则部分规定，从而强调了依法履职不受干涉的重要性。

在 2019 年新修订的《检察官法》中，职业保障作为单独一章，并补充了有关内容。例如，第 55 条增加了禁止干涉检察官履职的一般规定："任何单位或个人不得要求检

---

① 刘季幸：《全国人民代表大会宪法和法律委员会关于〈中华人民共和国检察官法（修订草案）〉审议结果的报告》，《中华人民共和国全国人民代表大会常务委员会公报》2019 年第 3 期。

察官从事超出法定职责范围的事务。"第 56 条对检察官的职业尊严和人身安全保护作出明确规范:"检察官的职业尊严和人身安全受法律保护。任何单位和个人不得对检察官及其近亲属打击报复。对检察官及其近亲属实施报复陷害、侮辱诽谤、暴力侵害、威胁恐吓、滋事骚扰等违法犯罪行为的,应当依法从严惩治。"第 58 条对检察官及其近亲属人身安全保障作出规范:"检察官因依法履行职责,本人及其近亲属人身安全面临危险的,人民检察院、公安机关应当对检察官及其近亲属采取人身保护、禁止特定人员接触等必要保护措施。"此次修订根据《公务员法》和《保护司法人员依法履行法定职责的规定》,对检察官履职保障、工资待遇、抚恤优待、退休等制度作出了较明确的规范。[①]

## 二、检察官职业伦理的概念与特征

检察职业伦理是检察官在职务活动和业务活动中应当遵循的行为规范,其具有特定的主体、对象和内容,并具有更大的责任性和强制性。

### (一)检察官职业伦理的概念

检察官职业伦理,是指检察官在履行职务和社会活动中应当遵循的伦理规范和行为准则。检察官职业伦理可分为检察官职业的外部伦理和内部伦理。其中,内部伦理指检察官在检察机关内部工作中应当遵循的行为规范,外部伦理指检察官基于其职务行使和特殊身份而需要在对外联系中遵循的行为准则。也即,前者约束检察官在检察机关内部的行为,如检察官与上级领导之间的行为关系准则等;后者约束检察官在职务履行过程中应遵守的行为规范和基于检察官的特殊身份而需要在社会活动或私人活动中遵守的行为准则。[②]检察官职业伦理具有道德要求和行为规范相结合的性质,既具有对检察官的原则性、倡导性要求,也有具体的操作性、规范性指引,从而指引和制约检察官的职务行为和职务外活动,关注检察官对检察职责的认知和思维活动。[③]

作为调整检察官与其职业相关主体之间关系的伦理规范和精神内容,检察官职业伦理产生于检察官职位本身,但又对检察官个体产生重要影响。检察官职业伦理是检察官的职业精神和技术融为一体的保障,更是保证检察官独立公正地适用和执行法律的重要保障,是社会正义的必然要求。不同于法官,检察官具有较强的行政性,一定程度上可能会使得检察官的独立、公正处理案件存在风险,检察官职业伦理则成为保证检察官在具体个案中实现正义的精神保障。[④]

---

[①] 曹建明:《关于〈中华人民共和国检察官法(修订草案)〉的说明》,《中华人民共和国全国人民代表大会常务委员会公报》2019 年第 3 期。

[②] 万毅:《检察官职业伦理的划分》,《国家检察官学院学报》2014 年第 1 期。

[③] 张志铭、徐媛媛:《对我国检察官职业伦理的初步认识》,《国家检察官学院学报》2013 年第 5 期。

[④] 宋远升:《论检察官职业伦理的构成及建构》,《法学评论》2014 年第 3 期。

### （二）检察官职业伦理的特征

相较于其他法律职业的伦理要求，检察官职业伦理有其特定的主体、对象和内容，并且检察官职业伦理更具强制性和责任性。

一方面，检察官职业伦理的主体、对象和内容具有特定性。其一，检察官职业伦理的主体为检察官，该检察官的范围包括检察长、副检察长、检察委员会委员和检察员。在检察机关工作的其他人员协助检察官行使检察权，其须根据自己的行为规范从事相关工作，而非必然地受到检察官职业伦理的要求。例如，《人民检察院组织法》第45条明确规定司法警察按照《中华人民共和国人民警察法》管理。又如，检察院内部的聘任制书记员是检察工作的辅助人员，其不具有检察官的职权，故而不需承担检察官的义务，而是需要遵循基本的司法行政人员的职业伦理。[1]其二，检察官职业伦理的对象特定，即检察官的职业行为及职务外活动。检察官的职业活动需要受到伦理规范的要求，同时，鉴于检察官代表着国家检察权和法律的公正形象，故而在业外活动中亦须约束自己的行为。其三，检察官职业伦理的内容具有特定性。检察官通过刑事检察权追究犯罪，保护人民群众的生命、财产安全，维护社会秩序，该特殊的职责使得检察官职业伦理的内容具有针对其职责的特殊要求，以及对检察官的道德水平和认知的规范。

另一方面，检察官职业伦理具有更强的责任性和强制性。国家赋予了检察官以特殊职权，这意味着检察官需要承担更多的责任，如在法律监督中应严格保障国家法律的统一实施，故而相较于其他法律职业，检察官职业伦理具有更大的责任性。同时，检察官职业伦理具有更大的强制性，对检察官职业伦理的要求往往与检察官的纪律处分相挂钩，并且检察官职业伦理对检察官的政治觉悟和思想认识要求更高，这一定程度上也与检察官职业的特殊属性相关。[2]

### 三、检察官职业伦理的基本要求

国际公约对检察官职业伦理作出了具体规范，域外诸多国家或地区亦对检察官职业伦理作出规范，并形成了具有共性的要求，如公正、独立、廉洁等。我国通过《检察官法》《检察官职业道德基本准则》等法规文件对检察官职业伦理的基本要求作出规范。

### （一）国际检察官职业伦理的基本要求

自20世纪90年代以来，加强检察官的职业伦理建设在国际范围内逐渐形成共识。检察官除应当具备专业知识和技能外，还须符合相应的职业伦理要求，从而保障检察权的公正行使。部分国际条约或文件对检察官的职业伦理作出了规定，为检察官提供

---

① 许身健：《法律职业伦理》，中国政法大学出版社2019年版，第379页。
② 李本森：《法律职业伦理》，北京大学出版社2017年版，第148页。

了行为准则和规范指引。

### 1. 联合国《检察官角色指引》

联合国 1990 年通过的《检察官角色指引》(*Guidelines on the Role of Prosecutors*)是关于检察官职责要求的国际性法律文件，共 24 条，旨在帮助会员国确保和促进检察官在刑事诉讼中发挥公正无私、积极有效的作用，对检察官的任职条件、基本权利、职业伦理等作出了明确规范。该文件列举了检察官的忠诚、保密等义务，并对刑事活动中检察官的具体职业伦理作出了规范，如保护人权、依法办案、保障公共利益等。该指引规定，检察官应在任何时候都保持其职业荣誉和尊严，竭尽全力防治和坚决反对任何违反准则的行为。同时，检察官应当对掌握的情况保守秘密，除非履职或司法中确有不同要求。为了确保起诉的公平、有效，检察官应尽力与公安机关、法院、律师及政府其他机构进行合作。检察官应不偏不倚地履行其职能，避免政治、宗教、社会、种族、文化、性别或其他形式的歧视。检察官应当迅速且公平地依法行事，尊重和保护人的尊严，维护人权，从而确保法定诉讼程序和刑事司法系统的职能顺利运行。检察官必须保证公共利益，按照客观标准行事，适当考虑犯罪嫌疑人和受害者的立场，并注意到一切有关情况。[①]

### 2. 联合国《关于检察官作用的准则》

联合国 1990 年通过《关于检察官作用的准则》对检察官职业伦理作出了一定规范。该准则强调，检察官作为司法工作的重要行为者，应在任何时候都保持其职业的荣誉和尊严。各国应确保检察官得以在没有任何恐吓、阻障、侵扰，不正当干预或不合理地承担民事、刑事或其他责任的情况下履行其专业职责。检察官应始终一贯迅速而公平地依法行事，尊重和保护人的尊严，维护人权，从而有助于确保法定诉讼程序和刑事司法系统的职能顺利地运行。检察官在履行其职责时应：(1)不偏不倚地履行其职能，并避免任何政治、社会、文化、性别或任何其他形式的歧视；(2)保证公众利益，按照客观标准行事，适当考虑到犯罪嫌疑人和受害者的立场，并注意到一切有关的情况，无论是否对犯罪嫌疑人有利或不利；(3)对掌握的情况保守秘密，除非履行职责或司法上的需要有不同的要求；(4)在受害者的个人利益受到影响时应考虑到其观点和所关心的问题，并确保按照《为罪行和滥用权力行为受害者取得公理的基本原则宣言》，使受害者知悉其权利。

### 3. 国际检察官联合会《检察官专业责任守则和主要职责及权利的声明》

国际检察官联合会在 1999 年通过了《检察官专业责任守则和主要职责及权利的声明》(*Standards of Professional Responsibility and Statement of Essential Duties and Rights of Prosecutors*)，该文件强调了检察官的重要作用，并对独立、公正等检察官职业伦理作出规范。第 1 条规范了检察官的专业行为，强调检察官应随时维持专业荣誉

---

① 张志铭、于浩：《国际检察官职业伦理评析》，《国家检察官学院学报》2014 年第 1 期。

及尊严;始终依据法律及其职业伦理守则来执行职务;随时行使最高标准的公正及专注;随时掌握相关法律的发展趋势;尽力在客观上展现一致性、独立性与公正性;总是保护被告公平审判之权利,特别是确保对被告有利之证据,能依据法律或公平审判之要求予以开示;经常为公益服务并维护公益,尊重、保护并坚持人性尊严及人权之普世概念。第 2 条规定了独立规范:起诉裁量权之行使,如符合特定司法管辖领域之规定,应独立为之,不受政治力干涉。倘非检察机关有权对检察官给予一般或特定之指示,该等指示应:透明;在法律授权范围内;符合为确保事实上及概念上检察独立之既定准则。非检察机关指示起诉或不起诉之权力,亦应依此方式办理。第 3 条规定了公正规范:检察官执行职务应不畏惧、不偏颇、无偏见。特别应:公正执行职务;不受个人或团体利益及公共或媒体压力影响,仅关注公共利益;行为应客观;对于有利与不利犯罪嫌疑人之相关情况,均一并注意;根据当地法律或公平审判之要求,确保已提出所有必要及合理之讯问,并公告侦查结果,至于相关争点是否有助于认定犯罪嫌疑人有罪或无罪,在所不问;及时探求真实及协助法院发现真实,并依据法律及公平之指令,让正义在社会、被害人及被告间得到伸张。第 4 条规定检察官应公正、一致、迅速地执行职务,并在刑事程序中扮演积极角色:(1)依法或实务有权实施犯罪侦查,或指挥警察或其他调查机关时,应客观、公正且专业;(2)监督犯罪侦查时,应确保调查体系遵守法律规定,并尊重基本人权,提供建议时,应保持公正及客观,刑事诉讼程序之发动必须基于可靠且合法的证据,缺乏上述证据时,即应中止该程序;(3)在整个刑事诉讼程序,坚持案件要公正起诉,且不得逾越证据所能证明之范围外;(4)根据当地法律或实务,于监督法院判决之执行,或执行其他非检察事务时,均应符合公益。同时,检察官应当保守职业上的秘密,与法院或其他相关机关合作,共同保护被告应有的权利,依据法律或公平审判之要求,向被告揭示不利或有利之相关资讯;根据当地法律及公平审判之要求,在完全尊重犯罪嫌疑人及被害人之权益,且其情节适当者,得考量是否撤回起诉,附条件或无条件中止程序;等等。该文件对检察官的职业伦理要求结合检察官的义务作出了一般性的规定。

### (二)域外检察官职业伦理的基本要求

域外各国亦普遍通过相关规范、文件或判例对检察官职业伦理作出规范,从而形成检察官职业伦理的规范要求。尽管各国规定有所区别,但也存在诸多具有普适性或相通的价值或理念,如公正、独立、廉洁等要求。

美国通过司法判例、法案、检察官协会准则、司法部行为指南等形成对检察官职业伦理的规范,强调检察官的客观、公正义务,注重检察官的独立判断和团结合作。在 1935 年伯格诉合众国案中,美国联邦最高法院强调,美国检察官代表的是国家政权而非一方当事人,故而其应公正地行使职权。美国地区检察官协会制定的《全美检察准则》强调,检察官是刑事司法系统的独立司法行政官,检察官的主要职责是追求正义,确保有罪者受到追究、无辜者不受伤害,同时尊重被害人的权利。检察官在行使检察裁量权、证人责任豁免等职权时需要将社会利益作为首要考量因素。同时，该准则指出，检察官在决策过程中应独立判断，对已经、可能或即将干扰司法行政的职业不端行为作出应对，不应屈服于外界压力。检察官在与其他检察官、法官、犯罪嫌疑人和被告人、被害人、辩护律师、证人及媒体等发生关系的过程中应保持良好的关系，加强正面沟通与信息交流，促进刑事司法系统的平稳运行，以确保实现"最佳司法利益"。检察官无论在法庭内外或是面对任何其他主体，均须以较高的尊严和诚信规范要求自己，始终保持对司法体系的尊重，行事端正、礼貌待人。美国检察官伦理更加强调检察官的独立，注重对检察官行为的引导和激励，并突出法律职业共同体的内部自律。[1]

英国《皇家检察官守则》(*Code for Crown Prosecutors*)对犯罪控诉相关问题作出规范，共247条，其中涉及对检察官职业伦理的规范。检察官应在每个案件中不偏不倚、独立地作出起诉和控诉以实现司法公正。检察官独立于不属于起诉决策过程的个人或机构，也独立于警察或其他调查人员，检察官的职责履行不受政治干涉或任何不正当的压力或影响之干扰。无论是否起诉，该决定都会对犯罪嫌疑人、被害人、证人及公众造成重要影响，故而应谨慎进行。检察官有责任确保违法者因适当的罪行被检控，并应公平、公正、正直地处理个案，确保适当适用法律，将有关证据提交法院，并遵守相关披露义务。检察官在作出决定时必须公正客观，有义务保护犯罪嫌疑人和被告人的权利，并为被害人提供尽可能好的服务。[2]

在德国，社会公众对检察官的职业伦理已形成高度共识：公正性、责任感、正直、行为适度与谨慎、透明性、人情化等。德国检察官的职业伦理规范具有原则性要求，也有具体行为规范，需要检察官在具体的办案工作和日常生活中予以遵守。检察官在办案时不应受到个人的价值判断、公众的议论或媒体意见的影响，而是应忠于宪法和法律，理性处理案件。检察官的行为应当符合人道主义原则，注意自己的言行不会影响社会公众对司法的信任。检察官应具备责任感，对维护法治国家和法治原则负有特别责任，并注重避免自己的言行影响公众对独立性的信任，行为须适度和谨慎，避免自己的职务行为或业外活动造成不利的社会影响。同时，检察官在与当事人或证人沟通时需要有充分的同情或理解，并耐心予以开导。检察官应向媒体介绍案件的审理状况，但须遵守保密事项的规定。德国检察官在入职时须进行宣誓，宣誓内容为："我宣誓，作为司法官，我将忠于联邦德国的基本法，忠于巴伐利亚州宪法，忠于法律；我将本着良知，尽我所知作出判决，且不畏触犯他人的声誉；我只服务于真相和公正。愿上帝帮助我。"因此，实现公正是检察官履行职责的终极目标，也是其职业伦理的核心要素。[3]

---

① 梁春程：《美国检察官职业伦理规范的特色及启示》，《人民检察》2020年第13期。
② 许身健：《法律职业伦理》，中国政法大学出版社2019年版，第382页。
③ 季美君：《德国检察官职业伦理道德要求》，《检察日报》2019年12月14日第3版。

2005 年，欧洲总检察长会议通过了《欧洲检察官职业道德和行为指南》（布达佩斯指南），对检察官职业伦理作出规范。该指南指出，检察官是违法行为发生并须刑事处罚时，代表社会和公共利益、兼顾个人权利和刑事司法体系必要效率，以确保法律实施的公共机构。检察官应当遵循相关国内法和国际法履行职责，公正、公平、始终如一地、毫不延迟地履行职能，尊重、保护和支持人的尊严和人权，考虑到他们的行动是代表社会和公共利益，致力于在社会一般利益和个人利益及权利之间获取公正的平衡。

我国台湾地区对检察官职业伦理的规范包括原则性条款和具体行为要求两类，涉及检察官职务行为规范、职务外行为规范、组织伦理规范和检察官个人修养规范等。[①]我国台湾地区制定了专门的检察官职业伦理法规，即"检察官职业伦理规范"，该规范对检察官职业伦理作出了明确规定。该规范第 3 条规定了检察官的职业使命："检察官应以保障人权、维护社会秩序、实现公平正义、增进公共利益、健全司法制度发展为使命。"第 4 条规定了检察官的独立性："检察总长、检察长应依法指挥监督所属检察官，共同维护检察职权之独立行使，不受政治力或其他不当外力之介入；检察官应于指挥监督长官之合法指挥监督下，妥速执行职务。"第 5 条规定了检察官的清正廉洁："检察官应廉洁自持，谨言慎行，致力于维护其职位荣誉及尊严，不得利用其职务或名衔，为自己或第三人谋取不当财物、利益。"第 6 条规定了检察官的独立性和平等原则："检察官执行职务时，应不受任何个人、团体、公众或媒体压力之影响。检察官应本于法律之前人人平等之价值理念，不得因性别、种族、地域、宗教、国籍、年龄、性倾向、婚姻状态、社会经济地位、政治关系、文化背景、身心状况或其他事项，而有偏见、歧视或不当之差别待遇。"第 7 条则对检察官的专业知识提出要求："检察官应精研法令，随时保持其专业知能，积极进修充实职务上所需知识技能，并体察社会、经济、文化发展与国际潮流，以充分发挥其职能。"这是通则部分对检察官职业伦理的规范。

该规范第 2 章和第 3 章则分别对执行职务行为和执行职务以外行为的规范作出规定。在执行职务行为中，检察官应当致力于真实发现，兼顾被告、被害人及其他诉讼关系人参与刑事诉讼之权益，维护社会公益和个人权益之平衡，以实现正义。检察官在行使职权时应遵守法定程序及比例原则，妥善适用强制处分权。检察官应不为亦不受任何可能损及其职务公正、超然、独立、廉洁之请托。检察官执行职务，应本于合宜之专业态度。检察官行讯问时，应出以恳切之态度，不得用强暴、胁迫、利诱、诈欺、疲劳讯问或其他不正方法，亦不得有笑谑、怒骂或歧视之情形。检察官侦办案件应本于团队精神，于检察总长、检察长之指挥监督下分工合作、协同办案。检察官不得泄露或违法使用职务上所知悉之秘密。检察官执行职务时，应与法院及律师协同致力于人权保障及司法正义迅速实现。

在执行职务以外行为的过程中，我国台湾地区对检察官的职业伦理亦作出明确要

---

① 蒋剑伟、殷耀刚：《台湾地区检察官职业伦理建设及其借鉴》，《人民检察》2014 年第 13 期。

求。检察官应避免从事与检察公正、廉洁形象不相容或足以影响司法尊严之社交活动。检察官若怀疑其所受邀之应酬活动有影响其职务公正性或涉及利益输送等不当情形时，不得参与；如于活动中发现有前列情形者，应立即离去或采取必要之适当措施。检察官不得与执行职务所接触之律师、当事人或其他利害关系人有财务往来或商业交易。检察官不得发起、召集或加入歧视性别、种族、地域、宗教、国籍、年龄、性倾向、婚姻状态、社会经济地位、政治关系、文化背景及其他与检察官公正、客观之形象不相容之团体或组织。另外，该规范第 28 条规定："检察官不得收受与其职务上有利害关系者之任何馈赠或其他利益。但正常公务礼仪不在此限。检察官收受与其职务上无利害关系者合乎正常社交礼俗标准之馈赠或其他利益，不得有损检察公正、廉洁形象。检察官应要求其家庭成员遵守前二项规定。"此处的家庭成员，指配偶、直系亲属或家长、家属。

### （三）我国检察官职业伦理的基本要求

我国对检察官职业伦理作出了明确规范。《检察官法》第 4 条明确规定："检察官应当勤勉尽责，清正廉明，恪守职业道德。"该规定直接提出了恪守职业道德的要求，并强调检察官应勤勉尽责、清正廉明。第 3 条规定："检察官必须忠实执行宪法和法律，维护社会公平正义，全心全意为人民服务。"该规定强调检察官应当忠实执行宪法和法律，为人民服务。第 5 条规定："检察官履行职责，应当以事实为根据，以法律为准绳，秉持客观公正的立场。检察官办理刑事案件，应当严格坚持罪刑法定原则，尊重和保障人权，既要追诉犯罪，也要保障无罪的人不受刑事追究。"该规定强调了客观公正和保障人权的伦理规范。第 6 条规定："检察官依法履行职责，受法律保护，不受行政机关、社会团体和个人的干涉。"该规定强调了检察官职业的独立性。《检察官法》通过一般的原则性规定和具体条款对检察官职业伦理作出了一定规范。

同时，最高人民检察院通过的《检察官职业道德基本准则》对检察官应当遵守的职业伦理作出了基本规定。2016 年通过的《检察官职业道德基本准则》的具体规定包括 5 条："坚持忠诚品格，永葆政治本色""坚持为民宗旨，保障人民权益""坚持担当精神，强化法律监督""坚持公正理念，维护法制统一""坚持廉洁操守，自觉接受监督"。该准则自印发之日起实施，《中华人民共和国检察官职业道德基本准则（试行）》[以下简称为《检察官职业道德基本准则（试行）》]同时废止。对比可知，《检察官职业道德基本准则（试行）》提出的检察官职业道德的基本要求为忠诚、公正、清廉、文明，并对这四项基本要求作出了具体的规定。《检察官职业道德基本准则》则提出了五项基本要求，但未作出具体规范。该准则是检察机关成立以来第一部面向全体检察官、坚持正面倡导的职业道德规范。检察官职业伦理是检察官司法办案的道德规范，是检察官政治信仰、工作宗旨和道德品质的体现，对引导和规范检察官正确履行职责具有重要意义。修订前的《检察官职业道德基本准则（试行）》自 2009 年颁布施行以来对提升检察官职业道德素养发挥了积极作用，但随着形势任务的发展变化，其与新实践、新要求不相适应的问题逐渐凸显。

最高人民检察院对《检察官职业道德基本准则（试行）》的修订主要基于三方面考虑。其一，深入贯彻以习近平同志为核心的党中央重要指示。党的十八大以来，习近平总书记对政法队伍建设和检察队伍建设作出了很多具有深远影响的重要指示，阐明了在新形势下政法队伍和检察队伍建设一系列具有方向性、根本性的重大问题，为完善职业伦理基本标准指明了方向。其二，适应司法体制改革新形势的现实需要。司法责任制确立检察官是有职有权、相对独立的办案主体，除加强监督制约以保障检察权依法正确行使外，更须提升检察官的职业道德修养。其三，检察队伍正规化、专业化、职业化发展的必然选择。长期以来，我国检察官队伍缺乏职业传统和职业气质，在职业伦理、职业精神等方面缺乏深厚积淀。推进检察官职业伦理建设，有助于逐步形成检察官特有的职业气质和职业传统，提升检察队伍的职业化水平。《检察官职业道德基本准则》强调对"建设一支信念坚定、执法为民、敢于担当、清正廉洁政法队伍"的具体化，紧扣"道德"，坚持正面倡导，列举"正面清单"。同时，该准则突出了"职业"特点，将个人品德、社会公德等与职业道德区分开，与职业无直接关系的其他道德内容不再列入。另外，《检察官职业道德基本准则》坚持删繁就简，以做到精确、凝练，从而简洁明了地点出了忠诚、为民、担当、公正、廉洁的基本要求。与《检察官职业道德基本准则（试行）》相比较，新准则保留了忠诚、公正两个关键词，增加了为民、担当两个关键词，并将清廉改为廉洁。该准则对基本要求作出了概括性表述，从而扩大了职业伦理的内涵，保证了检察官职业伦理的具体要求随着检察官职能或任务变化而及时作出调整，避免规定过细可能造成的难以同步修改的问题。①

## 第二节　检察官职业伦理的具体内容

我国 2016 年出台的《检察官职业道德基本准则》对检察官职业伦理作出了原则性概括，形成了我国检察官职业伦理的最新规范。因此，对检察官职业伦理具体内容的探讨，可从忠诚规范、为民规范、担当规范、公正规范、廉洁规范五个方面入手，形成符合我国当前检察官职业伦理建设状况和发展趋向的伦理规范内容。

### 一、忠诚规范

忠诚是检察官的首要品格，忠于党、忠于国家、忠于人民、忠于宪法和法律是对检察官基本的职业伦理要求。忠诚规范既包括检察官应当遵循的政治要求，也包括检察官应当坚持的法治信仰。

---

① 《最高检政治部负责人就检察官职业道德基本准则答问》，http://www.tibetmingcheng.com/view.aspx?id=2554，访问日期：2021 年 4 月 22 日。

## （一）忠诚规范的基本含义

"坚持忠诚品格，永葆政治本色"是《检察官职业道德基本准则》的第 1 条规定，反映了我国检察官的首要品格和伦理要求。所谓忠诚规范，强调检察官应当忠于党、忠于国家、忠于人民、忠于宪法和法律，突出了检察官的政治属性。检察官应当坚决维护以习近平同志为核心的党中央权威，坚持"四个自信"，严守政治纪律和政治规矩，永葆政治本色。

作为国家的法律监督机关，检察机关是国家机器的重要组成部分，在国家政治建构中发挥重要作用。检察工作应当与执政党的要求和人民群众的意愿保持一致，从而维系基本的政治秩序。因此，检察官应当保持忠诚。同时，在强调忠于党和人民的同时，忠诚规范还强调检察官应忠于法律、信仰法治，维护宪法和法律的统一、尊严和权威，致力于推进中国特色社会主义法治事业的发展和进步。

## （二）忠诚规范的具体要求

作为检察官的首要品格，忠诚规范要求检察官忠于党和人民，忠于宪法和法律。这意味着，检察官一方面需要遵守政治上的忠诚规范，另一方面需要遵守对法律和检察事业的忠诚规范。

一方面，忠于党、国家和人民是我国检察官的政治义务。担任检察官必须具备的条件即为拥护中国共产党的领导和社会主义制度，具有良好的政治品行，《检察人员纪律处分条例》第 44 条也对违反忠于党的伦理要求的行为规定了相应处分。检察官应当坚持保持高度的政治警觉，坚决维护国家的安全、荣誉和利益，从而不辜负党的重托和人民的信任。《检察官法》第 19 条规定："检察官在依照法定程序产生后，在就职时应当公开进行宪法宣誓。"宪法宣誓体现了检察官对忠于祖国、忠于人民、忠于宪法的承诺。

另一方面，忠诚规范要求检察官忠于宪法和法律，热爱人民检察事业，自觉维护宪法和法律的统一、尊严和权威。《检察官法》第 3 条强调"检察官必须忠实执行宪法和法律"，第 5 条规定"检察官履行职责，应当以事实为根据，以法律为准绳"，对宪法和法律的忠诚要求检察官应当严格依法履职，严格执行宪法和法律的规定。因此，依法办案是检察官的首要任务，检察官应当树立牢固的法律信仰，在履行职责过程中自觉运用和不断提升对法律的高度崇尚和信仰。

> **典型案例 4-1**

### 模范检察官张飚：在人民群众心中树起法治权威

2003 年，浙江省杭州市发生了一起"强奸致死案"，犯罪嫌疑人张高平、张辉二审分别被判处有期徒刑 15 年和死刑缓期两年执行。2007 年，时任石河子市检察院驻监检察官的张飚遇到服刑的张高平，后者表示蒙冤。张飚专程调阅相关服刑卷宗，帮助张高平整理申诉材料，多次向浙江省人民检察院、浙江省高级人民法院等机关寄送申诉信和案情疑点材料，协助张高平申诉。2013年3月，浙江省高级人民法院撤销了该案的原审判决，认定张高平、张辉无罪。在张氏叔侄冤案平反过程中，张飚发挥了重要作用。在任职期间，张飚先后参与审查服刑人员减刑、假释材料7600余份，发现和纠正违法减刑、假释74人。

张彪指出，其自1976年入党时起，就坚定要忠于党、忠于国家、忠于人民。面对疑难案件时，认真办案、维护公证是检察官的职责所在，也是张飚的职业信念和坚持。他认为："冤假错案的发生，不仅伤害了当事人，更有损法律的威信。""作为一名检察官，一定要从对方的角度考虑问题，用心去体会对方的心情，实实在在为他人服务，这才是一名合格的检察官应尽的职责。"退休后的张飚被新疆维吾尔自治区检察院和石河子市检察院聘请为特约检察官，协助办理刑事申诉疑难案件。他说："退休后与群众交流过程中，我深刻地感受到人民群众遵纪守法的法治观念不断增强，这说明我们国家推进全面依法治国、民主法治建设迈出重大步伐，也为改革开放再出发打下了坚实基础。"

2018年12月，在庆祝改革开放40周年大会上，习近平总书记等党和国家领导人为100名"改革先锋"颁奖，作为全国检察系统唯一获此殊荣的检察官，张飚被授予"维护社会公平正义的模范检察官"光荣称号。他指出："成为改革开放40周年的模范代表，不证明我纠正一起错案的功劳有多大，也并不代表我比别的检察官更优秀。我代表着检察人、司法人对公平正义的执着追求，这是时代精神。有了这个时代精神，才有改革开放40年的丰硕成果。"① 张飚的职业行为和精神，体现了忠于党、忠于宪法和法律的基本追求，践行了检察官的职业伦理规范，是维护法治权威的典型体现。

## 二、为民规范

为民规范强调检察官应当坚持为人民服务的宗旨，积极保障人民群众的合法权益。在落实为人民服务的宗旨和原则时，检察官应尊重和保障人权，维护公民、法人及社会组织的合法权益。

### （一）为民规范的基本含义

为民规范是《检察官职业道德基本准则》新增加的一条准则："坚持为民宗旨，保障人民权益。"执法为民是宪法原则的基本体现。我国《宪法》第2条第1款明确规定，中华人民共和国的一切权力属于人民，《宪法》第27条规定，一切国家机关和国家工作人员都应"努力为人民服务"。因此，身为国家工作人员的检察官亦应努力为人民服务。

---

① 戴佳：《在人民群众心中树起法治权威——记"改革先锋""全国模范检察官"张飚》，《检察日报》2019年8月2日第4版。

我国《检察官法》第 3 条亦强调，检察官必须"全心全意为人民服务"。

检察权来源于人民，人民性是检察机关的根本属性。因此，检察官首先需要承担的即为对人民的责任。习近平总书记强调，政法机关的职业良知，最重要的即为执法为民。自党的十八大以来，党中央一直强调"坚持以人民为中心的发展思想"，要求司法机关"恪守司法为民的职业良知"。因此，在检察官职业伦理中，为民规范应当得到强调。

### （二）为民规范的具体要求

根据为民规范，检察官应坚持为民宗旨，积极保障人民的权益。这主要体现在两方面：一是坚持亲民、为民、利民、便民的原则；二是依法维护和保障诉讼当事人、参与人及其他有关人员的合法权益。

一方面，检察官应坚持立检为公、执法为民的宗旨，维护最广大人民的根本利益，保障民生，服务群众，做到亲民、为民、利民、便民。检察官在职务活动中应坚持为人民服务的原则，坚持人民利益至上。法律以人为本，以人民为中心是立党执政之本，新时代检察工作的使命在于满足人民群众对民主、法治、公平、正义、安全、环境的新需求，实现人民对美好生活的向往。[①]开展公益诉讼工作是检察官积极履行为民规范的典型体现。公益诉讼检察工作是当前检察事业创新发展的重要发力点，也是检察机关积极履行执法为民宗旨的工作内容。

另一方面，检察官应树立人权保护意识，尊重诉讼当事人、参与人及其他有关人员的人格，保障和维护其合法权益。《检察官法》第 5 条第 2 款规定："检察官办理刑事案件，应当严格坚持罪刑法定原则，尊重和保障人权，既要追诉犯罪，也要保障无罪的人不受刑事追究。"也即，检察官应当注重对当事人、参与人及其他公民、法人和社会组织的合法权益的维护，尊重和保障人权。

> **典型案例 4-2**

### 检察公益诉讼：保护公益与服务大局并重

2014 年，党的十八届四中全会提出探索建立检察机关提起公益诉讼制度。2015 年，中央全面深化改革领导小组第 12 次会议审议《检察机关提起公益诉讼改革实践方案》；十二届全国人大常委会第十五次会议通过决定，授权最高人民检察院在北京市等 13 个省、自治区、直辖市开展为期两年的提起公益诉讼试点。两年试点期满，检察机关提起公益诉讼制度正式确立。2017 年，修订后的《民事诉讼法》《行政诉讼法》规定了检察机关提起公益诉讼制度，标志着我国以立法形式正式确立了检察机关提起公益诉讼制度。2019 年 1 月，最高人民检察院进行重塑性内设机构改革，公益诉讼检察工作由第八检察厅负责，地方检察机关也对应设立了公益

---

① 李春薇：《满足人民群众新需求是新时代检察使命》，《检察日报》2020 年 7 月 25 日第 1 版。

诉讼检察机构。2019 年修订的《检察官法》将"开展公益诉讼工作"作为检察官的职责之一。由此，从法律明确授权到成立专门机构，再到立法明确规定为检察官的基本职责，我国公益诉讼检察工作不断推进。

我国检察公益诉讼工作在实践中取得了较快发展。例如，对于黄河流域出现的"乱占、乱采、乱堆、乱建"的"四乱"问题，最高人民检察院联合水利部推动沿黄河九省区河长制办公室和检察机关共同开展"携手清四乱 保护母亲河"专项行动，推动建立黄河全流域环境治理和司法保护协作机制。2019 年，仅在生态环境和资源保护领域，全国检察机关办理公益诉讼案件 6.9 万件，同比上升 16.6%。检察机关在该类案件中，始终坚持围绕中心、服务大局，将保护公益和服务大局并重，不断推进公益诉讼工作行稳致远。

随着社会经济快速发展，人民群众对公益保护的需求不断增多，检察机关须不断回应新时代人民群众对公益诉讼检察工作的新需求。例如，党的十九届四中全会审议通过的《中共中央关于坚持和完善中国特色社会主义制度推进国家治理体系和治理能力现代化若干重大问题的决定》，提出"拓展公益诉讼案件范围"，积极开展公益诉讼检察工作范围的"等"外探索成为检察官工作的重要内容之一。整体来看，检察公益诉讼工作是检察官履行为民规范的典型体现，彰显了坚持人民利益至上、全心全意为人民服务的宗旨和追求。

### 三、担当规范

担当规范是检察官职业伦理的基本内容，强调检察官应当具有担当精神，强化检察官的法律监督职责的履行，具有时代特点和检察官的职业特色。

#### （一）担当规范的基本含义

"坚持担当精神，强化法律监督"是《检察官职业道德基本准则》的第 3 条规定。法律监督是宪法赋予检察机关的基本职责，检察官作为专司法律监督职责的司法人员，若对执法不严、司法不公问题不敢监督或不愿监督，则失去了最基本的职业道德。因此，检察官要履行好职责，必须首先具有担当精神。因此，《检察官职业道德基本准则》增加了关于担当规范的要求。该规范体现了习近平总书记强调的"敢于担当"的要求，更加强调了担当的重要性，突出了时代特点和检察官的职业特色，具有较强的现实针对性。

在新时期，检察官需要充分发挥"四大检察"职能，为人民群众提供更好、更优、更实的法治、检察产品，这都意味着检察官需要积极履职，落实司法为民，善于运用法律智慧、检察智慧开展工作的同时，敢于担当，拓展履职，增强在各项工作中的担当作为。

### （二）担当规范的具体要求

担当规范要求检察官坚持担当精神，强化法律监督，这意味着检察官一方面需要勇于行使相关职权或承担司法责任，另一方面应强化法律监督，坚守防止冤假错案底线。

一方面，检察官应当勇于行使权力清单规定的决定权或其他权限，并敢于承担司法责任。《检察官法》明确规定了检察官的职责，检察官应当勤勉尽责，积极履行职权范围内的工作任务，勇于行使相关职权，并敢于承担相关责任。司法实践中，部分案件之所以出现错误不逮捕或不起诉，原因之一在于个别检察官缺乏担当精神。我国司法责任制改革的主旨之一即为突出检察官的主体地位，让检察官的职权和责任相一致，从而使得其勇于承担职责，谨防其出于各类因素权衡而作出了对自己"有利"或"无害"的处理方式。这也意味着检察官应当依法正确履职尽责，才能保障其责任的担当。[①]

另一方面，检察官应强化法律监督，敢于对司法执法活动进行监督，并且应当坚守防止冤假错案的底线。加强对司法活动的监督，完善检察机关行使法律监督职权的法律制度，加强对刑事诉讼、民事诉讼、行政诉讼的法律监督，是提高司法质量和司法公信力的必然要求。检察官应敢于监督、勇于监督，加大对刑事立案、侦查和审判活动的监督力度，深化民事检察工作中的精准监督和类案监督，从而切实维护司法公正和当事人的合法权益。为强化法律监督工作，检察官应当讲求监督智慧，践行"在办案中监督，在监督中办案"等新时代检察监督理念，不断提升监督办案的质量和效率，秉持"双赢多赢共赢"的监督理念，让被监督者理解和认同监督，从而维护法治权威。同时，检察官应增强监督的能力和担当，提高实战能力，将各项法律监督工作真正落到实处。[②]

> **典型案例 4-3**

#### 检察改革典型案例：黑龙江省民事诉讼监督案件正卷副卷一并调阅制度

2021年1月，最高人民检察院发布了以"推进执法司法制约监督机制建设"为主题发布全国检察机关首批检察改革典型案例。典型案例共7件，集中反映各地检察机关在强化法律监督职能、健全内部制约监督制度机制等方面的经验做法。第一个案例即为：黑龙江省人民检察院建立民事诉讼监督案件正卷副卷一并调阅制度，强化审判执行检察监督。

检察机关依法开展民事诉讼监督，一并调阅人民法院民事诉讼监督案件正、副卷，有利于提高民事诉讼监督的精准度，维护司法公正和权威。2019年7月，中央政法委在政法领域全面深化改革推进会上提出："加强对民事审判案件的检察监

---

① 付强：《依法正确履职尽责强化检察官能力与担当》，《检察日报》2019年7月25日第3版。
② 《把法律监督的"看家本领"做到位》，《检察日报》2020年12月15日第1版。

督制度机制建设,探索正卷副卷一并调阅制度。"黑龙江省检察机关积极落实中央政法委部署,在全省实现了一并调阅法院民事审判卷宗、民事执行卷宗的正卷、副卷,对落实检察机关民事诉讼案件精准监督具有重要意义。2020年6月,黑龙江省检法两院召开联席会议,正式会签《关于调阅民事诉讼卷宗有关事项的规定(试行)》,该文件是全国首个适用于全省各级检察院可以一并调阅全省各级法院民事审判卷宗、民事执行卷宗正卷、副卷的会签文件,从根本上解决了下级检察院调阅上级法院卷宗及检察院跨市(地)、县(区)调阅法院卷宗的难题,为精准办理民事审判监督、民事执行监督案件提供了有力保障。该文件明确了一并调阅正卷、副卷的条件和范围,明确了调阅正卷、副卷的程序及时限要求,并对卷宗的知悉人员范围、保管保密责任等作出具体规定。

建立民事行政诉讼监督案件正卷副卷一并调阅制度,目的在于加强检察监督的广度、深度和精准度,维护司法权威。"两高"对这项工作已经原则上达成一致,但在实践操作中还存在障碍。黑龙江省检察院先行先试,率先会签规范性文件,对破除实践运行中的一些协同障碍等,探索出一些较好的做法,对各级检察机关推进这项工作具有较强的借鉴作用。①

### 四、公正规范

公正规范是对检察官职业的根本性伦理要求。检察官应当客观公正,维护公平正义。公正规范体现在回避制度、平等规则、独立规则等具体制度或规范中。

#### (一)公正规范的基本含义

公正是司法的生命,恪守客观公正义务是对检察官的根本要求。促进社会公平正义是政法工作的核心价值要求,《检察官职业道德基本准则》第4条规定了"坚持公正信仰,维护公平正义",旨在对公正规范作出规定。该规定涵盖了《检察官职业道德基本准则(试行)》中规定的正确行使检察权、严格遵循法定程序、支持律师履行法定义务等内容,是对《检察官职业道德基本准则(试行)》中"公正"一章的凝练,更加突出强调维护法律制度的统一、权威和尊严。

检察官的基本职责是寻求社会公正,故而公正规范是检察官应当遵循的根本规范。《人民检察院组织法》第6条规定:"人民检察院坚持司法公正,以事实为根据,以法律为准绳,遵守法定程序,尊重和保障人权。"《检察官法》第5条亦规定了客观公正的要求:"检察官履行职责,应当以事实为根据,以法律为准绳,秉持客观公正的立场。检察官办理刑事案件,应当严格坚持罪刑法定原则,尊重和保障人权,既要追诉犯罪,也要保障无罪的人不受刑事追究。"公正规范是法律职业伦理的核心内容,也是检察官

①《重磅!最高检发布首批检察改革典型案例(附案例全文)》,http://www.cdczjcy.gov.cn/zfxw/216719.jhtml,访问日期:2021年4月22日。

职业伦理的重要内容。

### （二）公正规范的具体要求

我国《检察官法》《检察官职业道德基本准则》均对检察官提出了客观公正的伦理要求。同时，部分具体规则的适用亦体现了公正规范的要求，这包括回避制度、平等规则、独立规则等。

#### 1. 回避制度

检察官的回避制度与法官的规定具有相似性，包括任职回避、执业限制和审判回避三方面具体规定。

首先，在任职回避方面，《检察官法》第 24 条规定："检察官之间有夫妻关系、直系血亲关系、三代以内旁系血亲及近姻亲关系的，不得同时担任下列职务：（一）同一人民检察院的检察长、副检察长、检察委员会委员；（二）同一人民检察院的检察长、副检察长和检察员；（三）同一业务部门的检察员；（四）上下相邻两级人民检察院的检察长、副检察长。"第 25 条规定："检察官的配偶、父母、子女有下列情形之一的，检察官应当实行任职回避：（一）担任该检察官所任职人民检察院辖区内律师事务所的合伙人或设立人的；（二）在该检察官所任职人民检察院辖区内以律师身份担任诉讼代理人、辩护人，或者为诉讼案件当事人提供其他有偿法律服务的。"这两条规定与法官的任职回避制度相同，旨在防止出现影响检察事务公正处理的因素。

其次，检察官同样存在着一定的执业限制。《检察官法》第 23 条规定："检察官不得兼任人民代表大会常务委员会的组成人员，不得兼任行政机关、监察机关、审判机关的职务，不得兼任企业或其他营利性组织、事业单位的职务，不得兼任律师、仲裁员和公证员。"第 37 条规定："检察官从人民检察院离任后两年内，不得以律师身份担任诉讼代理人或辩护人。检察官从人民检察院离任后，不得担任原任职检察院办理案件的诉讼代理人或辩护人，但是作为当事人的监护人或近亲属代理诉讼或进行辩护的除外。检察官被开除后，不得担任诉讼代理人或辩护人，但是作为当事人的监护人或近亲属代理诉讼或进行辩护的除外。"这两条规定对检察官的执业限制作出了规范，整体上与法官的执业限制相同。

最后，检察官同样存在着履行职务过程中的具体回避情形。《刑事诉讼法》第 29 条规定："审判人员、检察人员、侦查人员有下列情形之一的，应当自行回避，当事人及其法定代理人也有权要求他们回避：（一）是本案的当事人或是当事人的近亲属的；（二）本人或他的近亲属和本案有利害关系的；（三）担任过本案的证人、鉴定人、辩护人、诉讼代理人的；（四）与本案当事人有其他关系，可能影响公正处理案件的。"审判回避中的主体包括检察官。因此，该审判回避制度同样对检察官形成约束。

#### 2. 平等规则

检察官在履行职责过程中，同样需要坚持客观公正，平等对待当事人或相关诉讼程序参与人,不偏不倚,秉公办案。《人民检察院组织法》第5条规定:"人民检察院行使检察权在适用法律上一律平等,不允许任何组织和个人有超越法律的特权,禁止任何形式的歧视。"因此,检察官在履行职务过程中,亦不应有任何形式的歧视,而是应当保持客观公正、忠于事实真相,秉公办案,不偏不倚。平等规则是保证检察事务得以公正处理的重要基础。

### 3. 独立规则

独立规则是法律职业伦理的基本规范,具有保障司法公正实现的程序性价值。独立规则要求检察官独立履行职责,不受行政机关、社会团体和个人的干涉。检察院独立行使职权在我国具有宪法保障,《检察官法》《人民检察院组织法》亦作出了相应规定。《检察官法》第6条明确规定:"检察官依法履行职责,受法律保护,不受行政机关、社会团体和个人的干涉。"该独立性与法官的独立性具有很大程度的相似性,但需要指出的是,检察系统存在着一定的行政体系性质,上下级检察机关之间是领导与被领导的关系,检察官的检察权的行使不受行政机关、社会团体和个人的干涉,但检察官在案件办理过程中需要受到检察长的领导。根据《检察官法》第9条的规定,检察官在检察长领导下开展工作,重大办案事项由检察长决定。因此,检察官在践行独立规则的同时,还须受到检察长的领导,后者体现了检察系统区别于审判机关的特点,而非对检察官独立行使职权的干涉。

## 五、廉洁规范

廉洁规范是法律职业伦理的基本内容,也是检察官职业伦理的基本要求。检察官应当坚持廉洁操守,自觉接受监督,增强遵纪守法的意识。

### (一)廉洁规范的基本含义

廉洁是检察官履行法定职责的必要保障,也是检察官最基本的职业操守。《检察官职业道德基本准则》第5条为"坚持廉洁操守,自觉接受监督",该规定对检察官的廉洁要求作出了明确规范,体现了清正廉洁是好干部五项标准之一的思想。同时,该准则关于廉洁规范的要求,既涵盖了《检察官职业道德基本准则(试行)》中的"负面清单",也包括了监督者更要接受监督、增强法纪意识等内容,并且该准则将落脚点放在"自觉接受监督",增强了针对性。相较于清廉一词,廉洁的实际内涵更为丰富。

《检察官法》第4条强调检察官应当"清正廉明",以法律的方式对廉洁规范作出强调。廉洁是对掌握公权力的人员的必然要求,检察官更不能例外。作为法律监督机关,检察机关须牢筑廉洁防线,才能更好地发挥法律监督职能,行使检察权,维护社会的公平正义。

### (二)廉洁规范的具体要求

廉洁规范强调检察官应当坚持廉洁操守,自觉接受监督,也即检察官既需要遵循相关廉洁纪律和规范，保持廉洁本色，不徇私情，也需要自觉接受相关监督。

一方面，检察官应当坚持清正廉明，恪守廉洁操守，不徇私情，认真执行廉洁从检相关规定，保持廉洁本色。《检察官法》第 47 条明确规定，检察人员有下列行为之一的，应当给予处分；构成犯罪的，依法追究刑事责任："（一）贪污受贿、徇私枉法、刑讯逼供的；……（七）利用职权为自己或他人谋取私利的；（八）接受当事人及其代理人利益输送，或者违反有关规定会见当事人及其代理人的；（九）违反有关规定从事或参与营利性活动，在企业或其他营利性组织中兼任职务的。"《检察人员纪律处分条例》第 4 节专门规定了对检察人员违反廉洁纪律行为的处分，如"利用职权或职务上的影响为他人谋取利益，本人的配偶、子女及其配偶等亲属和其他特定关系人收受对方财物""相互利用职权或职务上的影响为对方及其配偶、子女及其配偶等亲属、身边工作人员和其他特定关系人谋取利益搞权权交易的""纵容、默许配偶、子女及其配偶等亲属和身边工作人员利用本人职权或职务上的影响谋取私利"等多种情形。

另一方面，检察官应当自觉接受监督，不断约束和规范自己的行为，保证清正廉明。依法接受法律监督和人民群众监督是《检察官法》明确规定的检察官的一项义务。《检察官法》第 11 条亦明确规定："人民检察院应当接受人民群众监督，保障人民群众对人民检察院工作依法享有知情权、参与权和监督权。"第 27 条规定："人民监督员依照规定对人民检察院的办案活动实行监督。"因此，检察官的职务行为和业外活动需要受到人民群众的监督和法律监督。根据《人民检察院办案活动接受人民监督员监督的规定》，人民检察院的办案活动接受人民监督员的监督，人民检察院应当保障人民监督员履行监督职责，自觉接受人民监督员的监督。人民检察院下列工作可以安排人民监督员依法进行监督：案件公开审查、公开听证；检察官出庭支持公诉；巡回检察；检察建议的研究提出、督促落实等相关工作；法律文书宣告送达；案件质量评查；司法规范化检查；检察工作情况通报；其他相关司法办案工作。人民检察院应当认真研究人民监督员的监督意见，依法作出处理。监督意见的采纳情况应当及时告知人民监督员。人民检察院经研究未采纳监督意见的，应当向人民监督员作出解释说明。人民监督员对于解释说明仍有异议的，相关部门或检察官办案组、独任检察官应当报请检察长决定。

> **典型案例 4-4**

### 海盐县人民检察院廉洁办案监督卡：当事人具有发言权

"为加强对检察人员执法办案活动监督，促进廉洁公正执法，请您按照以下载明的监督事项，实事求是填写监督意见。谢谢！"这是浙江省海盐县检察院的"海盐县人民检察院廉洁办案监督卡"上的内容。海盐县检察院全面推行廉洁办案监督卡制度，保证检察官的工作自一开始就主动接受当事人的监督。该监督卡列有十条主要监督事项，从徇私枉法、以权谋私，办关系案、人情案、金钱案，到作风简单粗暴、对案件当事人冷硬横推，当事人都可以通过邮寄、电话、网络三种方式向驻该院纪检监察组反映。

有关人员指出："检察官办案廉不廉洁，当事人最有发言权。案件当事人只要用微信扫一扫廉洁办案监督卡上的二维码，就可以一键提交监督意见。""2017年，我们对作出不起诉决定的案件开展回访监督活动，首次发放廉洁办案监督卡62份。2018年，在拓展监督卡发放范围的同时，将发放时间提前至收案阶段，要求检察人员将廉洁办案监督卡与权利义务告知书随案一起发放。"2020年，考虑到疫情影响，为减少人员接触，该院在监督工作中注入信息技术新元素，适时推出廉洁办案监督卡2.0版，这种方式不仅简化了群众监督意见的反馈，而且有利于纪检监察部门及时收集、分析相关问题线索。"小小一张监督卡，畅通了群众监督的渠道。"该院党组书记、检察长柏屹颖表示，"从每日一句廉政提醒，到每案一份廉洁办案监督卡，纪检监察组的监督无时不在、无处不在，让检察干警时刻绷紧纪律弦，确保了廉洁公正司法，也让我们不断优化检察服务，提升了检察机关的司法公信力，增强了人民群众的司法获得感。"[1]

廉洁规范是检察官职业伦理的基本要求，检察官应当自觉接受监督，保持清正廉洁，不断约束和规范自己的行为，遵循相关廉洁纪律和规范。健全的监督方式和公众监督是推动检察官遵守廉洁规范的有效保障。

# 本章思考问题

## 一、检察官受贿不办事保证了道德底线？

2020年，在辽宁省盘锦市一桩涉嫌虚假诉讼罪的案件庭审现场，检察官发表言论称："司法机关当中，收受贿赂不办事，正说明司法工作人员保证了道德底线。"该言论引发广泛关注。

在该案庭审过程中，辩护人提到了一份判决书，表示："我另外要指出的是，如果说别人帮他去疏通关系，为什么他这个案子还败诉了呢？"对此，大洼区人民检察院检察官孙某回应："在我们的司法机关当中，收受贿赂不办事，正是说明了相关的司法工作人员保证了他们的道德底线。否则，我们就有另外的判决书，就是相关院长、副院长的行受贿，向法庭出示了。"该言论引发热议后，盘锦市人民检察院审查了相关庭审视频，并进行了核查，指出关于"受贿不办事证明了司法人员保证了道德底线"这一言论，经了解，该案涉及的原民事诉讼中有关司法人员于2015年2月退回了贿赂款，没有为行贿人谋取利益。但在庭审辩论中，检察官没有准确表述这一事实，发表意见明显不当。盘锦市人民检察院表示，今后将进一步加强对全市全体检察人员的教育、监督、管理，不断提高法律素养和履职能力，确

[1] 范跃红、黄苏平：《廉不廉洁，当事人最有发言权》，《检察日报》2020年12月18日第7版。

保严格、规范、公正、文明司法。[1]

请结合廉洁规范，对该案例作出分析。

## 二、"我不是药神"案原型：不起诉决定为绝命人开生门

2018年上映的电影《我不是药神》引发诸多关注，该电影得到了李克强总理批示，加快了落实抗癌药降价保供措施。该电影的原型陆勇，在现实中的结局与电影大有不同。陆勇因从印度帮助病友代购抗癌药，违反了我国的药品管理制度和信用卡管理制度，涉嫌妨害信用卡管理罪和销售假药罪，但在现实中，湖南省检察机关经过对证据的严格复查，在2015年对其作出了不起诉决定。湖南省沅江市检察院副检察长李跃龙指出："当时千名病友联名为陆勇求情，给我们办案的检察官带来巨大的压力。压力也是动力，我们想的是，一定要把这个案子办扎实，回应好社会的广泛关注。""因为检察机关的审查工作必须要核实到扎实的证据，所以在2015年的腊月二十八，我们办案组立即从湖南出发到江苏省无锡市，就是陆勇帮助的那些病人所在地调查取证。我在检察机关干了30年，这是头一次在外面过年，没有和家人一起团聚。当时正值年关，办案有不少的困难。但我们当时的想法就是一定要把这个案子办好，也是由于我们的这些工作，为以后对陆勇的不予起诉决定打下了基础。"

湖南省益阳市检察院公诉一科科长聂资钝指出："陆勇案当时引起社会各界广泛关注，对陆勇是否犯罪有两种分歧意见。当时一种意见认为陆勇帮助销售未予批准的进口药品，从司法解释规定是假药，所以他是销售假药；但是另外一种意见认为陆勇利用自己的英语特长帮助白血病患者从境外购买药品，他没有赚取差价。因此陆勇行为是购买行为。我们反复研究认为第二种意见是合理的。因此认为陆勇不构成犯罪。"湖南省检察院副检察长卢乐云指出："坚持司法为民，就是要把握住法治的出发点落脚点都是为了'依法'保障和维护人民的权利。陆勇案之所以备受关注，聚焦核心就是民情的诉求。所以我们办案要体现司法为民，对人民负责，对事实负责，对法律负责。"最终，湖南省人民检察院在该院官方微博上公示了检察机关对陆勇案的《不起诉决定书》，被网友评价为"具有司法的温度"。[2]

请结合该案，分析检察官的职业伦理。

[1]《检察官称"受贿不办事保证了道德底线"？官方回应》，https://www.guancha.cn/politics/2020_06_29_555730.shtml，访问日期：2021年4月22日。

[2] 王倩：《"药神案"办案检察官：一纸不起诉决定书为绝命人开生门》，http://news.jcrb.com/jxsw/201809/t20180929_1911871.html，访问日期：2021年4月22日。

# 第五章 律师职业伦理

　　律师是法律职业群体的重要组成，律师职业伦理也是法律职业伦理的重要内容。律师职业伦理涉及律师与委托人的关系规范、律师与司法人员的关系规范、律师与其他律师和律师事务所的关系规范及律师业务推广规范等内容。律师职业伦理在法律职业伦理中具有重要的地位，关系着律师执业的形象和公信力，也是推进社会公平正义实现的必要保障。

# 第一节　律师职业伦理概述

律师是法律职业群体的重要组成人员，承担着为当事人提供法律服务的职责。律师职业伦理是规范律师业务从业人员和律师执业机构的行为规范和伦理要求，在符合法律职业伦理基本规范的同时具有一定的特殊性。

## 一、律师职业

律师是为当事人提供法律服务的执业人员，作为法律职业共同体的重要组成人员，律师是保障当事人合法权益和实现社会公平正义的重要力量。律师的任职条件要求相较法官、检察官而言略低，在为当事人提供法律服务的过程中须遵循相关义务，并可享有相应权利。

### （一）律师职业发展

律师职业是法律职业的重要组成部分，在域外和我国都经历了不断发展的过程。律师的职业定位与法官、检察官有所区别，是为当事人提供法律服务的执业人员。各国不断完善相关律师制度，推动律师职业的专业化发展。

#### 1. 域外律师职业及其制度

域外国家和地区的律师制度均经历了一段时间的发展，在形成了独立的律师职业的同时，逐渐确立了现代律师制度。各国律师制度在各具特色的同时存在一定共性，如注重律师职业的独立性，强调律师协会等组织的作用，重视律师职业的自治性和专业性发展。

英国的律师制度发展历史较为久远。12—13世纪，英国开始出现了职业律师。14世纪，英国建立了四大律师会馆，会馆学员经过长时间学习和主管委员批准后才可获得出庭辩护资格，成为出庭律师。16世纪开始，英国出庭律师的数量不断增加，事务律师获得了较大发展，由此形成了二元律师制度。

出庭律师和事务律师在知识结构、教育方式、任职资格、业务范围等方面各不相同，彼此分立，两者不能自由流动。出庭律师的资质和社会地位较事务律师而言更高，其可在任何法院出庭辩护，并有资格出任法官，但其不能与当事人直接接触。事务律师无权在中央法庭出庭辩护，只能从事诉讼前的一般性法律服务，如提供法律咨询、准备诉讼材料、制作法律文书等。一定程度上，事务律师是出庭律师和当事人之间的桥梁。19世纪，事务律师强化了内部管理，加强了职业教育，规范了资格授予条件，从而改善了其教育程度和专业素质，并扩大了其业务范围。这些发展使得事务律师的社会声望有所提升。要求改革二元律师制度的呼声不断，1990年英国颁布《法院和法律服务法》，规定出庭律师可以直接接触某些当事人，合格的事务律师可以被任命为高等法院的法官，初步打破了两者之间业务分工上的隔绝状态，但目前两者仍在行为规范、资格审查、职业培训等方面存在很大区别。[①]

美国的律师制度源于英国，但形成了较独特的律师职业发展模式。在美国独立战争中，律师发挥了积极作用，律师制度逐渐在美国资本主义发展过程中确立。1791 年，美国宪法第六修正案规定："在一切刑事诉讼中，被告有权由犯罪行为发生地的州和地区的公正陪审团予以迅速和公开的审判，该地区应事先已由法律确定；得知控告的性质和理由；同原告证人对质；以强制程序取得对其有利的证人；并取得律师帮助为其辩护。"美国的联邦法和州法并存，故而并无统一的律师法，关于律师制度的相关规范散见于宪法、判例和律师协会制定的《律师守则》中。美国律师分为政府机关雇佣的律师、公司企业雇佣的律师和律师事务所的律师三类。律师的活动范围和业务较广，并且呈现出了更具针对性和专业化的律师服务类型。

美国有上千个律师协会，既有具有半官方性质的律师协会，也有完全属于民间性质的、自愿性的律师协会。美国约有 36 个州的州律师协会属于半官方性质的强制性律师协会，其接受州最高法院的指导，代表本州最高法院对本州律师进行管理，如组织考试、确定律师录取标准、对律师进行惩戒等，此类律师协会是律师必须加入的组织。美国律师协会是自治性和自我服务性律师组织，也是美国最大的行业性组织，其与政府无任何直接联系，亦不受任何政府部门之领导。该组织可起草示范性律师管理规则，是美国律师的教育和资料中心，反映律师关系的问题，并保护律师行业的利益等。对于律师违反执业纪律或伦理的行为，美国通常采用不公开批评、公开批评、暂停执业或取消律师资格等处罚措施。整体来看，美国没有形成全国统一的律师管理制度，律师管理权属于各州而非联邦，各州的管理体制有所区别，律师由州最高法院管理。[②]

德国在日耳曼习惯法条件下没能自发地产生律师职业，早期律师制度的产生受罗马法复兴和教会法院诉讼程序改革的影响，但律师职业地位较低。1879 年，德国颁布了《国家律师法》，该法是德国历史上第一部全国性的资产阶级律师法，近代律师制度初步建立，律师职业获得了较快发展。1959 年德国颁布《联邦律师条例》，推动了德国现代律师制度的发展。1990 年两德统一后，德国律师的人数不断增加，相关制度更加完善。《联邦律师条例》将律师定位为自由职业。律师职业具有独立性，在执业时独立行使和负担权利义务，律师应客观执业，并有接受指定担任民事诉讼代理人或强制辩护案件的辩护人、承担法律咨询义务等公益性责任。在德国，依照法官法取得担任法官资格，或符合欧洲律师于德国执业法所规定的标准，或通过相关资格考试者，可取得律师资格。德国律师执业形式包括个人执业、合署办公、合伙形式、律师公司、专业律师等情形。[③]

法国没有出台专门的律师法，但其"1971 年 12 月 31 日第 71—1130 号关于修改某些司法及法律职业的法律"构成了律师职业最重要的法律规范，并且诸多条例、法令

① 程汉大：《英国二元律师制度的起源、演变与发展走向》，《甘肃社会科学》2005 年第 4 期。
② 刘桂明：《浅谈美国律师制度》，《民主与法制时报》2016 年 1 月 17 日第 12 版。
③ 李昌超：《德国律师公司制度窥探——从律师职业特性出发》，《河北法学》2013 年第 12 期。

或行业纪律均以该法为基础，由此形成了法国的律师法律制度。法国设置了要求比较高的律师职业准入制度，规定了律师职业培训和职业资格考试，并通过继续培训制度提高律师的业务能力和竞争力。律师职业是独立自由的职业，但不代表律师职业不受行业纪律的约束。各大审法院管辖区内均设有律师公会，各地区律师公会都是独立自治的机构，全国律师公会则负责全国律师行业的一般运作事项和向公权力机关反映律师职业的意见。在法国，律师从事的法律业务主要包括三类：一是提供法律咨询或起草私署文书，二是协助当事人进行证据调查或出庭辩护，三是诉讼代理服务。律师具有独立、自由执业的权利，可以参与行会管理，获得报酬，并存在一定的豁免特权。同时，律师还须履行一定义务，如缴纳会费、继续培训、不得兼职、保守职业秘密等。法国在各上诉法院设立了纪律惩戒委员会，负责受理相关律师公会登记的律师违法或过错案件。律师职业在法国的地位较高，整体评价较好，律师职业严格奉行自律原则，律师公会发挥了重要作用。①

明治维新之后，日本仿效法国，公布了《司法职务定制》，承认了民事诉讼代理制度，出现了辩护士，即律师。二战之前，日本律师职业的独立性和专门性不强，律师团体的作用发挥不够充分。二战后，日本对律师职业在内的司法制度进行改革，律师的职业地位随之提升。律师的使命在于拥护基本人权、使社会正义得以实现。因此律师应忠诚地履行职务，维护社会秩序并致力于改善法律制度。律师具有较高的自治权，对律师的资格审查和惩处权限交由律师会和日本律师联合会。②日本实行法曹三者统一资格考试，该司法考试通过率比较低。除通过考试获得律师资格外，曾任最高法院审判官，曾任 5 年以上法学教育或研究的法学教授、副教授等均可不经考试直接取得律师资格。律师具有阅卷权、证据调查权、同在押被告人或嫌疑人会见通信权、出庭参加审理权、代位上诉权、刑事辩护豁免权、拒绝辩护或拒绝代理权、拒绝作证权等权利，同时律师亦须履行一定义务，如保密义务、法律援助义务、遵守《律师执业基本规范》等。③

### 2. 我国律师职业及其制度

我国在近代法律移植过程中形成了律师制度，律师职业在民国时期产生并取得了一定发展，在涌现出一批杰出的民国大律师的同时，也存在着诸多乱象。1949 年后，我国尝试实施新的律师制度，通过《律师法》等法律法规的出台和律师制度的更新完善，促进了律师职业的不断发展。

清末，随着西法东渐和在华律师执业等多方面影响，律师制度的引入成为法律移植的重要内容。区别于传统社会中的讼师，律师是近现代意义上的法律职业之一，并在清末的法律草案中形成了关于律师的基本制度。1832 年，美国传教士米怜（W.Milne）

---

① 施鹏鹏：《法国律师制度述评》，《当代法学》2010 年第 6 期。
② 王淑荣：《日本律师职业主义的沿革》，《法制与社会发展》2006 年第 4 期。
③ 钱欧：《日本律师制度简介》，《中国司法》2008 年第 5 期。

在其出版的《大英国人事略说》中使用了"律师"一词，是目前所见中文中最早以该词称呼在法庭上为当事人辩护之人的例子。[1]20世纪初，来华外国人和晚清国人对"lawyer"一词的翻译不一，"律师""状师""讼师"等词汇存在混用问题。随着外籍律师在中国境内执业和华人在我国境内聘请西方律师，律师该职业逐渐在当时的中国获得更普遍的认知，律师一词也逐渐获得普遍适用。[2]

律师与讼师不同。讼师在我国历史上主要指受人雇佣，代写诉状并帮助他人进行诉讼的人。讼师最初主要的工作是代写讼词，以协助不识字的大部分民众。尽管讼师在协助民众诉讼过程中发挥了一定作用，但唆讼等行为普遍发生，我国古代对讼师作出了非常严格的规范。讼师的职业性质与律师不同，讼师是封建专制的产物。[3]

1906年，沈家本、伍廷芳在制定《大清刑事民事诉讼法草案》过程中，正式向清政府提出建立中国律师制度的构想，强调"律师，一名代言人，日本谓之辩护士。该人应讼对簿公庭，惶悚之下，言词每多失措，故用律师代理一切质问、对诘、覆问各事宜"，由此形成了我国近代官方首次界定律师一词的现代意义。[4]《大清刑事民事诉讼法草案》第200条对律师的执业资格作出了规范："凡律师欲为人办案，须在法律学堂考取入格，给有堪为文凭。……且须有与该律师相识之殷实人二名立誓，具保该律师品行端正、人凭相符，方准该律师在高等公堂或各属公堂办案。"同时，律师本人还须要向高等公堂宣誓：不故意诉讼或助人诬告，不因私利、私怨陷害他人，恪守法律，尽分内之责代委托人辩护。完成这些程序后，高等公堂才可以将律师名单注册备案，律师才可正式在高等公堂及其所属公堂出庭辩护。该草案关于任职资格的规定强调了法律学历和思想品质，并模仿了西方的立誓制度。[5]然而，清末时期的相关法律草案并未得到实施，故而律师制度在清末并未真正在立法中得到规范。

民国时期的立法对律师的概念作出了明确规定。例如，1912年《律师暂行章程》第14条规定："律师受当事人委托或审判衙门之命令，在审判衙门执行法定职务，并得依特别法之规定，在特别审判衙门行其职务。"该定义具有一定的进步性，即将律师定位为自由职业者。1941年《律师法》第20条规定："律师受当事人之委托或法院之命令，得在法院执行法定职务，并办理其他法律文件。律师依特别法之规定，得在军事或其他审判机关执行职务。"1915年，商务印书馆出版的《词源》对律师一词作出了解释，其中第一个含义即为受诉讼者之委任及裁判所之命令，在裁判所行法律所定之业务者。日本名辩护士。[6]通过该定义可知，民国时期关于律师概念的界定已经非常清晰，一方面强调了律师受当事人委托或法院命令，另一方面强调了律师在法院执行法定职

① 何勤华：《外国人与中国近代法学》，《中外法学》2004年第4期。
② 尤陈俊：《阴影下的正当性——清末民初的律师职业与律师制度》，《法学》2012年第12期。
③ 姚秀兰：《近代中国律师制度探析》，《河北法学》2004年第9期。
④ 邱志红：《从"讼师"到"律师"——从翻译看近代中国社会对律师的认知》，《近代史研究》2011年第3期。
⑤ 周成泓：《从讼师到律师：清末律师制度的嬗变》，《求索》2013年第6期。
⑥ 陆尔奎：《辞源》，商务印书馆1915年版，第243页。

务。无论是当事人的委托还是法院指定，律师在执业过程中的行为准则是法律，而非受制于当事人或法院，由此形成了律师的"自由职业者"身份，这与清末时期法律草案中的界定有所区别，也使得律师职业的定位与现代意义上的律师具有一致性。

1912 年颁行的《律师暂行章程》规定了律师职业的基本条件为通过律师资格考试，并对参加律师职业资格考试的资格作出了限制。其一，曾经接受系统的法律教育人员："在国立法政学校或公立私立之法政学校修法政之学三年以上得有毕业文凭者"；"在本国或外国专门学校修法律法政之学二年以上得有证书者"；"在本国或外国专门学校学习速成法政一年半以上得有毕业文凭者"。其二，从事法学教育的人员："在国立、公立、私立大学或专门学校讲授《律师考试章程》内主要科目之一满一年半者。"其三，具有一定的法律从业经验的人员，如曾担任推事、检察官等。同时，该章程还规定了律师的免试资格。自该章程颁布至 1941 年《律师法》出台之前，北洋政府和南京国民政府对参加律师考试的资格要求进行了一定修改，如 1921 年修订后的《律师暂行章程》和《甄拔律师委员会章程》进一步增加了律师资格免试的情形，注重对掌握外语人员的条件放宽。

同时，《律师暂行章程》第 2 条第 1 款明确规定："中华民国人民满二十岁以上男子"，可担任律师，该规定对国籍、年龄和性别作出了规范。然而，这意味着女性不得从事律师职业。禁止女性从事律师职业与当时的时代潮流并不符合，故而引发诸多争议。1921 年，上海仅有两位外籍女律师，中国籍女律师第一人则是自 1926 年开始在上海法租界法院执业的郑毓秀。她在租界法院执业，不适用中国法律，故而不受该章程限制。1927 年，南京国民政府司法部颁布了《律师章程》，将《律师暂行章程》中禁止女性律师职业的条款修改为"中华民国人民满二十一岁以上者"，由此开始允许女性从事律师行业。这顺应了当时上海等地区妇女运动高涨的时代需求，也符合国民党的男女平等政策，并且受到了新文化运动的影响。①

1941 年公布的《律师法》确立了以司法经历作为考核条件的律师资格核验制度，并允许女性充任律师，严格规范了律师资格取得的消极条件。该法规定了取得律师职业资格的两种途径，一是经过律师考试合格，二是符合一定条件检复合格便可取得律师考试及格证书。后者包括以下情形：一是曾担任推事或检察官；二是曾在专门以上学校讲授主要法律科目两年以上；三是法科三年毕业，曾任荐任司法行政官，办理民刑事务两年以上；四是担任立法委员三年以上。该法颁行后南京国民政府仅组织过一次律师职业资格考试，故而通过律师考试取得职业资格证书的人员较少，通过检复获得律师资格的人较多。相较于之前的法律规范，《律师法》对律师任职资格的要求较为严格，对仅以学历或司法行政职务经历作为任职资格的制度作出了较大修改。

另外，民国时期的法律规范对律师资格的丧失作出了较明确的规定，并出现了逐

① 欧阳湘：《近代中国女性执律师业的确立考论——兼论南京政府律师制度的"法统"传承》，《中国国家博物馆馆刊》2020 年第 6 期。

渐严格的发展趋向。《律师暂行章程》规定了受徒刑以上刑罚和受破产宣告两种情形。《律师章程》第 4 条则将第一种情形修改为曾处拘役或法定五等有期徒刑以上者，由此提高了对消极条件的要求。无论是《律师暂行章程》还是《律师章程》，均规定了两类消极条件，相对较为简单。《律师法》规定了六种情形：一是背叛中华民国证据确实，二是曾受一年有期徒刑以上刑罚宣告，三是曾受该法第 45 条除名处分，四是曾任公务员而受免职的惩戒处分，五是亏空公款，六是受破产宣告尚未复权。该禁止条件的设置更为明确，也相较民国初期的规定而言更加严格。

《律师暂行章程》规定了律师的主要职责，即为诉讼当事人提供法庭辩护或诉讼代理。随着律师业务和社会需求的发展，律师的职责扩展至非诉讼业务。故而在 1920 年，该章程修订时，结合实践状况将律师的从业范围界定为三方面：一是法庭辩护和诉讼代理，二是处理契约、遗嘱等法律文书的证明，三是处理契约等法律文件的签订。该律师业务的扩展，意味着非诉讼事项进入律师的职责范围。同时，律师依据法律规定执行职务，为当事人的利益开展业务，是其作为"自由职业者"的基本特征。

1915 年，北洋政府颁布了《律师应守义务》，对律师履职的基本义务作出了规范：其一，律师在执行职务过程中不得兼任国家官吏或其他有俸禄的公职，但是充当国会地方议会议员、学校讲师或执行官署特别要求的职务的人除外；其二，律师执行职务时不能够兼营商业，但如果对其职务无影响且律师公会许可则可除外；其三，律师除非证明有正当理由，否则不能够辞去所命令的职务；其四，律师不能够收买当事人之间所争的权利；其五，律师应当以诚笃和信实履行职务，对于法院或委托人不得有欺罔的行为；其六，律师对于委托人除约定的公费外不能够另立名目索取报酬，不能够利用委任关系为了自己的利益而损害委托人；等等。由此，律师在履行职责的过程中，还应遵循基本义务的规范。[①]

《律师法》第 27 条至第 37 条详细规定了律师的禁止行为，明确规定了律师的执业规范。其一，律师对于法院和委托人，不能有蒙蔽或欺诱的行为；其二，律师不应为足以损害其名誉或信用的行为；其三，律师不能够以自己或他人的名义刊登类似于恐吓的启示；其四，律师不能兼任公务员，但担任中央或地方机关特定的临时职务除外；其五，律师不得兼营商业，但对职务无碍且经所登记的高等法院或分院许可除外；其六，律师不能与执行职务预区域内的司法人员往返应酬；其八，律师不能够挑唆诉讼或以不正当的方法招揽诉讼；其九，律师不能代当事人为显无理由的起诉、上诉或控告；其十，律师不能够违反法令或律师公会章程，也不能收受额外的酬金；十一，律师在登录一年内，不能在曾执行职务预期内的法院充任司法官。除一般规范外，律师在执业过程中还须遵循诚实信用规则、严格遵守回避义务和消极不作为义务，以维护案件的公正审理，减少不必要的诉讼。

尽管民国时期对律师职业制度作出了较为严格的规范，律师职业人员亦努力建构

---

① 徐家力、吴运浩：《中国律师制度史》，中国政法大学出版社 2000 年版，第 76 页。

区别于讼师的高尚的法律职业形象，但律师的角色定位和职业特点使得律师很难摆脱传统讼师的阴影。有学者指出，尽管律师在近代社会转型中发挥了较重要的作用，但在民国律师队伍中，除了部分具有正义感的律师外，更多的是丑角和败类。[①]1930年，上海出现了由坟产争夺案引发的连环名誉侵权案。在坟产争夺案中，原告律师和被告律师作出了截然不同的证词，在审判长询问证言是否真实时，原告律师汪承宽主张自己作为律师不会作假，被告律师顾永泉则斥责其"太无人格、律师中之败类"，出现了当庭侮辱现象，引发了后续的名誉权侵权案件。在审理过程中，顾永泉的辩护律师指出"上海律师甚多败类"，引发风波。尽管律师职业旨在追求社会公平正义和维护当事人的权益，但律师行业的整体素质不够高，律师队伍存在鱼龙混杂的问题，且仍然受到讼师恶劣形象的影响，当然这也与律师职业自身的特点相关。民众往往具有朴素的道德感，对律师职业定位和提供法律服务功能的认识不足。尽管律师公会采取了一系列措施试图改善该案引发的关于律师形象的争议，但收效甚微。[②]同时，律师职业的乱象也与律师职业准入的混乱相关。在民国初期，出现了为取得律师资格而买文凭、伪造证书等现象，该学历要求存在的漏洞导致问题频现。[③]

尽管民国时期律师职业存在着诸多负面现象，为人诟病，但这段时期也出现了一批著名律师，他们或因目睹当时不良的司法环境而更加明确和坚定自己的法律信念，或为实现公平正义而奋斗，或为女性谋求独立而奔走，成为民国时期律师行业中的杰出代表。这些具有代表性的民国大律师，包括章士钊、吴凯生、郑毓秀、史良等人。例如，吴凯生关注底层民众的权益维护，他在小贩"陈阿堂案"中据理力争，最终胜诉，打人的日本水手最终被判处有期徒刑3年，死者家属获得3000元的抚恤金。该案成为近代我国外交司法判例中的破天荒的案件，并且在该案中吴凯生分文未取，并资助了原告家属800元。同时，他积极营救陈赓、廖承志等共产党员，代理了多起政治案件，强调法庭不能受官方干预。新中国成立后，陈赓以校长身份对哈尔滨军事学校学生讲话时谈及吴凯生，指出："三十年代初，上海有一位大名鼎鼎的律师，身为国民党员，却能维护正义，为共产党员辩护，他的行动震惊中外人士，他的余音至今犹在耳际。我对此人在反动派法庭上不畏强暴，义正词严地斥责国民党，实在敬佩。"[④]

郑毓秀是我国历史上第一位女性律师和女性博士，也是民国时期大律师的代表性人物。1926年，她取得法国领事馆的同意，在法租界开办律师事务所，成为法租界第一位也是唯一的中国女律师，"不唯是中国妇女界之新纪元，而亦为法租界之新纪元"。孟小冬和梅兰芳离婚案是郑毓秀代理的最出名的案件，该案在她的调解下，原被告双方解除夫妻关系，并且梅兰芳支付了4万元赔偿费。在处理离婚案件过程中，郑毓秀主张兼顾当事人的诉求和长远利益，并在长期法律实践中挽回了不少婚姻和家庭。处

① 张庆军、孟国祥:《民国司法黑幕》，江苏古籍出版社1997年版，第138~139页。
② 李严成:《"上海律师甚多败类"：从一起名誉纠纷看民国律师形象》，《近代史研究》2018年第1期。
③ 尤陈俊:《阴影下的正当性——清末民初的律师职业与律师制度》，《法学》2012年第12期。
④ 韩松、王银新:《民国大律师》，团结出版社2019年版，第114~132页。

理离婚案件的丰富经验使得她在国民政府的第一届立法委员会任内参与起草《民法》草案时，积极争取男女平权，并对当时社会产生了较大影响。[①]

就清末民国时期的律师队伍整体组成来看，接受过法学教育的新式法律人才是律师职业的重要组成力量。自清末时期开始，部分外国律师在我国执业，也构成了律师职业人员的一类。同时，在科举制度废除后，知识分子出现了职业分流，部分知识分子加入律师的队伍中。我国传统社会中的讼师，则在清末改革的潮流中退出，出现了"律师兴、讼师灭"的发展状态。

1949 年后，我国开始了建立新的律师制度的尝试。1950 年，司法部草拟了《京、津、沪三市辩护人制度试行办法（草案）》，发布《关于取缔黑律师及讼棍事件的通报》，开始了律师制度的除旧立新。1954 年，我国颁布的《宪法》和《人民法院组织法》都规定了被告人的辩护权和律师辩护制度，从而在我国各大城市和部分县、市推行新的律师制度。1979 年，我国《刑事诉讼法》颁布，该法专列辩护一章，标志着律师制度在立法中重新确立。1982 年，我国实施《中华人民共和国律师暂行条例》，该条例是 1949 年以来我国第一部关于律师制度的"基本法"，其规定了律师的性质、任职资格、任务、职责、权利等内容。1986 年，第一次全国律师大会举办，通过了《中华全国律师协会章程》，并正式成立中华全国律师协会。[②]1996 年，我国制定了《律师法》，对律师职业作出了全面规范，标志着我国律师制度的发展进入到新的阶段。该法后在 2001 年、2007 年、2012 年和 2013 年分别进行了修正，以更好地对律师职业作出规范和指引。该法确定了我国律师职业发展的基本走向，推动了律师职业制度的全面发展。

律师制度是我国社会主义法律制度的重要组成部分。律师是我国法律服务队伍或法治服务队伍的重要一员，应当维护当事人的合法权益，维护法律的正确实施，维护社会的公平和正义。不同于一般职业，律师职业具有很强的专业技术性，对从业人员的法律知识和相关技能、逻辑思维能力等提出了更高要求。同时，律师需要具有忠诚于委托人的专业精神，全心全意为委托人服务，以维护律师职业的专业性。[③]2016 年，中共中央办公厅、国务院办公厅印发了《关于深化律师制度改革的意见》，该文件指出，律师制度是中国特色社会主义司法制度的重要组成部分，是国家法治文明进步的重要标志。律师队伍是落实依法治国基本方略、建设社会主义法治国家的重要力量，是社会主义法治工作队伍的重要组成部分。党的十八大以来，我国律师事业不断发展，律师工作取得显著成绩，为服务经济社会发展、保障人民群众合法权益、维护社会公平正义、推进社会主义民主法治建设发挥了重要作用。从深化律师制度改革的总体要求到完善律师执业保障机制、健全律师执业管理制度、加强律师队伍建设、充分发挥律师在全面依法治国中的重要作用、加强组织领导等方面，全面提出了深化律师制度改

---

① 韩松、王银新：《民国大律师》，团结出版社 2019 年版，第 187~197 页。
② 张志铭：《回眸和展望：百年中国律师的发展轨迹》，《国家检察官学院学报》2003 年第 1 期。
③ 王福强、付子堂：《实践驱动：新中国律师制度研究 70 年》，《山东大学学报（哲学社会科学版）》2019 年第 6 期。

革的指导思想、基本原则、发展目标和任务措施。[①]同时，我国还相继发布了《关于推行法律顾问制度和公职律师公司律师制度的意见》《关于律师开展法律援助工作的意见》《关于开展律师调解试点工作的意见》等文件，推动律师制度的不断完善。

### （二）律师的概念

我国《律师法》第2条对律师的概念作出界定："本法所称律师，是指依法取得律师执业证书，接受委托或指定，为当事人提供法律服务的执业人员。"根据该定义可知，律师的概念包括三方面要素：其一，律师是需要具有特定执业资格的人员，即依法取得律师执业证书；其二，接受委托或指定，这是律师与委托人建立关系的两种方式；其三，为当事人提供法律服务，此即律师的职责。由此，根据该概念，律师是为当事人提供法律服务的执业人员。

我国相关立法关于律师的概念或定位存在着一定的发展变化。在1980年《律师暂行条例》中，律师是"国家的法律工作者"，具有公职身份，职责在于提供法律帮助，以维护法律的正确实施，维护国家、集体的利益和公民的合法权益。1996年的《律师法》将律师定义为"依法取得律师执业证书，为社会提供法律服务的执业人员"，之后在2007年《律师法》对律师的界定增加了"接受委托或指定"的规范。2014年，《中共中央关于全面推进依法治国若干重大问题的决定》将律师定位为"法律服务队伍"的组成人员："加强法律服务队伍思想政治建设，把拥护中国共产党领导、拥护社会主义法治作为律师从业的基本要求，增强广大律师走中国特色社会主义法治道路的自觉性和坚定性，构建社会律师、公职律师、公司律师等优势互补、结构合理的律师队伍。"2016年《关于深化律师制度改革的意见》指出，律师是社会主义法治工作队伍的重要组成部分。

因此，律师是根据自己为当事人提供的法律服务进行经营、获得盈利的一种法律职业。律师和客户之间形成了委托代理的民事法律关系，为客户利益的最大化服务，但须在法律规定的职业行为框架内开展自己的代理或辩护工作。[②]

### （三）律师的任职条件

我国《律师法》对律师的任职条件作出了明确规定。《律师法》第5条规定了申请律师执业的条件："申请律师执业，应当具备下列条件：（一）拥护中华人民共和国宪法；（二）通过国家统一法律职业资格考试取得法律职业资格；（三）在律师事务所实习满一年；（四）品行良好。实行国家统一法律职业资格考试前取得的国家统一司法考试合格证书、律师资格凭证，与国家统一法律职业资格证书具有同等效力。"根据该规定，我国律师执业条件主要包括四方面：一是拥护我国宪法；二是获得法律职业资格；三是在律师事务所实习满一年；四是品行良好。相较于法官、检察官的任职条件，律师的任

---

① 参见《关于深化律师制度改革的意见》（中办发〔2016〕21号）。
② 高子程、卢建平、陈瑞华：《以审判为中心的诉讼制度改革：律师的职业定位》，《中国法律评论》2016年第1期。

职要求相对较低，这在于法官、检察官属于国家公职人员，律师则属于自由职业，故而两者对任职资格要求的高低程度应有区别。同时，虽然在律师任职资格中并未对学历、国籍等作出明确要求，但《国家统一法律职业资格考试实施办法》明确规定了参与该考试的学历和国籍要求，故而这些虽未在《律师法》中规定，但实际上已经在取得法律职业资格的任职要件中作出了前置规范。

《律师法》第7条规定了律师任职的否定要件："申请人有下列情形之一的，不予颁发律师执业证书：（一）无民事行为能力或限制民事行为能力的；（二）受过刑事处罚的，但过失犯罪的除外；（三）被开除公职或被吊销律师、公证员执业证书的。"也即，律师执业的否定条件包括三种：一是无民事行为能力或限制民事行为能力；二是受过刑事处罚，但过失犯罪除外；三是被开除公职或被吊销律师、公证员执业证书的。需要注意的是，一方面，与法官、检察官不同，律师因过失犯罪受过刑事处罚的不在不得从事律师职业的范围之内。另一方面，被开除公职或被吊销律师、公证员执业证书的不能从事律师职业，这也反映了终身禁止从事法律职业制度的要求。然而，《律师法》的最新修改在2017年，而《法官法》《检察官法》在2019年进行了修订，增加了"被仲裁委员会除名的"规定，故而在《律师法》未来修订中，"被仲裁委员会除名的"情形必然会被规定在不得从事律师职业的范围之内。

### （四）律师的职责、权利和义务

律师的职责在于维护当事人的合法权益，维护法律的正确实施和社会的公平正义。律师在提供法律服务过程中享有法律规定的权利，并且应当履行法律规定的义务。

#### 1. 律师的职责

律师是为当事人提供法律服务的执业人员。律师应当维护当事人合法权益，维护法律正确实施，维护社会公平和正义。根据《律师法》，律师可从事以下业务：（1）接受自然人、法人或其他组织的委托，担任法律顾问；（2）接受民事案件、行政案件当事人的委托，担任代理人，参加诉讼；（3）接受刑事案件犯罪嫌疑人、被告人的委托或依法接受法律援助机构的指派，担任辩护人，接受自诉案件自诉人、公诉案件被害人或其近亲属的委托，担任代理人，参加诉讼；（4）接受委托，代理各类诉讼案件的申诉；（5）接受委托，参加调解、仲裁活动；（6）接受委托，提供非诉讼法律服务；（7）解答有关法律的询问、代写诉讼文书和有关法律事务的其他文书。

其中，律师担任法律顾问的，应当按照约定为委托人就有关法律问题提供意见，草拟、审查法律文书，代理参加诉讼、调解或仲裁活动，办理委托的其他法律事务，维护委托人的合法权益。律师担任诉讼法律事务代理人或非诉讼法律事务代理人的，应当在受委托的权限内，维护委托人的合法权益。律师担任辩护人的，应当根据事实和法律，提出犯罪嫌疑人、被告人无罪、罪轻或减轻、免除其刑事责任的材料和意见，维护犯罪嫌疑人、被告人的诉讼权利和其他合法权益。

### 2. 律师的权利

根据我国《律师法》的规定，律师在特定情况下具有拒绝辩护的权利，并且具有查阅、摘抄、复制案卷材料，申请收集证据，辩论或辩护，人身权利不受侵犯等权利。其一，律师接受委托后，无正当理由的，不得拒绝辩护或代理。但是，委托事项违法、委托人利用律师提供的服务从事违法活动或委托人故意隐瞒与案件有关的重要事实的，律师有权拒绝辩护或代理。其二，律师担任辩护人的，有权持律师执业证书、律师事务所证明和委托书或法律援助公函，依照刑事诉讼法的规定会见在押或被监视居住的犯罪嫌疑人、被告人。辩护律师会见犯罪嫌疑人、被告人时不被监听。其三，律师担任辩护人的，自人民检察院对案件审查起诉之日起，有权查阅、摘抄、复制本案的案卷材料。其四，受委托的律师根据案情的需要，可以申请人民检察院、人民法院收集、调取证据或申请人民法院通知证人出庭作证。律师自行调查取证的，凭律师执业证书和律师事务所证明，可以向有关单位或个人调查与承办法律事务有关的情况。其五，律师担任诉讼代理人或辩护人的，其辩论或辩护的权利依法受到保障。其六，律师在执业活动中的人身权利不受侵犯。律师在法庭上发表的代理、辩护意见不受法律追究。但是，发表危害国家安全、恶意诽谤他人、严重扰乱法庭秩序的言论除外。

### 3. 律师的义务

律师在提供法律服务过程中，须遵循一定的义务，如保密义务、利益冲突规则等，这也构成了律师职业伦理的核心内容。除此之外，律师在职业活动中还不得有如下行为：(1)私自接受委托、收取费用，接受委托人的财物或其他利益；(2)利用提供法律服务的便利牟取当事人争议的权益；(3)接受对方当事人的财物或其他利益，与对方当事人或第三人恶意串通，侵害委托人的权益；(4)违反规定会见法官、检察官、仲裁员及其他有关工作人员；(5)向法官、检察官、仲裁员及其他有关工作人员行贿，介绍贿赂或指使、诱导当事人行贿，或者以其他不正当方式影响法官、检察官、仲裁员及其他有关工作人员依法办理案件；(6)故意提供虚假证据或威胁、利诱他人提供虚假证据，妨碍对方当事人合法取得证据；(7)煽动、教唆当事人采取扰乱公共秩序、危害公共安全等非法手段解决争议；(8)扰乱法庭、仲裁庭秩序，干扰诉讼、仲裁活动的正常进行。另外，曾经担任法官、检察官的律师，从人民法院、人民检察院离任后二年内，不得担任诉讼代理人或辩护人。律师、律师事务所应当按照国家规定履行法律援助义务，为受援人提供符合标准的法律服务，维护受援人的合法权益。

## （五）律师的分类

在我国，律师职业存在着具体的分类：一方面，律师可分为专职律师和兼职律师；另一方面，律师可分为社会律师、公职律师、公司律师和军队律师。2003 年《司法部关于拓展和规范律师法律服务的意见》指出，律师业的发展目标是完善律师组织结构，形成社会律师、公职律师、公司律师、军队律师并存发展、相互配合、优势互补的格局。2018 年，司法部发布《公职律师管理办法》《公司律师管理办法》，专门对这两类律师作出进一步规范。

### 1. 社会律师

所谓社会律师，即取得法律职业资格证书，经过一年的实习考核，在律师事务所从事法律服务工作的律师。社会律师即一般常见的律师职业人员，既包括专职律师，也包括兼职律师。所谓兼职律师，即高等院校、科研机构中从事法学教育、研究工作的人员，符合律师任职条件，经所在单位同意，依照有关程序，可以申请兼职律师执业。社会律师是律师行业的主体，从事诉讼业务和非诉讼业务。

### 2. 公职律师

根据《公职律师管理办法》，公职律师是指任职于党政机关或人民团体，依法取得司法行政机关颁发的公职律师证书，在本单位从事法律事务工作的公职人员。公职律师的任职条件，除需要符合《律师法》规定的任职条件外，公职律师还须要符合其他条件，这主要包括两方面：一是从事法律事务工作两年以上，或者曾经担任法官、检察官、律师一年以上；二是所在单位同意其担任公职律师。公职律师应当拥护中国共产党领导，拥护社会主义法治，模范遵守宪法和法律，忠于职守，勤勉尽责，恪守律师职业道德和执业纪律，维护法律正确实施，维护社会公平和正义。公职律师可以受所在单位委托或指派从事下列法律事务：（1）为所在单位讨论决定重大事项提供法律意见；（2）参与法律法规规章草案、党内法规草案和规范性文件送审稿的起草、论证；（3）参与合作项目洽谈、对外招标、政府采购等事务，起草、修改、审核重要的法律文书或合同、协议；（4）参与信访接待、矛盾调处、涉法涉诉案件化解、突发事件处置、政府信息公开、国家赔偿等工作；（5）参与行政处罚审核、行政裁决、行政复议、行政诉讼等工作；（6）落实"谁执法谁普法"的普法责任制，开展普法宣传教育；（7）办理民事案件的诉讼和调解、仲裁等法律事务；（8）所在单位委托或指派的其他法律事务。公职律师依法享有会见、阅卷、调查取证和发问、质证、辩论、辩护等权利，有权获得与履行职责相关的信息、文件、资料和其他必须的工作职权、条件。但是，公职律师应当接受所在单位的管理、监督，根据委托或指派办理法律事务，不得从事有偿法律服务，不得在律师事务所等法律服务机构兼职，不得以律师身份办理所在单位以外的诉讼或非诉讼法律事务。

### 3. 公司律师

根据《公司律师管理办法》，公司律师是指与国有企业订立劳动合同，依法取得司法行政机关颁发的公司律师证书，在本企业从事法律事务工作的员工。申请颁发公司律师证书，应当具备下列条件：（1）拥护中华人民共和国宪法；（2）依法取得法律职业资格或律师资格；（3）与国有企业依法订立劳动合同；（4）从事法律事务工作二年以上，或者曾经担任法官、检察官、律师一年以上；（5）品行良好；（6）所在单位同意其担任公司律师。公司律师应当拥护中国共产党领导，拥护社会主义法治，模范遵守宪法和法律，忠于职守，勤勉尽责，恪守律师职业道德和执业纪律，维护本企业合法权益，维护法律正确实施，维护社会公平和正义。公司律师可以受所在单位委托或指派从事下列法律事务：（1）为企业改制重组、并购上市、产权转让、破产重整等重大经营决策提供法律意见；（2）参与企业章程、董事会运行规则等企业重要规章制度的制定、修改；（3）参与企业对外谈判、磋商，起草、审核企业对外签署的合同、协议、法律文书；（4）组织开展合规管理、风险管理、知识产权管理、法治宣传教育培训、法律咨询等工作；（5）办理各类诉讼和调解、仲裁等法律事务；（6）所在单位委托或指派的其他法律事务。公司律师依法享有会见、阅卷、调查取证和发问、质证、辩论、辩护等权利，有权获得与履行职责相关的信息、文件、资料和其他必须的工作职权、条件。公司律师应当接受所在单位的管理和监督，根据委托或指派办理法律事务，不得从事有偿法律服务，不得在律师事务所等法律服务机构兼职，不得以律师身份办理所在单位以外的诉讼或非诉讼法律事务。

### 4. 军队律师

军队律师是指为军队提供法律服务的律师。根据《律师法》第 57 条的规定，军队律师资格的取得和权利、义务及行为准则，适用《律师法》规定。关于军队律师的具体管理办法，由国务院和中央军事委员会制定。1993 年颁布实施的《军队法律服务工作暂行规定》《军队系统律师工作证件管理办法》对军队律师作出了规范，但尚无更新的法律规范。2014 年《中共中央关于全面推进依法治国若干重大问题的决定》明确指出，建立军事法律顾问制度，在各级领导机关设立军事法律顾问，完善重大决策和军事行动咨询保障制度。然而，"军事律师""军事法律顾问"等概念的界限尚不清晰，相应的职责范围尚待进一步明确。有学者指出，建立军队法律顾问制度是军队律师制度在新时期调整发展的动因，也是其发展的重中之重。[①]

## 二、律师职业伦理的概念与特征

律师职业伦理是律师业务从业人员和执业机构应当遵循的伦理规范，除律师外，实习律师、律师助理应遵循律师职业伦理，律师事务所亦应遵循相关伦理规范。与其他法律职业主体的职业伦理相比，律师职业伦理更强调对当事人的利益维护。

### （一）律师职业伦理的概念

所谓律师职业伦理，是指律师业务的从业人员和执业机构应当遵循的行为规范和道德要求。律师职业伦理是法律职业伦理的重要内容，也是指导律师执业行为的标准，是对违规律师、律师事务所追究职业责任的依据。域外诸多国家的法律职业伦理，主要是指律师职业伦理，这反映了明确和完善律师职业伦理的重要性。律师是法律服务的重要提供者，对维护法律的实施和社会的公平正义具有重要作用，律师职业行为关系着法律服务行业的发展和公众对律师职业的印象，律师职业伦理的缺失或困境往往

---

① 张钢：《我国军队律师制度发展的历史沿革》，《边缘法学论坛》2020 年第 2 期。

成为公众关注的焦点。因此，通过律师职业伦理加强对律师执业行为的指引和规范，提升律师提供法律服务的质量具有必要性。

职业伦理建设是律师队伍建设的重大问题，关系着律师工作的质量和生命。《中共中央关于全面深化改革若干重大问题的决定》明确提出要加强律师职业伦理建设。律师制度是中国特色社会主义司法制度的重要组成部分，进一步加强律师职业伦理建设是推进平安中国、法治中国建设的必然要求。同时，律师职业伦理建设也是建设高素质律师队伍的迫切要求。违反律师职业伦理的行为时有发生，这严重损害了律师队伍形象，只有提升律师职业伦理建设，才能提高律师队伍的整体素质和执业水平。

### （二）律师职业伦理的特征

相较于其他法律职业主体的伦理规范，律师职业伦理具有特殊性，这主要体现在两方面，一是主体的特殊性，二是内容的特殊性。

一方面，律师职业伦理的主体具有特殊性。律师职业伦理主体的特殊性体现在两方面：一是该律师范围不仅包括律师，还包括实习律师和律师助理等从事律师业务的人员；二是律师职业伦理的主体不仅包括律师，还包括律师事务所。所谓律师业务从业人员，包括律师、律师助理和实习律师。实习律师是指取得律师资格或法律职业资格证书、无律师执业经历，领取实习律师证后在律师事务所实习的人员。律师助理则指法律专业毕业、未取得律师资格或法律职业资格，在律师事务所从事辅助工作的人员。《律师执业行为规范（试行）》第5条规定："本规范适用于作为中华全国律师协会会员的律师和律师事务所，律师事务所其他从业人员参照本规范执行。"因此，律师职业伦理的一般主体是律师，但实习律师、律师助理等应参照执行。律师事务所同样应当受到律师职业伦理的约束。《律师法》《律师事务所管理办法》等均对律师事务所的职业伦理及相应责任作出规范。因此，律师事务所亦应遵守相关伦理要求。

另一方面，律师职业伦理的内容具有特殊性。不同于法官、检察官等国家公职人员，律师是提供法律服务的执业人员，其在遵循法律职业伦理一般规范的同时，更加注重对当事人的服务和忠诚义务，并且更须妥善处理与委托人之间的关系。因此，在律师职业伦理中，保密义务、勤勉义务、忠诚义务等伦理要求相对更高。同时，鉴于律师职业在社会公众认识中还存在一定偏差，律师职业道德水平一直备受关注，故而律师职业伦理在强调为当事人服务的同时，亦强调律师对社会公平正义的追求，注重律师职业形象的维护。

### 三、律师职业伦理的基本要求

目前，我国通过《律师法》《律师职业道德基本准则》《律师执业行为规范》等法律法规和文件对律师职业伦理作出了一定规范，形成了具有一定体系的律师职业伦理规范。例如，《律师法》第3条规定："律师执业必须遵守宪法和法律，恪守律师职业道德和执业纪律。律师执业必须以事实为根据，以法律为准绳。律师执业应当接受国家、社会和当事人的监督。律师依法执业受法律保护，任何组织和个人不得侵害律师的合法权益。"该规定强调律师应恪守职业伦理，依法执业，接受监督，并且律师执业受法律保护。

2014 年，司法部发布了《司法部关于进一步加强律师职业道德建设的意见》。该意见强调："当前和今后一个时期加强律师队伍建设的主要任务是，大力加强以'忠诚、为民、法治、正义、诚信、敬业'为主要内容的律师职业道德建设，教育引导广大律师切实做到坚定信念、服务为民、忠于法律、维护正义、恪守诚信、爱岗敬业。"该意见将律师职业伦理的主要内容界定为"忠诚、为民、法治、正义、诚信、敬业"，并对其具体内容作出了展开论述。为贯彻该意见提出的要求，中华全国律师协会制定了《律师职业道德基本准则》，对律师职业伦理的基本要求作出规定。

该准则第 1 条规定了律师的忠诚要求，即坚定信念："律师应当坚定中国特色社会主义理想信念，坚持中国特色社会主义律师制度的本质属性，拥护党的领导，拥护社会主义制度，自觉维护宪法和法律尊严。"第 2 条规定了为民要求，即执业为民："律师应当始终把执业为民作为根本宗旨，全心全意为人民群众服务，通过执业活动努力维护人民群众的根本利益，维护公民、法人和其他组织的合法权益。认真履行法律援助义务，积极参加社会公益活动，自觉承担社会责任。"第 3 条规定了法治要求，即维护法治："律师应当坚定法治信仰，牢固树立法治意识，模范遵守宪法和法律，切实维护宪法和法律尊严。在执业中坚持以事实为根据，以法律为准绳，严格依法履责，尊重司法权威，遵守诉讼规则和法庭纪律，与司法人员建立良性互动关系，维护法律正确实施，促进司法公正。"第 4 条规定了正义要求，即追求正义："律师应当把维护公平正义作为核心价值追求，为当事人提供勤勉尽责、优质高效的法律服务，努力维护当事人合法权益。引导当事人依法理性维权，维护社会大局稳定。依法充分履行辩护或代理职责，促进案件依法、公正解决。"第 5 条规定了诚信要求，即诚实守信："律师应当牢固树立诚信意识，自觉遵守执业行为规范，在执业中恪尽职守、诚实守信、勤勉尽责、严格自律。积极履行合同约定义务和法定义务，维护委托人合法权益，保守在执业活动中知悉的国家机密、商业秘密和个人隐私。"第 6 条规定了敬业要求，即勤勉敬业："律师应当热爱律师职业，珍惜律师荣誉，树立正确的执业理念，不断提高专业素质和执业水平，注重陶冶个人品行和道德情操，忠于职守，爱岗敬业，尊重同行，维护律师的个人声誉和律师行业形象。"

需要指出的是，《律师职业道德基本准则》对律师职业伦理的规范只有概括性规定，缺乏更加具体的规范。有学者强调在该准则修订过程中应对律师与委托人的关系中的忠实义务、勤勉义务、保密义务，对律师与司法机关关系中的具体礼仪规范、对检察官或法官的尊重或协助配合义务，对律师与同行及所在组织的关系等方面作出更为具体的规范。[①]整体来看，对律师职业伦理的探讨，可从律师与委托人的关系规范、律

---

① 孙文俊：《论律师职业伦理体系的构建》，《中国律师》2017 年第 11 期。

师与司法机构的关系规范、律师与同行及所在组织的关系规范及执业推广规范四方面展开，将《律师职业道德基本准则》的六条规范在这四方面的呈现中进行论证，这也与《律师执业行为规范（试行）》的规范体系具有相似性。

## 第二节　律师与委托人的关系规范

律师与委托人的关系处理是律师执业过程中需要面对的重要问题，律师在与委托人的关系建立与终结、提供法律服务过程中均须遵循一定的伦理规范，以更好地为委托人服务，促进社会公平正义的实现。保密义务、利益冲突规则和收费规则是律师职业伦理的基本要求，也是律师与委托人关系规范的核心内容。

### 一、律师与委托人关系的建立和终结

律师与委托人可通过委托或指定建立关系，明确律师的代理范围。委托关系的终结分为不同的情形，但在终结后律师或律师事务所仍须承担一定的义务，以维护委托人的合法权益。

#### （一）律师与委托人关系的建立

律师与委托人建立关系的方式有两种，即委托与指定。委托是一般常见的建立关系的方式。指定则指人民法院指定辩护或法律援助机构的指定或指派。《法律援助条例》第12条规定："公诉人出庭公诉的案件，被告人因经济困难或其他原因没有委托辩护人，人民法院为被告人指定辩护时，法律援助机构应当提供法律援助。被告人是盲、聋、哑人或未成年人而没有委托辩护人的，或者被告人可能被判处死刑而没有委托辩护人的，人民法院为被告人指定辩护时，法律援助机构应当提供法律援助，无须对被告人进行经济状况的审查。"《刑事诉讼法》第35条规定了人民法院指定律师辩护的相关情形："犯罪嫌疑人、被告人因经济困难或其他原因没有委托辩护人的，本人及其近亲属可以向法律援助机构提出申请。对符合法律援助条件的，法律援助机构应当指派律师为其提供辩护。犯罪嫌疑人、被告人是盲、聋、哑人，或者是尚未完全丧失辨认或控制自己行为能力的精神病人，没有委托辩护人的，人民法院、人民检察院和公安机关应当通知法律援助机构指派律师为其提供辩护。犯罪嫌疑人、被告人可能被判处无期徒刑、死刑，没有委托辩护人的，人民法院、人民检察院和公安机关应当通知法律援助机构指派律师为其提供辩护。"

《律师法》第25条规定："律师承办业务，由律师事务所统一接受委托，与委托人签订书面委托合同，按照国家规定统一收取费用并如实入账。"因此，律师与委托人建立关系的程序，包括律师事务所统一接受委托、签订书面委托合同及按照规定收费。律师应当与委托人就委托事项范围、内容、权限、费用、期限等进行协商，经协商达

成一致后，由律师事务所与委托人签署委托协议。

### 山东省某律师因私自接受委托、收取费用等被处停止执业 6 个月

2019 年 6 月至 7 月期间，山东省律师赵某曾接受三名当事人分别委托，并分别收取代理费 1000 元、800 元、600 元，以上案件均未按规定通过律师事务所统一接受委托，代理费用由律师个人收取，存在私自接受委托、收取费用的行为。在其中一名委托人向济南市律师协会投诉后，赵某与其和解并返还律师费 1000 元，并将私自收取的另外两名委托人的律师费 800 元、600 元上交至律师事务所。济南市司法局认为，赵某的行为违反了《律师法》第 48 条第 1 项的规定，存在"私自接受委托收取费用"的行为。其在 2019 年 6 月和 7 月多次违反规定接受委托，进行会见，扰乱辩护秩序，损害了全市律师行业形象，造成了不良个人影响。根据司法部《律师和律师事务所违法行为处罚办法》第 39 条"律师、律师事务所的违法行为有下列情形之一的，属于《律师法》规定的违法情节严重或情节特别严重，应当在法定的行政处罚种类及幅度的范围内从重处罚：（二）违法行为性质、情节恶劣，严重损害律师行业形象，造成恶劣社会影响的"之规定，对赵某的违法行为应当在法定的行政处罚种类及幅度的范围内从重处罚。由此，济南市司法局给予赵某停止执业 6 个月的行政处罚。[①]

该案是典型的私自接受委托、收取费用的案件，这违反了《律师法》的相关规定，未遵循律师与委托人关系建立的形式要求，会产生严重损害律师行业形象的不良影响，故而属于违反了律师职业伦理的行为。

### （二）律师的代理范围和权限划分

律师在接受委托后，有权根据法律的要求和道德标准，选择实现委托人目的的方法。《律师执业行为规范（试行）》第 36 条规定："律师应当充分运用专业知识，依照法律和委托协议完成委托事项，维护委托人或当事人的合法权益。"第 37 条规定："律师与所任职律师事务所有权根据法律规定、公平正义及律师执业道德标准，选择实现委托人或当事人目的的方案。"

同时，律师接受委托后，应当在委托人委托的权限内开展执业活动，不得超越委托权限。代理人的代理范围取决于委托人的授权，律师应当在授权范围内从事代理工作，而不能擅自超越委托权限。委托人的授权分为一般授权和特别授权。其中，特别授权的范围包括承认、放弃、变更诉讼请求，进行和解，提起反诉或上诉。《民事诉讼法》第 59 条明确规定："委托他人代为诉讼，必须向人民法院提交由委托人签名或盖章的

---

① 参见济南市司法局行政处罚决定书（济司律罚决字〔2020〕第 02 号）。

授权委托书。授权委托书必须记明委托事项和权限。诉讼代理人代为承认、放弃、变更诉讼请求，进行和解，提起反诉或上诉，必须有委托人的特别授权。"

### （三）律师与委托人关系的终结

代理人和委托人的关系的终结包括解除和终止两种类型。一方面，律师可在特定情况下与委托人解除委托关系；另一方面，律师与委托人还可在特定情形出现时终止委托关系。

#### 1. 律师与委托人关系解除

在特定情况下，律师可与委托人解除委托关系，这在我国《律师法》《律师执业行为规范（试行）》中均有规定。一方面，《律师法》第32条第2款规定了律师拒绝辩护或代理的情形："律师接受委托后，无正当理由的，不得拒绝辩护或代理。但是，委托事项违法、委托人利用律师提供的服务从事违法活动或委托人故意隐瞒与案件有关的重要事实的，律师有权拒绝辩护或代理。"该规定通过除外规定的方式对律师有权拒绝辩护或代理的情形作出规范。其一，委托事项违法，如当事人委托律师协助其进行诈骗、制造伪证等违法犯罪行为。其二，委托人利用律师提供的服务从事违法活动，如委托人聘请律师协助签订形式合法但实际不履行的合同，以达到诈骗目的。其三，委托人故意隐瞒与案件有关的重要事实，该重要事实是案件的主要事实情节，足以影响案件的定性、定罪或量刑。

另一方面，律师事务所可在特定情形中解除与委托人的关系。《律师执业行为规范（试行）》第60条规定："有下列情形之一，经提示委托人不纠正的，律师事务所可以解除委托协议：（一）委托人利用律师提供的法律服务从事违法犯罪活动的；（二）委托人要求律师完成无法实现或不合理的目标的；（三）委托人没有履行委托合同义务的；（四）在事先无法预见的前提下，律师向委托人提供法律服务将会给律师带来不合理的费用负担，或给律师造成难以承受的、不合理的困难的；（五）其他合法的理由的。"因此在上述情形中，经提示委托人不纠正，则律师事务所可以解除与当事人的委托协议。

> **典型案例 5-2**

### 被告人当庭翻供 律师离席拒绝辩护

2011年6月，一名被指控犯有放火罪的被告人在北京市昌平区人民法院出庭受审时当庭翻供。他的辩护律师以被告人翻供为由，拒绝担任其辩护人。

该案中的被告人丁某被指控试图放火烧死其同居女友。公诉人指出，丁某在其住处与同居女友发生争吵，想要杀死被害人，故而将液化气罐搬入房间内，将液化气罐阀门口对准燃烧的火炉并将阀门打开，致使液化气罐起火燃烧，造成被害人轻伤。在庭审过程中，丁某否认故意放火，指出："我把液化气罐搬到了屋子里，当时液化气罐没有关严，但是我不是成心没有关严的，当时屋子里有煤炉子，导致液化气罐着火了。"辩护人发问阶段，丁某的代理律师杨某询问："你是以今天庭审供述为准还是以在公安机关的供述为准？"丁某回答："以今天说的为准。"律师再问："你的供述与今天的庭审陈述有矛盾的地方，你是否认可公诉机关指控的事实，火怎么着的？"丁某回答："煤炉子导致液化气罐着火的。"对此，律师杨某表示："因为我是法律援助的律师，被告人对起诉书指控基本事实不认可，基于相关法律规定，我拒绝为被告人辩护。"经审判长同意，杨某离席而去。

有学者指出，根据《律师法》规定，律师接受委托后，无正当理由的，不能拒绝辩护或代理。委托人故意隐瞒与案件有关的重要事实的，律师有权拒绝辩护或代理。然而，《律师法》中该规定未考虑到辩护制度的特殊性。代理的权限取决于委托人的授权范围，律师不可违背委托人的意志，但辩护人不同，辩护人依法享有独立的诉讼地位，是独立的诉讼参与人。如果被告人坚持无罪或不承认犯罪，但辩护人根据掌握的事实，可以为被告人作有罪从宽处理的辩护，也即，辩护人的意见可以与被告人不一致。辩护人不受被告人意志的约束，被告人提供的情况仅是辩护人了解案情的途径之一。故而在该案中，辩护人以被告人"隐瞒事实"或"不如实供述"为由拒绝辩护，可能造成对被告人辩护权的限制甚至剥夺。有律师亦指出，刑事案件应由公诉方证明被告人有罪，被告人没有义务自证其罪，故而以被告人翻供、不认可之前供述为由拒绝辩护的行为不妥。[①]

该案涉及被告人当庭翻供时律师能否拒绝辩护的问题。律师不得无故拒绝辩护，但是，委托人故意隐瞒与案件有关的重要事实的，律师可以拒绝辩护。在法庭审理过程中被告人不认可之前供述的行为，属于故意隐瞒与案件有关的重要事实的行为，律师可以拒绝辩护。然而，如上文所述，该拒绝辩护的行为存在一定的问题，即辩护与代理不同，拒绝辩护可能会损害被告人的辩护权。因此，在法庭审理阶段中，被告人翻供或不认可之前供述，此时律师拒绝辩护权的行使宜受到一定限制。

### 2. 律师与委托人关系终止

除解除委托关系外，委托关系的终结还体现在终止上。委托关系的终止包括三种情形，一是自然终止，二是协商终止，三是法定终止。所谓自然终止，即委托事项办理完成，关系自然终止。协商终止指律师与委托人之间经协商一致终止合同。《律师法》第32条第1款规定："委托人可以拒绝已委托的律师为其继续辩护或代理，同时可以另行委托律师担任辩护人或代理人。"法定终止，则指法律规定的终止委托关系的情形。《律师执业行为规范（试行）》第59条规定了律师事务所应当终止委托关系的情形：（1）委托人提出终止委托协议的；（2）律师受到吊销执业证书或停止执业处罚的，经过协商，委托人不同意更换律师的；（3）当发现有本规范第五十条规定的利益冲突情形

---

① 杨昌平：《男子被控放火罪当庭翻供 律师离席拒绝为其辩护》，https://news.sohu.com/20110624/n311575192.shtml，访问日期：2021年4月25日。

的;(4)受委托律师因健康状况不适合继续履行委托协议的,经过协商,委托人不同意更换律师的;(5)继续履行委托协议违反法律、法规、规章或《律师执业行为规范(试行)》的。

### 3. 律师与委托人关系终结后律师的义务

在律师与委托人关系终结后,律师仍然需要承担一定的义务,以适当的措施保护委托人的权益,这主要包括费用结算和材料移交等义务。

一方面,律师事务所应当作好费用结算工作。《律师执业行为规范(试行)》第61条规定,律师事务所终止代理或解除委托的,委托人与律师事务所协商解除协议的,委托人单方终止委托代理协议的,律师事务所有权收取已提供服务部分的费用。另一方面,律师事务所应当作好材料移交工作,不得扣押当事人的诉讼材料。《律师执业行为规范(试行)》第62条规定:"律师事务所与委托人解除委托关系后,应当退还当事人提供的资料原件、物证原物、视听资料底版等证据,并可以保留复印件存档。"

## 二、律师的保密义务

保密义务是律师职业伦理的基本要求之一,体现了对国家利益和当事人合法权益的维护和尊重。保密义务在各国律师职业伦理中均有规范,需要律师在执业行为中严格遵守,但也存在法定的除外适用情形。

### (一)律师保密义务的含义

律师的保密义务,是指律师对在执业过程中知悉的当事人的信息及相关情况必须保密,不得无故泄露。保密义务是对律师职业的基本伦理要求,也是各个国家普遍规定的律师职业伦理规范。保密义务体现了对当事人享有的隐私权的保护,也体现了律师对当事人所应承担的合同义务。同时,为了保证委托人提供的信息不会被受托人用来牟利,律师不应泄露当事人披露的秘密。[1]实际上,律师履行保密义务是有效保护当事人利益的需要。只有两者建立了信赖关系,当事人才愿意将可能使自己限于不利局面的信息告知律师。律师履行保密义务也是对个人尊严的尊重,是人性需要在律师执业中的体现。律师对保密义务的遵守,也关系着律师职业形象的维系。[2]

需要指出的是,保密义务的主体和时间范围具有广泛性。一方面,保密义务的主体除律师外,还包括律师事务所和律师辅助人员,如实习律师、律师助理等。另一方面,从时间角度而言,律师在执业过程中知悉的当事人的秘密,不仅包括在案件审理的各个阶段中所知悉的当事人的秘密,还包括正式委托协议签署之前,为了委托关系建立而洽谈的过程中所知悉的秘密。同时,在委托关系结束后,律师仍然需要遵守保密义务。虽然我国《律师法》和《律师执业行为规范(试行)》中未作规定,但是部分地

---

① 许身健:《法律职业伦理》,中国政法大学出版社2019年版,第158页。
② 司莉:《律师保密义务有关理论问题探讨》,《河南财经政法大学学报》2015年第2期。

方的行业规范中对此作出了规定。例如,《北京市律师保守执业秘密规则》第10条规定:
"律师在办理案件结束后仍然有保密义务,律师离职或退休后仍然有义务保守执业过程
中获悉的秘密。"

### (二)律师保密义务的域外法律规范

国际律师协会《法律职业行为国际原则》将保密义务作为律师职业伦理的基本原则
之一。该规则规定:"律师应始终保持并能够获得必要保护从而对现有或之前客户事务
保密,法律和/或相关职业行为准则允许或要求的情况除外。"该规则对保密义务作出
了注释。律师对其从客户获得的信息及对客户给予的建议保密的权利和义务是法治不
可缺少的特征,也是公众对司法和法律职业独立性的信任和信心所必需的一个要素。
保密和职业秘密原则有两个主要特征。一方面,律师负有对客户秘密保密的合约的、
道德的并且经常是法定的义务;另一方面,部分情形中律师和客户间沟通保密和职业
秘密原则不完全或部分适用。任何对律师义务的增减都必须被限定在仅绝对必要信息
的范围之内,信息的作用必须是确保律师能够完成法定义务,或防止律师不知情地被
罪犯利用来协助完成不当目标。同时,该文件指出,律师也应注意确保在电子通信和
电脑数据存储方面的保密性和职业秘密。这一领域的标准随着技术本身的发展而演变,
律师有义务了解职业标准,从而尽到其职业义务。

保密义务是域外各国律师职业伦理的基本要求之一。美国律师协会《职业行为示
范规则》规定,除非委托人作出了知情同意、为了执行代理对信息的披露已经得到默
示授权或信息披露符合律师伦理规范等,否则律师不得披露与委托人有关的信息。在
2012年修改中,该规则将律师的保密义务从"不得披露与代理委托人有关的信息"的
消极义务提升为"要求律师采取适当的措施保护和委托人代理相关的信息"的积极义
务,这扩大了律师保密义务的履行范围,也即律师不仅不能透露委托人的信息,还要
为保护与委托人相关的信息采取适当的措施,从而更有利于保护委托人的信息安全。[①]

加拿大律师协会联合会《职业行为示范守则》第3.3条同样对律师的保密义务作出
规范,其中第1款规定:"律师在任何时候都必须对在职业关系过程中获得的关于委托
人的业务和事务的信息严格保密,不得泄露任何上述信息,除非:(1)获得了委托人的
明示或默示授权;(2)法律或法院要求泄露;(3)按照要求向律师协会提交该信息;(4)
为本条规则所允许的其他情况。"加拿大律师协会联合会关于该规则的注释显示,该规
则与律师与委托人特免权的证据规则不同。后者是受宪法保护的权利,涉及委托人与
律师之间的口头或书面交流。该道德规范则更宽泛,在适用时不考虑信息的来源和性
质,也不考虑他人是否可能已经了解了该信息。律师对于每个委托人都具有保密职责,
该职责在律师停止委托关系后仍然无期限存在。该规则第2款规定:"未经委托人或前
委托人同意,律师不得使用或披露委托人或前委托人的秘密信息损害委托人或前委托
人,或者为律师或第三人的利益使用或披露委托人或前委托人的秘密信息。"如果律师

① 陈露:《美国律师保密义务的新变化》,《中国律师》2013年第6期。

在从事文学工作，如撰写回忆录或自传，律师在披露秘密信息之前，需要获得委托人或前委托人的同意。第 3 款规定："当律师有合理根据认为存在迫在眉睫的死亡或严重身体伤害风险，为防止该死亡或伤害之必要，律师可以披露秘密信息，但是披露的信息不得超过所需。"第 4 款至第 7 款则规定了其他的可以披露信息的情形，如律师为了就部分指控进行辩护、证明或追讨律师费、就律师准备进行的行为获得法律或道德意见、查明或解决因雇佣关系变更或律师事务所组成或所有权变更而产生的利益冲突等，可在合理范围内披露一定信息，但是披露的信息不能超过所需。[1]

苏格兰诉辩律师协会《诉辩律师职业行为指引和惩戒规则》第 2.3 条明确规定："对于诉辩律师的职能而言必不可少的是，委托人应当向其告知不会向他人告知的事项，他应当是基于信赖而获得其他信息的人。如果没有保密的确定性，就不能存在信任。因此，保密义务被视为诉辩律师的首要和基本的权利和职责。诉辩律师应当就其在职业活动中知悉的所有信息保密。保密义务在时间上没有限制。"该规定很大程度上对欧洲律师协会出台的《欧洲律师行为准则》的规定作出了借鉴。[2]《欧洲律师行为准则》第 2.3 条规定："对于律师的职能而言必不可少的是，委托人应当向其告知不会向他人告知的事项，他应当是基于信赖而获得其他信息的人。如果没有保密的确定性，就不能存在信任。因此，保密义务被视为职业的首要和基本的权利和职责。律师的保密义务服务于司法的利益和委托人的利益。因此，它有权得到国家的特别保护。律师应当就其在职业活动中知悉的所有信息保密。保密义务在时间上没有限制。律师应当要求其合伙律师、员工和在提供职业服务过程中雇佣的任何人员遵守同样的保密义务。"

另外，《德国联邦律师法》规定律师负有沉默义务，该义务涉及律师在执业过程中知悉的一切事物。《日本律师法》第 23 条规定，律师具有保持其职务上知悉的秘密的权利和义务，除非法律有特别规定。《日本律师职务基本准则》第 23 条规定，律师对于从工作中获得的关于委托人的秘密，无正当理由不得向他人泄露，并不得利用。[3]整体来看，域外各国虽然关于律师保密义务的具体规则的设置存在一定差别，但总体上均强调了律师应当遵循保密义务。

> **典型案例 5-3**

### 美国律师保密义务典型案例：快乐湖沉尸案

1973 年，美国有一名犯罪嫌疑人罗伯特·格鲁（Robert Garrow）被控谋杀了一个名叫菲力普·敦布普斯基（Philip Domblewski）的人，法院为其指派了两名辩

---

[1] 加拿大律师协会联合会著，王进喜译：《加拿大律师协会联合会职业行为示范守则》，中国法制出版社 2016 年版，第 55~69 页。
[2] 苏格兰诉辩律师协会著，王进喜译：《苏格兰诉辩律师协会诉辩律师职业行为指引和惩戒规则》，中国法制出版社 2017 年版，第 19 页。
[3] 许身健：《法律职业伦理》，中国政法大学出版社 2019 年版，第 159 页。

护律师为其辩护：富兰克·阿迈尼（Frank Amaini）及法兰西斯·贝尔格（Frances Berge）。在快乐湖野营的一位名叫苏珊·波兹（Susan Potts）的女孩失踪，其失踪时间与被害人的被害时间比较接近，警方也曾怀疑均为该案被告人所为，但缺乏证据，且未发现苏珊的尸体。在辩护律师与被告人的交谈过程中，被告人向两名律师承认其杀害了苏珊及其他两名女性。随后，警方在寻找苏珊尸体的时候与两名辩护律师进行了交谈，但两名律师对被告人提及的犯罪事实只字未提。后来，两名律师按照格鲁所言找到了被害人的尸体，并拍下照片，但始终未告知第三人。直至在庭审中，格鲁对自己的罪行供认不讳，两名律师只好将自己获知的事实说出，并且告诉了法庭藏尸地点，后警察找到了所有被害人的尸体。

该案一经媒体报道，引发轩然大波，普通民众和法律界对两位律师的行为给出了截然不同的评价。社会公众认为两位律师的行为严重背离了律师应当承担的社会责任，理应受到法律制裁，新闻媒体对其行为进行了强烈谴责，甚至有人向律师发出了死亡威胁信，导致其中一位律师贝尔格最终放弃了律师职业。同时，鉴于舆论压力，大陪审团对两位律师展开了调查，并对富兰克提出了指控。法律界人士则对二者的行为给予了高度赞扬。初审法院的法官撤销了对他们的指控，并对其维护当事人权益的行为大加赞赏。2006年，纽约州奥内达加县律师协会向富兰克颁发了卓越律师奖。

该案是典型的关于律师保密义务的案例。保密义务是律师职业伦理的基本内容，也是保障委托人权益的必然要求。该案中两位律师的行为得到了法律界人士的高度赞扬，却受到公众的强烈谴责，这也体现了公众对律师职业尚存误解。

### （三）我国律师保密义务的基本内容

我国在立法中明确规定了律师的保密义务，律师对执业行为过程中知晓国家秘密、商业秘密、个人隐私和委托人或其他人不愿透露的信息应当予以保密，但该保密义务也有一定的例外适用情形。

#### 1. 我国律师保密义务的法律规范

我国《刑事诉讼法》《律师法》等法律及《律师执业行为规范（试行）》等对律师保密义务作出了明确规定。

首先，《刑事诉讼法》第48条规定了辩护律师的保密义务："辩护律师对在执业活动中知悉的委托人的有关情况和信息，有权予以保密。但是，辩护律师在执业活动中知悉委托人或其他人，准备或正在实施危害国家安全、公共安全及严重危害他人人身安全的犯罪的，应当及时告知司法机关。"

其次，《律师法》第38条规定了律师的保密义务："律师应当保守在执业活动中知悉的国家秘密、商业秘密，不得泄露当事人的隐私。律师对在执业活动中知悉的委托人和其他人不愿泄露的有关情况和信息，应当予以保密。但是，委托人或其他人准备或正在实施危害国家安全、公共安全及严重危害他人人身安全的犯罪事实和信息除外。"

最后,《律师执业行为规范(试行)》第9条的规定与《律师法》第38条的规范相一致:"律师应当保守在执业活动中知悉的国家秘密、商业秘密,不得泄露当事人的隐私。律师对在执业活动中知悉的委托人和其他人不愿泄露的情况和信息,应当予以保密。但是,委托人或其他人准备或正在实施的危害国家安全、公共安全及其他严重危害他人人身、财产安全的犯罪事实和信息除外。"

### 2. 我国律师保密义务的客体范围

结合相关立法可知,我国律师保密义务的客体为在执业活动中知悉的国家秘密、商业秘密、当事人隐私及委托人和其他人不愿泄露的情况和信息。

其一,国家秘密是关系国家安全和利益,依照法定程序确定,并在一定时间内只限一定范围的人员知悉的事项。《保守国家秘密法》第9条规定:"下列涉及国家安全和利益的事项,泄露后可能损害国家在政治、经济、国防、外交等领域的安全和利益的,应当确定为国家秘密:(一)国家事务重大决策中的秘密事项;(二)国防建设和武装力量活动中的秘密事项;(三)外交和外事活动中的秘密事项及对外承担保密义务的秘密事项;(四)国民经济和社会发展中的秘密事项;(五)科学技术中的秘密事项;(六)维护国家安全活动和追查刑事犯罪中的秘密事项;(七)经国家保密行政管理部门确定的其他秘密事项。政党的秘密事项中符合前款规定的,属于国家秘密。"

其二,商业秘密的概念在《中华人民共和国反不正当竞争法》中有所界定。该法第9条第3款规定,商业秘密是指不为公众所知悉、具有商业价值并经权利人采取相应保密措施的技术信息、经营信息等商业信息。根据2020年《商业秘密保护规定(征求意见稿)》,"技术信息"是指利用科学技术知识、信息和经验获得的技术方案,包括但不限于设计、程序、公式、产品配方、制作工艺、制作方法、研发记录、实验数据、技术诀窍、技术图纸、编程规范、计算机软件源代码和有关文档等信息;"经营信息"是指与权利人经营活动有关的各类信息,包括但不限于管理诀窍、客户名单、员工信息、货源情报、产销策略、财务数据、库存数据、战略规划、采购价格、利润模式、招投标中的标底及标书内容等信息;"不为公众所知悉"是指该信息不为其所属领域的相关人员普遍知悉或不能从公开渠道容易获得;"具有商业价值"是指该信息因其秘密性而具有现实的或潜在的商业价值,能为权利人带来商业利益或竞争优势;"权利人采取相应保密措施"是指权利人为防止信息泄露所采取的与商业秘密的商业价值、独立获取难度等因素相适应、合理且具有针对性的保密措施。

其三,当事人的隐私目前尚无明确界定,主要包括生活安宁和私人秘密方面。随着互联网、大数据、人工智能等科学技术发展,个人隐私的范围也不断发生变化,在认定和保护中也更加复杂。在大数据时代,可以公示的个人信息一旦被收集、提取和综合,就可能形成系统性的整体信息,一旦泄露可能造成对个人隐私权的侵犯。[①]《北

---

① 许身健:《法律职业伦理》,中国政法大学出版社2019年版,第166页。

京市律师保守执业秘密规则》第6条对当事人的隐私范围作出了界定："律师对在执业过程中获悉的当事人的隐私，应当保密。当事人的隐私的范围包括当事人住宅、通信、情感、健康、个人癖好、家庭成员、个人财产和家庭财产等相关信息。"

其四，委托人和其他人不愿泄露的情况和信息同样也在保密的范围内。这些委托人或其他人不愿泄露的情况和信息，不在国家秘密、商业秘密或个人隐私的范围之内，但对于这些情况和信息，律师也需要保密。这在于这些信息是当事人或其他人不想泄露的信息，基于职务活动律师获知了这些信息，无论是从一般的职业伦理角度还是委托合同关系角度，都应尊重委托人或其他人不愿泄露的真实意思，不应将因执业活动知晓的此类情况或信息泄露。

### 3. 我国律师保密义务的例外

保密义务是律师应当遵循的伦理规范，但该义务存在一定的除外适用情形，这主要体现在三个方面。

其一，防止未来严重犯罪。我国《律师法》等规定了律师保密义务的例外情形，即委托人或其他人准备或正在实施危害国家安全、公共安全及严重危害他人人身安全的犯罪事实和信息。该规定中强调的情形，在于防止未来严重犯罪。也即，在该类情形中，一方面存在着严重性的危险，即危害国家安全、公共安全及严重侵害他人人身安全的犯罪。如果并非危害国家安全、公共安全或严重侵害他人人身安全的一般轻微违法行为或侵害他人财产安全的行为，则不在保密义务的例外规定之内。之所以对该危险的严重性作出规范，实则强调了违反保密义务的特殊必要情形，否则仍会对设置保密义务所保护的当事人隐私权等造成侵犯。另一方面，该类危害是将来可能发生的危险。也即，上述严重性的危险事件是委托人或其他人准备或正在实施的，如果是已经实施了的危害则不在此列。之所以如此规范，在于防止未来发生的危险，而已经发生过的严重事件并非律师泄露的范围。因此，如果律师知晓了当事人尚未被警方掌握的犯罪信息后，有为当事人保密的义务，但仅限于不告知警方或第三人，而非帮助当事人隐藏或毁灭证据，否则可能会涉嫌犯罪。

其二，自我保护。律师在代理案件的过程中可能会被无辜地牵涉到委托人的犯罪行为中，此时律师为了保护自己的合法权益，可以援引自己与委托人交流的信息为自己进行辩护或抗辩。在这种情况下，为了维护社会公平和正义，也为了洗刷自己的不白之冤，纠正相关行为造成的结果，律师在必要范围内可以公开在代理委托中知悉的相关信息。

其三，委托人授权披露的信息。如果委托人授权同意披露有关信息，则此时律师对该类信息的披露不会违反律师的保密义务。也即，如果该类信息属于委托人愿意披露的信息或情况，则律师的披露行为不会违反保密义务的规范。

### （四）律师保密义务的发展方向

尽管我国在《刑事诉讼法》《律师法》等法律规范中规定了律师的保密义务，并在立法中形成了从"有权"到"应当"的立法模式的转变，注重对律师保密义务的保护，但律师保密义务的规范及其实践尚待进一步加强。例如，有学者指出，立法将委托人准备或正在实施三类严重犯罪行为设置为律师保密义务的例外情形具有正当性和必要性，但对于从委托人处得知的"其他人"准备或正在实施的这几类犯罪行为是否也作为保密义务的例外情形则值得商榷。关于保密义务的例外情形，律师的处理是直接揭发检举还是提供相关证言的制度安排可进一步优化，如是否可考虑让律师承担劝阻、警告等义务，该行为无效时再向司法机关揭发检举或提供相关证言。[①]

同时，有学者指出，应对我国律师保密制度中的国家秘密、商业秘密和对委托人保密适度区分。对泄露国家秘密、商业秘密的行为更多地通过《刑法》《行政法》《保守国家秘密法》进行规制，而对违反对委托人的保密义务的行为应凸显律师职业伦理的规范功能，更多地通过律师协会的自律管理进行规范。[②]

另外，在司法实践中，律师披露案件的情形较为常见，部分律师为引发舆论关注擅自将自己代理的案件的具体信息在互联网上公布甚至进行炒作，引发人们关于律师保密义务的质疑。在诸多引发公众关注的重大案件中，往往会出现律师侵犯当事人或受害人隐私、违反保密义务的行为，典型如李某某强奸案。此类行为容易引发公众对律师职业道德水平和素养的质疑，影响对有关人员的权利的保护，并且会损害律师职业的正面形象。

### 三、利益冲突规则

利益冲突规则是律师在处理与委托人关系中应当遵循的伦理要求。利益冲突的存在可能会使得律师的代理行为损害有关委托人的权益，影响律师执业行为的独立性，故而利益冲突规则是律师执业过程中应当遵循的规范，也是律师事务所应当履行的重要规则。

#### （一）利益冲突的含义

所谓利益冲突，是指律师在提供法律服务过程中，与当前委托人在客观上存在潜在相反的取向，并且律师无法消除由于潜在的相反利益而造成的利益上的冲突或紧张关系。[③]也即，律师对委托人的代理将对律师自身的利益、现委托人或前委托人的利益或第三人的利益可能产生不利影响。虽然律师可以自主决定是否接受当事人的委托，但是在职业伦理中却需要受到利益冲突的规制，以最大限度地维护当事人的利益，促进司法程序的理性运行。同时，规范利益冲突也是维护律师职业形象、保障律师执业行为的独立性的重要制度。因此，利益冲突规则构成律师职业伦理的重要组成部分，

---

① 李奋飞：《论辩护律师忠诚义务的三个限度》，《华东政法大学学报》2020 年第 3 期。
② 刘少军：《保密与泄密：我国律师保密制度的完善——以"吹哨者运动"下的美国律师保密伦理危机为视角》，《法学杂志》2019 年第 2 期。
③ 刘译矾：《论刑事律师的利益冲突规制》，《比较法研究》2021 年第 2 期。

是忠诚义务的体现。

### （二）利益冲突的域外规范

国际律师协会《法律职业行为国际原则》将利益冲突作为律师职业伦理的基本原则之一。该规则规定："律师不应承接使客户利益与律师本人、同一律师事务所另一律师、或另一客户的利益形成冲突的工作，法律、相关职业行为准则允许或客户授权许可的情况除外。"国际律师协会关于该原则的注释是，对法律职业和法治的信任和信心取决于律师对客户的忠诚。如果代理客户涉及利益冲突，则律师不应代理该案件，如代理一名客户会对另一客户造成直接不利影响，或者律师对另一客户、过往客户、第三人或律师个人利益的义务会对代理一名或多名客户造成实际限制，存在这种重大风险时，就构成了利益冲突。在部分国家或地区，如果律师认为能够对每个受影响的客户提供胜任和尽职的代理工作，则其代理不受法律禁止，或者在有合适的披露或相关法律或道德准则许可的范围内，各方均表示同意，并且披露不违背保密义务的情况下，可能允许某些特定的可能冲突的情形。在捍卫客户利益过程中，律师不能让自身利益取代客户利益，不能为了惠利自身而施加任何不当影响。当律师了解到客户利益可能会与自身利益形成冲突后，则不应继续为客户代理。

《欧洲律师行为准则》第3.2条也对利益冲突作出规范。其一，在同一事务中，如果两名或两名以上的委托人之间存在利益冲突或存在发生冲突的重大风险，则律师不得向两名或两名以上委托人提供建议、代理，或者代表其行事。其二，如果在有关委托人之间发生利益冲突，或者存在违反保密义务风险或有损于律师独立性的情况，该律师必须停止代理双方或所有相关委托人。其三，如果存在可能违反对前任委托人承担的保密义务的风险，或者律师就前任委托人事务所了解的信息可能给新委托人带来不当优势，则律师不得代理新委托人。另外，律师在某组织形式中执业时，上述第二种情形和第三种情形应当适用于该组织形式及其所有成员。也即，该律师所属的律师事务所及该律师事务所的其他律师也须在这两种情形中受利益冲突规则之约束。

加拿大律师协会联合会《职业行为示范守则》第3.4条规定了避免利益冲突的职责及其例外情况。"如果存在利益冲突，律师不得代理或继续代理委托人，除非为本守则所允许。""律师不得在存在利益冲突的情况下在某事务中代理委托人，除非所有受到影响的委托人作出了明示或默示同意，并且律师合理认为其能够代理委托人，不会对该委托人或其他委托人的代理或忠诚产生严重不利影响。"律师在确定是否存在利益冲突时，需要考虑的因素包括：法律利益的直接性；该法律利益是否是直接不利的；有关问题是实体性还是程序性的；法律实务之间的时间关系；有关问题对于有关委托人的直接和长远利益的重要性；委托人就特定事务或代理聘请律师的合理期待。[1]

---

[1] 加拿大律师协会联合会著，王进喜译：《加拿大律师协会联合会职业行为示范守则》，中国法制出版社2016年版，第71~79页。

### （三）利益冲突的类型

就利益冲突的类型来看，根据不同的标准具有不同的分类。一种分类将利益冲突分为律师与委托人的利益冲突和委托人之间的利益冲突两种类型。律师与委托人之间的利益冲突，是指律师的个人利益、社会身份或经历等使得律师和委托人或委托事项本身存在某种冲突性联系，可能会损害受托人的利益。委托人之间的利益冲突是指委托人或委托事项与律师及其所在律师事务所的前委托人、现委托人或准委托人之间存在一定的冲突性联系，可能会导致其中一方或多方利益受损之情形。[①]这种分类从利益冲突的主体出发，以是否涉及律师的利益作出分类探讨。

另一种分类方式则从冲突的性质角度将之分为直接的利益冲突和间接的利益冲突，这也是我国部分相关文件中对利益冲突作出的常见分类方式。所谓直接的利益冲突，指律师和当事人之间、当事人与当事人之间或当事人与准当事人之间具有直接对立的利益冲突，故而律师在维护一方利益时必然损害另一方的利益。间接的利益冲突则指这些主体之间可能具有利益冲突，并且这种利益冲突具有间接性，可能造成损害。

我国《律师法》第39条规定："律师不得在同一案件中为双方当事人担任代理人，不得代理与本人或其近亲属有利益冲突的法律事务。"该规定仅作出了一般性规范，并未进一步细化。《律师执业行为规范（试行）》则作出了较为细致的规范。该规范第51条规定了律师及律师事务所不得与当事人建立或维持委托关系的具体情形，实则对直接利益冲突的情形作出了界定：（1）律师在同一案件中为双方当事人担任代理人，或代理与本人或其近亲属有利益冲突的法律事务的；（2）律师办理诉讼或非诉讼业务，其近亲属是对方当事人的法定代表人或代理人的；（3）曾经亲自处理或审理过某一事项或案件的行政机关工作人员、审判人员、检察人员、仲裁员，成为律师后又办理该事项或案件的；（4）同一律师事务所的不同律师同时担任同一刑事案件的被害人的代理人和犯罪嫌疑人、被告人的辩护人，但在该县区域内只有一家律师事务所且事先征得当事人同意的除外；（5）在民事诉讼、行政诉讼、仲裁案件中，同一律师事务所的不同律师同时担任争议双方当事人的代理人，或者本所或其工作人员为一方当事人，本所其他律师担任对方当事人的代理人的；（6）在非诉讼业务中，除各方当事人共同委托外，同一律师事务所的律师同时担任彼此有利害关系的各方当事人的代理人的；（7）在委托关系终止后，同一律师事务所或同一律师在同一案件后续审理或处理中又接受对方当事人委托的；（8）其他与前7种情形相似，且依据律师执业经验和行业常识能够判断为应当主动回避且不得办理的利益冲突情形。该规定通过列举具体情形和兜底性条款，对直接利益冲突作出了明确规范。

第52条规定了律师应当告知委托人并主动提出回避，但委托人同意其代理或继续承办的除外的情形，实则为间接利益冲突的具体情形：（1）接受民事诉讼、仲裁案件一方当事人的委托，而同所的其他律师是该案件中对方当事人的近亲属的；（2）担任刑

---

[①] 李本森：《法律职业伦理》，北京大学出版社2017年版，第181~182页。

事案件犯罪嫌疑人、被告人的辩护人，而同所的其他律师是该案件被害人的近亲属的；（3）同一律师事务所接受正在代理的诉讼案件或非诉讼业务当事人的对方当事人所委托的其他法律业务的；（4）律师事务所与委托人存在法律服务关系，在某一诉讼或仲裁案件中该委托人未要求该律师事务所律师担任其代理人，而该律师事务所律师担任该委托人对方当事人的代理人的；（5）在委托关系终止后一年内，律师又就同一法律事务接受与原委托人有利害关系的对方当事人的委托的；（6）其他与前5种情况相似，且依据律师执业经验和行业常识能够判断的其他情形。该条文同样是通过具体列举和兜底条款的方式，对间接利益冲突作出规范。

需要注意的是，在上述直接或间接的利益冲突情形中，存在着同时性利益冲突和连续性利益冲突等不同情形。所谓同时性利益冲突，即律师或律师事务所的现委托人之间的利益冲突，如律师在同一案件中为双方当事人担任代理人等情形。连续性利益冲突则指律师对委托人的代理可能受到其对前委托人的职责等影响的利益冲突，如委托关系终止后，律师又就同一法律事务接受与原委托人有利害关系的对方当事人的委托等情形。

> **典型案例 5-4**

### 同律所不同律师在不同诉讼阶段分别为原被告代理

原告周某与被告彭某合伙协议纠纷案中出现了利益冲突问题的争议。该案一审时，原告周某委托光明律师事务所律师邓某担任代理人出庭参加诉讼，被告彭某未委托代理人。法院经审理后作出一审判决，彭某不服提起上诉。二审中，被上诉人周某未继续委托律师邓某担任辩护人，上诉人彭某却委托了光明律师事务所律师张某担任代理人出庭参加诉讼。周某对张某出庭参加诉讼存在异议，认为其与邓某是同一律师事务所律师，张某的代理行为有执业利益冲突，会损害自己的合法权益，故而请求法院不准许张某作为代理人出庭参加诉讼。

该案在审理过程中，合议庭存在意见分歧。一种意见认为该案中两位律师为同事关系，张某极有可能从邓某处得知周某的某些秘密信息，加以利用以完成代理任务，可能会损害周某的合法权益，存在利益冲突。另一种观点则认为，两人虽为同事，但两人是先后为双方当事人担任代理人，不存在执业利益冲突，也没有违反相关法律规定，故而不存在执业利益冲突。最终合议庭采纳了第二种意见，准许张某担任彭某的代理人出庭参加诉讼。

相关分析指出，虽然法律、司法解释和行业规范未对同一律师事务所的不同律师先后为原被告代理是否存在执业冲突做出明确说明，但结合相关规范及其理论来看，利益冲突的存在主要需要有两个条件，一是存在利益上的冲突，二是代理会损害或可能损害相关委托人的利益，两者缺一不可。该案中显然存在不同的利益冲突，但该利益冲突是否可能造成对相关委托人权益的损害，则值得探讨。其一，不能以两人系同事为由断定张某可能获知周某的秘密信息，对周某的利益造成损害。其二，张某在担任该案上诉人彭某二审案件的代理人之前，未接触过该案，亦无从知晓周某的秘密信息。其三，在一审程序终结后，周某未继续委托邓某担任二审代理人，邓某和张某不会同时出现在二审法庭审理现场，同时代理的情形不会出现，故而不会影响周某的利益。[①]

通过该案可知，法院在裁判涉及利益冲突问题时，需要对利益冲突是否存在及利益冲突是否可能会损害相关委托人的利益作出充分考量，以形成最终判决结果。

### （四）利益冲突的解决

在利益冲突解决中，律师事务所应当发挥重要作用。根据《律师执业行为规范（试行）》第49条的规定，律师事务所应当建立利益冲突审查制度。律师事务所在接受委托之前，应当进行利益冲突审查并作出是否接受委托决定。

针对不同类型的利益冲突，解决的方式有所区别，这取决于不同类型的利益冲突的性质和危害程度。在出现直接利益冲突的情形中，律师及律师事务所不得与当事人建立或维持委托关系。在存在间接利益冲突的情形中，律师应当告知委托人并主动提出回避，但委托人同意其代理或继续承办的除外。也即，律师和律师事务所发现存在间接利益冲突情形的，应当告知委托人利益冲突的事实和可能产生的后果，由委托人决定是否建立或维持委托关系。委托人决定建立或维持委托关系的，应当签署知情同意书，表明当事人已经知悉存在利益冲突的基本事实和可能产生的法律后果，以及当事人明确同意与律师事务所及律师建立或维持委托关系。

需要注意的是，委托人知情并签署知情同意书以示豁免的，承办律师在办理案件的过程中应对各自委托人的案件信息予以保密，不得将与案件有关的信息披露给相对人的承办律师。

> **典型案例 5-5**

#### 向某与冉某民间借贷纠纷二审案

该案是2020年重庆市第四中级人民法院审理的民间借贷纠纷二审案件。在该案中，上诉人向某请求撤销一审判决，主张该案一审程序违法：双方当事人的代理律师出自同一家律师事务所，构成双重代理，违反了司法部出台的《律师事务所管理办法》的规定及相关批复意见，且上诉人向某的一审委托代理人并未将此事告知向某，有损其合法权益。被上诉人辩称，关于一审双方代理人出自同一律师事务所

---

[①] 黄丽霞：《同律所不同律师代理原被告是否有执业利益冲突》，https://www.chinacourt.org/article/detail/2012/03/id/476077.shtml，访问日期：2021年4月26日。

的问题，一审法官有将此事告知双方当事人，被上诉人明确表示同意。上诉人代理人提到的规定属于司法管理范畴，不适用于法院审理案件。

重庆市第四中级人民法院指出，本案的第一个争议焦点即为一审程序是否违法。关于该争议焦点，《律师法》第 39 条规定了律师不得在同一案件中为双方当事人担任代理人，但没有就同一律师事务所不得担任争议双方当事人的代理人作出禁止性规定。司法部《律师事务所管理办法》第 46 条规定："律师承办业务，由律师事务所统一接受委托，与委托人签订书面委托合同。律师事务所受理业务，应当进行利益冲突审查，不得违反规定受理与本所承办业务及其委托人有利益冲突的业务。"该规定属于部门规章，且其目的是规范律师事务所的行为，其中第 46 条的规定旨在避免因同一律师事务所的不同律师分别同时代理诉争双方当事人，引发双方当事人的利益冲突，以实现律师独立性原则、追求社会正义原则与维护委托人合法利益原则。首先，就同一律师事务所在同一案件中接受诉争双方当事人的委托问题，司法部《律师事务所管理办法》第 46 条规定作出了规定，旨在确保当事人的利益不得因委托同一律师事务所而发生利益冲突，故律师事务所及其律师应当遵守该规定，尽量避免同一律师事务所同时接受同一案件诉争双方的委托。其次，律师执业的宗旨在于追求社会正义和委托人合法利益，独立性原则是律师的社会价值得以体现的根本，维护当事人的利益是律师工作的出发点和立足点，故只要不存在因为同一律师事务所的律师分别代理诉争双方当事人而对当事人利益造成损害，律师执业的独立性没有被破坏，则在当前民事诉讼法和其他法律、司法解释并无禁止性规定的情况下，尚不构成民事诉讼程序的违反。本案中，上诉人的一审代理人提出的抗辩理由与上诉人在二审中提出的上诉理由基本一致，律师的代理行为并未对委托人向某的权利造成实质性的损害，另一审法官在诉讼中征求了双方当事人或其代理人的意见，均明确表示无异议，视为对自身诉讼权利的处分。向某上诉主张一审法院允许同一律师事务所的律师同时代理双方当事人参加诉讼，程序严重违法的上诉理由不成立。①

该案中虽然出现了同一律所的不同律师分别为原被告代理的情形，属于《律师执业行为规范（试行）》中规定的直接利益冲突的情形，但因该规范属于行业规范，非法律、行政法规、司法解释等法院裁判依据，故而法院在裁判过程中未予考虑，而是分析了该案中的利益冲突未造成损害和对法律、司法解释的违反，故而不存在严重的程序违法行为。然而，需要指出的是，该案中同一律所的不同律师分别为同一案件的原被告代理的行为，明显违反了《律师执业行为规范（试行）》的规定，应承担一定的行业处分责任。

① 参见重庆市第四中级人民法院民事二审判决书（2020）渝 04 民终 681 号。

### （五）利益冲突规则的发展

尽管我国对利益冲突规则作出了一定规范，但该规则显然需要进一步推进，这主要体现在两方面。

一方面，相关法律法规或规章制度有待进一步细化、完善。尽管《律师执业行为规范（试行）》对利益冲突情形作出了规范，但该文件仅属于行业规范，不会在司法实践中得到适用，故而在相关案件中，法院不会对该文件作出参考或引用，部分符合利益冲突情形的案件不会因存在利益冲突情形而导致程序不合法的认定，这会影响到利益冲突规则对律师的约束。因此，在法律法规或司法解释中对利益冲突的情形作出更具体的规范，形成具有一定法律效力和更高位阶的伦理规范，是利益冲突规则进一步完善的必然发展方向。

另一方面，《律师执业行为规范（试行）》通过列举的方式对律师利益冲突行为的外延作出了界定，但并未对利益冲突规则的内涵作出明确规范。故而有观点指出，应当形成包含利益冲突的概念、类型、处理、预防措施和违规责任的规范体系，并且可以考虑对部分情形的规定作出适当修订，如鉴于司法实践中诉讼周期较长，"委托关系终止后一年内"的规定可能相对较为短暂。因此，现有的行业规范亦有待进一步完善。[1]

## 四、律师收费规则

收费规则同样是律师与委托人关系中的重要规范。律师收费是指律师服务费，该服务费的收取内容、方式和具体要求根据相关部门规章和地方政府出台的具体管理办法而定。

### （一）律师收费内容

律师费即律师服务费，是指律师事务所因本所执业律师为当事人提供法律服务，根据国家法律规定或双方自愿协商，向委托人收取的费用。部分情形中，当事人需要另行支付办案费用或第三方费用，即律师在办理案件过程中产生的律师服务费之外的其他费用，如通信费、复印费、司法鉴定等费用。这些费用由委托人在律师服务费之外另行支付，不属于律师费的范围。2016年发布的《北京市律师服务收费管理办法》第3条明确指出："律师服务费是律师事务所依法接受委托，指派律师办理法律事务，向委托人收取的服务报酬。法律服务过程中发生的需要向第三方支付的费用，不属于律师服务费，由委托人另行支付。"

律师费的收取应当合法、合理。我国《律师法》第59条规定："律师收费办法，由国务院价格主管部门会同国务院司法行政部门制定。"因此，目前关于律师收费的国家层面的相关规范，主要是国家发展改革委、司法部2004年印发的《律师服务收费管理办法》和国家发展改革委2014年发布的《国家发展改革委关于放开部分服务价格意见

---

[1] 侯丽莉：《关于律师执业利益冲突的几点思考》，《中国司法》2020年第12期。

的通知》。《律师服务收费管理办法》第3条明确规定："律师服务收费遵循公开公平、自愿有偿、诚实信用的原则。律师事务所应当便民利民，加强内部管理，降低服务成本，为委托人提供方便优质的法律服务。"律师费的政府指导价基准和浮动幅度由各省、自治区、直辖市人民政府价格主管部门会同同级司法行政部门制定，在制定过程中需要充分考虑当地经济发展水平、社会承受能力和律师业的长远发展，收费标准按照补偿律师服务社会平均成本，加合理利润与法定税金确定。而在律师事务所与委托人协商律师服务收费时，应当考虑如下因素：（1）耗费的工作时间；（2）法律事务的难易程度；（3）委托人的承受能力；（4）律师可能承担的风险和责任；（5）律师的社会信誉和工作水平等。

### （二）律师收费的方式和要求

律师收费方式包括计件收费、按标的额比例收费、计时收费等方式，部分案件中可实行风险代理收费。不同的收费方式有相应的适用范围和要求。

《律师服务收费管理办法》规定，计件收费一般适用于不涉及财产关系的法律事务；按标的额比例收费适用于涉及财产关系的法律事务；计时收费可适用于全部法律事务。办理涉及财产关系的民事案件时，委托人被告知政府指导价后仍要求实行风险代理的，律师事务所可以实行风险代理收费，但下列情形除外：（1）婚姻、继承案件；（2）请求给予社会保险待遇或最低生活保障待遇的；（3）请求给付赡养费、抚养费、扶养费、抚恤金、救济金、工伤赔偿的；（4）请求支付劳动报酬的等。刑事诉讼案件、行政诉讼案件、国家赔偿案件及群体性诉讼案件均不能实行风险代理收费。同时，实行风险代理收费，律师事务所应当与委托人签订风险代理收费合同，约定双方应承担的风险责任、收费方式、收费数额或比例。实行风险代理收费，最高收费金额不得高于收费合同约定标的额的30%。

各省、自治区、直辖市均制定了本区域范围内的律师收费管理办法或规则，从而对律师收费作出规范。例如，《北京市律师服务收费管理办法》对律师服务收费作出了基本规范，《北京市律师诉讼代理服务收费政府指导价标准》则对具体情形的收费给出政府指导价标准。

## 第三节 律师与司法人员的关系规范

律师与委托人的关系是律师执业活动中的重要内容，除此之外，律师还须与法官、检察官等司法人员接触，故而对律师与司法人员的关系的规范也构成律师职业伦理规范的内容。律师与司法人员的关系规范，主要体现在律师参与司法活动的程序和法庭外行为的规范两方面。

## 一、律师参与司法活动的程序规范

律师在参与司法活动的过程中会与检察官、法官等法律职业主体进行接触和互动，在过程中律师应严格遵守职业伦理规范，履行真实义务，尊重法庭，并遵循礼仪规则。

### （一）律师的真实义务

律师在参与司法活动过程中，应当严格遵守宪法和法律规范，依法履行职责，为当事人提供法律服务，这意味着律师应当履行真实义务。所谓真实义务，即在诉讼过程中，律师应当以事实为依据，合法地维护当事人的权益，不得提供虚假事实或从事违法行为以阻碍司法机关查明案件事实。[1]根据《律师法》第40条的规定，律师不得故意提供虚假证据或威胁、利诱他人提供虚假证据，妨碍对方当事人合法取得证据。因此，律师在参与诉讼活动过程中，应当依法履行职责，遵循真实义务，不能伪造证据或故意提供虚假证据等。《律师执业行为规范（试行）》也对律师在司法活动中的真实义务作出规范。该规范第63条规定："律师应当依法调查取证。"第64条规定："律师不得向司法机关或仲裁机构提交明知是虚假的证据。"

> **典型案例 5-6**

#### 浙江省某律师因故意提供虚假证据被处停止执业6个月

2018年9月4日，段某与某律师事务所签订委托代理合同，由该所指派何某担任其与吴某民间借贷纠纷案的一审代理人。9月6日，该律所向法院出具了授权委托书、公函等。被告吴某提出异议，认为4份借款合同上关于借款期限和利息的内容都是私自添加，故而法院对原告及其代理律师进行调查，原告段某承认是其在咨询何某后，私自将上述内容添加至借款合同，并由何某将其作为证据提交给法院，何某对上述事实均予以承认。后段某于11月22日申请撤诉未被准许，11月27日法院以自行添加证据内容为由对其作出罚款50000元的处理决定。之后，段某与律所解除委托代理协议，律所退还相关律师代理费用。杭州市司法局认为，律师接受委托进行诉讼代理活动，应当依法依规进行，不得故意向司法机关、行政机关或仲裁机构提交虚假证据。何某明知当事人提供的是与真实情况不符的修改后的"证据"，仍将其提交给法院，该行为违反了《律师法》第40条第6项的规定，依法应当予以行政处罚。该案中，何某在被调查期间能够积极配合，未造成严重后果，且系首次违法，可以酌情从轻处罚。由此，杭州市司法局给予了何某停止执业6个月的行政处罚。[2]

---

① 刘蕾：《保密义务与真实义务之间的较量——兼论我国辩护律师保密特权制度的完善》，《西北大学学报（哲学社会科学版）》2014年第1期。
② 参见杭州市司法局行政处罚决定书（杭司罚决〔2019〕3号）。

该案是违反律师真实义务的案例。该律师明知当事人提供的是虚假证据,仍提交至法院,显然构成了故意提供虚假证据的行为,违反了律师的真实义务。

### (二)尊重法庭

律师在司法活动中,应当遵守相关程序规则,尊重法庭,这在《律师法》《律师执业行为规范(试行)》中均有规定。《律师法》第40条规定,律师不得扰乱法庭、仲裁庭秩序,干扰诉讼、仲裁活动的正常进行。《律师执业行为规范(试行)》更是对该要求作出了细化规定。一方面,律师应当遵守法庭、仲裁庭纪律,遵守出庭时间、举证时限、提交法律文书期限及其他程序性规定。另一方面,在开庭审理过程中,律师应当尊重法庭、仲裁庭。这均体现了对律师尊重法庭的伦理要求,这既是司法工作有序进行和维护司法权威的有效保障,也是促进法律职业的专业化建设的必然要求。

> **典型案例 5-7**

#### 广东省某律师因扰乱法庭秩序被处停止执业 6 个月

2020 年 7 月,广东省某区法院公开开庭审理一起民间借贷纠纷案,原告委托律师黄某担任诉讼代理人。律师黄某认为自己之前就本案与主审法官发生过争执,在庭审时主审法官有意针对其本人,故而他感到不满,在庭审过程中大声质问主审法官,法警多次进入法庭,黄某未能保持冷静,仍有发泄情绪、哄闹法庭的行为,扰乱庭审秩序。广东省佛山市司法局认为,黄某作为执业律师,参加法院庭审活动应遵守法律法规和庭审纪律。其在法庭上大声质问、指责主审法官、发泄情绪的行为,扰乱了法庭秩序,违法了《律师法》的规定。鉴于其对自己的行为有悔意,又向当事法官当面道歉,在调查过程中积极配合,酌情可以从轻处罚,故而给予其停止执业 6 个月的行政处罚。[①]

该律师在法庭审理过程中存在扰乱法庭秩序的行为,违反了尊重法庭的职业伦理要求,影响了审判工作的有序开展,是典型的不尊重法庭的行为。

### (三)礼仪规范

礼仪规范是律师参与司法活动应当遵循的伦理规范,也是法律职业伦理的基本要求。这既包括对律师参与司法活动的仪表要求,也包括对律师的言语规范要求。《律师执业行为规范(试行)》第71条和第72条对此作出了明确规定。一方面,律师担任辩护人、代理人参加法庭、仲裁庭审理,应当按照规定穿着律师出庭服装,佩戴律师出庭徽章,注重律师职业形象。另一方面,律师在法庭或仲裁庭发言时应当举止庄重、大方,用词文明、得体。遵循礼仪规范是律师职业伦理的基本要求之一,这体现了对

---

① 参见佛山市司法局行政处罚决定书(佛司罚决字〔2020〕10 号)。

律师职业形象的维护，也是实现律师职业化发展、促进司法程序运行的保障。

## 二、律师法庭外行为规范

在法庭外，律师仍然需要遵循一定的职业伦理规范，这主要体现在规范接触司法人员和庭外言论规范两方面。

### （一）规范接触司法人员

律师与法官、检察官在司法活动之外的接触应当符合法律的规定，避免影响司法活动的独立性和公正性，损害司法的权威和法律职业形象。我国《律师法》第40条明确规定，律师不得违反规定会见法官、检察官、仲裁员及其他有关工作人员，向法官、检察官、仲裁员及其他有关工作人员行贿，介绍贿赂或指使、诱导当事人行贿，或者以其他不正当方式影响法官、检察官、仲裁员及其他有关工作人员依法办理案件。《律师执业行为规范（试行）》作出了更具体的规范。其一，律师在执业过程中，因对事实真假、证据真伪及法律适用是否正确而与诉讼相对方意见不一致的，或者为了向案件承办人提交新证据的，与案件承办人接触和交换意见应当在司法机关内指定场所。其二，律师在办案过程中，不得与所承办案件有关的司法、仲裁人员私下接触。其三，律师不得贿赂司法机关和仲裁机构人员，不得以许诺回报或提供其他利益（包括物质利益和非物质形态的利益）等方式，与承办案件的司法、仲裁人员进行交易。律师不得介绍贿赂或指使、诱导当事人行贿。因此，律师与法官、检察官等人员的接触应遵循严格的限制，以免影响司法活动的公正性。

> **典型案例 5-8**

**云南省某律师因向国家司法机关工作人员行贿被处停止执业6个月**

2018年12月，云南省某律师字某经宾川县公安局金牛派出所原教导员罗某介绍，担任了犯罪嫌疑人周某涉嫌容留卖淫案侦查阶段的辩护人。代理该案后，字某多次联系罗某帮忙办理周某取保候审手续，2019年1月，宾川县公安局对周某采取取保候审措施并予以释放。周某被取保候审后，字某向罗某贿送现金人民币1.8万元。大理白族自治州司法局认为，字某向罗某贿送现金的行为违反了《律师法》第40条第5项的规定，即律师不得向法官、检察官、仲裁员及其他有关工作人员行贿，介绍贿赂或指使、诱导当事人行贿，或者以其他不正当方式影响法官、检察官、仲裁员及其他有关人员依法办理案件。鉴于字某在案发后积极配合相关调查，主动交代违法事实，并主动将剩余涉案款1.8万元人民币上交至宾川县纪委监委，故而依法可予以从轻处罚，最终给予其停止执业6个月的行政处罚。[①]

---

① 参见大理白族自治州司法局行政处罚决定书（大司惩决字〔2020〕2号）。

该案是典型的违规接触司法人员的案例。该律师向有关人员行贿的行为违反了《律师法》相关规定，影响了有关人员的依法办案，是违反律师职业伦理的行为，应受相应处分。

### （二）庭外言论规范

除规范接触司法人员之外，律师在庭外还须严格规范自己的言谈举止，避免其言论违反相关规则。《律师执业行为规范（试行）》第6条明确规定了律师的庭外言论规范："律师不得利用律师身份和以律师事务所名义炒作个案，攻击社会主义制度，从事危害国家安全活动，不得利用律师身份煽动、教唆、组织有关利益群体，干扰、破坏正常社会秩序，不得利用律师身份教唆、指使当事人串供、伪造证据，干扰正常司法活动。"在司法实践中，利用媒体或互联网等方式炒作个案的现象时有发生，这既有可能涉及对当事人或其他人的隐私的不当披露，也涉及对司法程序规则和律师伦理规范的违反，不利于案件的正常审理。因此，律师须遵循庭外言论规范，严格规范自己的庭外言行。

## 第四节　律师职业内部规范

律师职业伦理不仅规范律师与委托人、司法工作人员之间的关系，还对律师与其他律师及所任职的律师执业机构之间的关系进行规范。

### 一、律师与其他律师的关系规范

律师与其他律师的关系，即律师同行关系或律师之间的关系，强调律师内部的合作和竞争关系。如何处理律师个体之间的关系对律师职业的整体发展具有重要意义。一方面，律师之间存在竞争，这种竞争也使得律师不断提升自身的业务水平和服务质量。另一方面，律师群体的成员之间相互影响和联系，具有协同关系。因此，律师在执业过程中需要与同行保持相互尊重与合作的状态，禁止不正当竞争，从而促进律师职业的良性发展。

### （一）尊重与合作

律师之间应当相互尊重与合作，加强律师群体的协同，避免出现贬损同行的言论，以促进律师职业的良性互动。《律师执业行为规范（试行）》第73条至第77条对此作出了明确规范。其一，律师与其他律师之间应当相互帮助、相互尊重。其二，在庭审或谈判过程中各方律师应当互相尊重，不得使用挖苦、讽刺或侮辱性的语言。其三，律师或律师事务所不得在公众场合及媒体上发表恶意贬低、诋毁、损害同行声誉的言论。其四，律师变更执业机构时应当维护委托人及原律师事务所的利益；律师事务所在接受转入律师时，不得损害原律师事务所的利益。其五，律师与委托人发生纠纷的，律师事务所的解决方案应当充分尊重律师本人的意见，律师应当服从律师事务所解决纠纷的决议。在司法实践中，律师同行之间在媒体或公开场合损害同行声誉的事件时有发生，这显然违反了律师应当遵循的职业伦理，严重影响了律师职业的公信力和形象。

## （二）禁止不正当竞争

除相互尊重和合作外，律师在执业过程中应妥善处理竞争关系，禁止不正当竞争。《律师执业行为规范（试行）》第78条明确规定："律师和律师事务所不得采用不正当手段进行业务竞争，损害其他律师及律师事务所的声誉或其他合法权益。"同时，该规范第79条列举了律师的不正当竞争行为之情形：（1）诋毁、诽谤其他律师或律师事务所信誉、声誉；（2）无正当理由，以低于同地区同行业收费标准为条件争揽业务，或者采用承诺给予客户、中介人、推荐人回扣、馈赠金钱、财物或其他利益等方式争揽业务；（3）故意在委托人与其代理律师之间制造纠纷；（4）向委托人明示或暗示自己或其属的律师事务所与司法机关、政府机关、社会团体及其工作人员具有特殊关系；（5）就法律服务结果或诉讼结果作出虚假承诺；（6）明示或暗示可以帮助委托人达到不正当目的，或者以不正当的方式、手段达到委托人的目的。

第80条规定了律师和律师事务所在与行政机关、行业管理部门及企业的接触中，不得采用不正当手段与同行进行业务竞争：一方面，通过与某机关、某部门、某行业对某一类的法律服务事务进行垄断的方式争揽业务；另一方面，限定委托人接受其指定的律师或律师事务所提供法律服务，限制其他律师或律师事务所正当的业务竞争。同时，律师和律师事务所在与司法机关及司法人员接触中，不得采用利用律师兼有的其他身份影响所承办业务正常处理和审理的手段进行业务竞争。另外，律师或律师事务所相互之间不得采用下列手段排挤竞争对手的公平竞争：（1）串通抬高或压低收费；（2）为争揽业务，不正当获取其他律师和律师事务所收费报价或其他提供法律服务的条件；（3）泄露收费报价或其他提供法律服务的条件等暂未公开的信息，损害相关律师事务所的合法权益。

## 二、律师与律师事务所的关系规范

律师事务所是律师的执业机构，律师事务所对本所执业律师负有教育、管理和监督职责。由此，律师和律师事务所之间的关系亦受律师职业伦埋规范。

一方面，我国《律师法》第23条规定："律师事务所应当建立健全执业管理、利益冲突审查、收费与财务管理、投诉查处、年度考核、档案管理等制度，对律师在执业活动中遵守职业道德、执业纪律的情况进行监督。"该规定明确规定了律师事务所对律师的管理、监督职责。

另一方面，《律师执业行为规范（试行）》对两者的关系规范进一步细化。该规定第86条明确指出："律师事务所是律师的执业机构。律师事务所对本所执业律师负有教育、管理和监督的职责。"除《律师法》第23条规定的管理和监督职责外，律师事务所应当依法保障律师及其他工作人员的合法权益，为律师执业提供必要的工作条件。同时，律师事务所应当定期组织律师开展时事政治、业务学习，总结交流执业经验，提高律师执业水平。律师事务所有义务对律师、申请律师执业实习人员在业务及职业道德等方面进行管理。

整体来看，律师事务所承担着对律师进行业务管理、教育监督和执业保障的职责，故而在律师事务所与律师之间存在着管理、监督和教育的关系。

## 第五节　律师业务推广规范

律师业务推广是律师扩展业务的有效途径，但律师在业务推广过程中应当遵循相关职业伦理规范，以保证业务推广行为的合法性与合理性，避免对公众的误导或对律师职业形象造成不利影响。

### 一、律师业务推广概述

律师业务推广是律师和律师事务所拓展业务的重要方式，需要遵循相关的伦理规范。在互联网时代，律师业务推广更是出现了多样化的方式和内容。

#### （一）律师业务推广的概念

所谓律师业务推广，一般是指律师和律师事务所通过向社会公众发布法律服务业务相关信息等方式扩展业务的活动。中华全国律师协会 2018 年出台的《律师业务推广行为规则（试行）》第 2 条第 1 款对律师业务推广作出了界定："律师业务推广是指律师、律师事务所为扩大影响、承揽业务、树立品牌，自行或授权他人向社会公众发布法律服务信息的行为。"该定义从行为目的出发作出界定，而非以具体行为形式定义律师业务推广行为。之所以作出该定义，是因为中华律师协会行业规则委员会认为，随着互联网技术的不断发展，律师通过自媒体等方式进行业务推广的新形式或新方法会层出不穷，无法通过具体列举行为的方式进行定义，故而从行为目的角度进行界定更为科学。在该规则中，业务推广的目的包括扩大影响、承揽业务、树立品牌，这与传统的以推广业务为主的目的相比内容更为丰富，也符合当前的律师业务推广状况。目前，律师和律师事务所进行的业务推广形式多样，部分通过博客、微信等方式发表专业文章、生活知识、业务业绩等行为的实质目的在于业务推广，但从内容或形式上看并不直接与承揽业务相挂钩，故而该规则增加了扩大影响和树立品牌作为判断业务推广行为目的的要件，从而将较为间接的业务推广方式包含其中。[1]

同时，需要注意的是，在对业务推广的范围条件界定中，《律师业务推广行为规则（试行）》规定了"向社会公众发布"，该要件是区分业务推广行为和非业务推广行为的

---

[1] 吴晨：《律师业务推广行为规则剖析》，《中国司法》2018 年第 3 期。

重要条件。在判断该公开性要件标准过程中，除了明确的向不特定多数人进行传播，还需要注意的是，部分不具有公开性的传播方式在特定条件下也可能转变成为具有公开性的业务推广方式。例如，微信朋友圈原则上不属于向社会公众发布的传播方式，但若律师大力推广其个人微信号，微信好友人数众多且与其并非熟识，则此时该律师发布在朋友圈中的信息可能会被广泛传播并造成一定影响，可能会被认定为向社会公众发布的信息。[①]

因此，在对律师业务推广进行界定的过程中，需要明确该概念的构成要素：一是以业务推广为目的，包括直接的业务推广和间接的扩大影响、树立品牌；二是向社会公众公布；三是该行为主体为律师和律师事务所。

### （二）律师业务推广方式

律师业务推广主要包括以下方式：其一，发布律师个人广告、律师事务所广告；其二，建立、注册和使用网站、博客、微信公众号、领英等互联网媒介；其三，印制和使用名片、宣传册等具有业务推广性质的书面资料或视听资料；其四，出版书籍、发表文章；其五，举办、参加、资助会议、评比、评选活动；其六，其他可传达至社会公众的业务推广方式。

上述行为方式是《律师业务推广行为规则（试行）》第2条第2款规定的业务推广方式。该规定顺应了信息技术发展的状况，将建立、注册和使用网站、博客、微信公众号、领英等互联网媒体方式列入了律师业务推广方式的界定中。该界定实则将互联网时代通过自媒体方式进行业务推广的方式纳入业务推广范围中。需要注意的是，对互联网媒介的界定仍须以公开性作为基础，也即，向公众公开是构成律师业务推广的必要因素。

同时，需要指出的是，《律师执业行为规范（试行）》在第3章"律师业务推广行为规范"中规定了第21条："律师可以以自己或其任职的律师事务所名义参加各种社会公益活动。"也即，该规范将参加社会公益活动作为律师业务推广的方式之一。然而，在《律师业务推广行为规则（试行）》并未作此规定，这很大程度上是因为应当鼓励律师、律师事务所积极参与社会公益活动，强调律师职业人员的公益服务意识，而非提倡其以业务推广为目的参与社会公益活动。

### 二、律师业务推广的原则与要求

律师业务推广行为需要受到相关规则的约束，以保障律师业务推广的公平性和正当性。《律师业务推广行为规则（试行）》等对律师业务推广的基本原则和具体要求均作出了规范。

---

① 吴晨：《律师业务推广行为规则剖析》，《中国司法》2018年第3期。

### （一）律师业务推广的基本原则

律师业务推广是律师拓展业务的重要方式，但律师业务推广行为应遵守一定的规范，防止出现违法、虚假或片面的业务推广行为。因此，律师业务推广需要遵循基本的原则。《律师执业行为规范（试行）》第16条规定："律师和律师事务所推广律师业务，应当遵守平等、诚信原则，遵守律师职业道德和执业纪律，遵守律师行业公认的行业准则，公平竞争。"该规定强调了平等、诚信原则和公平竞争等基本原则。

《律师业务推广行为规则（试行）》第3条也对业务推广的基本原则作出规范："律师、律师事务所进行业务推广应当遵守法律法规和执业规范，公平和诚实竞争，推广内容应当真实、严谨，推广方式应当得体、适度，不得含有误导性信息，不得损害律师职业尊严和行业形象。"根据该规定，对律师业务推广的原则，可以从三方面进行判断：其一，遵守法律法规和执业规范，公平和诚实竞争；其二，推广内容应当真实、严谨；其三，推广方式应当得体、适度，不得含有误导性信息，不得损害律师职业尊严和行业形象。

### （二）律师业务推广的具体要求

《律师业务推广行为规则（试行）》对律师业务推广的具体要求作出了规定，从而约束律师业务推广行为。

其一，律师个人发布的业务推广信息应当醒目标示律师姓名、律师执业证号、所任职律师事务所名称，也可以包含律师本人的肖像、年龄、性别、学历、学位、执业年限、律师职称、荣誉称号、律师事务所收费标准、联系方式，依法能够向社会提供的法律服务业务范围、专业领域、专业资格等。

其二，律师事务所发布的业务推广信息应当醒目标示律师事务所名称、执业许可证号，也可以包含律师事务所的住所、电话号码、传真号码、电子信箱、网址、公众号等联系方式，以及律师事务所荣誉称号、所属律师协会、所内执业律师、律师事务所收费标准、依法能够向社会提供的法律服务业务范围简介。

其三，律师、律师事务所业务推广信息中载有荣誉称号的，应当载明该荣誉的授予时间和授予机构。

其四，律师、律师事务所可以宣传其专业法律服务领域，但不得自我宣称或暗示其为公认的某一专业领域的专家或专家单位。律师和律师事务所可以在宣传中说明自己的专业服务领域，这是律师职业的专业化发展趋向的体现，但是，如果律师在业务推广中宣称或暗示自己具有"专家""专家单位"等称号，则可能会误导公众和潜在委托人，也会涉嫌不正当竞争。《律师执业行为规范（试行）》第33条规定："律师和律师事务所可以宣传所从事的某一专业法律服务领域，但不得自我声明或暗示其被公认或证明为某一专业领域的权威或专家。"《律师业务推广行为规则（试行）》之所以没再规定"权威"，是因为"权威"比"专家"更进一层，故而规定"专家"可以举轻以明重。对律师和律师事务所专业水平的评价只能由司法行政机关、律师协会和具体类别业务的办理机关或上述机构、团体认可的机构作出，部分所谓评级机构作出的评定不宜被律师和律师事务所在业务推广过程中使用。[①]

其五，律师业务推广行为存在一定的限制行为。这主要包括如下方面：（1）虚假、误导性或夸大性宣传；（2）与登记注册信息不一致；（3）明示或暗示与司法机关、政府机关、社会团体、中介机构及其工作人员有特殊关系；（4）贬低其他律师事务所或律师的；或与其他律师事务所、其他律师之间进行比较宣传；（5）承诺办案结果；（6）宣示胜诉率、赔偿额、标的额等可能使公众对律师、律师事务所产生不合理期望；（7）明示或暗示提供回扣或其他利益；（8）不收费或减低收费（法律援助案件除外）；（9）未经客户许可发布的客户信息；（10）与律师职业不相称的文字、图案、图片和视听资料；（11）在非履行律师协会任职职责的活动中使用律师协会任职的职务；（12）使用中国、中华、全国、外国国家名称等字样，或者未经同意使用国际组织、国家机关、政府组织、行业协会名称；（13）法律、法规、规章、行业规范规定的其他禁止性内容。

其中，"与登记注册信息"不一致的业务推广内容包括律师和律师事务所发布的违规信息，常见情形如实习律师标注为律师身份、对执业年限作出虚假陈述、将律所联盟宣传为律所合营等。该要求意味着律师和律师事务所在业务推广中提供的信息应当与其在司法行政机关、律师协会登记注册的信息一致。同时，"未经客户许可发布的客户信息"既包括尚未公开的信息，也包括已经公开但客户不希望在律师业务推广中发布的信息。也即，此处的客户信息不限于一般意义上的秘密信息。另外，"承诺办案结果"是禁止性的业务推广行为，然而，律师依据专业知识和从业经验对法律服务的结果作出适当预测是正当的执业行为，不受限制，但律师应当提示客户该预测不能被视为对结果的承诺。风险代理收费的安排也不应视为律师事务所对案件结果的承诺。[②]

其六，部分律师业务推广方式在禁止范围内。这主要包括如下方面：（1）采用艺术夸张手段制作、发布业务推广信息；（2）在公共场所粘贴、散发业务推广信息；（3）以电话、信函、短信、电子邮件等方式针对不特定主体进行业务推广；（4）在法院、检察院、看守所、公安机关、监狱、仲裁委员会等场所附近以广告牌、移动广告、电子信息显示牌等形式发布业务推广信息；（5）其他有损律师职业形象和律师行业整体利益的业务推广方式。

其七，律师、律师事务所和互联网平台、大众媒体等第三方媒介合作进行业务推广的，无论该第三方是否向律师、律师事务所收取费用，均应当遵守《律师业务推广行为规则（试行）》。律师、律师事务所应当要求第三方传播媒介向受众明示《律师业务推广行为规则（试行）》第6条、第7条规定的信息。律师、律师事务所不得以支付案件介绍费、律师费收入分成等方式与第三方合作进行业务推广。该要求针对律师和

---

① 吴晨：《规范业务推广行为 树立良好社会形象——解读〈律师业务推广行为规则（试行）〉若干禁止性规定》，《中国律师》2018年第3期。

② 吴晨：《规范业务推广行为 树立良好社会形象——解读〈律师业务推广行为规则（试行）〉若干禁止性规定》，《中国律师》2018年第3期。

律师事务所在互联网媒体上推广律师业务的行为作出了规范。也即,律师、律师事务所需要对其在互联网等媒体空间中发布的内容承担监督管理责任。律师、律师事务所应当要求第三方合作者明示律师和律师事务所的身份信息,不得放任或纵容第三方进行匿名推广。①

### 三、律师广告规范

律师服务广告的发布是律师进行业务推广的重要方式之一,但律师服务广告的发布须严格遵守相关伦理规范。

#### (一)律师广告的主体

律师服务广告是指律师、律师事务所通过广告经营者发布的法律服务信息。律师、律师事务所是律师广告的发布主体。律师广告可以以律师个人名义发布,也可以以律师事务所名义发布。以律师个人名义发布的律师广告应当注明律师个人所任职的执业机构名称,应当载明律师执业证号。需要注意的是,公司律师、公职律师和公职律师事务所不得发布律师服务广告。兼职律师发布律师服务广告应当载明兼职律师身份。

同时,律师、律师事务所具有下列情形之一的,不得发布律师服务广告:(1)未参加年度考核或未通过年度考核的;(2)处于中止会员权利、停止执业或停业整顿处罚期间,以及前述期间届满后未满一年的;(3)受到通报批评、公开谴责未满一年的;(4)其他不得发布广告的情形。

#### (二)律师广告的内容与原则

律师和律师事务所广告的内容应当符合相关规定。律师个人广告的内容,应当限于律师的姓名、肖像、年龄、性别、学历、学位、专业、律师执业许可日期、所任职律师事务所名称、在所任职律师事务所的执业期限;收费标准、联系方法;依法能够向社会提供的法律服务业务范围;执业业绩。律师事务所广告的内容应当限于律师事务所名称、住所、电话号码、传真号码、邮政编码、电子信箱、网址;所属律师协会;所内执业律师及依法能够向社会提供的法律服务业务范围简介;执业业绩。

律师发布广告应当遵守国家法律、法规、规章和相关规范。律师发布广告应当具有可识别性,应当能够使社会公众辨明是律师广告。同时,律师和律师事务所不得以有悖律师使命、有损律师形象的方式制作广告,不得采用一般商业广告的艺术夸张手段制作广告。律师广告中不得出现违反所属律师协会有关律师广告管理规定的内容。

---

① 吴晨:《律师业务推广行为规则剖析》,《中国司法》2018 年第 3 期。

# 本章思考问题

## 一、律师行政处罚和行业处分案例

2019年5月17日，司法部官网发布了2019年5月全国律师行政处罚和行业处分通报，广东、浙江、重庆等7个省和直辖市的11名律师因故意犯罪等案由被公开处罚。部分案例如下。

其一，甘肃律师李某因违规披露案件信息被处停止执业3个月。2018年7月，李某接受石某家属委托，作为石某涉嫌聚众斗殴罪侦查阶段的辩护人，其执业机构与石某家属订立了法律服务合同，并收取律师服务费。合同签订当日，李某前往看守所第一次会见了犯罪嫌疑人石某。7月底8月初，李某接到朋友的电话，为他人的刑事案件提供法律咨询，咨询现场还有公安机关未抓捕到案的嫌疑人史某、卢某、周某等人。在接受咨询的过程中，李某向现场人员披露、散布在会见过程中获悉的有关案件信息。

其二，部分律师因私自接受委托、收取费用被处停止执业数月。律师朱某在律所签订了《委托代理合同》指派后，委托人把律师费打到律师私人账户，没有及时入律所账户，开具增值税发票；律师靳某以个人名义私自接受案件委托，没有经所在律所与委托人统一签订委托合同；律师陈某受案没有签订委托合同，以请托法官为名，私自收取委托人2万元费用，并且无正当理由未按时出庭参加诉讼；律师高某进收取律师费后，未在律所作统一收案登记，也未缴入律师费。

其三，云南律师许某因犯危险驾驶罪和妨碍公务罪被吊销律师执业证书。许某醉酒后驾驶车辆在道路上行驶，先后撞向停在红绿灯路口正常等候交通信号灯放行的3部轿车，造成三车不同程度损坏的交通事故，发生交通事故后逃离现场。在大理市公安局民警对其进行追堵、检查时，以暴力威胁方法阻碍执行，其行为已构成危险驾驶罪和妨害公务罪。

其四，浙江律师周某因伪造证据材料，妨碍、干扰诉讼活动被处停止执业十个月。2013年9月，周某为了帮助被告胜诉，伪造证据材料提交给法院并提起反诉。2016年9月20日，公安机关对周某参与伪造证据进行调查，并于2017年11月7日对其涉嫌妨害作证予以刑事拘留，后转取保。2018年12月13日，检察机关对周某作出不起诉决定。

请结合上述案例，分析律师的职业伦理。

## 二、律所发文介绍在校大学生涉性侵案如何"成功不起诉"

2020年4月28日，广东省某律师事务所在其官方微信公众平台发表了一篇题为"不予起诉 | 法制盛邦余海亮律师为一起在校大学生性侵女同学案件成功辩护"的文章，详细叙述了在一起大学生涉嫌强奸醉酒女生案例中，该所律师介入后如何做到"成功不起诉"。该文称，经过律师和团队"五个月以来不断的努力，卓有成

效的辩护……广州市某区人民检察院对陈某某涉嫌强奸同校女生一案作出不起诉决定，为一名迷途中的大学生保留了重返大学校园继续学业、改过自新的机会。"该文刊发后，对涉嫌强奸的陈某某作出不起诉决定是否恰当、律师撰文是否有宣扬帮助犯罪嫌疑人脱罪之嫌、律所公众号刊发该文是否合适等问题引发探讨。4月30日，该微信公众号文章已被删除。陈某某辩护律师余某对记者表示，"作为律师，依法依规维护当事人，我们所有的东西都是非常规范的。"余某同时也是该文作者之一。他指出，发表这篇文章是律所审核同意的，"我们是很善良的律师，我们是很善意的"。有学者强调："律师将自己的办案过程的经验、教训进行总结和归纳无可厚非，但是如果简单地沾沾自喜于'死刑改保命、重刑改轻刑、有罪改无罪'的追求和评价，难免在社会范围内会造成偏差和误导，如果简单地以此为美、以此为荣、以此为傲，那就更容易给法律职业共同体的塑造带来更大的危机。"律师办案时，除了应该考虑当事人的评价、保障当事人权利之外，还应考虑和兼顾法律职业伦理的评价、社会公平正义的评价，"这几个评价体系和标准之间是有内在冲突的，如何实现它们之间的平衡，考验着我们法律人的职业水准和社会良知，绝不可单纯以'成功办案'作为成功律师或优秀法律人的评价标准"。①

请结合律师业务推广规范，对该案例作出评析。

---

① 王春、王剑强、郭懿萌：《律所发文介绍在校大学生涉性侵案如何"成功不起诉"学者：非优秀法律人的评价标准》，https://www.sohu.com/a/392371536_116237，访问日期：2021年4月26日。

# 第六章 公证员职业伦理

作为法律职业群体的重要组成部分，公证员从事非诉讼证明活动，是典型的法律职业人员。我国《公证法》《公证员职业道德基本准则》对公证员职业伦理作出了具体规范，这尤其体现在公证员与当事人的关系及公证员内部关系的处理的行为规范上。

# 第一节　公证员职业伦理概述

公证员是法律职业群体的组成人员，其提供的公证服务是公共法律服务的重要组成部分。与其他法律职业相一致，公证员须遵循一定的任职条件，在履行职责的同时享有职业保障权利，并须遵循相关职业伦理规范。

## 一、公证员职业

公证是非诉讼性质的证明制度，构成公共法律服务的重要组成部分。与法官、律师等法律职业相同，公证员职业构成法律职业共同体的一部分，是从事公证服务的执业人员。

### （一）公证与公证员

公证是公共法律服务的重要组成部分，2019 年习近平总书记在中央政法工作会议上指出，应深化公共法律服务体系建设，加快整合律师、公证、司法鉴定、仲裁、司法所、人民调解等法律服务资源，尽快建成覆盖全业务、全时空的法律服务网络。[1]自 1979 年公证制度恢复、1982 年国务院发布《中华人民共和国公证暂行条例》以来，我国公证事业取得了较大发展。我国《公证法》第 2 条对公证的概念作出了界定："公证是公证机构根据自然人、法人或其他组织的申请，依照法定程序对民事法律行为、有法律意义的事实和文书的真实性、合法性予以证明的活动。"从该概念可知，公证是由特定的机构或人员所开展的证明活动，并且该证明活动依据当事人申请和法律规定的程序启动。公证的对象是民事法律行为、具有法律意义的事实和文书，内容则为公证对象的真实性和合法性。作为预防性司法证明制度，公证制度能够在一定程度上发挥保证法律正确实施、减少诉讼数量、预防社会纠纷、节约司法资源、满足人民群众对多元法律服务的需求等作用。[2]

公证员是指符合相关法律规定，在公证机构从事公证业务的执业人员。《公证法》第 16 条规定："公证员是符合本法规定的条件，在公证机构从事公证业务的执业人员。"《公证员职业管理办法》第 2 条规定："公证员是符合《公证法》规定的条件，经法定任职程序，取得公证员执业证书，在公证机构从事公证业务的执业人员。"作为法律职业共同体的一员，公证员职业是依法独立行使公证职能、具备相关职业资格和职业技能的职业类别。公证员职业具有法定性，其职业资格获得或相关执业活动须严格依据法定程序和规则；公证员职业具有专业性，必须具备法律专业知识和从事公证工作的专业技能；公证员职业具有独立性，受法律保护，并且该职业具有稳定性。[3]

---

① 《习近平出席中央政法工作会议并发表重要讲话》，《旗帜》2019 年第 2 期。
② 马长山：《法律职业伦理》，人民出版社 2020 年版，第 255 页。
③ 周兰领：《公证员职业化建设研究》，《中国公证》2013 年第 4 期。

### （二）公证员的任职条件

我国《公证法》对公证员的任职条件作出了明确规定。该法第18条规定了担任公证员应当符合的条件："担任公证员，应当具备下列条件：（一）具有中华人民共和国国籍；（二）年龄二十五周岁以上六十五周岁以下；（三）公道正派，遵纪守法，品行良好；（四）通过国家统一法律职业资格考试取得法律职业资格；（五）在公证机构实习二年以上或具有三年以上其他法律职业经历并在公证机构实习一年以上，经考核合格。"根据该任职条件可知，我国对公证员的任职条件主要规定了国籍、年龄、品行、法律职业资格和实习经历要求。与法官、检察官任职条件不同的是，公证员的年龄规定在了25周岁至65周岁以内，作出了明确的年龄限制。虽然公证员的任职条件中没有关于学历的要求，但该任职条件规定了需要通过国家统一法律职业资格考试取得法律职业资格，而《国家统一法律职业资格考试实施办法》明确规定了参与该考试的资格条件包括"具备全日制普通高等学校法学类本科学历并获得学士及以上学位；全日制普通高等学校非法学类本科及以上学历，并获得法律硕士、法学硕士及以上学位；全日制普通高等学校非法学类本科及以上学历并获得相应学位且从事法律工作满三年"，故而该法律职业资格条件已经对学历要件作出了一定要求。

同时，《公证法》第19条规定："从事法学教学、研究工作，具有高级职称的人员，或者具有本科以上学历，从事审判、检察、法制工作、法律服务满十年的公务员、律师，已经离开原工作岗位，经考核合格的，可以担任公证员。"根据该规定，从事法学教学、研究工作并具有高级职称的人员，或者具有本科以上学历、从事法律工作满十年的公务员和律师经考核合格的，可以担任公证员。该规定与第18条的规定相并列，意味着符合该条件的人员不需按照第18条的规定，而是按照该规定获得担任公证员的资格。之所以做此强调，可与本书第一章关于我国法律职业的界定相呼应，从事法学教学、研究工作并具有高级职称的人员并不必须具有法律职业资格证书，但是其可根据第19条的规定担任公证员。

《公证法》第20条对不得担任公证员的情形作出了规定："有下列情形之一的，不得担任公证员：（一）无民事行为能力或限制民事行为能力的；（二）因故意犯罪或职务过失犯罪受过刑事处罚的；（三）被开除公职的；（四）被吊销公证员、律师执业证书的。"该条规定对不得担任公证员的情形作出了明确规范，与其他法律职业的禁止性规定较一致。需要指出的是，鉴于《公证法》于2017年进行了最新修订，而《法官法》《检察官法》于2019年作出修订，故而《法官法》《检察官法》中除规定了被吊销公证员、律师职业证书外，还规定了被仲裁委员会除名的情形，从而符合终身禁止从事法律职业制度的要求。目前我国《公证法》并未规定被仲裁委员会除名之情形，但在该法未来修改中，结合终身禁止从事法律职业制度的发展来看，增加该规定是必然趋势。

### （三）公证员的权利和义务

《公证法》对公证员的权利和义务作出了明确规定。《公证法》第22条第2款规定：

"公证员有权获得劳动报酬，享受保险和福利待遇；有权提出辞职、申诉或控告；非因法定事由和非经法定程序，不被免职或处罚。"该规定对公证员的职业保障作出规范。第 23 条则规定了公证员不得从事的行为："公证员不得有下列行为：（一）同时在二个以上公证机构执业；（二）从事有报酬的其他职业；（三）为本人及近亲属办理公证或办理与本人及近亲属有利害关系的公证；（四）私自出具公证书；（五）为不真实、不合法的事项出具公证书；（六）侵占、挪用公证费或侵占、盗窃公证专用物品；（七）毁损、篡改公证文书或公证档案；（八）泄露在执业活动中知悉的国家秘密、商业秘密或个人隐私；（九）法律、法规、国务院司法行政部门规定禁止的其他行为。"

## 二、公证员职业伦理的概念和基本要求

所谓公证员职业伦理，或称公证伦理，是指在公证活动之中，公证员在执业活动和思想认识方面应当遵循的行为规范和基本准则。[①]需要注意的是，一方面，公证伦理的适用对象不仅包括公证员，还包括公证员助理和在公证机构工作的其他人员。《公证员职业道德基本准则》第 27 条明确规定："公证员助理和公证机构其他工作人员，参照执行本准则的有关规定。"另一方面，就公证员职业伦理的内容来看，既包括对公证员的执业行为和活动的规范，也包括对公证员的职业素养、思想认知等的指引和规范。

《公证法》第 22 条第 1 款明确强调了公证员应当遵循职业伦理："公证员应当遵纪守法，恪守职业道德，依法履行公证职责，保守执业秘密。"该规定是对公证伦理的一般规定。除此之外，《公证法》第 3 条还对公证机构作出了要求："公证机构办理公证，应当遵守法律，坚持客观、公正的原则。"《公证法》第 23 条规定的公证员不得为的行为规范，一定程度上也对公证员的职业伦理作出约束。

中国公证员协会制定的《公证员职业道德基本准则》是具有行业自律性质的道德规范文件，对公证员的职业伦理作出了较为详尽的规定。该准则通过 4 个部分对公证员的职业伦理作出规范。其一，忠于法律，尽职履责。该准则第 1 条至第 6 条对公证员的政治信仰、客观公正、回避制度和保密义务等作出了规范，要求公证员自觉践行社会主义法治理念，恪守客观公正原则，做到以事实为依据，以法律为准绳。其二，爱岗敬业，规范服务。第 7 条至第 13 条要求公证员珍惜职业荣誉，恪尽职守，遵循平等、中立等规则，注重工作质量与效率，并注重礼仪规范和公证权威的维护。其三，加强修养，提高素质。第 14 条至第 19 条规定公证员应当倡导良好的社会风尚，具有良好的个人修养和品行，忠于职守，不断提升自身的业务能力和职业素养，树立终身学习理念。其四，廉洁自律，尊重同行。第 20 条至第 25 条规定公证员应当树立廉洁自律意识，妥善处理个人事务，与同行保持良好的合作关系，不得以不正当方式对其他公证员正在办理的公证事项作出干预或影响，也不得从事不正当竞争行为。作为行业自律性质的道德规范文件，该规范对指引和约束公证员的公证行为提供了依据。

---

① 李本森：《法律职业伦理》，北京大学出版社 2017 年版，第 210 页。

# 第二节 公证员职业伦理的具体内容

结合《公证法》和《公证员职业道德基本准则》的规定，我国对公证员职业伦理的规范，主要体现在对公证员从事公证活动及其行为的调整方面，即公证员在公证活动中与当事人、同行等不同主体之间的关系的约束和行为指引上。因此，对公证员职业伦理具体内容的探讨，可从公证员与相关主体的关系的规范来探讨，本节主要对公证员与当事人的关系和公证员与同行之间的关系作出分析。

## 一、公证员与当事人的关系规范

公证员与当事人的关系之处理，是保证公证服务质量和公证职业发展的关键内容。公证员根据自然人、法人或其他组织的申请，为当事人提供法律、行政法规规定的由公证机构登记的事务，如提存，保管遗嘱、遗产或其他与公证事项相关的财产、物品和文书，代写与公证事项有关的法律事务文书，提供公证法律咨询。在公证员从事上述职业行为时，须妥善处理好与当事人之间的关系，从而维护公证行为的合法性和权威性。因此，公证员应遵循相关伦理规范，如保密义务、回避规则、告知义务、礼仪规范和廉洁规范等。

### （一）保密义务

保密义务是法律职业人员普遍需要遵循的职业伦理规范，公证员亦不例外。《公证法》第22条第1款明确规定公证员应当"保守执业秘密"，第23条规定公证员不得"泄露在执业活动中知悉的国家秘密、商业秘密或个人隐私"，通过法律的方式对公证员的保密义务作出规范。《公证员职业道德基本准则》第5条规定："公证员应当自觉履行执业保密义务，不得泄露在执业中知悉的国家秘密、商业秘密或个人隐私，更不得利用知悉的秘密为自己或他人谋取利益。"公证员的保密义务范围包括在执业中知悉的国家秘密、商业秘密和个人隐私，该义务与律师等法律职业的规定相一致。保密义务旨在保障国家利益、商业利益当事人的合法权益不受侵犯，妥善保护当事人的隐私权。

### （二）回避规则

回避规则旨在保证公证员的客观、中立性，排除对公证活动开展可能造成影响的干扰因素或利害关系，保证公证结果的公正、客观。《公证法》第23条规定，公证员不得"为本人及近亲属办理公证或办理与本人及近亲属有利害关系的公证"，《公证员职业道德基本准则》第4条规定："公证员应当自觉遵守法定回避制度，不得为本人及近亲属办理公证或办理与本人及近亲属有利害关系的公证。"因此，回避制度是公证员需要遵循的伦理规范，回避的范围为涉及本人及近亲属或与本人及近亲属有利害关系的公证。

### （三）告知义务

告知义务是指公证员在职业活动中需要对当事人履行告知、说明的义务，从而保障当事人的知情权，并且在违反该义务时需要承担一定后果。《公证员职业道德基本准则》第8条明确规定："公证员在履行职责时，应当告知当事人、代理人和参与人的权利和义务，并就权利和义务的真实意思和可能产生的法律后果做出明确解释，避免形式上的简单告知。"根据该规定，公证员须告知当事人、代理人和参与人其权利和义务，并就相关内容及法律后果作出解释，从而确保当事人及有关人员在正确理解相关内容的基础上作出意思表示。

### （四）礼仪规范

公证员在与当事人接触过程中，应当遵守相关礼仪规范，从而维护公证员职业的形象和权威。《公证员职业道德基本准则》第11条规定："公证员应当注重礼仪，做到着装规范、举止文明，维护职业形象。现场宣读公证词时，应当语言规范、吐字清晰，避免使用可能引起他人反感的语言表达方式。"公证员的言行举止代表着公证行业的形象，一定程度上也反映了法律职业的形象，故而公证员应当注重礼仪，以强化公证职业的规范性和职业性，提升公证职业的整体形象。

### （五）廉洁规范

廉洁规范是法律职业人员应当遵守的基本规范，公证员亦应如此。《公证员职业道德基本准则》第20条规定："公证员应当树立廉洁自律意识，遵守职业道德和执业纪律，不得从事有报酬的其他职业和与公证员职务、身份不相符的活动。"第21条规定："公证员应当妥善处理个人事务，不得利用公证员的身份和职务为自己、亲属或他人谋取利益。"第22条规定："公证员不得索取或接受当事人及其代理人、利害关系人的答谢款待、馈赠财物或其他利益。"这些规定意味着，公证员在执业活动中应清正廉洁，不得从事与其身份、地位不相符的活动，也不能因其职务或身份谋取利益。公证事务往往涉及财产权益或经济利益，存在着大量的利益诱惑，容易出现滥用证明权的风险，故而公证员应当增强清正廉洁的品质，以维护公证活动的合法性和公正性。[①]

## 二、公证员职业群体内部的关系规范

在公证员群体内部，也即公证员同行之间，亦应遵循相应的职业伦理规范，从而形成公平的公证服务竞争关系。这体现在公平竞争、同业互助，相互尊重和独立，相互监督、维护公证的权威性等方面。

### （一）公平竞争，同业互助

保持良好的合作关系，实现同业互动是公证员群体内部应当遵循的伦理规范。《公

---

① 马长山:《法律职业伦理》，人民出版社2020年版，第268页。

证法》第 23 条明确规定："公证员应当相互尊重，与同行保持良好的合作关系，公平竞争，同业互助，共谋发展。"该规定要求公证员应当与同行保持良好的合作关系，实现共同的发展。公证工作对专业性和技术性要求较高，公证员在执业活动中可能会面临困难，此时则需要加强公证员之间的协作，以保障公证结果的质量。同时，公证员之间不得进行不正当竞争，《公证员职业道德基本准则》第 25 条规定："公证员不得从事以下不正当竞争行为：（一）利用媒体或其他手段炫耀自己，贬损他人，排斥同行，为自己招揽业务；（二）以支付介绍费、给予回扣、许诺提供利益等方式承揽业务；（三）利用与行政机关、社会团体的特殊关系进行业务垄断；（四）其他不正当竞争行为。"

### （二）相互尊重和独立

在公证活动中，公证员之间应当相互尊重和独立，避免对他人的影响和干涉。该独立性是法律职业的普遍要求，也是公证活动的必要内容。《公证员职业道德基本准则》第 13 条规定："公证员不得利用媒体或采用其他方式，对正在办理或已办结的公证事项发表不当评论，更不得发表有损公证严肃性和权威性的言论。"第 24 条明确规定："公证员不得以不正当方式或途径对其他公证员正在办理的公证事项进行干预或施加影响。"作为非诉讼证明活动，公证承担着部分事实的认证和纠纷预防的职责，需要保持其客观、公正，而不当干预或影响显然会损害公证活动的客观性和中立性，对该公证结果和公证职业发展造成不利影响。

### （三）相互监督，维护公证的权威性

维护公证的权威性和严肃性是公证员群体共同的伦理要求。《公证员职业道德基本准则》第 12 条规定："公证员如果发现已生效的公证文书存在问题或其他公证员有违法、违规行为，应当及时向有关部门反映。"第 17 条规定："公证员应当热爱集体，团结协作，相互支持、相互配合、相互监督，共同营造健康、有序、和谐的工作环境。"公证活动的权威性需要公证员群体中的每个人进行维护，故而公证员应具有较高的职业责任感，并通过对相关公证结果或程序的监督，共同捍卫公证职业的形象。这既是对公证结果负责的体现，也是对该职业权威性负责的要求。

## 本章思考问题

### 一、"以房养老"与"公证乱象"

"以房养老"等骗局曾将公证机关推向舆论的风口浪尖。在该类骗局中，老人与非亲非故的人签订一系列合同、公证文书，放弃所有的抗辩权利，在无法支付相关费用的情况下委托"债主"卖方。该类情形有悖于常理，却得到了公证机构的公证。2017 年，北京市方正公证处因涉嫌该类案件被停业整顿。

北京市海淀区人民法院在 2017 年召开了"不予执行公证债权文书典型案例"通

报会，指出法院裁定对接近四成的公证债权文书不予执行。例如，北京市张先生的身份证被其妻子冒用，以两人的名义办了《借款合同》公证，债权人依据公证书要求法院执行。法院认定公证时张先生的身份材料存在瑕疵，公证员未能对当事人的身份进行审查，甚至在作为债务人之一的张先生的妻子死亡后，仍然违法出具执行证书，故而裁定不予执行。在现实中，个别公证机构或公证人员粗心马虎，将自己的职业混同于普通的"收费服务"，甚至有个别公证人员故意不仔细核实当事人的身份、不向当事人披露公证行为的法律后果，只进行所谓的"形式审查"。有报道指出："公证服务是一项收费服务，但不是一门生意，也是以国家的信誉作为保证的。公证行为必须坚持对法律、对事实负责，对当事人负责，坚持合法性真实性的底线。否则，滥下公证书，是在绑架司法公信，也把国家信誉搭进去了。"[①]

请结合上述材料，探讨公证员应当遵循的职业伦理规范。

---

① 沈彬：《别让公证乱象绑架了国家司法公信》，https://www.sohu.com/a/167193704_616821，访问日期：2021年4月12日。

第 七 章

# 仲裁员职业伦理

作为非诉讼纠纷解决机制的代表，仲裁具有经济高效、自愿性等特点。仲裁员是法律职业群体的重要组成人员，受《仲裁法》和各仲裁委员会发布的仲裁员守则约束，须遵循公正规范、独立规则、保密义务等职业伦理规范。其职业伦理要求在符合法律职业伦理基本要求的同时，又具有一定的特色。

# 第一节　仲裁员职业伦理概述

仲裁员是符合相应资格、受仲裁机构聘任并对具体案件作出裁决的法律职业人员。尽管我国没有统一的仲裁员职业伦理规范，但各仲裁委员会的仲裁员守则作出了具体规范。

## 一、仲裁员制度

仲裁是非诉讼纠纷解决机制的一种，具有经济高效、自愿性等特点。作为法律职业群体的组成部分，仲裁员是符合相关任职资格，对具体案件进行裁决的人。

### （一）仲裁与仲裁员

根据《现代汉语词典》，仲裁通常是指争议双方同意的第三者对争议事项作出决定，如国际仲裁、海事仲裁或劳动仲裁等。[1]作为非诉讼纠纷解决机制的一种，仲裁是指发生争议的当事人，根据其在争议发生之前或发生之后所达成的协议，自愿将其争议提交给中立的第三方进行裁判的纠纷解决方式。仲裁以双方当事人的自愿协商为基础，由当事人自愿选择中立的第三者进行裁判，并且该裁决对双方当事人具有法律约束力。[2]

相较于诉讼等纠纷解决方式，仲裁具有高度的自主性。《仲裁法》第4条规定："当事人采用仲裁方式解决纠纷，应当双方自愿，达成仲裁协议。"当事人双方可就仲裁机构的选择、提交仲裁的争议范围、是否和解等作出约定，具有较大的自主性。同时，仲裁具有经济高效的特点，实行一裁终局制度。《仲裁法》第9条第1款规定："仲裁实行一裁终局的制度。裁决作出后，当事人就同一纠纷再申请仲裁或向人民法院起诉的，仲裁委员会或人民法院不予受理。"一裁终局制度很大程度上节省了纠纷解决的成本和时间，能够促进纠纷的高效解决。另外，仲裁具有保密性。与司法公开的基本原则不同，仲裁往往不公开进行。《仲裁法》第40条规定："仲裁不公开进行。当事人协议公开的，可以公开进行，但涉及国家秘密的除外。"之所以不公开进行，在于保护当事人的商业秘密，以及促进当事人在解决争议的同时保护商业信誉。[3]

仲裁员在仲裁过程中处于核心地位。我国《仲裁法》并未对仲裁员的定义作出明确界定。就仲裁员的概念而言，广义上是指符合法定的任职资格、被仲裁机构聘任并被列入仲裁员名册的人员；狭义的仲裁员是指被当事人选定或被依法指定，对具体案件进行审理并且作出裁决的人员。[4]本书所指的仲裁员，是指广义上的仲裁员，也即对仲裁员这一职业群体的职业伦理作出探讨。

---

[1] 中国社会科学院语言研究所词典编辑室编：《现代汉语词典》，商务印书馆2012年版，第1690页。
[2] 江伟：《仲裁法》，中国人民大学出版社2009年版，第12页。
[3] 马长山：《法律职业伦理》，人民出版社2020年版，第296~297页。
[4] 许身健：《法律职业伦理》，中国政法大学出版社2019年版，第25页。

### （二）仲裁员的任职资格

我国《仲裁法》第 13 条对仲裁员的任职资格作出了明确规定："仲裁委员会应当从公道正派的人员中聘任仲裁员。仲裁员应当符合下列条件之一：（一）通过国家统一法律职业资格考试取得法律职业资格，从事仲裁工作满八年的；（二）从事律师工作满八年的；（三）曾任法官满八年的；（四）从事法律研究、教学工作并具有高级职称的；（五）具有法律知识、从事经济贸易等专业工作并具有高级职称或具有同等专业水平的。"根据该规定可知，仲裁员的任职资格体现在两方面：一是道德条件，即公道正派，该规定体现了对仲裁员的道德素养的要求，该道德素养既包括一般的公共道德素养，也包括职业伦理素养；二是专业条件，即需要满足 5 项条件中的一项，这 5 项条件基本都规定了从事法律工作或法律研究工作年限或职称的要求。

## 二、仲裁员职业伦理的概念与基本要求

所谓仲裁员职业伦理，即仲裁员在长期的仲裁实践过程中所形成的职业认知和行为规范，以及由这些职业认知和行为规范所逐渐演变成的仲裁职业的道德规范和伦理要求。我国目前关于仲裁员的职业伦理规范主要体现在各仲裁委员会制定的相关规范之中，如《中国国际经济贸易仲裁委员会仲裁员守则》《北京仲裁委员会仲裁员守则》《上海仲裁委员会仲裁员守则》《珠海仲裁委员会仲裁员守则》等。这些仲裁委员会的相关规则中涉及部分仲裁员职业伦理内容。然而，我国并未形成专门的、全国适用的仲裁员职业伦理规范。我国《仲裁法》第 15 条第 2 款规定："中国仲裁协会是社会团体法人。仲裁委员会是中国仲裁协会的会员。中国仲裁协会的章程由全国会员大会制定。中国仲裁协会是仲裁委员会的自律性组织，根据章程对仲裁委员会及其组成人员、仲裁员的违纪行为进行监督。中国仲裁协会依照本法和民事诉讼法的有关规定制定仲裁规则。"目前中国仲裁协会并未形成统一适用的仲裁员职业伦理规范，但部分学者强调应由其制定全国性的仲裁员职业伦理规范。在我国台湾地区，仲裁员伦理规范既包括各专业性的仲裁协会制定的仲裁员职业伦理规范，也包括我国台湾地区仲裁协会制定的"仲裁人伦理规范"。[①]

我国《仲裁法》强调保证公正及时地仲裁经济纠纷，保护当事人的合法权益，保障社会主义市场经济健康发展，指出了仲裁的基本功能和制度要求。各仲裁委员会发布的仲裁员守则对仲裁员的职业伦理作出了具体规范。例如，《中国国际经济贸易仲裁委员会仲裁员守则》规定仲裁员应当"根据事实，依照法律，参考国际惯例，并遵循公平合理原则独立公正地审理案件"，并对平等规范、中立规范、保密义务等作出具体规定。《北京仲裁委员会仲裁员守则》第 2 条明确指出："仲裁员应当公正、公平、勤勉、高效地为当事人解决争议。"同时，该守则对诚实信用、披露义务、平等规则、独立性、保密义务、廉洁规范等作出规定。《上海仲裁委员会仲裁员守则》对公平合理原则、回避规则、保密义务、平等规则等作出规定，强调仲裁员应当努力学习仲裁法律知识，掌

---

① 许身健：《法律职业伦理》，中国政法大学出版社 2019 年版，第 25 页。

握仲裁程序和庭审方法，努力提高专业办案能力。

# 第二节　仲裁员职业伦理的具体内容

虽然我国并未形成全国性的仲裁员职业伦理规范，但各仲裁委员会的仲裁员守则在很大程度上具有相似性。依据《仲裁法》和各仲裁委员会的仲裁员守则，可以发现我国仲裁员职业伦理规范主要体现为公正规范、诚实信用、独立性、保密义务等方面。

## 一、公正规范

所谓公正规范，即仲裁员应公平开展仲裁程序，保持中立地位，并平等对待当事人，保障案件的公正裁决。与法官职业伦理中的公正规范相似，在仲裁员职业伦理中，公正规范的实现也通过具体的伦理规则实现，如平等、回避制度等。

仲裁员应遵守公正规范，保证仲裁结果的公正性，在仲裁中保持中立。《中国国际经济贸易仲裁委员会仲裁员守则》第1条规定："仲裁员应当根据事实，依照法律，参考国际惯例，并遵循公平合理原则独立公正地审理案件。"该守则第2条规定："仲裁员不代表任何一方当事人，应当平等地对待双方当事人。"《仲裁法》第1条明确提出了"保证公正及时地仲裁经济纠纷"。《北京仲裁委员会仲裁员守则》第2条指出："仲裁员应当公正、公平、勤勉、高效地为当事人解决争议。"第6条规定："仲裁员在仲裁过程中应平等、公允地对待双方当事人，避免使人产生不公或偏袒印象的言行。仲裁员对当事人、代理人、证人、鉴定人等其他仲裁参与人应当耐心有礼，言行得体，避免失当。"《上海仲裁委员会仲裁员守则》第4条规定："仲裁员应当根据案件事实，符合法律规定，遵循公平合理原则，凭籍仲裁员的良知和社会责任心公正及时地仲裁案件，不偏袒任何一方当事人。"《珠海仲裁委员会仲裁员守则》第3条规定："仲裁员在履行职责期间应当完全保持独立，公正、平等对待双方当事人，不得偏袒任何一方当事人，不得作为任何一方代理人行事。"通过保障仲裁员的中立地位和对当事人的平等对待，从而保障仲裁程序和结果的公正，是仲裁员应遵循的基本伦理要求。之所以如此规范仲裁员的行为，在于仲裁员在仲裁程序中的作用在于依据事实和法律作出合理裁决，故而其应当处于中立、公正的地位，平等对待双方当事人。

为保障仲裁的公正性，回避规则是仲裁员应当遵循的伦理规范。我国《仲裁法》第34条对仲裁员的回避作出了明确规定："仲裁员有下列情形之一的，必须回避，当事人也有权提出回避申请：（一）是本案当事人或当事人、代理人的近亲属；（二）与本案有利害关系；（三）与本案当事人、代理人有其他关系，可能影响公正仲裁的；（四）私自会见当事人、代理人，或者接受当事人、代理人的请客送礼的。"该回避规则对可以回避的情形作出了规定，各仲裁委员会则在该规定基础上对可能影响公正仲裁的"其他关系"作出了进一步规范。例如，《珠海仲裁委员会仲裁员守则》第6条规定："前款第（三）项'其他关系'系指：（一）与当事人、代理人在同一单位工作的或曾在同一单位工作且离开不满 2 年的;(二)担任或二年内曾担任任何一方当事人法律顾问的;(三)为本案提供过咨询的;(四)为本案当事人推荐、介绍代理人的;(五)担任过本案或与本案有关的案件的证人、鉴定人、勘验人、辩护人、诉讼代理人的;(六)其他可能影响公正仲裁的事项。"该守则对其他关系的具体情形作出了列举,并通过兜底条款进一步为回避规则的适用提供空间。又如,《中国国际经济贸易仲裁委员会仲裁员守则》第 3 条规定:"仲裁员名册中的任何人事先与一方当事人讨论过案件的,或提出过咨询意见的,不得担任该案仲裁员。"

## 二、诚实信用,勤勉尽责

遵守诚实信用规范,勤勉尽责进行仲裁是各仲裁委员会对仲裁员的基本伦理要求。仲裁员应当切实履行应尽职责,按照相关法律规定和行为守则履行职责,并遵守诚实信用之规范,确保具有参与仲裁之条件。《北京仲裁委员会仲裁员守则》第 3 条规定,仲裁员应当诚实信用,只有确信自己具备相应条件,方可接受当事人的选定或北京仲裁委员会主任的指定:其一,能够不偏袒地履行职责;其二,具有解决案件所需的知识、经验和能力;其三,能够付出相应的时间和精力,并按照相关仲裁规则要求的期限审理案件;其四,参与审理且尚未审结的案件不满 10 件。该规定对遵守诚实信用规则的具体情形作出了明确规定。《珠海仲裁委员会仲裁员守则》第 5 条规定:"仲裁员在接受当事人选定或仲裁委员会主任指定时,应签署声明,说明其独立与公正在任何情况下都不容置疑,并保证安排时间,认真、勤勉、高效地解决案件争议。"

勤勉规则在各仲裁委员会仲裁员守则中均有体现。《北京仲裁委员会仲裁员守则》第 2 条规定仲裁员应当"勤勉、高效地为当事人解决争议",第 10 条规定:"仲裁员应认真勤勉地履行自己的全部职责,在规定的期限内尽可能迅速审结案件。"《珠海仲裁委员会仲裁员守则》同样在第 2 条中规定了仲裁员应当"勤勉、高效地审理案件"。《上海仲裁委员会仲裁员守则》第 3 条规定:"仲裁员应当努力学习仲裁法律知识,认真参加培训,掌握仲裁程序及庭审方法,努力提高专业办案能力。"第 7 条规定:"仲裁员接受案件后,应当妥善安排时间,认真参加开庭、评议等各项仲裁活动,不得无故迟到、早退、缺席,切实履行仲裁员职责。"通过勤勉尽责处理当事人的争议、不断提升专业办案能力,以保障纠纷的公正、高效解决,是仲裁员应遵循的基本伦理要求。

## 三、独立规范

独立规范是法律职业群体需要遵循的基本规范,仲裁员亦不例外。为保障仲裁程序和结果的公正,仲裁员的独立性应当得到保障,其执业行为不受干扰或影响。《仲裁法》第 8 条明确规定:"仲裁依法独立进行,不受行政机关、社会团体和个人的干涉。"该规定与法院独立行使审判权、检察院独立行使检察权的规定具有一致性,通过列举方式规定仲裁不受行政机关、社会团体和个人的干涉。《北京仲裁委员会仲裁员守则》第 14 条规定:"仲裁员应当独立地审理案件,不因任何私利、外界压力而影响裁决的公正性。"《珠海仲裁委员会仲裁员守则》第 2 条规定仲裁员应当独立审理案件，第 3 条规定"仲裁员在履行职责期间应当完全保持独立"。

保障仲裁员的独立性，是促进纠纷公正解决的必然要求，该规范的工具性价值在法律职业中具有代表性。只有保障仲裁员的独立，才能使得其在不受干扰的情况下依法作出合理公正的仲裁结果，真正发挥仲裁的作用。

### 四、保密义务

保密义务是仲裁员需要遵循的伦理规范。仲裁原则上不公开进行，当事人协议公开的可以公开进行，但涉及国家秘密的除外。仲裁员对于仲裁程序中所获知的国家秘密、商业秘密或个人隐私应当保密，并且应对不公开的仲裁实体问题和程序状况保密。同时，在案件仲裁期间和结案后，不应违反规定透露相关状况。

各仲裁委员会的仲裁员守则均对保密义务作出了明确规定。《中国国际经济贸易仲裁委员会仲裁员守则》第 13 条规定："仲裁员应当严格保守仲裁秘密，不得向外界透露任何有关案件实体和程序上的情况，包括案情、审理过程、仲裁庭合议等情况；亦不得向当事人透露尤其是本人的看法和仲裁庭合议的情况。"《北京仲裁委员会仲裁员守则》第 12 条规定："仲裁员应忠实履行保密义务，不得向当事人或外界透露本人的看法和仲裁庭合议的情况，对涉及仲裁程序、仲裁裁决、当事人的商业秘密等所有相关问题均应保守秘密。"《上海仲裁委员会仲裁员守则》第 9 条规定："仲裁员应当严格保守仲裁秘密。在案件审理期间和结案后，均不得对外界透露案件的仲裁情况，包括案情、审理过程、仲裁庭评议意见，以及案件涉及的商业秘密等内容。"鉴于仲裁程序不同于司法程序，后者以公开为基本原则，故而在仲裁程序中，对仲裁员的保密义务的要求相对更高，这与仲裁程序的不公开审理原则相适应。

## 本章思考问题

**一、孙杨禁赛令被撤销　仲裁庭主席被指种族歧视**

2020 年 12 月 24 日，孙杨收到瑞士联邦最高法院的判决结果，该法院撤销了国际体育仲裁院此前对孙杨作出的裁决。2020 年 2 月 28 日，国际体育仲裁院宣布孙杨未能遵守世界反兴奋剂机构相关规定，对其发布了长达 8 年的游泳参赛禁令。其后，孙杨向瑞士联邦最高法院提出上诉。该禁赛令被撤销的重要原因在于，国际体育仲裁院审理该案的一名仲裁员曾发表过针对中国的种族主义言论，故而该仲裁员的中立性存疑。仲裁员是仲裁制度有效运行的关键角色，仲裁员的职业道德关系着仲裁制度的公信力。该案是典型的涉及仲裁员职业伦理的案件。

请结合该案，分析仲裁员应遵循的职业伦理规范。

第八章　行政执法人员职业伦理

在行政机关从事行政处罚决定审核、行政复议、行政裁决、法律顾问的公务员，同样属于法律职业人员的范围，是法律职业共同体的组成部分。行政执法人员不仅需要遵循公务员的一般伦理，还须遵循行政执法工作的基本规范要求和行为准则，坚持执法行为的合法合理、高效公正，并始终坚持执法为民，保持清正廉洁。

## 第一节　行政执法人员职业伦理概述

行政执法人员，是指在行政机关从事行政处罚决定审核、行政复议、行政裁决、法律顾问的公务员。该类人员属于我国法律职业群体的组成人员，需要通过统一法律职业资格考试，获得法律职业资格。关于行政执法人员的职业伦理规范，散见于公务员伦理规范和行政执法基本要求之中。

### 一、行政执法人员概述

学界和实务界对"行政执法"一词的界定存在不同的认识，在不同的场合该概念具有不同的内涵和外延，故而行政执法人员的范围可能有所不同。本章关于行政执法人员的界定，与本书关于法律职业人员的界定相联系。根据《国家统一法律职业资格考试实施办法》第 2 条的规定，法律职业人员包括法官、检察官、律师、公证员、法律类仲裁员和行政机关中从事行政处罚决定审核、行政复议、行政裁决、法律顾问的公务员。因此，本章所谓行政执法人员，即属于法律职业人员范围内的在行政机关工作的公务员，包括在行政机关中从事行政处罚决定审核、行政复议、行政裁决、法律顾问的公务员。

行政执法人员的专业水平和职业素质很大程度上会影响行政执法工作的质量，故而行政执法人员的专业水平和职业素养至关重要。《法治政府建设实施纲要（2015—2020）》明确强调："全面实行行政执法人员持证上岗和资格管理制度，未经执法资格考试合格，不得授予执法资格，不得从事执法活动。健全纪律约束机制，加强职业道德教育，全面提高执法人员素质。逐步推行行政执法人员平时考核制度，科学合理设计考核指标体系，考核结果作为执法人员职务级别调整、交流轮岗、教育培训、奖励惩戒的重要依据。"《国家统一法律职业资格考试实施办法》也明确规定行政执法人员应当通过国家统一法律职业资格考试，获得法律职业资格。因此，对于从事行政处罚决定审核、行政复议、行政裁决、法律顾问的行政执法工作人员而言，其不仅应当取得相关资格，还须具有较高的职业伦理素养。需要注意的是，区别于法官、检察官等法律职业，执法活动更具有主动性，要求行政执法人员积极主动履行职能，而非事后救济。同时，执法活动的内容和形式较丰富，并且执法活动面向基层，与公众的联系更为密切。①

### 二、行政执法人员职业伦理的基本规范

所谓行政执法人员职业伦理，是指在行政机关从事行政处罚决定审核、行政复议、行政裁决、法律顾问的人员，其在行政处罚决定审核、行政复议、行政裁决或提供法律顾问等行政行为过程中所应遵循的行为准则和道德要求。行政执法人员的职业伦理

---

① 马长山：《法律职业伦理》，人民出版社 2020 年版，第 329~330 页。

也属于法律职业伦理的一部分，并且相较于其他法律职业伦理，行政执法人员的法律职业伦理具有一定特性。例如，行政执法人员法律职业伦理的示范作用更明显，这与行政执法活动直接与公众接触相关，执法对象具有广泛性，故而行政执法人员职业伦理范围更容易引发公众的关注和效仿，这也就对行政执法人员提出了更高的要求。又如，行政执法人员职业伦理更具政治性。行政机关是代表人民行使权力的组织，故而应服务于人民、受人民监督、对人民负责，故而行政执法人员的职业伦理更加强调以为人民服务为根本，强调社会公共利益至上的价值选择。[①]

我国目前尚未形成关于行政执法人员法律职业伦理的统一规范或行为准则。相关职业伦理规范散见于两类法律文件中。一类是《公务员法》《行政机关公务员处分条例》《国家公务员行为规范》《关于推进公务员职业道德建设工程的意见》等法律文件，该类法律文件对行政机关公务员作出了一般要求，构成行政机关公务员伦理的基本内容。另一类是《行政处罚法》《行政复议法》等具体法律规范，这类规范会涉及一定的对行政执法人员的行为规则或伦理要求。由此，行政执法人员的法律职业伦理主要由两部分内容组成，一是公务员伦理，二是行政执法的基本要求。

## 第二节　行政执法人员职业伦理的具体要求

关于行政执法人员的职业伦理规范，既体现在行政机关公务员的一般伦理要求中，也体现在行政执法工作的基本原则和要求中。因此，行政执法人员的职业伦理，体现在合法执法、合理执法、高效规则、执法为民、清正廉洁等方面。

### 一、合法执法

所谓合法原则，即行政执法行为应当有法可依，严格按照法律规定的程序和方式进行，不得与法律相违背。《行政处罚法》第 3 条规定："行政处罚的设定和实施，适用本法。"第 4 条规定："公民、法人或其他组织违反行政管理秩序的行为，应当给予行政处罚的，依照本法由法律、法规、规章规定，并由行政机关依照本法规定的程序实施。"第 16 条规定："除法律、法规、规章外，其他规范性文件不得设定行政处罚。"由此可见，行政处罚的设定和实施均须依照相关法律文件进行。《行政复议法》第 4 条同样强调了行政复议职责的履行应当遵循合法原则，保障法律、法规的正确实施。也即，合法原则要求行政执法权具有法律依据，该行政执法权的行使依照法律规定，并且其授予、委托和运用都必须于法有据。

合法性规则是对行政执法人员的基本伦理要求，这包括执法主体的合法、执法程序的合法和执法证据的充分等内容。正如《行政处罚法》第 38 条规定："行政处罚没有

---

① 马长山:《法律职业伦理》，人民出版社 2020 年版，第 330 页。

依据或实施主体不具有行政主体资格的，行政处罚无效。违反法定程序构成重大且明显违法的，行政处罚无效。"执法主体、程序或依据不合法均可能导致行政处罚结果的无效。

## 二、合理执法

合理性原则是行政法的基本原则。所谓合理原则，指行政执法人员的行政执法行为不仅需要符合法律规定，还须符合法律的精神、公平正义等法律理性。也即，行政执法行为应当符合社会公共利益，相关行政裁量行为应当符合情理，并且行政程序应当遵循公平、公开、公正原则。[①]《行政处罚法》第5条明确规定："行政处罚遵循公正、公开的原则。设定和实施行政处罚必须以事实为依据，与违法行为的事实、性质、情节及社会危害程度相当。对违法行为给予行政处罚的规定必须公布；未经公布的，不得作为行政处罚的依据。"该规定强调了行政处罚行为的公正、公开之原则，这也是对行政执法人员的伦理要求。《行政复议法》第4条规定，行政复议机关履行行政复议职责，应遵循公开、公正的原则，同样强调了合理执法的基本原则。

同时，对合理原则的规范，还体现在具体的程序制度要求上。例如，行政执法人员需要遵循回避规则，以保障行政执法行为的公正性。《行政处罚法》第43条规定："执法人员与案件有直接利害关系或有其他关系可能影响公正执法的，应当回避。当事人认为执法人员与案件有直接利害关系或有其他关系可能影响公正执法的，有权申请回避。当事人提出回避申请的，行政机关应当依法审查，由行政机关负责人决定。决定作出之前，不停止调查。"回避规则是法律职业人员需要遵循的基本伦理要求，本质上在于避免对执业行为造成干扰或不良影响，以保持执法活动的公正性。

## 三、高效规则

所谓高效规则，强调行政执法人员在行政执法活动中应及时、准确、有效。行政人员在依法行使行政执法权时，应减少外部环境对执法工作的干扰，确保行政执法行为的及时有效。例如，《行政复议法》第4条强调，行政机关履行行政复议职责应当遵循及时、便民的原则，保障法律、法规的正确实施。《行政处罚法》第1条同样强调保障和监督行政机关有效实施行政管理。

高效规则体现了对行政执法人员的工作效率的要求，也即，在保证行政执法行为合法合理的同时，还应提升执法活动的效率，保障行政执法行为及时、高效作出，从而更好地保障公共利益和社会秩序。

## 四、执法为民

执法为民是公务员伦理的基本要求，也是行政执法人员应当遵循的基本伦理要求。

---

① 许身健：《法律职业伦理》，中国政法大学出版社2019年版，第480页。

《公务员职业道德培训大纲》明确规定，服务人民是公务员的根本宗旨。坚持以人为本、执政为民，增强对人民群众的深厚情感，坚持群众路线，提高为人民服务的本领，是公务员应尽的职责。在行政执法工作中，行政人员应始终遵守执法为民的伦理规范，及时处理和化解涉及人民群众利益的社会矛盾，为公众创造和谐的社会氛围。

为保障执法为民的实现，行政执法人员应在履行职责的过程中不断增强为民便民意识，并通过执业活动落实执法为民之要求，如加强执法工作的主动性，不断提升服务水平，减轻当事人的负担，促进行政执法工作的高效公正，真正实现为人民服务之根本追求。

### 五、清正廉洁

清正廉洁是公务员的基本品质，也是法律职业人员的基本伦理规范。清正廉洁规范要求公务员崇尚公平、诚实守信、为人正派，不以权谋私，勇于同腐败现象作斗争。廉洁执法是行政执法人员在执行职务过程中需要始终秉持的态度。行政执法人员应当严于律己，秉公执法，避免将权力作为追求个人利益的途径或工具。行政执法工作直接面向广大人民群众，更需要通过遵守清正廉洁之规范，以保障行政执法人员的形象，避免影响行政执法工作的权威或公信力的行为。因此，行政执法人员不得利用职务上的便利谋取个人利益，不应出现权钱交易、权权交易或权色交易等，避免为获取不正当利益而存在的违法问题。

## 本章思考问题

> **一、陈某不服民政局行政处罚与行政强制执行案**
>
> 原告陈某对其妻子的遗体进行了土葬安置，收到了北票市民政局于 2011 年 11 月 25 日作出的《行政处罚先行告知书》和《行政处罚决定书》。陈某未在限定日期内履行义务，故而北票市民政局在 2012 年 4 月 18 日作出《强制执行通知书》，并于当日强制执行，将其妻尸体火化。该案一审法院认为市民政局履行送达手续存在程序瑕疵，但结果正确，未对陈某造成损失，故而判决驳回陈某要求确认被告行政行为违法、要求精神损害赔偿的诉讼请求。二审法院以同样理由驳回上诉、维持原判。
>
> 检察机关认为，北票市民政局作出的《行政处罚先行告知书》规定陈某在 5 日内可以陈述或申辩，却同日作出《行政处罚决定书》，这剥夺了陈某的陈述、申辩权，属于处罚程序违法。北票市民政局在强制起尸火化时，其所依据的《殡葬管理条例》第 20 条已经因与《行政强制法》第 13 条规定冲突而不再适用，故而北票市民政局没有强制执行的权力，其行为违法。
>
> 再审法院认为，《行政处罚先行告知书》和《行政处罚决定书》同日作出的行为

剥夺了陈某的陈述、申辩权，应予撤销。同时，北票市民政局应申请法院强制执行，该民政局未履行法定的催告、听取陈述、答辩等程序，其强制执行违反法定程序。尽管该行政处罚、强制执行的结果正确，但违反了法定程序，必然给陈某造成精神痛苦，故而应结合被告的过错程度和案件实际状况等因素判令其支付一定的精神损害抚慰金。

请结合上述案件，分析行政执法人员的职业伦理。

対法律職業伦理的学习和研究，不仅在于对相关理论的掌握，还应对有关案例和问题进行深入思考。在专题研讨阶段，通过对法律职业伦理相关问题的具体案件的思考和对相关问题的深入思考，加强对法律职业伦理问题的研究，能够在一定程度上深化对法律职业伦理的认识。本专题研讨部分，通过对具体案例、影视作品等材料和相关问题的探讨，加强对法官伦理、律师伦理和法律职业信仰与伦理要求的认识，以更好地巩固对法律职业伦理的学习和研究。

附 录

法律职业伦理专题研讨

# 附录一 《儿童法案》中的法官职业伦理

《儿童法案》是根据英国作家伊恩·迈克尔尤恩（Ian McEwan）的同名作品改编的一部电影，讲述了一个法律伦理与思想救赎的故事。故事中的未成年白血病患者亚当，因为信仰耶和华所以拒绝接受输血治疗。其父母作为监护人由于信仰原因同样反对输血治疗，然而医院则基于人道主义要求强制为亚当输血。这一争议被送上了法庭，由一位女法官菲奥娜审判。在经历一系列转折和变故后，亚当仍未能走出对于信仰和未来的迷茫，在最后选择结束自己的生命。该电影多处对法官职业伦理进行了深入诠释与探讨，在上映后引发了许多的思考。对该电影中故事情节与法官相关行为的分析，有助于我们对审判伦理深入分析，从而加深对审判伦理的理解和应用。

## 一、专题研讨资料与问题

本专题研讨选取了电影《儿童法案》部分片段，并设置了相应问题。可选择其中一个或多个问题作答。

### （一）专题研讨资料

本专题研讨以电影《儿童法案》的部分片段为材料，可观看相应片段后作答，各片段具体内容简介如下。

#### 1. 片段一：连体婴儿案

菲奥娜法官需要处理一起是否允许医生对连体婴儿进行分割术的案件，该案的争议焦点在于：双胞胎如果继续连体就会死亡，但是如果医生能够进行分割手术，那么双胞胎之一的卢克会马上死亡，但另一人迈克尔有机会存活。在这种情况下，医生是否能进行这一手术？菲奥娜法官基于法庭审判的依据是法律而不是人道的原则，判决医院有权进行手术。菲奥娜法官作出这一判决后，她仍须面对大众与媒体对该判决的质疑。

#### 2. 片段二：本案基本案情

医院需要为一位 17 岁的癌症男孩亚当进行输血治疗，但是由于男孩及其父母是耶和华见证人，他们以宗教信仰为由拒绝医院的输血治疗。医院希望借由诉讼的途径获得对男孩治疗的许可。医院的代表律师及医生都强调了输血是救治这一男孩的有效方法，并且由输血后这一男孩有机会存活。相反，如果不进行任何治疗，男孩将面临生命危险。男孩父母的代表律师辩称，接受何种治疗是基本人权。医生认为由于男孩是未成年人，其不具有决定接受何种治疗的能力。这一案件再次引发大众和媒体的关注。

#### 3. 片段三：第一次会见与判决

菲奥娜法官为了作出一个更有利于这位男孩的判决，她选择会见这位男孩亚当。

亚当表达了对菲奥娜法官的尊重，但是亚当认为坚持不输血才能捍卫自己的信仰。菲奥娜法官希望借助交谈让亚当接受输血以进行有效治疗。但是亚当依然坚持宁愿死亡也不接受输血治疗。菲奥娜法官基于《儿童法案》中为了儿童的福祉是法庭的最高原则的要求，认为亚当的生命比他的宗教尊严更为重要。因此，菲奥娜法官作出了要求医院对亚当进行输血治疗的判决。医院依据该判决对亚当进行了输血治疗。

### 4. 片段四：判决后的联系（一）

亚当在进行了输血治疗以后，多次以电话的方式向菲奥娜法官表达自己的感谢及分享自己的生活。但此时，菲奥娜法官的婚姻面临着危机。菲奥娜法官受自己的专业原则要求，在判决作出以后不能联系当事人，一直没有给亚当回复留言。因此，亚当以跟踪菲奥娜法官的方式希望将自己的信件送给法官。亚当此时依然为自己违背教义进行输血治疗受到心理上的折磨。

### 5. 片段五：判决后的联系（二）

菲奥娜法官因公事出差，在火车上阅读了亚当写给自己的信件，而亚当再次一路跟随着菲奥娜法官来到了另一个城市，希望与菲奥娜法官见面。菲奥娜法官因为亚当的执着打破规则会见了他。亚当告知法官，他被法官拯救了，但菲奥娜在表示欣慰后告诉亚当，他的信仰并不应该是她给的，而是需要亚当自己寻找，并决定不再与亚当见面。

### 6. 片段六：结局

在圣诞晚会上，菲奥娜法官决定表演她为亚当弹奏过的钢琴曲，却得知了亚当旧病复发的消息。亚当再次拒绝了输血治疗，医生认为亚当无法撑过圣诞的晚上。演奏完成后，菲奥娜法官冒雨赶往医院，希望说服亚当接受治疗。此时，亚当已经年满18岁，有权选择是否接受治疗。最后，亚当选择放弃治疗。菲奥娜法官深感悲伤，重新审视自己的处理是否正确。

### （二）专题研讨问题

请分别针对以上六个片段，回答相应问题。

### 1. 连体婴儿案

（1）法官的判决是否合理？
（2）媒体报道和公众指责涉及的法官职业伦理是什么？
（3）如何看待媒体报道与法官独立审判之间的关系？

### 2. 本案基本案情

（1）本案中的争议焦点是什么？
（2）在本案庭审过程中，出现哪些类别的法律职业人员？
（3）在本案判决过程中，具有关键性的衡量因素是什么？

（4）如果你是法官，此刻你会如何进行判决？

### 3. 第一次会见与判决

（1）如果你是法官，是否会去见该未成年人？

（2）如果你是法官并去见了该未成年人，你的会见内容与交谈是否会与该法官相似？

（3）该法官的会见过程是否存在问题？

（4）你是否支持该法官的判决？

### 4. 判决后的联系（一）

（1）该法官对未成年人的行为的处理是否合理？是否符合法官的职业行为规范和伦理要求？

（2）如果你是法官，你将如何处理该状况？

### 5. 判决后的联系（二）

（1）法官的行为是否符合职业伦理和行为规范？

（2）如果你是法官，你将如何处理？

### 6. 结局

（1）如果你是法官，在收到信的时刻你将如何处理？

（2）如果你是法官，针对少年的选择，是否还有其他解决途径？

### 7. 观后感

（1）在本案中，法官的行为是否完全符合法律职业伦理的要求？

（2）如果你是法官，是否在该案中能够有更好的处理方法？

（3）关于法律职业伦理，本案带给你的思考是什么？

## 二、研讨作业展示

本专题主要通过对《儿童法案》电影相关片段中的问题进行探讨，从而对法官在与当事人接触过程中应当遵循的伦理规范、法官对具体案件进行审判过程中的职业伦理问题作出探讨。以下三篇是关于本专题探讨的作业，分别展示了不同学生关于相关问题的观点及其论证，可一定程度上引发我们的思考和探索。

### （一）作业一 [①]

#### 1. 连体婴儿案

（1）法官的判决是否合理？

我认为法官的判决合理。法庭是一个以法律为依据的审判机构，法律有时无法兼顾情感。因此审判的依据应当以法律优先而不是情理优先。科学的医疗评估明确表示，

---

① 本作业选择第 1、3、4、6 题作答。

如果医院不对连体婴儿进行手术，两位婴儿会死亡；如果医院选择进行手术，其中生命指标更好的婴儿将有生存的可能。连体婴儿的父母显然无权依据自己的情感决定他们的生死，但是基于《儿童法案》作出判决的法庭可以作出一个更为中立且更符合法理的判决。法官的判决立足于医疗专业的评估，充分体现了《儿童法案》的宗旨，该判决依法而判，证据充分，维护了更为重要的法益——儿童最大利益。因此，我认为判决合理。

（2）媒体报道和公众指责涉及的法官职业伦理是什么？

法官职业伦理中的独立规范。以我国立法为例，《法官法》第7条规定："法官依法履行职责，受法律保护，不受行政机关、社会团体和个人的干涉。"

（3）如何看待媒体报道与法官独立审判之间的关系？

媒体报道对法官独立审判具有双重影响。一方面，媒体报道是公众监督法官独立审判的最直接的途径，能够保障公众参与司法的权利。法官对于案件的论述过程甚至心证能够被公众知晓，这更易于使公众接受法官独立审判的判决。

但另一方面，媒体报道会受到思想意识或主观感受的个体影响，难以做到完全客观公正。由于公众政治素养水平不同，公众一旦将法庭审判和媒体审判混淆，自认为自己可以成为法官而对案件进行"审判"，无可避免地会出现"乌合之众"的乱象。公众的情绪极易受到媒体的引导，进而影响法官在判决时的考量和审判结果的公正性。我认为，只要一起案件经由大量媒体报道及过度公众参与，法官的判决就已不可能是基于独立思考、依据法律和证据作出的判决。因此，媒体报道在一定程度上会对法官独立审判造成不利的影响。

### 3. 第一次会见与判决

（1）如果你是法官，是否会去见该未成年人？

我会去会见该未成年人。一方面，虽然法官的职业伦理中要求法官不能私下会见当事人，但是在家事审判中，法官所经手的案件并不只是具有对立关系的两方，法官审判案件是为了实现儿童利益的最大化。法官的职业伦理中规定法官不能私下会见当事人，是为了避免出现由于法官的私下会见而导致法官向一方当事人利益倾斜的情况。在本案中，法官的会见显然不会让判决有失公平与公正。这类案件的判决所追求的也并不仅仅是公平或程序的正义，而是儿童的福祉是否得到最大程度的保护。与连体婴儿案件不同，本案的儿童是一位具有独立思考和判断能力的青少年，所以儿童的想法也是法官需要考量的判决因素，而不能仅仅依靠医疗标准。

另一方面，如果能够通过会见让这位儿童自愿接受治疗，会比法庭判决治疗更有利于他的成长与发展。我会希望借助这次的会见知道他拒绝治疗的原因，我也希望他能作出接受治疗的决定，无论是依据法庭判决抑或判决之外的手段，都能真正实现他最大的福祉。

（2）如果你是法官并去见了该未成年人，你的会见内容与交谈是否会与该法官相似？

会。因为我是希望借助这次的会见体察他的想法，了解他拒绝输血的原因和他的生活，从而判断法官作出输血判决后是否能充分保护他的福祉。我同时也希望他能作出接受输血治疗的决定，这比医院基于法庭判决而进行强制性治疗更能实现未成年人的福祉。

（3）该法官的会见过程是否存在问题？

我认为她的会见不存在问题。法官的会见在原则上不是私下会见，她在会见过程中有助理在场记录，不属于法律禁止的私下会见。

（4）你是否支持该法官的判决？

我不完全支持法官的判决。基于《儿童法案》的判决是要对儿童的福祉实现最大限度的保护，但法官在作出判决时也应该考虑到他自身明确表达拒绝输血的意愿，亚当拒绝输血治疗背后的原因需要法官予以更多的关注。在涉及儿童权益保护的案件判决中，不但需要法官关注如何作出一个正确的判决，更重要的是，法官应在依据法律的基础之上，作出有利于未成年人长远发展的高质量判决。

本案中的青少年有权对自己的生命和生存水平作出决定。作为虔诚的教徒，他无法接受输血，法官的判决不能仅仅是救他一命，还应该考虑他愈后是否能过上正常的生活。假设由于输血导致他无法接受自己或遭到周围人的歧视，他的福祉也会因此而受到损害，法官作出的这一强制医疗的判决也就不符合《儿童法案》的原则要求。

解决涉及未成年人权益保护的问题，从来都不能只依靠法官。真正健全的《儿童法案》不能仅仅只赋予法官权利和义务，还应该协调一切未成年人权益保护的力量。如果《儿童法案》能够规定在法官在作出判决前，有社会工作者介入并提供心理疏导，尽可能让未成年人亚当主动接受治疗，并在强制医疗判决之后，为亚当提供更多的心理和生理帮助，才能真正实现判决的意义，也许就不会产生让亚当陷入信仰混乱而选择死亡的结果。

4. 判决后的联系（一）

（1）该法官对未成年人的行为的处理是否合理？是否符合法官的职业行为规范和伦理要求？

我认为法官对未成年人的行为处理合理，符合法官的职业伦理要求。法官和这位未成年人的联系是源于案件，案件结束以后，法官拒绝与未成年人会面合理且合情。

（2）如果你是法官，你将如何处理该状况？

我是法官，我也会明确拒绝与亚当的见面，但同时我也会收下他的信。我不会选择与亚当进行更多的情感交流，但会为他寻求其他的社会援助或心理帮助。作为法官，依法审判是我的职业，我也只能在法律审判和我的工作过程中给予他帮助；可我不擅长其他领域的专业知识，因此也无法为他提供各个方面的帮助。

6. 结局

（1）如果你是法官，在收到信的时刻你将如何处理？

我收到信的时候会选择去医院探望他。因为他在我的身上寄托了太多的情感，并且他的情感也没有得到合理的宣泄与疏导。案件过去已久，我与亚当的联系已不会再影响到案件的公正审判，我帮助他的原因也不再是单纯因为法官的职责要求，而是法官职业伦理中更深层次的道德要求。我希望尽我所有的努力让亚当接受治疗，享受他应该去拥有的灿烂人生。作为一名法官，一名法律职业者，能够被一名孩子尊重和信任，我有义务对这份信任有所回复。亚当是一个未成年人，一个对未来感到迷茫的孩子，尽管他已经成年，我依然需要关心他的成长。

法律人应该共情而不是同情，我们不应因法律的理性变得麻木，而应尽自己的能力帮助经历过法律审判的人，让生者释然、死者安宁。因此，收到信之后的我会选择去医院，尽管此时法律的作用已不再彰显，我无法再依据强制医疗的判决救助他的生命，但我希望他知道这个世界上仍然有很多人关心和爱护他，未来的生活值得期望和憧憬，尽自己所能去帮助他改变自己的选择。

（2）如果你是法官，针对少年的选择，是否还有其他解决途径？

没有。作为法官，我的一切考虑和判决都应基于法律。亚当已经成年，能够自主决定自己是选择接受救治而生存还是为了信仰而死。法律不再具有干预其选择的资格，法官也已经不可能依据一纸判决逆转这个结局。生命值得尊重，对自身信仰的选择也值得尊重。违反法律对他施以强制医疗固然可以救他一时，但他仍会因为违背教义的要求而失去对生活的希望。

完成作业以后，我完整观看了《儿童法案》这部电影，我开始思考法官除了需要受到职业伦理的约束之外，存在于这一职业背后的价值何在。这部电影很具有思考和探讨的价值，每当看完一个片段后，我都会产生一些思考，而在我看到电影结局时，一开始我所秉持的观点也产生了变化。我选择支持法官的判决，但我并没有后悔自己开始的选择。在真实的案件处理过程中，当我们知道结局时，我们就已没有了做选择的意义。正因无法知晓结局，我们拿起法槌时才会更加谨慎。一旦法槌敲下，我们将担负起法律审判的责任，这也是法律审判的动人之处——我们要在当下对过去发生的事件作出裁量并经受未来的考验。直到电影的结局，仍没有人对儿童的最大利益作出定义，也没有规定最合理适当的判决。也许正是因为有太多的未知，法律才具有自己独特的魅力，也正是因为如此，才会有这么多人愿意用一生捍卫法律的尊严。

（山东师范大学法学院 2018 级本科生 骆芷茵）

### （二）作业二[①]

#### 1. 连体婴儿案

（1）法官的判决是否合理？

合理。从法理角度，两害相权取其轻固然无可厚非。法律之所以出现，其目的便

---

[①] 本作业选择第 1、2、3、5、6、7 题作答。

在于定分止争，从而维护最大多数人幸福，而难以做到面面俱到；从道德角度，纵然人生而平等，谁都有生存的权利，但双胞胎如果继续连体便都会死亡，放任这种死亡的出现，在某种程度上同样属于医院的失职，见死不救也的确有悖于道德；从主审法官角度，"法庭讲的是法，而不是人道"，有些案件注定没有完美的结果，只要遵循程序正义，就要相信结果的实质正义。面对这种两害相权、进退维谷的尴尬局面，我们不可站在上帝视角审视全局，而要站在当事人视角亲自体会。影片中大法官的愁容满面、作出判决还要承担舆论压力，我们对此更需要给予理解，而不是苛求。

（2）媒体报道和公众指责涉及的法官职业伦理是什么？

涉及的法官职业伦理为：法官无权决定一个无罪者的生死。法官的职责在于使有罪者被追究、使无罪者不被枉判错判、使不公平的尽力变得公平，而所谓罪责刑相适应便基于此。法官虽不是救世主，但也无权决定无辜者的生死。

（3）如何看待媒体报道与法官独立审判之间的关系？

媒体可能影响法官审判，但最终决定独立审判的还是法庭和法官。一方面，适度的舆论对于法官审判能够起到监督作用。权力具有自发的膨胀性，阳光是最好的防腐剂。全面推进司法公开，避免司法神秘化带来的弊端，让权力在阳光下运行，就是对司法审判最好的监督。另一方面，如果任由舆论过分干预司法，也会在一定程度上影响司法公正，使有罪者不能受到追究，无罪者被枉判错判。所以，最终决定审判的只能是法庭和法官。正如影片中所言，"法庭讲的是法，而不是人道"。

### 2. 本案基本案情

（1）本案中的争议焦点是什么？

主要争议焦点：医院是否应当给白血病患者亚当输血治疗。具体包括：宗教信仰者是否可以接受看似违背教义的输血治疗；亚当作为一名未成年是否有权决定拒绝接受医疗；生命和教义孰轻孰重；等等。

（2）在本案庭审过程中，出现哪些类别的法律职业人员？

审判员（主审法官）、法官助理、原告代理人、被告代理人。

（3）在本案判决过程中，具有关键性的衡量因素是什么？

本案中，具有关键性的衡量因素有很多，诸如：违背科学生理常识的教义是否应该被遵循；能否以生命健康为由对教义作出合理解释与变通；未成年人是否有决定自己生死的权利；亚当曾作出拒绝输血治疗的意思表示是否真实自愿；基于放弃生命的被害人承诺是否应当成立；等等。

（4）如果你是法官，此刻你会如何进行判决？

由于相关法律的不同、两大法系的差别和意识形态的巨大差异，故无法逼真地还原场景设身处地。在有限条件下，我认为医院的请求能够成立。理由如下：

首先，原告方代理人在法庭辩论阶段提到，圣经的教义是在冷兵器时代确定的，禁止输血这一规定也是在1945年由后人所述。而被告及其代理人只是针对"真理"等伦理方面展开论述，且没能举出有效证据。虽然原告代理人的"有好多信奉耶和华者已被治疗"的陈述由于缺少举证而不具备效力，但根据高度盖然性原则，仍能确定此条教义存在着纰漏——违反法理精神对于人权的保障，原告即医院的诉讼请求应该被支持。

其次，法庭辩论阶段亚当父亲多次强调"是亚当自己的想法"，而亚当系17岁学生，为限制行为能力人，本身并不符合被害人承诺的主体要件；况且其承诺放弃的内容为生命健康权，超出了法律规定轻伤及以下的范畴，故此承诺当然无效。

最后，根据当地儿童法案规定，其宗旨即在于保障每一个儿童都有好好生存的权利。原告方系医院，医务工作者的职业伦理即为救死扶伤、治病救人，在手术与治疗过程中，其完全符合儿童法案的宗旨、符合法律精神和要义，并不存在过错和相关责任承担事由，应当予以支持。

### 3. 第一次会见与判决

（1）如果你是法官，是否会去见该未成年人？如果会见，你的会见内容与交谈是否会与该法官相似？该法官的会见过程是否存在问题？

为了弄清事实真相，我会想方设法获知当事人亚当的内心想法，但是可能会通过相对正式合法的方式，比如让其监护人提供视频材料，或与其远程视频连线取证。电影中女法官菲奥娜顶住舆论的压力，一来弄清事实，二来为了让亚当活下来用尽全力，可谓恪尽职守。然而从另一个角度看，我国《刑事诉讼法》《法官法》中明文规定：法官不得私自会见当事人及其代理人，接受当事人及其代理人的请客送礼。而这一点倘若在英国普通法系也有规定，那么法官庭前私下会见当事人，并对其游说劝告，显然是不符合法官职业伦理的违法行为，被告监护人完全可以以原审程序不正当为由上诉或申请再审。

（2）你是否支持该法官的判决？

在不考虑法官存在程序违法之嫌的前提下，我对判决整体持支持态度。

在英国普通法系中，自杀是谋杀罪的一种。受教会的影响，其认为人类没有资格结束自己的生命，自杀是对造物主上帝的亵渎，自杀而死的人将会被鞭尸、用木桩钉穿头部或心脏，就连自杀未遂者也将被判死刑。

本案中，正如父亲所述，男孩聪明过人，有自己的想法，同时身为耶和华见证人，他选择拒绝输血也是受了教义的影响，既然是上帝赋予的生命，那么当他收回的时候也无所怨言。置身其中，若此时是一个平常人，完全不应该干涉男孩的选择，男孩有自己的信仰，这种信仰和基于此信仰作出的决定也没有危及其他任何人的权益。我们完全可以不认可男孩对于尊严与生命的衡量标准，但除非是其父母和利害关系人，其他无关人士无权干涉。

然而，问题就出在女主人公并不是常人，而是此案的主审法官。法官判决的依据是法律，其天职便是让一切纠纷都按照法律运行，故法官在法庭上所谓意思自治必然不是绝对的，违背了法律宗旨和原则的意思自治也必然不会被认可。联想张扣扣案，可同理分析：哪怕在常人看起来张扣扣的行为是多么正常、多么正义的"义愤杀人""报仇雪恨"，因为其符合了法定故意杀人的法定构成要件，也将被认定为严重犯罪。如前所述，法律存在的最大意义和价值便在于定分止争，保障最多的人实现平等，从而确保最大多数人的利益。因此，我以为法官的判决合情合法，在实体层面不存在问题。

### 5. 判决后的联系（二）

（1）法官的行为是否符合职业伦理和行为规范？

首先，从法律职业伦理的角度来看，主审法官菲奥娜对于男孩亚当已经尽到了公正审判的义务，她拯救了男孩，让他从打破对上帝的虚伪信仰中重又拾起生命的美好。其次，而从法官的角度来看，菲奥娜对于亚当无端的跟踪、密切联系、持续地写信送信等行为完全可以义正词严地拒绝，甚至可以将其移交公安机关处理，这样便能明哲保身。最后，从法律规定来看，无论是事务讨论时离席去处理私事，还是在庭审结束之后接受被告方的物品、私下会见当事人，都将涉嫌违反法官的法律职业规范。如果我是主审法官，正常情况下肯定会尽力避免此类情况。

（2）如果你是法官，你将如何处理？

法官也是人，脱下法袍之后也要有自己的生活，当自己的心理情感遇上看似无情的法律规范，着实很难抉择。在我看来，菲奥娜作为法官，并没有像之前私自会见当事人，面临着严重影响审判公正之风险；也没有像《找到你》电影中李捷律师一样公然拒绝辩护，属于严重违反律师执业规范，甚至会遭到处分的行为。而只是在已决判决后与当事人藕断丝连，并未严重影响公平公正，再加上她与亚当难舍难分的复杂情感，故整体而言法官的行为也无可厚非。

### 6. 如果你是法官，在收到信的时刻你将如何处理？针对少年的选择，是否还有其他解决途径？

事已至此，我肯定也会难过和悔恨，或许会与菲奥娜法官一样选择去见这个为了自己放弃所有的男孩最后一面。本案中，少年经历了两次大喜大悲后含恨而终，固然是一个悲剧。但溯其根源，一切都因为菲奥娜法官庭前在病床上会见男孩，给男孩带来希望，挽救其生命，也为其带来了新的信仰，但最终却为男孩带来祸患。倘若我是法官，站在上帝视角，我必然在一开始会选择不去见面，然后根据以往的判例直接裁判，从而避免悲剧的发生。

### 7. 观后感

（1）在本案中，法官的行为是否完全符合法律职业伦理的要求？

不符合。庭前私下会见并游说当事人，案件处理结束后接受当事人超出人情来往的馈赠等，前文多次提到，此处不再赘述。

（2）如果你是法官，是否在该案中能够有更好的处理方法？

如前述，更好的方法即为一开始就不进行会见，通过其他方式了解男孩内心想法即可。

（3）关于法律职业伦理，本案带给你的思考是什么？

当法律职业伦理和私人情感混杂的时候，有一些很简单的问题便会变得十分复杂。在我看来，电影塑造的这两个主人公，均为带着悲剧色彩的人物。

菲奥娜法官是一个多重矛盾的集合体。面对一个曾经被她拯救，一个刚从死神手中挣脱，满怀着希望与真诚去寻求他的下一份"信仰"的男孩亚当，她一如既往的端庄与冷静，展现出了一个成熟老练的职业法律人的基本素养。然而，临别的一吻作为电影的一大转折，却最终还是暴露了菲奥娜埋藏在内心深处的向往，其表面的冷静不过是迫于现实与生活和自己的工作历练与职业信仰。一方面，菲奥娜深知二人的现实处境可谓天壤之别：一边是羽翼未丰、一腔热血的少年，一边是事业美满，婚姻却陷入危机时期的中年女法官，注定使二人只能擦肩而过；另一方面，菲奥娜联想自身婚姻危机的悲惨经历，亚当的坚毅个性、年少风华，他为菲奥娜法官做的一切——狂风暴雨离家出走、留言写信读书，每件事对于在家庭中缺乏温暖与爱的菲奥娜来说都是情感上的冲击。

于是，菲奥娜本身被深压在寒冰般的现实下那一片对于美好的向往——游轮远行、深入无人之境读书讨论，以及那一份求之不得的浪漫与纯真，也在一瞬间迸发了出来，让菲奥娜对亚当不由得产生了一种奇妙的感情。然而，亚当的执着纯真在菲奥娜法官的成熟老练之下，还是显得过于不堪一击，最终使得亚当因重新获得的信仰破灭，饮恨而终，任凭菲奥娜法官抱头痛哭，却也无力回天。

另外，抛开影片艺术性的因素，仅就故事具体情节来谈，也从一个侧面反映了法官不得私自会见当事人的制度存在的必要性。法官时常掌握着人的生杀大权，如果进行过多的职权干涉，限制当事人的意思自治，其自以为是拯救了他人，最终却是将他人推入深渊。当我们不能给一个人提供其他更加完美适当的价值体系时，不应尝试打破它原有的价值体系。菲奥娜法官之所以最后"害死"了男孩，便在于此：菲奥娜法官使男孩放弃了耶和华见证人的虚伪信仰，却又无力为他塑造一个新的价值体系。女法官既不是男主的亲人，也无力做他的亲人，注定无法持久永续地为他提供新的信仰所需要的东西，从而使得悲伤欲绝的男主走向了人生的第二次大悲，也使他与世长辞。

法规其行，不掩其心，法官不是救世主，其只能审判人的行为，却不能审判和限制人的心灵，所要做的仅仅是客观中立公正。如若加入过多自身的主观情感，长此以往必有祸患。

（山东师范大学法学院 2018 级本科生 赵汉清）

## （三）作业三

或许是本人不善于言辞，只好选择用文字来传达浅薄的思想。其实看一部电影的第一感觉总是流于表面的，女主演艾玛的电影看过一些，但还是第一次被她的美丽所惊艳。时光镌刻在她脸上的岁月痕迹反倒是一种馈赠，如同雕塑的线条美而不忍抹去，她或许成为亚当的一道光，也在不经意间成为某个观众心里的一道光。男主演菲恩也没得说，两个人的演技实在是出众。好了闲话不多说，直接进入正题。

### 1. 连体婴儿案

连体婴儿案其实和亚当的案件有很多的相似性，作为一个宗教国家，宗教信仰跟法律产生冲突是一件正常的事，两个案件中的当事人家属都选择了支持宗教信仰的做法，而同样的，媒体与大众也认为法律的判决是不公正的，这种对宗教信仰的选择也可以体现为公民的自由意志，所以该判决是违反公民意志的决定。在这种情况下菲奥娜作为法官，作出了依法最为合理的判决，这其实也为亚当的案件判决埋下了伏笔。

（1）法官的判决是否合理？

以一个无神论者的视角来看，法官的判决是合理的。个人的生命是法律最主要的也是最重要的保护对象，而这一理念无论是在西方还是东方，都是由法律明文规定的，或者为法律的基本价值所包含的。因此法官的判决是依法作出的合理判决。

（2）媒体报道和公众指责涉及的法官职业伦理是什么？

"皇家法院不公正"，我认为应当是公众的信仰形成的道德正义观念与法律的正义相对抗。此时公众的道德正义观念会认为法律不公正，怀疑指责的是法官的正义公平观。

（3）如何看待媒体报道与法官独立审判之间的关系？

具体情况具体对待，我认为法官独立审判应该排除法律以外的其他因素，包括媒体的报道，但这样的判决是理想化的，实际中会受到各种方面的影响，有时需要适当听取民众的声音，从而受到社会舆情的影响。媒体报道可以被简单划为两种，一种是官方媒体的权威报道，一种是代表民意舆论的舆情报道。第一种与法官的判决基本不会互相违背，而第二种往往起到代表或引导大众的道德观念的作用。法官独立审判往往会受到这类媒体报道的影响，现实中也确实有类似案例。

### 2. 本案基本案情

（1）本案中的争议焦点是什么？

本案的争议焦点在于公民宗教信仰保护与人员保护价值位阶的冲突，还有一个是接近成年年龄的未成年人是否享有完全民事行为能力。

（2）在本案庭审过程中，出现哪些类别的法律职业人员？

法官，律师，法官助理，案件相关的专业人员等。

（3）在本案判决过程中，具有关键性的衡量因素是什么？

具有关键性的衡量因素应该是医院主张与当事人主张的价值判断。

（4）如果你是法官，此刻你会如何进行判决？

我会作出和菲奥娜相同的判决，以儿童的福祉为优先考虑。

### 3. 第一次会见与判决

（1）如果你是法官，是否会去见该未成年人？

实际上，在本案之中会见未成年人应当是对他本人的心理起导向作用，了解男孩真实的想法，但我认为菲奥娜见或不见对所作的判决不会有根本上的出入，所以我是法官的话不会选择会见。

（2）如果你是法官并去见了该未成年人，你的会见内容与交谈是否会与该法官相似？

如果我是法官，我会选择我弹吉他他唱歌，我吉他弹得不错但是唱歌总是跑调……说实话我去的话未必会比菲奥娜做得更好，或许可能因为我是男的他根本就不期待了。作为一个算是同龄的男孩，对于 My Lady 这样的人产生一种仰慕乃至依靠的心理感情是很正常的事情，因为确实人物带入的结果是相反的，我完全不知道法官会说些什么。但至少还是应该尽量把话题带入轻松温暖的氛围，让他尽可能理解我作出的判决。

### 4. 判决后的联系（一）

（1）该法官对未成年人的行为的处理是否合理？是否符合法官的职业行为规范和伦理要求？

这部电影从头至尾都在强调菲奥娜将一切都献给了法官事业，没有孩子、婚姻也不幸福。她很好保持了对法官职业的敬业精神和操守，从法官的职业行为规范和伦理要求来说是符合的。

（2）如果你是法官，你将如何处理该状况？

我可能会选择一个相对委婉的方式来处理，毕竟此案已结，法官与当事人的来往应该不受限制，在合理的范围内可以进行适当的交谈与来往。法律人不应当是冷冰冰的，那样完全可以让机器人来学法，他们不需要背法条，运行起来一丝不苟。但法律是人制定的，最终也由人来运用法律。当然菲奥娜在会见亚当的过程中也可以看出她久违地笑了，她也是有情感的，只是隐藏在坚硬的法官外表之下。法律职业和生活是有界限的，把交集的部分做好，其他的就是自由的地带。

### 5. 判决后的联系（二）

（1）法官的行为是否符合职业伦理和行为规范？

菲奥娜的行为还是符合规范的。亚当的行为此时已经让菲奥娜面临了职业伦理中关于公序良俗的要求的挑战，送走亚当是对自己职业的一种坚守。

（2）如果你是法官，你将如何处理？

我是法官的话他不会想 kiss 我的，谁会想 kiss 一个我这样的糙老爷呢，除非……那么我接受不了也不会让他 kiss 的。确实此时亚当提出的要求太强人所难，换作一般人都无法接受他的请求，何况他还有自己的父母。因此，只能在拒绝的基础上同意其一些合理的请求。

### 6. 结局

（1）如果你是法官，在收到信的时刻你将如何处理？

收到信真的有可能会忙着忙着忘了的，只能说有空的时候来阅读，如果有可能的话，我会回信或回消息给亚当吧。

（2）如果你是法官，针对少年的选择，是否还有其他解决途径？

菲奥娜又怎么忍心看亚当死去呢？事已至此又拿什么来挽救呢？采用强制输血已经晚了不是吗？即使没晚，一个人精神世界的两次破灭又是谁可以承受的呢？法律在结局已经丝毫没有了用武之地，菲奥娜作为法官可以救他一次，拯救他的肉体。而这一次菲奥娜只能作为一个人来拯救，拯救他的精神，但是因为她个人顾忌，最终少年作出了这样的决定。

7. 观后感

（1）在本案中，法官的行为是否完全符合法律职业伦理的要求？

其实菲奥娜也动了情，面临着生活中的危机，亚当也是一个情感的倾泻口，两个灵魂的相遇非常简单，他们互取所需，亚当有菲奥娜没有的对于生活的激情，而菲奥娜成为亚当的信仰。从动情这一点来说，她的行为确实不能说完全符合法律职业伦理的要求。

（2）如果你是法官，是否在该案中能够有更好的处理方法？

更好的处理方法就是不总是推开亚当，不是所有的回答都是拒绝。个人认为亚当作出的选择一部分原因还是要归结于菲奥娜太过拘泥于法律职业伦理的要求，她没有触犯要求但是她害怕自己触犯了。本来她的生活中就仅剩下了工作，如果再失去，可能她的精神世界也会遭受打击。

（3）关于法律职业伦理，本案带给你的思考是什么？

法律职业伦理固然重要，但它不能变成限制法律工作人员的枷锁，法律职业伦理说到底是一种行为规范，而不是禁令，我们不能因此对法律工作人员作出过高的要求。法律工作人员是人，是人就会有七情六欲，也会有私心，更何况电影中的两人是一种灵魂上的欣赏或爱慕。个人认为法律职业伦理对于日常生活的要求应该偏弱。

一部好的电影会让人受益良久，最后一句以前看过的动漫里的话总结：

决定踏上旅途的，是少年的心。

——《钢之炼金术师》（Full Metal Alchemist）

（山东师范大学法学院 2018 级本科生　张昊宇）

# 附录二　"魔鬼代言人"：我们与恶的距离

律师作为提供法律服务的执业人员，广泛地参与社会中多种多样的法律活动。律师这一职业在西方有着悠久的历史，域外的法律职业伦理教育更是主要以律师职业伦理为主。由于律师职业的高社会关注度，律师职业伦理也是引发公众关注和讨论的话题。公众往往会对律师产生一些刻板的印象或称呼，例如所谓的"魔鬼代言人"。

在我国台湾地区的一部法律题材电视剧《我们与恶的距离》中，就对这一相关问题进行了艺术改造。该剧根据现实中发生的真实案例和人物故事改编，对律师职业伦理及相关问题作出了诸多探讨，一经播出便引发了极高的社会关注。此次专题是对剧中律师原型——我国台湾地区刑辩律师黄致豪及其辩护的相关案例的分析与研究，可以为我们学习律师职业伦理提供新的角度和思路。

## 一、专题研讨资料与问题

近年来，我国台湾地区发生了一系列性质恶劣的刑事案件，引发了极高的社会关注度。而这些案件的辩护律师都有同一人，即黄致豪律师，这也引起了公众对该律师的讨论。

### （一）专题研讨材料

2013—2017 年，我国台湾地区发生了一系列恶性刑事案件，引人深思。

#### 1. 郑捷随机杀人案

该案即 2014 年台北捷运随机杀人事件。郑捷（男，21 岁，当时就读东海大学环境工程学系二年级）于 2014 年 16 时 22 分至 26 分在编号 2118 和 3118 号、117 与 118 编组的台北捷运板南线的龙山寺站和江子翠站之间的列车车厢内行凶，随后于江子翠站被警员和民众制伏。该事件造成 4 死 24 伤，伤者伤势多集中于胸部和腹部。2015 年 3 月 6 日和 10 月 30 日，新北地方法院一审、二审皆判决郑捷四个死刑并褫夺公权终身。2016 年 4 月 22 日，台湾地区"最高法院"三审维持原判。[①]2016 年 5 月 10 日执行死刑枪决，该次为单独一名死囚。判决死刑定谳经 18 天后执行枪决，并花 7 小时完成审查签署。

#### 2. 内湖小灯泡被害案

2016 年 3 月 28 日上午 11 时 5 分，刘姓女童（小名"小灯泡"，2012—2016）与其母亲王婉谕前往西湖捷运站准备迎接外祖父，骑脚踏车经过内湖区环山路一段 9 巷附近，拟从人行道上坡进骑楼。王景玉（33 岁）尾随在后，王婉谕以为王景玉好心要帮忙女童牵车而靠近。然而，王景玉突然自后方持菜刀对小灯泡颈部猛砍，导致小灯泡当场头身分离、倒地死亡。王婉谕救援不及，与王景玉拉扯，但因势单力薄无法将王景玉拉离小灯泡。附近有七名见义勇为的市民合力制伏王景玉，警方随即将王景玉以现行犯逮捕，送至西湖派出所实施侦讯。2016 年 3 月 28 日晚间，警方在讯问中，王景玉一度行使缄默权，后又声称自己为三皇五帝中的"尧帝"及"四川皇帝"，要求警方跪下。王景玉指出被害人长得像四川人，而自己是四川皇帝，故杀之，又扬言自己要跟四川少女传宗接代，言行举止诡异。

该案引发社会各界的广泛关注。如马英九表示，"请'行政院'全力查明侦办，一定要还社会一个公道"；台湾大学法律学院教授李茂生表示这种事发生的周期会愈来愈

---

① 参见（台湾）"最高法院" 2016 年台上字第 984 号刑事判决。

短、频率愈来愈高，死刑与强制治疗无法解决问题，需要从改变社会结构开始。[①]

2017 年 5 月 12 日，士林地方法院一审判处王景玉无期徒刑，褫夺公权终身，法院认定他犯案时明知其行为违法，辨识能力、控制能力均与一般人无异，不能适用台湾地区"刑法"第 19 条规定不罚或减轻其刑，但他罹患思觉失调症，依据两公约中不得对精神障碍者判处死刑的规定，没有判处死刑。2018 年 7 月 3 日，高等法院二审宣判，王景玉对儿童犯杀人罪，处无期徒刑，褫夺公权终身，并于刑后监护 5 年，可上诉。2018 年 12 月 20 日，台湾地区"最高法院"三审宣判，原判决撤销，发回台湾高等法院更审。2020 年 1 月 21 日，高等法院更一审宣判，王景玉对儿童犯杀人罪，处无期徒刑，褫夺公权终身，可上诉。2020 年 4 月 15 日，台湾地区"最高法院"三审宣判，驳回检方与王景玉上诉，处无期徒刑定谳。

### 3. 北投女童割喉案

2015 年 5 月 29 日 16 时 20 分左右，龚重安翻越北投区某小学校园后门围墙，至四楼 6 年 1 班旁的女厕所，拿出预藏的水果刀，于 16 时 30 分朝落单的 8 岁女童的颈部割下 2 刀，伤口达 10 厘米，女童当场倒地。嫌犯在厕所内"确认"成果后，于 16 时 36 分使用手机打电话报警，自称犯案。女童颈部的气管、血管、肌肉被割断，到院时无呼吸、心跳与意识，5 月 30 日宣告不治身亡。

2015 年 7 月 15 日，本案涉案人龚重安被士林地检署求处死刑。2016 年 2 月 26 日，士林地方法院一审宣判，判处无期徒刑，褫夺公权终身。2017 年 5 月 9 日，高等法院二审宣判，判处无期徒刑，褫夺公权终身。2017 年 8 月 3 日，台湾地区"最高法院"维持二审判决，判处无期徒刑，褫夺公权终身定谳。

据报道，该案一审因被鉴定"罹患思觉失调症"，法官认为龚重安接受治疗后，有教化可能性，故判无期徒刑、褫夺公权终身。全案上诉高院后，龚重安出庭时数度强调自己没有精神病，并否认装病求生，宣称一心求死，反问"为何只问我为什么杀人？而不是问别人为什么逼我杀人"，并请合议庭判处死刑。[②]

### 4. 黄麟凯杀人案

该案中，黄麟凯于 2013 年 10 月 1 日 16 时，持交往期间取得的前女友王某家中钥匙潜入，行经走道时遇见休憩中的王某的母亲，激起黄麟凯主观上认为王某母亲瞧不起其为单亲家庭背景及过往冷漠态度之仇恨心理，未放弃原先欲杀害王某之念头，更萌生杀害王母之犯意，故而以童军绳将王母勒毙。杀害王母后其未离开王家住宅，而先至浴室拿毛巾擦拭王母指甲缝，欲去除王母生前抓伤其脸颊留下之皮屑，之后潜伏

---

① 《内湖无故冤杀事件》，https://zh.wikipedia.org/wiki/%E5%85%A7%E6%B9%96%E7%84%A1%E6%95%85%E5%86%A4%E6%AE%BA%E4%BA%8B%E4%BB%B6，访问日期：2020 年 11 月 27 日。

② 蔡孟筑：《北投女童割喉案龚重安"一心求死"，高院二审判处无期徒刑》，https://www.storm.mg/article/263411，访问日期：2020 年 11 月 27 日。

在屋内厨房等待王某返回家中后杀害。同日 17 时 20 分许，黄麟凯见王某返回住处后，即头戴头套自后偷袭，并于王某房间内以童军绳捆绑王某双手，在违反王某意愿情况下对王某进行强制性交行为得逞，后以童军绳将王某杀害。王某因遭黄麟凯勒颈致呼吸性休克窒息死亡。[①] 该案最终由台湾地区"最高法院"三审判决死刑，褫夺公权终身。

除此之外，还有华山分尸案、南岗小模奸杀案等，这些案件都有一个共同之处：辩护人均有同一名律师，即被称为"魔鬼代言人"的黄致豪。他也是电视剧《我们与恶的距离》主角之一王赦律师的原型人物。黄致豪律师在演讲中说道："我们在一生的各个环节中，都曾经微微地走偏过。在我承接这一系列的案件时，我常想：其实我跟我的当事人并无太多的差异，只是我站在这，他们站得更偏，最终他们不慎滑了下去。所以若在日常生活中看到，一些年轻个体出现偏差特质时，请不要大惊小怪，而是前往倾听。或许这么做，我们有机会可以避免一桩悲剧、许多的伤亡。""我自己是司法实务工作者，常有感于司法体系跟一般人之间巨大的沟通鸿沟。司法体系里的人常问的是：为什么普罗大众不了解我们要诉诸的、在意的究竟是什么？若从法律人类学的研究观点，问题则会被转化为：为什么司法从业人员与圈外人的观点，对于单一事件的想法落差竟可以如此巨大？进一步要问的是：如果参与一个系统的多数人，都觉得这系统的运作很糟糕，究竟要以司法工作者的观点来改革，还是以使用这系统的民众而改？每当出现重大案件，这类争辩就会显得特别严峻——像是郑捷的北捷杀人案，之前龚重安犯下的北投小学割喉案，以及王景玉的内湖随机杀人案。"[②]

### （二）专题研讨问题

请结合以上材料，回答下列问题：

#### 1. 必答题部分

（1）何谓"魔鬼代言人"？

（2）公众对律师职业经常存在的疑问是为什么要为坏人辩护，尤其是郑捷这种罪证确凿的犯罪嫌疑人，如何回应这个问题？

（3）如果你是律师，是否会选择接这类案件？为什么？

（4）如果你是律师，是否会因自己杰出的业务能力使得被告人刑期变短或逃脱死刑而感觉有一丝良心不安？

#### 2. 选做题部分（至少选择一个回答即可）

（1）有观点指出："精神障碍是被告人的免死金牌或脱罪手段。"你是否认同？

（2）有人提出了一个问题："司法如何修复受害人家属的创伤？"司法是否需要修复受害人家属的创伤？如果需要，应当如何修复？

---

① 台湾"最高法院"2017 年台上字第 810 号刑事判决。
② 《黄致豪：为了对抗怪物，我们必须变成怪物？》，https://theinitium.com/article/20161027-opinion-leonhuang-monsters/，访问日期：2020 年 11 月 27 日。

（3）关于"此人没有教化可能性"，你认为是否每个人都可以被教化？

（4）杀人犯的形成，社会需要负多大的责任？或说，我们是否有必要研究杀人犯是如何形成的？

（5）有观点指出："如果一个个体对自己的存在感到怀疑时，他会选择磨灭自己，但在磨灭自己的同时，又渴望得到别人的关注。"你觉得同时满足这些要求的手段会是什么？

（6）如果你看过《我们与恶的距离》，关于这部剧和专题探讨二的内容，有何感想也可阐述。

## 二、研讨作业展示

本专题主要以黄致豪律师及其辩护的案件为切入点，探讨律师的职业伦理，从而对公众关心的律师是否可以为"坏人"辩护的问题作出探讨。以下三篇是关于本专题探讨的作业，分别展示出学生关于相关问题的观点及其对律师职业的构想，可在一定程度上引发我们的思考和探索。

### （一）作业一

#### 1. 何谓"魔鬼代言人"？

当"魔鬼代言人"这个词汇映入眼帘时，我脑海中浮现出曾经看过的一部电影。电影的名字为《魔鬼代言人》，这部电影的主人公是一名律师，他为了心中的公平正义选择了律师这个神圣的职业，却在权力和利益的引诱下逐渐迷失了自己，开始昧着自己的良心，不问公平与正义，为权贵者、作恶者进行辩护，从正义的化身变成了名副其实的"魔鬼代言人"。

而在台湾，有一位著名律师叫黄致豪。他为轰动一时的四大凶杀案的被告人进行辩护，顶着社会舆论的压力，不畏网络暴力、人肉搜索、社会谴责，毅然决定为其进行辩护，甚至他家庭的其他成员都受到了侵扰，被称为"魔鬼代言人"。

以上两个例子中的律师都被称为"魔鬼代言人"，"魔鬼"这个定语，更多的是社会大众根据朴素的价值观和社会观及社会伦理道德进行的评价，在社会大众看来，为罪大恶极的人进行辩护是一种应受到社会谴责的行为。

综上所述，我认为"魔鬼代言人"是为那些被社会公众所认为罪大恶极的犯罪嫌疑人进行辩护的律师。

#### 2. 为什么要为坏人辩护，尤其是郑捷这种罪证确凿的犯罪嫌疑人？

首先，应当明确的是坏人如何界定。在法律上，没有好人和坏人之分，因为法律明文规定未经人民法院审理和判决，任何人都不得确定有罪，在宣判之前都只能叫作犯罪嫌疑人。但是，对于罪大恶极且证据确凿的凶手，人民群众会依据朴素的价值观为犯罪嫌疑人冠上"坏人"的头衔。

其次，就算是罪证确凿的犯罪嫌疑人也要为其辩护，这是为了保障犯罪嫌疑人所享有的辩护权，是防止冤假错案发生必不可少的环节。我国《刑事诉讼法》第33条规定："犯罪嫌疑人、被告人除自己行使辩护权以外，还可以委托一至二人作为辩护人。"此法条为犯罪嫌疑人、被告人设立辩护权，其立法目的是使案件得到公平正义的审判，使每一个案件的当事人都感受到公平正义。辩护权是公民的一项基本权利，这种权利受到法律的保护。在司法实践中要确保犯罪嫌疑人、被告人辩护权的行使，确保有律师为其提供法律服务，防止出现迫于社会舆论压力而没有律师为其提供法律服务情形的出现，也防止出现迫于办案压力而发生冤假错案的情形。例如聂树斌案，犯罪嫌疑人在证据没有形成一个完整的证据体系时就被判刑，设想当时如果有专业的刑辩律师为其辩护，整理案件事实，对控方提出的证据进行合法性、关联性、真实性的质证，那我想很多证据都不会得到法院的采纳，他年轻的生命就不会因此而消逝，美好的青春年华也不会在监狱中度过。因此，案件的审理需要法定的程序作为保障，需要司法机关或是律师的帮助，而不能就一家之言作出认定。如果忽视对犯罪嫌疑人辩护权利的保障，那便还会出现呼格吉勒图案、聂树斌案等这样的冤假错案。

最后，为坏人辩护也是为了维护法律的权威，为了保障正义的实现，为了追求司法公正。法律不仅需要实体正义更需要程序正义，从程序上来讲，未经人民法院审理和判决，任何人都不得确定有罪。也就是说，在未经法院判决之前，"坏人"只能叫犯罪嫌疑人，辩护是程序正义的一种体现，更是犯罪嫌疑人行使权利的体现。在一个案件之中，有了律师提供的法律服务才能更好保障犯罪嫌疑人的合法权利，得到公正的判决。反之，如果不为犯罪嫌疑人进行辩护，就依据案件的事实和证据及相关法律对其作出判决，犯罪嫌疑人的辩护权利无法得到保障，判决是否公正、是否令人信服也难以保障，不利于司法公正的实现。

综上所述，要为"坏人"进行辩护。

### 3.如果你是律师，是否会选择接这类案件？为什么？

如果将来我是一名刑辩律师，我会选择接受这类案件。

首先，为了我的职业操守和追求公平正义的法律之心我会接受。在我国，未经法院审理和判决，任何人都不得确定有罪。辩护权是犯罪嫌疑人、被告人的一项基本权利，应当受到法律的保护。而律师的使命就是追求公平正义，维护当事人的辩护权利也是律师追求公平正义及遵守律师职业规范的一种体现。亨利·布劳斯曾说："律师出于对委托人的神圣职责，只要受理该案就只对他一个人负责。他须用一切有力手段去保护委托人，使他免遭伤害，减少损失，尽可能地得到安全。这是他的最高使命，不容有任何疑虑；他不需要顾忌这样做会给别人带来的惊慌和痛苦。"

其次，作为一名律师，为委托人辩护是自身社会价值的体现。随着我国公民权利意识的不断提高，当人民群众的合法权益受到侵害时，首先想到的就是寻求法律的帮助，律师在他们心中就是正义的守护神，帮助其实现自身的合法权益。维护当事人的权利和利益，也是律师这个职业存在的价值。

最后，犯罪嫌疑人的人权应当受到平等的保障。律师，既不是天使，也不是魔鬼，而是一群追求公平正义的实践者，一群通过参与司法活动努力实现社会公平正义的法律人。在律师眼中，没有好人和坏人之分，不管是什么案件什么人，只要是案件的委托人，都应为其辩护，都应当依法保障其合法的权利。这种保障，不应该只是一种形式上的保障，更应该是一种实质上的保障，这种实质的保障就是犯罪嫌疑人及其委托律师的辩护权，这种权利不容剥夺。

**4. 如果你是律师，是否会因自己杰出的业务能力使得被告人刑期变短或逃脱死刑而感觉有一丝良心不安？**

不会。

我国的审判模式为控辩式，由控、辩、审三方组成。法院的法官行使审判职能、检察官行使控诉职能、辩护律师行使辩护职能。法官依据控方和辩方的辩论，依据事实和法律对案件进行判决，而不是只听信律师的一家之言而作出判决。以事实为依据，以法律为准绳是我国一大法律原则，律师只能在法律规定的范围内依据法律和程序为委托人收集有利于己方的证据，并对证据进行合理有效的运用和质证。如果我的辩护观点成为法官考虑的因素，从而使我的当事人刑期变短或不用被判处死刑，这证明我的举证、质证及辩护是合法合规、有效的辩护，法官充分听取了我的辩护意见并采纳其中合理的部分，这是我作为律师通过合法合规的辩护为我的当事人争取的合理量刑，并没有为我的当事人逃脱法律的制裁。这符合了律师的职业规范，并在一定程度上维护了公平正义。我的辩护是法律所认可的，我的辩护是合法合规的，更是遵守职业规范的，所以我不会感到不安。

**5. 选做：杀人犯的形成，社会需要负多大的责任？或说，我们是否有必要研究杀人犯是如何形成的？**

赵汀阳先生曾说社会要为幸福生活的创造提供足够多的物质条件和社会条件，让生活在社会中的每一个成员都有能力去创造生活继而获得幸福。只有每个人都幸福了，社会才能蒸蒸日上，社会的人员才能够看到社会的美好和前途的光明而选择好好生活，不再去违法乱纪，不再实施犯罪的行为。

杀人犯的形成，社会需要负一定的责任，在大多数情况下，杀人犯通常都是在社会上受到了不公平的对待或是无法妥善处理人际关系的情况下，无法向身旁的人倾诉抑或没有得到及时的劝诫，从而产生一种报复心理。这种心理不断发酵，濒临崩溃的他们放眼社会，感受不到社会的温暖，满眼都是社会的险恶，从而走向了犯罪的深渊。因此有必要探究杀人犯背后的心理、案件的发展脉络等影响案件产生的因素，进一步向社会大众揭示杀人犯的形成原因，防微杜渐。

（山东师范大学法学院 2019 级研究生 杨娜）

## （二）作业二

### 1.必答题部分

（1）何谓"魔鬼代言人"？

这个名词应该出自 1997 年上映的美国片《魔鬼代言人》。该片讲述了这样一个故事：一个年轻有为的律师来到纽约发展，给一名强奸犯成功开脱罪名后名气大增，于是他逐渐在这样的成功下沉沦，渐渐为了钱而辩护，在其中承受诱惑又饱受挣扎。由此推断，魔鬼在此有两个意思：一是指本身并不清白，身怀罪恶，本质邪恶的人和事；二是指名声、财富、地位、美色等利益和诱惑。代言则可以理解为替它发声，为之服务的人。那么魔鬼代言人就可以指，为了这些利益或禁受不住以上诱惑，亲自参与或指示他人参与进该罪恶邪恶事宜的人。而这部片子的主人公又是律师，在本课被提及，因此有了一层法律色彩。所以，此处应该指为了这些利益和诱惑，丧失原则和底线，给那些本身并不清白，邪恶、罪恶、丑陋的坏人和坏事辩护、宣张的人。

当然，因为人和事是复杂的，对错并不唯一单纯，所以这里的"魔鬼"是指最泛概念化的，大众主观认识里第一直觉必定是的，"纯粹的"坏的罪恶和"纯粹的"糟糕的恶欲。

（2）公众对律师职业经常存在的疑问是为什么要为坏人辩护，尤其是郑捷这种罪证确凿的犯罪嫌疑人，如何回应这个问题？

其一，法律面前人人平等，都享有合法权利并承担应尽义务。即使他是所谓坏人甚至罪证确凿，也依旧享有被辩护被公正审判的权利，享有其他合法权利。律师不单是为当事人/被告人辩护，保障当事人/被告人权利，更是为当事人/被告人所代表的整个权利主体，其所拥有的权利象征，以及整个法律关系秩序辩护和服务。

其二，为了司法公正。一方缺乏辩护保护，容易造成法庭上势力失衡，增加了判决错误、失误、不适宜、不恰当等问题出现的可能性。这会影响司法公正和整个法律秩序的维持，甚至造成公权力破坏正常生活的后果，导致公平正义最终无法实现。

其三，为了提高效率，争取最优结果。辩护过程实质也是控辩双方较量的过程。谁的证据更充分真实，更有证明力，更能说服法官，就能更好实现自己的预期。这不仅有利于控辩双方自我主张的实现，也有利于帮助中立的法官看清案件全貌，调查确认事实。为此，即使是罪证确凿的坏人，辩护人的存在也将逼迫双方更努力地参与案件调查，并尽力缜密论证，从而辅助法官实现最佳判决。

其四，职业道德，程序需要。律师在整个法律体系和司法程序里，更多是作为一个有主动性的工具，基于当事人的立场服务司法，以促成整个司法体系的正常运转。

（3）如果你是律师，是否会选择接这类案件？为什么？

也许会。一是在个人能力范围内；二是出于对当事人的好奇，对事实真相的探索欲、参与欲（如果是刑事案件，可概括为对犯罪学的研究热情）；三是对职业道德和职业信仰的审慎审视；四是对自我的挑战。

（4）如果你是律师，是否会因自己杰出的业务能力使得被告人刑期变短或逃脱死刑而感觉有一丝良心不安？

不会。为当事人辩护是律师的职责，而审判、司法公正是法官的职责。被告人能否刑期变短或逃脱死刑最终是由法官决定的，是其基于自己的自由意志和理性判断形成的自由心证。律师主要负责司法程序，保护被告人合法权益，为庭审提供补充案件信息，参与庭审答辩，推动部分事实还原，针对案件站在被告人的立场提出法律意见，辅助完善审判裁量，不应承担或完全承担法官判决结果带来的责任，因而良心不安。

但就我个人而言，可能会对被害人及其家属有一定愧疚。不过这是基于对被告人身上所体现出的恶的仇恨，对被害人遭遇的同情，对法益受损的遗憾，对司法审判中法律理性与个人情感终极冲突的无奈。这是由于无法充分回应和满足被害人及其家属情感价值需求而产生的愧疚，不是对自己行为的错误认定和愧疚。

2. 选做题部分（至少选择一个回答即可）

（1）有观点指出："精神障碍是被告人的免死金牌或脱罪手段。"你是否认同？

不完全认同。现实中确实存在有人伪装成精神障碍来免死脱罪的现象，但这不能说明所有患有精神障碍的被告人就都是伪装的。以小部分被告人伪装患有精神障碍去给其他患有精神障碍的被告人甚至所有被告人贴标签，无异于另一种暴力，无能无用且无效。更关键的问题在于如何完善严格程序，更好甄别真假精神障碍患者，以及如何惩治此类伪装脱罪行为。

（3）关于"此人没有教化可能性"，你认为是否每个人都可以被教化？

不认为。现实是残酷的，人是可以被极端异化的。那些生命观世界观完全违背常理且异常坚持执拗的人是没有太大被教化的可能性的；即使可以，他们的教化过程也势必漫长而艰难，收效甚微。但是，不是每个人都可以被教化不意味着大多数人不可以被教化，我们不应当完全放弃教化的可能性。

（4）杀人犯的形成，社会需要负多大的责任？或说，我们是否有必要研究杀人犯是如何形成的？

有必要，事实上犯罪学领域有不少这样的研究。而研究杀人犯是如何形成的，将有利于我们更好地改善社会氛围，发现解决教育问题，对犯罪分子进行更好的教化，降低潜在犯罪率，或者说，更好地避免潜在犯罪人向真实犯罪人转化（个人认为，这项研究对降低实际的犯罪率没多大作用）。

但是，有必要是有必要，这样一项研究势必投入不菲且工期漫长。如何衡量、取舍、研究是需要仔细定夺的。

（5）有观点指出："如果一个个体对自己的存在感到怀疑时，他会选择磨灭自己，但在磨灭自己的同时，又渴望得到别人的关注。"你觉得同时满足这些要求的手段会是什么？

这相当于是问：某类特定的自我毁灭艺术表现形式有哪些。在所给案情中无差别杀人是一种，其余的还有：昭告天下或有提前暗示的装成他杀的自杀行为（如被车撞），无下限的道德绑架、委曲求全、挑衅的行为，加入某犯罪集团执行某犯罪活动，等等。从心理学上讲，毁灭其实无非是对外破坏和对内破坏，以祈求外部力量来实现物理意义的消灭。但值得注意的是，也许，前提是也许，因为个人无实证也无确知，存在这样一种情况：对自己的存在感到怀疑从而想要磨灭又渴望得到关注，在某次意外中选择牺牲自己帮助他人来达成消灭目的——这大概也是满足以上要求的一种。

于是，这种特定的自我毁灭，除了破坏外，理论上还存在以契合社会利益和价值导向来达成磨灭的可能。那么接下来的问题就是如何让更多的此类人放弃破坏型手段，向积极型靠拢，甚至回归正常社会，或者，至少让他们在走向最终的破坏型手段前多坚持一会儿。不过这也是犯罪心理层面的研究了，我国在此方面仍有待发展。

此外，因为相关内容提到了黄致豪，所以觉得有必要表达一点——我个人不赞成废止死刑。一是废止了，被害人家属的情绪无处可去，刑罚报仇惩戒目的削弱，司法效果和公信力可能反向受到侵害；二是废止死刑意味着刑罚丧失了最有力的威慑，人性弱点容易泛滥，社会秩序不安定，无法实现刑罚预防目的，还会产生大量供养成本；三是人权保障、人文关怀，如何维护关爱每个人和个人的尊严，与废止死刑没有真正关联，不应简单断言。综上，在没有想出、听到更好的解决办法，看到良好的改善趋势前，我对死刑的存废问题持保留意见。

（山东师范大学法学院 2018 级本科生 于烨文）

## （三）作业三

### 1. 何为"魔鬼代言人"？

"魔鬼代言人"这一名词出自电影《魔鬼代言人》。这部电影的结局让我有点吃惊却又觉得十分合适，本以为会像大部分题材那样，主人公在经过一件事醒悟后，马上彻底改过自新，彻底变了一个人。可想来也对，现实往往没有那么神奇，也没有那么美好。人性本来就充满弱点，一念成佛，一念成魔，不过是一瞬间的事情，一个选择就可能坠入深渊。我也相信每个人心中都藏着一个"法外狂徒张三"。只不过是看自己如何掌控和把握善与恶的平衡罢了。所以，这个结局最好，让每个看过它的人，都能对人性心怀忌惮和敬畏。

因此，那些为罪大恶极的坏人辩护的律师就被称为"魔鬼代言人"。发生一个恶性社会事件时，常看到有人说"地狱空荡荡，魔鬼在人间"，即那些坏人如魔鬼一般，为他们辩护的律师即为他们的代言人。这就是这个名称的由来。

可通过观看这部电影，还有受另一位同学作业内容的启发，我也在思考"魔鬼代言人"是否还有另一种意思。即那些为坏人辩护的律师就像魔鬼一样，放任犯罪，就好比撒旦在人间的化身和代言人，所以称其为"魔鬼的代言人"？我觉得还是蛮有道理的。

简言之，在一般大众看来，为坏人辩护的律师被冠以这个称谓，明显不是个好词，明显带有贬义色彩。而现实中最典型的人物，我想在大众看来恐怕是最近了解到的一名台湾刑辩律师黄致豪，他因为为多起具有极大社会影响力的案件中的罪大恶极的犯罪人辩护而被称为"魔鬼代言人"，比如说郑捷随机杀人案、内湖小灯泡被害案、北投女童割喉案等案件。台湾民众对他看法不一。

### 2. 律师为什么要为"坏人"辩护？

关于这一部分的内容，我阅读了很多有关的书，为了找到完善和支持自己观点的资料，几乎一有涉及这方面的东西，就会马上挑动我的神经。

关于这方面的看法，我想要通过两个部分展开。其一，什么是所谓的"坏人"？

通过这些天的思考积累，我对"坏人"这个概念有了很多不同的认识，更多的是基于对《我们与恶的距离》这部剧的反思。这也是我为什么会给"坏人"一词打上引号的原因。由于这一部分可能会掺杂更多的个人思考和情感，而且与这部剧联系很多，想要表达的也很多，也怕杂糅其中无法理清，同时觉得下面探讨的事情偏理性，应该对理解文章不会有太大影响。所以在这里我们姑且先按照通常的"坏人"的含义去理解吧。

其二，律师为什么要为坏人辩护？我认为身为法律人、法学生，每个人多多少少都有关于这个问题的见解。只要你是一个称职的法律人或法学生，具有良好的法律素养和职业素养，我觉得对这个问题就不太会有疑问或质疑。质疑这个问题最多的往往是普通的民众。

为什么律师要为坏人辩护呢？——这个问题的存在即说明它还在被质疑，还须要探讨，所以律师为"坏人"辩护尚不是一个人人赞同的观点。那为什么普通的民众不赞成甚至十分抵制律师为坏人辩护呢？很显然，每个人对违法犯罪都有朴素的正义感，都有对善良和道德的价值判断。大部分的民众都是善良的，之所以说是善良的，是因为大家都能知道好与坏、善与恶的大概区分标准。所以，对做了很多十恶不赦的坏事的人，大家都知道这是不对的，"众人皆曰可杀之"，即恨不得立刻把坏人处死，不要让他们再祸害这个社会。但是，这个立即作出的果断反应可能没有被人们仔细辨别过真伪，人们可能也并不清楚事实真相。

再者，很多恶性事件，如郑捷随机杀人案。郑捷在公共空间中没有预兆地随机杀人，杀伤了那么多人，这无疑会引起人们的恐慌、恐惧。恐惧固然没错，每个人都希望平平安安地好好生活。但恐惧包括理性的恐惧和非理性的恐惧。理性的恐惧可以理解为每个人都想要一个好的社会；但不理性的恐惧是民众集体的歇斯底里，这才是最大的隐患。就像黄律师谈到这件案子时说的："一审检察官在结辩中，就指出了这份恐惧——不处死，无以平息民众的恐惧。我称这种恐惧为一种集体的歇斯底里：人民根本不清楚发生了什么事，只知道这么多人死了，或者受到伤害；这份恐惧加上对真相的无知，渐渐蔓延形成集体记忆的一部分，以至于作为人民代表的检察官，认为种种恐惧的源头——郑捷，应该要彻底地被抹灭。"大家都害怕这个坏人还活着，甚至还好好活在自己身边，害怕自己和家人不知何时也会遭此劫难，所以只想尽快把坏人绳之以法。但是处死一个人就能消除这种恐惧吗？恐怕不能。如果不去找出深层次的原因，当再一次发生恶性事件时，这种恐惧只增不减。而当民意形成压倒性优势时，这才是民意最容易失控的所在。

正如黄致豪律师说过的："民意既是果断、速决、激情，同时也是健忘的。"看到坏人的种种恶行，在激情、愤慨的心情下，民意容易立刻群起而攻之。而且，民众的观点有时候难免偏执。我们不能一味偏激地批判民众的正义观太过狭隘，毕竟朴素的正义观也很珍贵。就像黄律师说的那样："我不会喜欢但我可以理解大家的愤怒。"

但是，不能因为群众的偏见，法律就要附和而行。法律要尊重民众的感情，但是要超越民众的偏见。所以，下面关于律师为什么要为坏人辩护的探讨才有意义。首先，法律面前人人平等。不能因为某个人有了污点或最有犯罪嫌疑，或者人民觉得他罪大恶极，他就应该被一棍子打死。这也是人权保障的一个方面。正如罗翔老师在《圆圈正义》中所说："刑法应该在惩罚犯罪与保障人权这两个价值之中寻找平衡。"其次，根据《刑事诉讼法》第 12 条法院定罪原则："未经人民法院依法判决，对任何人都不得确定有罪。"即使人们觉得一个坏人再怎么罪大恶极，在法院依法明确判决前，都应认为他是无罪的。并且根据疑罪从无的原则，每个犯罪嫌疑人在被彻底查清楚犯罪事实和确定定罪依据之前，是禁止被有罪类推的。

而且，就像著名的美国律师、法学教授艾伦·德肖维茨（Alan Dershowitz）所说："一方当事人完全握有绝对真理的案件是非常罕见的。大多数案件都不是非黑即白，只是一个程度的问题。即使在那种黑白分明的案件中——被告人要么做过，要么没做过，也都存在回旋的余地。"可见，即使是离案件最近的法律工作人员都有可能看不破真相，那些没有亲眼所见、亲身所感就立即判定一个犯罪嫌疑人就是罪人的人的想法是多么幼稚可笑。而且，有多少被民意左右着急把一个犯罪嫌疑人定罪处死的冤案，最后真相大白时，斯人已逝，即使被平冤昭雪，生命不可再来、不能挽回，还有什么实质意义呢？

在《律师为什么替"坏人"辩护？——刑事审判中的真相与谎言》一书中，贯穿全文的一个问题"如何保证无辜者不会蒙冤、有罪者罚当其罪？"，这是自人类文明产生以来就一直存在的并且始终难以解决的巨大难题。这个问题值得每个人深思。正如罗翔老师在《圆圈正义》中所说，律师为罪行重大之人辩护，正是为了防止无辜之人枉受追究。而律师为坏人辩护也是为了进一步接近案件事实的真相，让有罪者罚当其罪，还被害人、公众和社会一个真正的公道，而不是仅仅局限于群众看到的表面上的事实即为"真相"。这也是实体正义的要求所在。

再者，根据《刑事诉讼法》第 14 条保障诉讼参与人诉讼权利原则第一款："人民法院、人民检察院和公安机关应当保障犯罪嫌疑人、被告人和其他诉讼参与人依法享有的辩护权和其他诉讼权利。"可知，每个"坏人"都享有获得辩护的权利。任何人不得随意剥夺。艾伦·德肖维茨在他的著作《致年轻律师的信》（*Letters to a young Lawyer*）

中说:"每一名被告人——无论他是否有罪、是否受欢迎,也无论贫穷,都必须在道德规范允许的范围内得到充分辩护。"从某种意义上说,"律师不是在为'坏人'辩护,而是在为'人'的辩护权辩护"。

还有重要的一点,为任何需要辩护的人辩护是律师的职责所在。罗翔老师也谈过律师为什么要为坏人辩护这个问题。老师说,如果有一天你也成为被告人,你是否希望有律师为你辩护?很多人盲目地批评律师为这些罪人辩护是"助纣为虐",对律师恶语相向,可是如果有一天,命运捉弄,你成了那个被所有人认为是罪人的人,就在你百口莫辩、大喊冤枉却叫天天不应叫地地不灵时,扪心自问一下,你是否还能坚持这个偏见?很多事情不发生在自己身上,看到别人的苦难时,大多数人都只会庆幸幸亏不是自己吧。而美国联邦最高法院前大法官乔治·萨瑟兰(George Sutherland)曾经说过:"没有律师代理,被告人就算完全无辜,也有定罪之险,因为他不了解证据规则,无法判断指控成立与否,也不懂如何做无罪辩护。"

那么,律师的使命是什么?"律师必须在法律范围内维护当事人的合法权益。与其说律师是在捍卫当事人的利益,不如说是在通过捍卫当事人的利益维护法律的尊严。"(出自罗翔老师的《圆圈正义》)律师辩护制度存在的目的和意义并不仅在于为个案中某个罪大恶极的人辩护,而更是为了保护有可能被错误地牵连的任何一个人,可能是你,也可能是我。

需要注意的一点是,这并不代表律师就是其当事人的拥护者。"我们选择为面临死刑或长期监禁的人辩护,并不代表我们同情这些杀人犯、强奸犯、抢劫犯或团伙犯罪……如果说一个杀人犯应当被处死,那么就必须经过合法公正的程序剥夺其生命。"(出自艾伦教授)律师也是具有人性的。每个人都有自己讨厌的事情和害怕的事情,律师并不像人们想象的那么冷血,他们只是理性客观。而且我愿意相信每个最终选择法律道路的人,都满怀热情和正义。

黄律师接下那么多为罪人辩护的案子,他和家人都要忍受来自社会的各种不满与不理解,成为千夫所指的对象,受到很多恐吓威胁,甚至有时候会有生命危险。如果不是热爱,谁能坚持?而且黄律师说:"我也是一个父亲。""律师最难的一刻便是打开卷宗看到被害人照片时。"记得他说自己有一次要接案子时也很犹豫,他和年幼的女儿沟通,想听听女儿的想法,而女儿很赞成爸爸的想法。得到女儿的支持后,他终于下定了决心。

律师为"坏人"辩护也是为了更好地实现司法公正,维护程序正义,给罪犯公正的入罪程序,为每个人带来公正的判决结果。"在刑事诉讼中,检察官代表国家提起公诉,律师提供辩护,法官居中裁判;没有法官居中裁判,无法给予罪犯其应得的惩罚;没有律师的帮助,在强大的国家机器面前,任何个人都不过是蝼蚁,司法机关极易陷入司法擅断。在刑事审判的这个三角结构中,任何一角都不能偏废。""律师是一种达致平衡的力量。"(出自《律师为什么替"坏人"辩护?》)而律师与司法机关也不应站在对立的极端。"律师与司法机关的目标是一致的，他们都是为了维护法律的尊严，辩护不仅是为了保护无辜公民，也是为确保司法的公正。"（出自罗翔老师的《圆圈正义》）

最后，最重要的一点，就是法治建设的要求。"一个国家是否有真正的自由，试金石之一是它对那些有罪之人、为世人不齿之徒辩护的人的态度。"（出自艾伦教授）"法治社会需要律师，尤其需要律师为公众所厌恶之人提供辩护。只有当越来越多的律师投身这一伟大事业时，法治中国的梦想才能成为现实。"（出自罗翔老师的《圆圈正义》）因此，我认为，社会大众能否公正客观地看待罪证确凿、罪大恶极的被告人，是一个民主法治社会衡量的标准之一。而在这一点上，我们国家还有很长的一段路要走。

3. 如果我是律师，是否会为"坏人"辩护？

如果我已经成为一名刑辩律师，如果自己业务能力和专业能力可以胜任这份工作，且如果有人信任我，选择我来为其辩护的话，出于自己对法律尊严的维护、对公平正义的追求和职业道德的要求，我会为"坏人"辩护。

可是现在的我只是一个刚进入法学之门的学生，还没有能力去担当重任；而且说实话，现在的我还不够强大，可能也会畏于人言，没有那么大的勇气去面对社会大众的不理解和指责，也怕自己的家人会受到干扰和伤害。我知道自己是一个很容易共情的人，最害怕的是自己没有那么大的勇气去面对，也不知该怎样面对受害人及其家属。

所以我很欣赏和钦佩黄律师和艾伦律师，他们不只说还身体力行，有我现在可望而不可即的勇气和能力。虽然我目前的职业规划也不是成为一名刑辩律师，但未来我会从事何种职业还尚未可知。

我也不批评那些不接受为"坏人"辩护的律师，毕竟就像黄律师说的，律师不接受这种案子，并不代表他们的素质差，这只是选择的问题。可总需要有人站出来为这些"坏人"辩护，而这些人才是真正的勇者。

4. 如果我是律师，是否会因自己杰出的业务能力使被告人刑期变短或逃脱死刑而感到良心难安？

我认为"逃脱"一词本身就有贬义的味道。如果一个人罚当其罪应被判处死刑，但最后却没有被判处才叫"逃脱"。如果我的当事人是因为我杰出的业务能力而得到正确的判决，我应该感到骄傲。因为我遵循了职业道德规范，遵从了内心对正义的追求，尽职尽责地辩护，最终为我的当事人获得了罪责刑相适应的判决，我怎会良心不安？如果我没有做到竭力辩护，我才会良心不安。那些违背职业道德规范和公平正义，徇私枉法，为不法之人逃脱了法律制裁的律师才应被称为真正的"魔鬼代言人"。

最后，借用罗翔老师的话结束这篇文章："愿我们每个人都能成为法治之光！"

（山东师范大学法学院 2018 级本科生 郝文）

# 附录三　职业信仰：法律人的成长是否符合社会期待

"我们与恶的距离"，不仅是法律人与罪犯之间的距离，还是法律人自身的行为与"恶"的距离，这值得我们深思。在学习完法律职业伦理的基本内容之后，本部分需要探讨的是法律人的职业信仰问题，这既是法律职业伦理的重要内容，也是法律职业伦理的最终价值追求。因此，对法律职业信仰和法律职业人员成长的探索和研讨，是对法律职业伦理学习和反思的有效方式。

## 一、专题研讨资料与问题

本专题以部分影视资料与现实案件相结合，围绕法律职业信仰进行探讨，由学生自拟选题作出论证。

### （一）专题研讨资料

本专题将部分纪录片、电影和资料组合，围绕法律职业信仰展开，主要资料简介如下。

#### 1. 纪录片《女大法官金斯伯格》

2020 年 9 月，美国联邦最高法院大法官鲁斯·巴德·金斯伯格（Ruth Bader Ginsburg）去世。金斯伯格是美国联邦最高法院的第二位女性法官、第一位犹太裔女性法官，也是哥伦比亚法学院历史上第一位获得终身教职的女性，是最高法院的自由派法官之一。金斯伯格在 1973—1976 年之间在最高法院为 6 个性别歧视案件辩护，其中 5 个案件胜诉，被称为 20 世纪 70 年代争取妇女权利的法律设计师。1993 年克林顿总统提名她为联邦最高法院大法官并获得参议院听证通过，成为最高法院第二位女性大法官。金斯伯格在大法官任上工作了 27 年，直至去世。她在大法官任上多次经受癌症的死亡威胁，但她以坚强的意志多次击败病魔，其对法律的信守及面对死亡的无所畏惧为我们树立了榜样。该纪录片讲述了她的生平事迹。

#### 2. 电影《黑水》

该影片是由托德·海因斯（Todd Haynes）执导，马克·鲁法洛（Mark Ruffalo）等人主演的历史传记片，于 2019 年 11 月 22 日在美国上映。该片改编自企业律师罗伯特·比洛特（Robert Bilott）的真实故事，讲述了罗伯特·比洛特律师接手了一起环境诉讼案，针对自己曾经服务过的化学公司展开调查，并与该公司展开各种法律较量的故事。该案中罗伯特·比洛特是一名企业辩护律师，曾帮助多家公司辩护，但受一农民委托，调查多宗可能跟杜邦公司开设化工厂相关的死因不明案件。经过多次调查，罗伯特·比洛特深入研究了杜邦公司的文件，发现该公司生产的特氟龙属于持久性有机污染物，会诱发动物或人类出现癌症。经过多年努力，罗伯特最终决定代表每个家庭分别发起诉讼，总数达 3535 起。前三场诉讼他获得了胜利，受害者获得了数百万美元补偿。由此，最终杜邦公司同意就集体诉讼赔偿 6.71 亿美元。

### 3. Ted演讲视频：《通过司法特考窄门的精英，怎么会如此不符合人民的期待？》

该演讲由台湾东吴大学法律系教授萧宏宜所作。他发出感慨："又是一个无罪判决，难道整个台湾的法院，都是我们的侏罗纪公园？"无罪推定、罪疑唯轻原则、毒树果实、实质影响说、正当法律程序，为什么审判一个嫌疑人，需要透过那么多的法律理论、学术名词去讨论法律？法院究竟是替被害人执行正义，还是要保护加害人？从民众的角度来看，这些受过专业法学教育、通过司法特考窄门的精英，怎么会如此不符合人民的期待？法官、检察官、律师等法律人，到底凭借着什么，审判人们的自由与否、死刑存活？这些，都是我们心中的疑问，也是该演讲在探讨的问题。

### 4. 公众号文章：《你看，那些恶心的法律人》

2020 年 4 月 12 日，某公众号发表了一篇名为《你看，那些恶心的法律人》的文章。该文章列举了当时备受争议的几个法律人事件，最终发出感慨："法律人，在很多人眼中是公平正义的化身。但有些法律人，就是在人间的恶魔。"[1]

### 5. 关于法学学生的质疑

有学者指出："很多学法学得好的同学，学着学着已经丧失人性了。"[2]该观点引发了诸多讨论。

## （二）专题研讨问题

本专题自由讨论，不作具体问题限制，结合相关资料列出两个主题进行论证或说明。

# 二、研讨作业展示

本专题主要通过学生的自由发挥，对法律职业信仰和法律人的成长作出分析，结合学生自己对法律职业的认识形成更明确的认识，并对未来的法律职业选择和职业追求形成一定影响。以下三篇为学生提交的关于本专题研讨的作业，展现了学生对该问题的深入思考。

## （一）作业一

电影内容简介：罗伯特·比洛特曾是一家化学公司杜邦集团的服务律师。直到有一天，一个农民联系他说，正是这家公司要为他家牛群无法解释的死亡负责。在一番思想挣扎后，他开始接手这个案件，随着调查的深入，他发现了一个黑暗的秘密，会把作为世界上最大公司之一的杜邦集团和一系列无法解释的死亡事件联系在一起。为了

---

[1]《你看，那些恶心的法律人》，https://mp.weixin.qq.com/s/C-zXUfjH8HyGUIBbfIVtEw，访问日期：2020 年 11 月 27 日。

[2]《很多学法学得好的同学，学着学着已经丧失人性了》，https://www.bilibili.com/video/av711619295/，访问日期：2020 年 11 月 27 日。

揭露真相，他开始和杜邦集团作斗争，不惜一切代价，冒着失去事业地位和亲人的风险，试图找到问题的答案。

台词摘录：

他愿意为了一个需要他帮助的陌生人，承担所有风险，我和你也许都不懂那是什么，但那不是失败。（And he was willing to risk all that for a stranger who needs his help. Now, you and I may not know what that is, but it's not failure.）

——《黑水》（2019）

众所周知，当代人面临着三个逃不脱的生活哲学问题："生命的起源""To be，or not to be"及"下一顿饭该吃什么"。这三个问题详细展开太过于复杂，综合来说可以归结于一个问题：我们到底为了什么活着。

这个问题看着仿佛与研讨三问题的内容风马牛不相及，其实在本质上并无什么区别，职业可以看作人们实现人生价值的一种方式，也承载着人们诸多的人生期待。生命存在的意义说白了就是"下一顿饭该吃什么"，对于一名希望投身于法律职业的人来说，我们为了什么出发，其实也就等于我们为了什么坚持下去。

人在每个年龄段都有着不同的人生追求，高中时想要考取一个理想的大学，大学时希望获得合适的工作和光辉的未来，年长后为了成家立业养家糊口，往往逃不开"名利金钱"。每个人都为了赖以生存的一切奋斗终生，走到人生终点时才发现，几十年漫长岁月，自己仿佛做了很多事，又仿佛什么都没有做。这个时候我们或许才会发现，童年时的人生追求可能成为我们一辈子最纯粹，也最值得坚守一生的理想。

就如我曾想要成为一名警察一般，每个同学都曾经憧憬过成为一个为了正义而战的人类英雄。而现在初接触法律学科的我们，也是一群真正热爱并决定将此作为毕生事业为之奋斗的年轻人。这在本质上来说都是我们的梦想，并无什么不同，我在小的时候会愿意为自己的小梦想多做一页练习题、少吃一颗糖果，而现在，我也同样愿意为了自己热爱的事业努力学习知识，对未来满怀期待。

但是我们也必须直面一个问题，梦想与现实总是有着不小的差距，童年的梦想未必能够实现，我们初入法律大门时所怀的远大理想抱负也可能会日趋平淡。但这并不意味着我们童年时拥有过的梦想是错的，也不意味着我们现在所怀有的一腔热血终究会付之东流。

最近这一段时间我们吃到了一些法律人的瓜，吃了半天才发现塌的是自己家的房子。在专业学习和日常生活中我们也常能接触到很多关于法律从业人员的负面新闻或法律职业中的灰暗面，很多年长的过来人都会嘱咐我们"要做好充分的心理准备"。这些所见所闻都在不经意间动摇了我们的未来期待值，对自己即将走上的道路产生了怀疑。

这种情况在每一条职业道路上可能都会出现，比如去年多发的"伤医案"，以及常发的教师师风师德问题，在无形中对相关职业的从业者施加了不小的压力。社会对于职业的期待越高，关注度自然越高，因而也会有更多的问题暴露出来。法律职业方面，社会对于律师、法官等身份的潜在偏见，以及其本身特殊的职业特点，是"法律这行不好干"的主要原因。法学是一门社会学科，与社会生活紧密相连，我们在学校学习到的理论知识注定无法涵盖未来职业中将要面临的难题，法律的实际运用场合也远比我们所想象的更加复杂，与课本上的理论知识更是差距甚远。

法律职业中的问题与灰暗面的确是现实存在的，这是我们不可否认的大前提。经过了法律职业伦理课程的学习，我们了解到很多法律职业中的困难，严苛的检察官法官入职条件与职业规范、实践中律师面临的执业困境、社会舆论的巨大影响力，还有那些因为贪污腐败、玩忽职守失去职业原则的"法律黑名单"，那些坚守初心却未能如愿的落寞背影，那些曾经心怀梦想却坦言对法律职业失去希望的年轻人……我们必须要承认，这一切都是真实的，也都是我们在未来即将面对的。

电影《黑水》中曾有人对主角说过一句话："你们律师从不会站在我们这边，包括你，你也是他们中的一员。"

这话说得令人伤心，可也令人无奈。律师也是人，也有家庭，有着自己的生活，电影后期由于主角坚持追寻真相而爆发的激烈家庭冲突已经让我们看到了生活的现实。追寻真相、坚守正义要付出的代价是巨大的，就算个人可以承受，家庭也难以维系。我们常能听到很多优秀法律人维护正义的光荣事迹，我们在仰慕的同时也应该明白，这一切的背后是我们无法想象的艰难困苦。没有人想成为随波逐流、冷漠无情的利益追求者，那些失去职业原则、法律信仰的所谓"法律人"，也曾是个微笑着踏出大学校门，意气风发、心怀正义的年轻学子，眼神也曾明亮倔强，满是期望。

说到这里，所谓激情与梦想好像从一开始就是用来消磨的，我们如今所怀的种种理想终究会如稚子痴梦一般沦为平庸，既然如此，我们要这虚无缥缈的信仰又有何用呢？倒不如实际一点，期望小一点，失望也会少一点。这话说得有道理，也有些没道理。有道理在符合经济学中的效益最大化原理，没道理在从一开始便理解错了法律信仰应有的作用。

我们作为未走出象牙塔的青年学生，现在对于法律信仰的探索未免浅薄而局限。每个人对于法律信仰的理解都是不同的，没有对错之分，但我们都确定的是，法律信仰在我们未来法律职业的道路上有着不可或缺的重要作用，甚至可以说，它是法律职业的灵魂所在。

"信仰"这个词多见于宗教中，我们甚至可以说法律其实也算是一种独特的"宗教"。我们经常认为法律信仰是用来规范法律职业者的，将法律信仰的作用局限化了。法律信仰不该是法律职业的附属物，反之，法律职业才是法律信仰的延伸。不是所有幼时心怀警察梦的孩子都能成为一名警察，但这不影响他坚守自己的信仰，以自己的方式去匡扶正义、维护秩序。

每个有着崇高信仰的人，都有一颗赤子之心，有着属于自己的乌托邦。我们所学习并持有的法律信仰在本质上可以说是所有法律人心中的乌托邦。在这里，我们尊重生命与个人权利、追求公平正义；我们坚持理性思考，维护法律的神圣地位；我们希望借以良法规范社会生活，平等地维护每一个人的合法权益。现实生活必然会与我们的期望有着不小的差距，我们也明白真正实现理想的法治社会难如登天，但这并不影响我们把它当成人生的追求，为此奋斗终生。进而言之，这其实也是我们从事法律职业的最终目的，是整个社会共同追求的目标。

说到此处，或许可以解答那位同学提出的问题：最初的梦想不一定会实现，但何必为此迟疑或失望呢？最初我们拥有的信仰，值得坚守一生。

人生总该有值得追求和坚守的东西，这也是我们人生的意义所在。人生路漫漫，我们面对着很多逆境与艰难抉择，我们将要走上的这条职业道路也必然是艰辛的，我们也会由于种种原因迷茫、失望、退缩。这些事会磨平我们的棱角，更改我们的性格，让我们变得随波逐流。再进一步说，如果我们身边的人，甚至整个社会的大多数都在做同一件事，尽管这件事是错的、是令你不齿的，你难道可以保证自己不会跟着做同样的事、持有同样的观点吗？

我们都不敢对此作出断言，在这种情况下，如果没有足够强大的精神支撑，我们很难坚守初心。这或许就是同学们最担忧的"一切都沦为了平庸"，也是大多数人最终会走向的结局。人生的选择没有错对，若你追求的是名利，期望的是大富大贵或安稳平静的人生，你可以为此毫无负担地奋斗终生，但你若追求的是坚守公平正义的法律信仰，你同样可以为此牺牲其他，无怨无悔。

法律信仰不是一种口号，也不是一种与生活格格不入的奢侈品，它融入我们生命中的每个角落，它可能是一条坚守的职业原则，也可能是在一个案件异议上的执着，可能是在工作上多年如一日的坚持，也可能只是对于违法行为的一次强硬拒绝。但在我们面临抉择的关键时刻，它足以支撑我们走出困境，坚守初心。

我们现在期望或坚信的一切，等到毕业之后，哪怕是十年后，二十年后，在我们漫长的职业生涯、人生道路中，每当我们处于低谷绝望之时，那一句"为了公平正义而战"、那个老师们微笑着畅想的法治未来、那些法律曾带给我们的震撼与力量，都将成为我们走下去的最好理由。

"法律人"不是单指从事法律行业的人，而是每个心怀法律的人。

人生中面临着许多选择，我们很多人可能会由于各种原因放弃走上法律职业的道路，但这并不意味着我们就此失去了法律信仰。我们现在学习到的并不只是谋生的傍身之技，更是法律人理性客观的思维方式、遵守并维护法律的意识和对公平正义的坚守。

正如很多学者认为的那样，法律是一门树立正确价值观和是非判断标准的学问，据此我们可以成为拥有法律信仰的人。这种学问、这种思维方式、这种能力，让我们在遇到一些复杂的社会现象或社会问题时，可以正确地把握是与非、对与错。不管我们最终是否成为一名法律职业者，因为有了这些信仰，我们成为一个理性的人、智慧的人，法律信仰的真正价值也由此体现。当社会中越来越多的人坚守并尊重法律信仰，社会的大潮流也会因此改变，法律职业者的职业环境也会越来越优化，所谓的灰暗面自会随之减少，这样形成的良性循环不仅造福于法律人，也造福于社会。量变引起质变，乌托邦终会变为现实。

电影《黑水》的最后，主角因为政府对杜邦公司的袒护而崩溃之时，他的妻子对他说："他们这样并不能夺走你所做的一切。"

因为他所做的一切，都让经历过的人们知道，总会有人愿意站出来承担一切风险帮助他们，总会有光穿透黑暗照进来。

不过我们毕竟还是正处于人生朝阳阶段的法律学习者，我们如今的主要任务仍是努力积累知识、提高个人综合素质。我们探讨法律信仰、直面职业问题的目的并不是要求我们马上具有法律信仰、达到一个法律工作者合格的标准，而是为了让我们从一开始就能具有塑造法律信仰的意识、认识到法律信仰的重要性所在。法律信仰的形成与坚持，还需要我们经过法律知识的逐渐积累与实践锻炼。而在当下，我们只须行使属于年轻人的权利，去闯，去尝试，去做属于自己的梦，坚守我们自己认为对的东西，去做一个心怀梦想的孩子。

从不会有人去笑话做梦的孩子，成年人反而还会羡慕孩子们拥有做梦的权利。每个人都只有一次人生，既然客观条件无法改变，我们又何必因噎废食呢？在这个过程中，我们收获到的是值得珍藏的人生体验，就算有失望，最终结果可能也会不尽如人意，但如果还未进入大门就转身离开，这样的遗憾将是无法弥补的。我们也并不是毫无所获，相反的，我们应为这时的自己感到骄傲，当你决心为正义而战、心怀法律信仰之时，你已经踏上了这条风雨兼程的道路，并为此出发。

距离我第一次站在茶几上说要当警察抓坏蛋已经过去了差不多十五年，虽说我仿佛在离我的童年理想越来越远，但是我从未忘过我曾经"锄奸惩恶，匡扶正义"的那个属于孩子的"法律信仰"，也愿意再次为此背上行囊，从新的起点出发。

如果有一天，我的孩子也告诉我 ta 的梦想，我也会真的相信，ta 也一样会为此奋斗终身。

起点如稚子，盼望终点也如此。

（山东师范大学法学院 2018 级本科生　袁心雨）

## （二）作业二

### 法律人只因行为而高尚

**主题一：法律职业与其他行业没有什么特殊之处**

法律职业和其他职业没有什么区别。如果你觉得法律人是人类道德之光，是人民法治底线的守护者，是保护人民合法权益不受侵犯的天使，我倒觉得有些矫情。如果按照这个逻辑，那每种职业都可以被冠以某个领域守护者的尊称。

一方面，我们影响不了其他人的生活。一味地拔高自己职业的地位，只能满足自己膨胀的虚荣心。法律这个职业与社会上的其他职业一样，都是社会运行机器上的一个零件。虽然在这里有些否定了个人的存在意义，但不可否认的是，法律职业的存在意义与其他职业并无差异，任何职业的缺失都会对社会的运转产生影响。刚进入法学院学习时，总觉得法学院的学生能够高人一等，但实际上，深入学习法律之后，越来越觉得法律能做的其实很少。在 2019 年，有一个姐姐向我咨询离婚的事情：男方赌博，家里的房子和车都被卖掉来偿还赌债，女方想要协议离婚，而男方拖了 6 个月，不接受任何女方提出的请求，还提出一个要求：孩子的抚养权归男方，但是孩子应该由女方抚养，并且女方应当每月支付孩子的抚养费。虽然我给出了一些切实可行的法律建议，但最终女方还是同意了男方的要求，原因是女方不想再和男方消耗时间。虽然男方提出的条件很不公平，但是现在女方和两个孩子过得很幸福。

另一方面，在法律程序中，我们也不应当是主角。我们从事与法律相关的职业究竟能做什么？陈兴良教授说过"法律恰恰就是语言本身"，他认为，犯罪分子不是依据法律规定的构成要件去犯罪，而是构成要件是根据现实生活中的犯罪去设置。在法庭中，法律人其实也不是主角。

从正面来看，首先，法律人在法庭上的高谈阔论的效果远远不如一份确凿的证据。其次，只有双方当事人才知道自己真正想得到什么。法律人所进行的很大一部分的工作是把日常语言转化成法律语言，再把法律语言转化为日常语言。这更像是一份过滤工作，将原本需要通过暴力手段所解决的问题转化成一种可以通过非暴力的手段解决的问题。

从反面来看，如果我们过度地拔高法律人在案件中的地位，甚至取代当事人和案件事实的地位，这就会使法律过度膨胀乃至吞噬个人权利。法律权力的过度膨胀势必会造成为诉讼而诉讼、为了审判而审判，我们应该让法律回归当事人、回归案件事实。

我从事与法律相关的职业的目的是什么？我觉得我能帮助当事人得到他应该得到的权利，让案件事实能够得以呈现，这就足够了。至于其他的评价，往往都是别人给予你的，而不是自己得到的。

再回到主题，法律是这个社会运行不可缺少的重要组成部分，法律虽然很重要，但是法律职业的地位不会也不应超过社会中的其他职业。我们是使得个体利益得以保障的服务者，是为法律得以实践的辅助人，我们在他人的生活中只是一个配角，在社会中只是一个螺丝钉。

主题二：法律人只因自己的高尚行为而高尚

前面谈了一些自己对法律职业的看法，认为法律职业是平凡的，而这里谈到法律职业高尚可能会有些自相矛盾。但是，我觉得这里的高尚其实存在于每一个职业中，比如在每年的《感动中国》节目中，我们可以看到虽然职业都是平凡的，但是从事职业的个人不是因为从事了这个职业而高尚，而是因为自己的某些行为而高尚。因此，对法律职业本身进行价值判断其实都是不恰当的（这句话和前面论述好像不存在因果关系）。

鲁斯女法官，美国人之所以尊敬她，不是因为她是最高法院的大法官，而是因为她用一生来追求实现美国公民的个人平等。

在鲍某案，民众会得出这样的一种观点，懂法的人犯法更可怕。像这种存在于民间的论调，一方面是由于媒体的部分不真实的报道和夸大宣传，另一方面，是民众对与法律相关的职业往往有着这样的矛盾心理：当法律人作出了符合某一方民众利益的法律行为，例如，检察官让一个罪犯服法，法官让罪犯得到符合民众期望的刑罚，律师让一个被错判的人恢复自由身，民众往往会用青天大老爷这样的词汇来形容他们。但是，如果作出了与民众的期待不相符的法律行为，民众往往会质疑，会高呼司法不公。民众往往会将个人行为和职业联系到一起，如果你享受因法律职业行为而带来的赞美，那么你也应当承受由此带来的诋毁。

再联系第一个主题，你是否还会觉得自己的职业地位应当高于其他职业呢？

医生有医生的职业道德、老师有老师的职业道德、企业老板有企业老板的职业道德、环卫工人有环卫工人的职业道德、家政人员有家政人员的职业道德，那么，既然法律人有法律人的职业道德，又怎么会认为法律人比从事其他职业的人拥有更高的职业地位呢？

我们都是平凡的，都是从事社会工作的劳动者。而如鲁斯法官的高尚者们会继续在自己的领域内尽自己所能，为公民的自由平等奋斗；如鲍某的卑劣者们，即使他们逃过法律的制裁，他们也不可能逃离民众对他们的道德批判。高尚者的高尚来自自己的内心和行为，卑劣者的卑劣也来自自己的内心和行为，这都与职业无关。

我想，在我参加工作后，能够脚踏实地做事，心中有热，眼里有光，这便不负当初选择法学的初心。

（山东师范大学法学院 2018 级本科生　安邦超）

### （三）作业三

## 最初的信仰是否都会沦为最终的平庸

每个法学生都抱着不同的初衷来到法学院，或许是法学较于其他文科专业有着更好的前景，或许是成为知名律师会赚取可观的收入，或许是为了能够更好地保护自己与所爱的人，或许是为了追求心中的公平与正义，又或许脑袋空空并无想法，只是听从了他人的建议与父母的安排。无论如何，既然选择了这一专业，就要意识到这一专业赋予我们的"灵魂"，无论在踏入法学院大门的那一刻心中是否有信仰，真正成功的法学教育都应当在我们的学习生涯中为我们树立一份信仰，亮一盏明灯。即便是将法学运用于实践的法律工作，也不应当沦为纯粹的技术工具，它应当包含着人类社会最基本的价值观念与美好追求。正如美国法学家卢埃林所言："只有理想而没有技术，那可能是愚蠢的，只有技术而没有理想，那可能是罪恶的。"若一个人光有技术而没有正义理念，则其知道的知识越多越危险。此处我想以"最初的信仰是否都会沦为最终的平庸"为题，提取两个关键要素进行讨论，即"信仰"与"平庸"。

## 法律的信仰到底是什么？

首先需要明确的问题是：法律的信仰到底是什么？有人说法律不是一种信仰，而是一种工具，是规范类的制度工具，就像语言属于工具，而语言不足以成为信仰，同理，法律这种工具也不足以成为信仰。这种说法其实是对法律的狭隘见解，法律的确是解决纠纷的工具，维持社会秩序的工具，但究其根本，法律所维护的是我们每一个人都渴望追求的公平与正义。不可否认，这世界上本没有绝对的公平，就连最能在普遍意义上代表人类社会整体价值取向的正义观念都在随着时代的更迭而不断变换。但这并不代表我们要自我阉割，选择不去相信这世界上还有正义可言。因此法律所维护的公平与正义是值得我们去信仰的。

在此，我想先谈一谈《黑水》这部电影。电影根据真实事件改编，讲述了律师罗伯特二十多年来锲而不舍地对美国化工巨头杜邦集团的艰难诉讼。

这部电影是近期给我带来最大震撼的一部电影，因为它所讲述的事实与我们每一个人的生命健康息息相关，因为其所展现出的令人窒息的真实感，因为其讲述了一场跨越长达二十余年的诉讼，因为罗伯特所经历的一切。作为一个法律人，他称得上是真正的有信仰，即使不被家人理解，不被同事理解，甚至不被当事人理解，但为了良心和公平正义，他选择坚持。对于绝大多数普通人而言，没有如此强大的心脏，如罗伯特一样为了心中的信仰与全世界为敌。这也是这部影片可以给这么多人带来冲击感与震撼的原因所在。

在敬佩之余，作为一名法律人，我们再来思考，法律的信仰是什么？美国法学家伯尔曼曾说："法律必须被信仰。"这句话所指的并不是我们必须无条件地相信法律所规定的一切都是最好的公平正义，而是告诉我们需要相信法律会使我们拥有更好的公平与正义。法律或许存在漏洞，但是法的公平正义之精神是每一个法律人所应当秉持的。作为法律人，无论看过怎样的黑暗面，都要保有最基本的法之信仰。

谈完信仰，我们再来谈谈"平庸"，也就是问题的第二个方面：我们可以平庸吗？

## 每个法律人都有丧失人性的危险

罗翔老师有张广为流传的表情包"法律学多了慢慢慢慢地就丧失人性了"。此处的"丧失人性"可做两种解释，第一种是真正的字面意思上的"丧失人性"，即将法律作为维护自己不道德行为，甚至违法犯罪行为的工具，例如猥亵女企业家的共青团北湖区委原书记楚挺征，其曾经为一名法学硕士，此前在北湖区法院工作，却在一次饭局中意图对一名女企业家实施强暴。在被当事人举报后，他向其家人表示"已做最坏打算，如果把我开除了，我就到大城市去做律师"。媒体采访时他说："我是法学硕士毕业的，也从事过法律工作，如果我认为我真干了什么见不得人的坏事就绝不会出现那封似乎留有把柄和过错的致歉内容给她。"

还有震惊社会的海南省高级人民法院原副院长张家慧涉嫌受贿、枉法裁判、诈骗案。2006—2019 年，海南省高级人民法院原副院长张家慧利用担任海南省高级人民法院民事审判第一庭庭长、审判委员会委员、党组成员、副院长等职务上的便利，通过打招呼等方式，为相关单位和个人在案件审理中谋取利益，直接或通过他人非法收受财物共计人民币 4375 万元。2015—2016 年，被告人张家慧身为司法工作人员，为使其丈夫刘远生实际控制的海南迪纳斯投资有限公司少缴或不缴增容费，在行政审判活动中指使、授意他人故意违背事实和法律作枉法裁判，致使该公司少缴纳增容费 4621 万余元。2001 年 6 月，被告人张家慧夫妇虚构帮助他人疏通关系减轻刑事处罚，骗取相关人员价值人民币 143 万余元的财物。更令人震惊的是，向张家慧行贿的 37 人中，近半为律师。

以上两个事件都是法律人违反职业伦理的案例，但正如我相信这个世界还是真善美更多一样，我也相信大部分的法律人不会完全地丧失信仰，将法律从保护正义的规范变为维护邪恶的工具。我们更多人需要警惕的是第二种"丧失人性"，即法律学多了开始只注重技术问题的研究，而不讲人情，变得冷漠。

罗翔老师曾说过："越是领域的专家越会过于强调技术性问题的研究，过于理性地看待问题，而变得毫无人性，而作为法学人，要时刻警惕自己变成没有人情的人，变成机器一般的人，因为公理与正义本就与人性的关怀密不可分。"

## 法律人的自大很危险

我在罗翔老师的微博中看到这样一个故事，有个人在海边，看到造物主创造的世界是那么美好，落日辉煌，他感动地流下了第一滴泪。接着他被自己流出的第一滴泪感动，流出了第二滴眼泪。他感动于自己的感动——"我居然如此与众不凡，远超庸俗的众人，可以因落日余晖而感动"。学法的人似乎很容易陷入这种"第二滴泪"的感动，尤其是尚在校学习的法学生，其背后是不自知的高傲与自大。我们似乎觉得自己学过专业的法学知识，于是可以完全站在普通民众的头顶，以一种高高在上的上帝视角进行审视，批评民众们对法律的无知与愚昧。这是一种似乎有理有据，却十分危险的自大形态，因为法律归根结底是从社会生活中衍生出来的。脱离最普通民众的队伍，无异于是建一座空中楼阁，危险性不言而喻。

同时，过于自大即有转向另一种状态的危险——庸俗。

## 可以平凡但不能庸俗

"平庸"一词可以拆分成为"平凡"与"庸俗"，二者并不等价，平凡是我们绝大多数人活在这世界上的普遍状态，人类历史走过这么多年，真正不平凡到被人们所记住的人又有几个，所以平凡无可厚非。而庸俗代表鄙俗不高尚，是我们所要极力避免的状态。

法学不同于法律，法律运用的是一条条具体的行为规范，法学探究的是规范背后存在的意义。而相当一部分的"法学人"最终会成为从事实务的"法律人"，再有信仰终归是要吃饭的，面包与理想之间选择面包填饱肚子无可厚非，但无论何时，对法律的信仰都应当是我们心中最后的底线。没有底线，为了利益突破底线，就是向着庸俗的方向生长，知识的土壤上就会开出恶之花。即使无法追求伟大的坚守，也要抱有基本的法律职业伦理价值观念，我想这也是此门课程所要告诉我们的。

最后，让我们再次思考这个问题：最初的信仰是否都会沦为最终的平庸？

或许在经历一段系统的法律学习，或是开始从事法律实务工作后，我们可能会发现当初刚刚踏入法学院大门时所持的想要推动法治进程、想要改变司法现状、想要维护所有公平与正义的信仰很难实现，因为我们不过沧海一粟，为了生活早已花费所有力气。但我想借用《平凡的世界》中的一段话："我们承认伟人在历史进程中的贡献。可人类生活的大厦从本质上说，是由无数普通人的血汗乃至生命所建造的。伟人们常常企图用纪念碑或纪念馆来使自己永世流芳，但真正万古长青的却是普通人的无名纪念碑——生生不息的人类生活自身。是的，生活之树常青。这就是我们一个平凡世界的死者所能够做的祭文。"在历经现实的摧残与洗礼，看尽世界黑暗与不堪的角落后，仍然不要忘记法学最初为我们构建的公平正义观念，并仍有力量相信法律会让我们的世界变得更好，虽然平凡，但不庸俗，最初的信仰就不会沦为最终的平庸。

（山东师范大学法学院 2018 级本科生　张欣然）